海野敦史

通信の自由と通信の秘密

ネットワーク社会における再構成

Atsushi Umino

Freedom and Secrecy of Communications: Reconstruction in the Network Society

尚学社

はしがき

　時代の変化に応じて通信が果たす役割も拡大し，各人における通信との関わりの度合いも変容する。とりわけ，高度情報通信ネットワーク社会とされる今日においては，通信を取り巻く環境の変化は急速かつ劇的であり，まさに「十年一昔」を体現するものとなっている。実際，私が社会人としてのスタートを切ったころ，身の回りにはインターネットも電子メールもスマートフォンもなかった。しかし，今や多くの方々が，これらのツールなしには実りある生活を営むことが困難となっていることであろう。通信は我々のライフスタイルを着実に変革しており，それは今後もしばらく続きそうな雲行きである。

　一方，通信に関する根本規範である日本国憲法21条2項後段の規定においては，「通信の秘密は，これを侵してはならない」という一文が，今も昔も脈々と生き続けている。この通信の秘密不可侵をめぐる一般的な解釈に目を向けると，郵便や固定電話が通信の主役だったかつての時代に確立された学説の考え方が，多少の修正を経つつも大筋において踏襲されている。通信の内実が著しく変化すれば，その解釈論も見直しを求められる部分が少なからず生じ得るはずであるが，この規定に関する学説・判例上の議論は残念ながらさほど豊富ではない。比喩的に言えば，花形的な表現の自由の背後で，通信の秘密はひっそりと陰をひそめたまま，伝統的な解釈が適切に修正されない状況に取り残されているようにみえる。はたして，かかる状況にいつまでも「安住」していてよいのだろうか。

　私が通信の秘密不可侵の解釈論に取り組むこととなったきっかけは，まさにこのような問題意識にあった。その根底には，従前の主な学説が今日の高度化した通信の現状を十分に加味したものとなっておらず，解釈論上のほころびが生じ始めているのではないかという疑念があった。通信の根本規範の解釈がその方向性を適切に見定められなければ，通信をめぐる立法もそれに基づく行政も，おのずと揺らぐものとなろう。せめて，従前の解釈論が抱える問題点に対して一石を投じることができればという思いに駆られ，今も昔も妥当し得る形を目指して再構成した解釈論として試論的に提示したのが，旧著『「通信の秘密不可侵」の法理

──ネットワーク社会における法解釈と実践』（勁草書房，2015年）である。

　本書は，この旧著で示した内容を土台としつつ，通信の秘密及びその前提となる通信の自由をめぐる各論的な諸問題について，比較法的視点も交えながら，解釈論的な考察を加えたものである。取り扱う問題は，いずれも学説上の議論が未成熟となっている先端的なものばかりであり，それぞれに適切な「解答」を導くのは決して容易な営みではない。しかも，近年の情報通信の発展，とりわけ国民生活におけるインターネット経由の通信の利用拡大は，通信の自由・秘密に対する従前の理解のみならず，伝統的に築き上げられてきた表現の自由のパラダイムに対しても部分的に軌道修正を迫る潜在力を秘めているように思われる。それゆえ，本書の執筆に当たっては，手探りの状態でさまざまな試行錯誤を繰り返すこととなったが，各章を横断する理論的な一貫性に特に配意したことにより，体系的な「解答作成」を行ったつもりである。

　この「解答作成」に際して重視した点の一つが，他人間の通信に第三者的な立場で関与する（国内の）通信事業者その他の通信管理主体の大半が，今日においては私人であるにもかかわらず，その憲法上の権利に対する考慮が議論の射程から置き去りになっているかにみえる状況の是正である。例えば，通信事業者はひたすら伝送行為に徹する「コモンキャリア」であるため（そのネットワークを活用した）表現の自由の保障を受けるわけではないといった議論が，これまであまり疑問視されることなく受容されてきた。また，通信事業者を含む通信管理主体の通信設備に対する財産権やその管理・運営に対する営業の自由については，問題とされること自体が乏しかった。しかし，通信管理主体も一私人である限り，これらの憲法上の権利をまったく有しないと断じ得る合理的な理由は乏しいであろう。他方，それらの大手を振っての行使は，憲法が予定する国民各人の通信の自由・秘密の保護に対する重大な脅威となる。それゆえ，憲法規範の内部での原理的な「調整」が必要となるはずであり，ここが解釈論の出番となる。本書では，このような「調整」のあり方に関する著者なりの考え方も明らかにすることができたものと考えている。

　本書の執筆に際しては，既発表の複数の論文をその礎に据えている。しかし，本書はそれらを単に集約したものではなく，全体を俯瞰する観点から前述の一貫性の確立に努めるべく所要の加筆修正を行うとともに，発表後の研究成果を踏まえて内容の錬磨及び追加・充実を図る取組みも適宜行っている。蛇足ながら，本

書において意見にわたる部分はもっぱら著者の私見であり，著者の所属する組織の見解とは一切無関係であるということを付記させていただく。

　なお，既発表の各論文の作成時には，査読等のプロセスを通じて多くの方々から貴重なご指摘を賜った。この場を借りて，改めて御礼申し上げる。また，本書は尚学社の苧野圭太社長の多大なるご厚誼により，世に送り出すことができた。ここに心から深謝申し上げる次第である。

　2018年4月

海野　敦史

目次

はしがき　i

凡例　xi

序章　本書の基本的な問題意識 ……………………………………… 3

0.1　通信の自由・秘密をめぐる従前の学説の問題点 ………………… 3

0.2　通信の自由・秘密をめぐる近年の学説とそれに対する疑問 ……… 10

0.3　本書の目的及び構成 ……………………………………………… 13

第1章　憲法21条2項後段の規定の趣旨 …………………………… 19

1.1　序説 ………………………………………………………………… 19

1.2　近年の主な学説の問題点と解釈論的対応 ………………………… 20

    1.2.1　公然性通信除外説の問題点　20

    1.2.2　秘密保護要請公権力限定説の問題点　24

1.3　通信の自由 ………………………………………………………… 29

1.4　「秘密」の意義 …………………………………………………… 32

1.5　通信管理主体の類型 ……………………………………………… 36

1.6　「秘密」の侵害 …………………………………………………… 39

    1.6.1　従前の学説の問題点　39

    1.6.2　狭義の「秘密」の侵害の客体　40

    1.6.3　狭義の「秘密」の侵害の主体　41

    1.6.4　狭義の「秘密」の侵害への該当性　42

    1.6.5　広義の「秘密」との関係　43

1.7　小括 ………………………………………………………………… 45

第2章　憲法上の「通信」と「表現」 ……………………………… 53

2.1　序説 ………………………………………………………………… 53

2.2　憲法上の通信の意義 ……………………………………………… 54

2.2.1　従前の学説とその問題点　54

2.2.2　憲法上の通信の射程　55

2.3　憲法上の表現の意義 ………………………………………………… 57

2.3.1　表現の意義をひもとく手がかり　57

2.3.2　言論の意義をめぐる米国の学説・判例における主な議論　58

2.3.3　表現性の認定要件　60

2.3.4　表現の通信との相違　64

2.4　情報通信技術の発展に伴う「通信」の射程の事実上の拡大 ……… 66

2.5　小括 …………………………………………………………………… 68

第3章　コード及び機械的生成物をめぐる表現の自由・通信の自由 … 74

3.1　序説 …………………………………………………………………… 74

3.2　コード及び機械的生成物の種類 …………………………………… 76

3.3　米国法上のコード及び機械的生成物と言論との関係をめぐる判例における議論 ……………………………………………………………… 76

3.3.1　連邦最高裁判所の主な判例の考え方　76

3.3.2　下級審の主な裁判例の考え方　78

3.4　米国法上のコード及び機械的生成物と言論との関係をめぐる学説における議論 ……………………………………………………………… 79

3.4.1　コードと言論との関係をめぐる主な議論　79

3.4.2　機械的生成物と「言論」との関係をめぐる主な議論　81

3.4.3　機械的生成物の一環としての検索結果表示と言論との関係をめぐる主な議論　83

3.5　コード及び機械的生成物の表出行為の表現性 …………………… 85

3.5.1　コードの表出行為の表現性　85

3.5.2　機械的生成物の表出行為の表現性　88

3.6　機械的生成物の表出行為に関する表現からの離脱の契機 ……… 91

3.7　コード等の表出と通信の自由 ……………………………………… 93

3.8　立法論的課題 ………………………………………………………… 97

3.9　小括 …………………………………………………………………… 98

第4章　インターネット接続役務提供者の伝送行為を通じた表現の自由 … 106

4.1　序説 ………………………………………………………………… 106

目次　　v

4.2 「伝送行為を通じた表現の自由」が争点となる米国法上の契機 … 107

4.3 米国法上の伝送行為の言論性をめぐる主な議論 ……………… 109

4.4 我が国における伝送行為の表現性 ……………………………… 111

    4.4.1 米国の議論の憲法解釈論への影響　111

    4.4.2 伝送行為の類型とその表現性　111

4.5 伝送行為を通じた表現の自由の行使可能性 ………………… 114

4.6 小括 …………………………………………………………… 117

第5章　「コモンキャリア」概念の再検討 …………………… 121

5.1 序説 …………………………………………………………… 121

5.2 米国法上のコモンキャリアの概念とその揺らぎ …………… 123

5.3 我が国の電気通信における「コモンキャリア」の内実 … 125

    5.3.1 コモンキャリアへの該当性を判断する基準　125

    5.3.2 インターネット接続役務提供者のコモンキャリア性　130

5.4 「コモンキャリア」の表現の自由及び通信管理権 ………… 131

5.5 小括 …………………………………………………………… 136

第6章　迷惑メールと表現の自由・通信の自由 ……………… 142

6.1 序説 …………………………………………………………… 142

6.2 日米両国における迷惑メール規制法の概要 ………………… 143

    6.2.1 米国における迷惑メール規制法の概要　143

    6.2.2 我が国における迷惑メール規制法の概要　145

6.3 米国法上の迷惑メール規制に関する主な議論 ……………… 145

    6.3.1 商用電子メールの送信に対する規律の性質　145

    6.3.2 White Buffalo 事件判決　146

    6.3.3 White Buffalo 事件判決に対する主な学説の批判　147

    6.3.4 Jaynes 事件判決　148

6.4 特定電子メール法に基づく規律の憲法適合性

    ——米国法上の議論からの示唆 ……………………………… 149

    6.4.1 表現の自由との関係　149

    6.4.2 通信の自由との関係　153

    6.4.3 営業の自由との関係　157

6.5 小括 …………………………………………………………… 159

第7章　通信の秘密との関係における

インターネット接続役務提供者による送信防止措置 ……… 166

7.1　序説 ……………………………………………………………… 166

7.2　送信防止措置と秘密保護要請との関係をめぐる

　　従前の主な学説の考え方 ……………………………………… 169

7.3　送信防止措置と秘密保護要請との関係をめぐる主な学説の検討 … 170

　　7.3.1　送信防止措置不可能説の検討　170

　　7.3.2　通信当事者説の検討　172

7.4　プロバイダ責任制限法上の基本概念の整理と

　　通信当事者説の問題点 ………………………………………… 173

　　7.4.1　特定電気通信の典型事例　173

　　7.4.2　特定電気通信　174

　　7.4.3　特定電気通信役務提供者　176

　　7.4.4　発信者　178

　　7.4.5　送信防止措置　179

7.5　送信防止措置と秘密保護要請との関係に関する考察 ………… 180

7.6　小括 ……………………………………………………………… 182

第8章　通信の秘密との関係における通信記録の保管のあり方 …… 189

8.1　序説 ……………………………………………………………… 189

8.2　修正4条の趣旨 ………………………………………………… 190

8.3　通信記録保管法に基づく通信記録の保護 …………………… 193

　　8.3.1　立法の背景　193

　　8.3.2　通信記録保管法上の基本的な枠組み

　　　　　——電子通信役務と遠隔情報処理役務　194

　　8.3.3　電子通信役務提供者と遠隔情報処理役務提供者との区別の固定性　196

　　8.3.4　「電子的保管」の概念　197

　　8.3.5　具体的な規律事項　200

8.4　通信記録保管法の採用する区別とその援用の可能性 ………… 204

8.5　通信記録の保管主体に関する区別の有意性 ………………… 205

8.6　通信記録の保管状態に関する区別（電子的保管の概念）の有意性 … 209

8.7　「180日基準」の有意性 ………………………………………… 211

目次　vii

8.8　小括 ………………………………………………………… 211

第9章　通信の秘密との関係における通信用端末設備及び

その内包する情報の不可侵性 ……………………………… 220

9.1　序説 …………………………………………………………… 220

9.2　米国法上の携帯電話端末及び携帯端末内包情報の

　　　捜索等をめぐる主な議論 ………………………………… 222

　9.2.1　逮捕に伴う捜索等をめぐる従前の主な判例法理　222

　9.2.2　Riley 事件判決の概要　223

　9.2.3　Riley 事件判決の考え方に関する若干の考察　226

9.3　端末設備及び端末内包情報の

　　　憲法上の保護のあり方に関する解釈論的考察 ………… 228

　9.3.1　通信設備としての端末設備の位置づけ　228

　9.3.2　端末設備と端末内包情報との一体性　229

　9.3.3　公権力による任意のアクセスが侵害し得る基本権の複合性　230

　9.3.4　秘密保護要請との関係における通信設備としての端末設備　233

9.4　小括 …………………………………………………………… 236

第10章　通信の秘密との関係における携帯電話の位置情報の法的性質 … 244

10.1　序説 ………………………………………………………… 244

10.2　位置情報の意義及び機能 ………………………………… 245

10.3　修正4条の解釈論における Katz 基準と第三者法理 …… 246

10.4　米国法上の位置情報の取得をめぐる主な議論 ………… 249

　10.4.1　事業記録論　249

　10.4.2　条件付修正 4 条適用論　250

　10.4.3　修正 4 条適用論　251

10.5　事業記録論を参照する意義 ……………………………… 252

10.6　事業記録論とその揺らぎ ………………………………… 253

10.7　事業記録論の援用可能性 ………………………………… 254

10.8　事業記録論の問題点 ……………………………………… 256

　10.8.1　「第三者」の射程　256

　10.8.2　提供された情報の性質　257

　10.8.3　任意性の内実　260

10.9 小括 ……………………………………………………………… 261

第11章 通信の秘密との関係における
通信傍受と通信記録の捜索との分水嶺 ……………………… 267

11.1 序説 ……………………………………………………………… 267

11.2 米国法上の通信傍受及び通信記録捜索をめぐる主な議論 ……… 269

11.3 秘密保護要請との関係における通信傍受と
通信記録捜索との区別の可能性 ……………………………… 272

   11.3.1 通信傍受及び通信記録捜索に関係する主な行為の態様　272

   11.3.2 秘密保護要請に照らした情報の取得行為の態様の区別の意義　273

11.4 通信傍受に固有の問題に関する検討 …………………………… 274

11.5 小括 ……………………………………………………………… 277

第12章 情報通信技術を用いた新種捜査の法的位置づけ …………… 282

12.1 序説 ……………………………………………………………… 282

12.2 IMSI キャッチャーを通じた情報収集の概要 ………………… 284

12.3 米国法上の IMSI キャッチャーを通じた情報収集の位置づけ … 285

   12.3.1 問題の所在とその前提　285

   12.3.2 IMSI キャッチャーを通じた情報収集と修正4条との関係　286

   12.3.3 IMSI キャッチャーを通じた情報収集の法律上の位置づけ　288

12.4 米国法上の IMSI キャッチャーを通じた
情報収集の位置づけに関する若干の考察 …………………… 290

12.5 我が国の法の下で行われ得る新種捜査の位置づけ …………… 291

   12.5.1 米国法との相違を踏まえた米国の議論の参照意義　291

   12.5.2 新種捜査に関する立法論的課題　293

12.6 小括 ……………………………………………………………… 296

第13章 多様なインターネット上の役務提供者の通信管理主体性 … 302

13.1 序説 ……………………………………………………………… 302

13.2 米国法上の具体的な役務提供者の位置づけをめぐる
主な議論とその分析 …………………………………………… 304

   13.2.1 分析の視点　304

   13.2.2 オンラインストレージ役務提供者　305

13.2.3　ウェブメール役務提供者　306

13.2.4　電子掲示板管理者　310

13.2.5　SNS役務提供者　312

13.3　インターネット上の役務提供者の通信管理主体性 ……………… 314

13.3.1　主要な類型に関する通信管理主体性　314

13.3.2　インターネット上の役務提供者の
「通信管理主体としての行為」の射程　316

13.3.3　遠隔情報処理役務提供者に相当する者の準通信管理主体性　319

13.4　小括 ……………………………………………………………… 321

第14章　通信管理主体の流通情報の取扱いに対する法的責任 ……… 325

14.1　序説 ……………………………………………………………… 325

14.2　通信品位法230条の制定経緯 ………………………………… 327

14.3　通信品位法230条の規定の解釈論 …………………………… 329

14.3.1　通信品位法230条の趣旨　329

14.3.2　通信品位法230条の趣旨をめぐる論争——包括的免責論　330

14.3.3　包括的免責論への批判　331

14.3.4　通信品位法230条の趣旨をめぐる新たな解釈　333

14.3.5　情報内容提供者への該当性を決する「展開」の概念をめぐる解釈論　335

14.4　米国法上の議論に関する若干の考察 ………………………… 336

14.5　米国法上の議論から示唆される通信管理主体の法的責任 ……… 338

14.5.1　包括的免責論等から導かれる示唆　338

14.5.2　通信管理主体の固有性　340

14.5.3　通信管理主体の機能性　342

14.5.4　通信管理主体の責任一律性　344

14.5.5　非通信管理主体の責任　346

14.6　プロバイダ責任制限法の立法論的課題 …………………………… 346

14.7　小括 ……………………………………………………………… 348

主要参考文献一覧　355

事項索引　371

判例索引　382

初出一覧　387

凡例

＊法令の規定をはじめとする各種の状況については，原則として2018年1月末時点による。

＊判例については，2017年末時点において公刊・公表されているものに言及している。国内の判例の引用に当たり，以下の略式表記の例によっている。

最大判：最高裁判所大法廷判決

最大決：最高裁判所大法廷決定

最判：最高裁判所小法廷判決

最決：最高裁判所小法廷決定

（東京）高判：（東京）高等裁判所判決

（大阪）地判：（大阪）地方裁判所判決

（大阪）地決：（大阪）地方裁判所決定

民集：最高裁判所民事判例集

刑集：最高裁判所刑事判例集

裁時：裁判所時報

判時：判例時報

判タ：判例タイムズ

金判：金融・商事判例

通信の自由と通信の秘密
──ネットワーク社会における再構成──

序章

本書の基本的な問題意識

0.1 通信の自由・秘密をめぐる従前の学説の問題点

通信の秘密（以下，単に「秘密」という）[1] は，日本国憲法（以下，「憲法」という）21条2項後段に侵してはならないものとして規定されている。この規定の趣旨を的確に理解するためには，ここでいう「通信」とは何か，「秘密」とは何か，「侵してはならない」とはどういうことか（誰のいかなる行為に対する規範か）といったことがすべて明らかにされなければならない。ところが，個人の尊重の原理（憲法13条）を基軸とする憲法規範を踏まえつつ，「公共の福祉」の確保の必要性も視野に入れながら，これらのすべてを整合的に解釈することは決して容易なことではない。その主因は，「秘密」の概念自体が多義的であり，それを発現させる「通信」そのものも自己完結的な営みではないということにある。

従前の多くの憲法学説は，憲法21条2項後段の規定の趣旨について，通信におけるプライバシーを保障することを主眼としつつ，通信手段を用いた表現の自由の保障を補完する意味合いも有するものと捉える考え方[2] を採ってきた[3]。同時に，もっぱらプライバシーの保障をその趣旨とするものと捉える考え方[4] も有力に主張されてきた[5]。そして，「秘密」を侵してはならないとは，個々の通信に関する情報の知得，漏えい[6] 等が禁止されることであるとされ，その禁止対象となる主体については，公権力及び通信業務従事者であると解されてきた[7]。しかし，これらの理解は盤石ではなく，多分に曖昧さを残すと同時に，多くの問題点を抱えている。なぜそう言えるのか。以下に複数の観点からの疑問点を提示しつつ，伝統的な理解の主な問題点を明らかにしたい。

第一に，仮に「秘密」がプライバシーの保障をその主旨とするものならば，個々の通信の内容たる情報（以下，「内容情報」という）のうちプライバシーとの関わりの乏しいもの（ないし乏しい部分）については「秘密」ではないということになるのだろうか。決してそうではない。個々の内容情報が有するプライバシーの

3

要素の度合いにかかわらず，それは「秘密」として保護される。なぜなら，プライバシーの保障（通信当事者の主観的権利の保障）の観点からは，「秘密」の保護[8]は公権力等が内容情報や個々の通信の構成要素となる情報（通信の日時，場所等に関する情報。以下，「構成要素情報」という）[9]に原則として接触しないこと（以下，「情報不接触原則」という）を予定するものと考えられるため，個別の情報のプライバシーとの関わりの程度を都度判断することが困難となる（各内容情報及び構成要素情報を包括的に「秘密」として取り扱わざるを得ない）からである[10]。よって，「秘密」とは，プライバシーの要素を含むとしても，それに尽きるものではない。また，そもそも憲法13条の規定に基づきプライバシーの権利が保障されると解する学説が有力である中で[11]，なぜ通信におけるプライバシーについてのみ，「秘密」という明文の規定で別途保障されることになるのであろうか。各人のプライバシーが問題となる局面は多様であり，通信におけるプライバシーのみが特に重要であるとは断定できないであろう。逆に，通信におけるプライバシーの問題に限定してみると，それは「秘密」の内実として理解されてきた内容情報及び構成要素情報の取扱いにとどまらず，通信事業者等が恒常的に保有する契約者（加入者）に関する情報（以下，「契約者情報」という）の取扱い等についても問題となり得る[12]。

　そもそも，「秘密」の不可侵（以下，「秘密不可侵」という）を定める憲法21条2項後段の規定は，「通信」について明示する憲法唯一の規定であり，「通信」の根本規範である。この根本規範が通信におけるプライバシーの保障のみを定めていると解することには本質的に無理がある。なぜなら，憲法が予定する「通信」が健全かつ安定的に成立するためには，通信当事者（情報の発信者ないし当初の送信者及びその着信者ないし最終的な受信者）のプライバシーが確保されるのみでは足りず，通信用ネットワーク（以下，特段の断りのない限り，単に「ネットワーク」という）[13]の設営とその接続，ネットワーク上における最低限の安全性・信頼性ないしセキュリティ，国民生活に不可欠となる「基本的な通信役務」[14]の適切な提供といった多様な要素の総合的な確保が欠かせないからである。実際，電気通信事業法（昭和59年法律86号）や郵便法（昭和22年法律165号）をはじめとする「通信」の領域における実定法に目を向けると，プライバシー的観点からの「法律上の秘密」の保護に関する条項はさほど多くない[15]。むしろ，ネットワーク同士の相互接続，通信設備の維持・管理，全国あまねく基本的な通信役務を提供することの確保等に関する規律の比重が比較的大きいと言える[16]。このことは，「通信」

に関する法規範においては，プライバシーの保障以外の要素も重要であるということを示唆している。それゆえ，憲法規範としての秘密不可侵については，「秘密」という象徴的な用語を通じて，これらの各要素を包括するものとして理解することが合理的である[17]。したがって，通信当事者のプライバシーの保障は「秘密」の代表的かつ重要な一内実ないし表徴であると言えるが，秘密不可侵とは決して当該保障と同義となるものではない。

このような解釈の見直しが求められる背景には，技術革新等に伴い「通信」を取り巻く環境が著しく変化する中で，立法がそれに対応すべく各種の新たな措置[18]を講じている一方，憲法解釈論がその変化に十分に追いついていないという事情があるように思われる。いわゆる原意主義[19]との関係もあろうが[20]，憲法21条2項後段の規定の原意[21]にかかわらず，憲法は時代の構造的な要請に応じた各規定の解釈の見直しを予定するものであると考えられる[22]。

第二に，「秘密」には「通信手段を用いた表現の自由」を補完する意味合いもあること自体は否定されないであろうが，仮にそれが「秘密」の主旨の一つであるとすれば，憲法21条1項の規定に基づく表現の自由とは別に，なぜ「通信手段を用いた表現の自由」を保障する趣旨のみが重畳的・確認的に同条2項後段に規定されなければならないのであろうか。この点については，今日の「通信」の利用実態を踏まえ，「通信手段を用いた表現の自由」が特に重要であるからという一応の説明は可能かもしれない。では，「通信」においてやり取りされるのは憲法21条1項にいう「表現」の客体となるもの（以下，「表現物」という）だけなのであろうか。決してそうではない。ネットワーク上を流通する各種の情報（以下，「流通情報」という）には，表現物のほか，表現物とは認められない情報（以下，「非表現物」という）も広く含まれ得る。そうであれば，「秘密」とは「通信手段を用いた表現の自由」の補完をその主旨とするものと言うことは，必ずしも正鵠を射たものではない。「秘密」には，もっぱら「自由」の観点からみても，表現の自由（の補完）を超えた法益が宿っているということになる。

一方，従前の学説は，「秘密」の保護の前提として，「通信の自由」が保障されるとも解してきた[23]。この点は妥当な解釈であると思われるが，かかる自由の具体的な内実については，決して一義的に明らかなものにはなっていない。「秘密」から通信の自由という固有の基本権[24]が導かれながら，これがひとえに「通信手段を用いた表現の自由」と同視されるきらいもあるように見受けられる[25]。

しかし，非表現物の流通を考慮すると，通信の自由は「通信手段を用いた表現の自由」に収斂するものとは言えないであろう。

　周知のとおり，今日の「通信」は多種多様な局面で利用されている。とりわけ，インターネット経由の通信の発展は，各人が手軽に表現活動を行うことを可能としつつ，オンライン上の議論等に資することにより，民主主義の健全な発展を支える機能を有している[26]。しかし，「通信」はもっぱら表現やコミュニケーション（意思伝達）の手段となっているわけではない。例えば，インターネット経由の通信を利用したウェブサイトの閲覧は，貴重な情報収集手段でもあるし，クラウドコンピューティングの技術（以下，「クラウド技術」という）[27]により，ネットワークを介した電磁的な情報の大量保管も容易になっている（8.1参照）。また，各人の携帯電話端末から通信事業者の基地局に発信される位置情報（10.1・10.2参照）は，当該端末の占有者の捜索や人命救助等に活用され得る。さらに，近年の「インターネット・オブ・シングス（Internet of Things: IoT）」の発展（官民データ活用推進基本法〔平成28年法律103号〕2条3項，特定通信・放送開発事業円滑化法〔平成2年法律35号〕附則5条2項1号参照）等を背景として，電波を介した情報の読取りによる商品管理，無人航空機の制御による物流，自動運転を含む交通等の多様な用途に「通信」が活用されている。加えて，「通信」がいわゆるサイバー攻撃（ネットワーク又は電磁的記録に関する記録媒体を通じた電子計算機に対する攻撃）等に利用される場合には，武力攻撃にほぼ匹敵するほどの脅威となる可能性もあり，国家の安全保障にも関わり得る。このような現状にかんがみると，今日の「通信」は，それ自体が国民生活に組み込まれつつ，①各人の「個人の尊厳」（憲法24条2項。併せて同13条参照）や「健康で文化的な最低限度の生活」（同25条1項），②民主主義の発展，③国家の安全保障，を一体的に支えていると言える。ここに，通信の自由を固有の基本権として捉える重要な意義が認められる[28]。

　他方，「通信」は，基本的に通信当事者の間におけるコミュニケーションの完結のために一定の関与を行う者（以下，「関与者」という）の適切な助力によって初めて成立する。関与者の助力はネットワークその他の通信設備を介して行われ，ネットワークは相互に接続されることによりその効用を最大化し得る。それゆえ，自然状態で各人の独力により実現し得る「表現」とは異質の特徴を有している。かかる観点からも，通信の自由には「通信手段を用いた表現の自由」を超えた保護法益が内在しているということが示唆される。

第三に，通信業務従事者が公権力とともに「秘密」及びその前提となる通信の自由の保障・保護に関する各種の憲法上の要請（以下，「秘密保護要請」という）に拘束されると解することは妥当であると考えられるが，ここでいう通信業務従事者とはどこまでの者を指すのであろうか。伝統的な学説は，これを通信事業者の職員とほぼ同視してきたが，今日の社会において，個々の通信の実現に寄与し得る関与者には通信事業者以外にも多様な者が含まれ得る。例えば，ソーシャルネットワーキングサービス（Social Networking Service: SNS）等の双方向型コミュニケーションを実現するオンライン上のプラットフォーム（以下，「双方向型プラットフォーム」という）[29]の管理・運営者，スマートフォンを通じて機能するメッセージ送受信用アプリケーションの提供者，サーバー等の一定の設備を設置ないし支配・管理しつつ利用者から預託された各種情報をインターネット経由で受信のうえ保管する役務を提供するオンラインストレージ役務提供者等がこれに該当する。問題となるのは，そのような有象無象の関与者のうち秘密保護要請（秘密不可侵の法規範）に拘束される者の具体的な範囲である。

　この点については，他人間の通信への関与において「秘密」たる情報を直接取り扱うことが予定された者であるか否かがその重要な分水嶺を画すると考えられる。なぜなら，個々の通信に際して「秘密」たる情報を直接取り扱う者においては，通信当事者以外の第三者的立場から当該情報を正当に知得し得るところ，その正当性が認められる範囲を超えて，必要以上の知得，漏えい等の行為を（通信当事者に気づかれないままに）任意に行う物理的な可能性があるからである。かかる行為は，秘密不可侵の法規範の実効性を著しく揺るがすものとなり得る。それゆえ，その可能性は，「秘密」たる情報を取り扱う者が当該法規範の名宛人に含められることにより，憲法の次元で封じられる必要があると考えられる。

　このように「通信」の提供を通じて「秘密」たる情報を直接取り扱う憲法規範の名宛人について，本書では「通信管理主体」と称する。換言すれば，通信管理主体とは，「他人の需要を充足するために，一定の通信設備を用いて他人間の通信の完結に向けて能動的に関与し，それに寄与する」[30]と認められる役務の提供を行いつつ，その過程で「秘密」たる情報を直接取り扱う（正当に把握し得る立場にある）第三者的な関与者のことである[31]。その典型は通信事業者であるが，前述の SNS の管理・運営者（SNS 役務提供者）やメッセージ送受信用アプリケーションの提供者等についても，「秘密」たる情報を直接取り扱う限りこれに含まれ

得る。ただし，オンラインストレージ役務提供者については，通常，他人間の通信に際して「秘密」たる情報を直接取り扱う（正当に把握し得る）わけではないことから，その限りにおいて通信管理主体に該当しない（13.3.1参照）。

　第四に，通信業務従事者の大半は私人であるから，基本権の享有主体としての「顔」も有するところ，そのような側面については一切考慮しなくてよいのであろうか。従前の学説においては，通信管理主体の多くはしばしば「コモンキャリア（common carrier）」と位置づけられ，ひたすらネットワーク上での情報の伝送・交換[32]及びそれに付随する行為（以下，「伝送行為」という）に徹することが前提とされてきた（5.1参照）。確かに，通信管理主体が秘密保護要請に拘束される限り，当該主体がその基本権を行使する余地は限定的となろう。しかし，通信管理主体がその役務の提供において自らの基本権を任意に行使する余地が皆無であるか否かということは，重要な論点である。かかる基本権の主な内実としては，(ｱ)支配・管理下のネットワークその他の通信設備（ないし当該設備により機能する双方向型プラットフォーム等）全体を一種の表現媒体とする表現の自由（4.5参照），(ｲ)支配・管理下の通信設備に対する財産権及びそれを用いた通信役務の提供等に関する営業の自由（以下，両者を総称して「通信管理権」という）[33]，が考えられる。仮にこれらの基本権が大手を振って行使され，特定の情報のみ伝送行為が中止・拒否されるなどの対応が広く行われることとなれば，利用者にとっての重大な脅威となり得る。それゆえ，かかる基本権の行使可能範囲（権利・利益の範囲としての保護領域）については，秘密保護要請との関係（憲法の次元）において，明確にされる必要がある。ところが，従前の学説においては，「法律上の秘密」に関する規律等が比較的厳格に運用されてきたことも手伝って，この点に関する議論はほとんど行われてこなかった。

　第五に，秘密不可侵の趣旨に個々の通信に関する情報の知得，漏えい等の禁止が含まれることは否定されないが，ここでいう「個々の通信に関する情報」とはもっぱら内容情報及び構成要素情報（すなわち，個々の通信から発生した情報）に収斂されるのであろうか。従前の主な学説は，憲法21条2項後段の規定の趣旨をプライバシーの保護に求める限り，内容情報のほかに構成要素情報の保護も必然的に求められるものと解してきたが[34]，それら以外の情報が当該規定に基づく保護の対象から外れることとなる理由については必ずしも明確にしてこなかったように思われる。おそらく，個々の通信から発生した情報を当該対象とすれば，

8

「秘密」の保護法益となる私生活の秘密やコミュニケーションを通じた表現の自由が十分に確保されるという思想が支配していたものと考えられる。また,「秘密」に関して（自由権としての）徹底した「国家からの自由」を追求するものと捉える立場においては,個々の通信から発生した情報を超えた範囲に属するものについてまで公権力による保護を求めることに対する一種の警戒感が作用してきた結果とも考えられる[35]。

　確かに,個々の通信と一切無関係の情報（の取扱い）については「秘密」として保護される余地はなかろう。しかし,通信管理主体が保有する契約者情報のうち発信者の電話番号や電子メールアドレスのように,内容情報にも構成要素情報にも該当しない情報（個々の通信が発生する以前から存した情報）でありながら,個々の通信に密接に関わる情報又は構成要素情報に近似する情報（構成要素情報と同一の中身の情報を含む）もある。かかる情報を手がかりとして個々の通信の様相を特定又は推知される可能性があること,さらには各人が安心して「通信」を行うことができるための主要な制度的利用環境を前提として初めて「秘密」が適切に保護されるという連関が認められることを踏まえると,当該情報を公権力に把握される脅威については,なお秘密保護要請の問題（憲法問題）として捉える余地が残されているように思われる（**1.6.5**参照）。

　また,前述の警戒感に関しては,確かに自由権が「国家からの自由」を基軸とすることは否定されるものではない。しかし,「通信」という行為が憲法及びそれに適合的な形で公権力が設営する「通信」に関する法規範の集合体としての「通信制度」の設営をその前提とする以上,当該設営のあり方に関する立法政策にも一定の憲法上の与件が設けられているものと解することが合理的である。換言すれば,通信制度の内容形成のあり方はもっぱら立法政策に委ねられているのではなく,ネットワークの安全性・信頼性等を含む「通信」の健全な制度的利用環境が適切に確保されることが,公権力に課された作為義務（「国家による自由」の実現）となる。このように解さないと,当該環境を不健全ないし不安定にし得る立法不作為や立法上の不備に対し,憲法の次元において「対抗」することが困難となり,「秘密」が実効的に保護されない状況に陥る可能性が否定できない。

0.2 通信の自由・秘密をめぐる近年の学説とそれに対する疑問

近年の憲法学説には，プライバシーの保障を基軸とする思想を維持しつつも，秘密不可侵の解釈をめぐる伝統的な学説の考え方を部分的に見直そうとする動きもある[36]。しかし，その主なものについて以下に示すとおり，それらは理論的な体系化に成功しているとは言いがたい。

第一に，憲法21条2項後段にいう「通信」には，不特定の者に向けて主にインターネット経由でオープンな内容情報が発着信される「公然性を有する通信」と称される通信（以下，単に「公然性を有する通信」という）は含まれないと解する考え方（以下，「公然性通信除外説」という）が有力に提示されている[37]。確かに，公然性通信除外説によれば，内的・私的なコミュニケーションのイメージが強かった「通信」の領域に登場した「異物」としての公然性を有する通信について，秘密保護要請から切り離すことが可能となる。しかし，公然性を有する通信も「通信」の一形態であり，憲法21条2項後段の明文の規定はかかる通信をその保護対象から排除していない。それゆえ，これを秘密保護要請と無縁のものと断じることには重大な疑問がある。

公然性通信除外説を支える命題は，公然性を有する通信において基本的に「秘密」は生じないというものである。もとより，かかる命題自体に疑義を挟む余地がある（1.2.1参照）。しかし，その点についてはひとまず措き，仮に公然性を有する通信に「秘密」が存しないとしても，この解釈は正鵠を射たものとは言いがたい。なぜなら，憲法21条2項後段の規定が「秘密」の前提として通信の自由を保障・保護する中で，公然性を有する通信が「通信」の射程から外れる場合には，「公然性を有する通信の自由」が保障されないということになり得るからである。「公然性を有する通信の自由」はもっぱら表現の自由として保障されるという考え方もあろうが，その場合，少なくとも理論的には「非表現物を内容情報とする公然性を有する通信の自由」が基本権の保護領域の外におかれることとなるし，そもそも通信の自由の保護法益は表現の自由の保障のみに収斂するわけではない（0.1・1.3参照）。憲法上，「公然性を有する通信以外の通信の自由」が保障される一方で，「公然性を有する通信の自由」が保障されないとする帰結は，今日の国民生活に組み込まれたインターネット経由の通信[38]のうち一定のものに対する憲法的保護を除去ないし低減させ，当該通信の制度的利用環境を（他の態様の通

10

信と比べて）危うくする結果，各人の人格の発展をも阻害し得ることとなる[39]。換言すれば，憲法21条2項後段の規定は，個人の尊厳を支える「通信」そのものを保護する意味合いを有すると解され，その保護の対象から，「今や欠くことのできない経済社会の活動基盤」[40]とされるサイバー空間[41]で行われる公然性を有する通信が除外される合理的な理由は見いだしがたい。「通信」の制度的利用環境を具現するための基幹的な立法となる電気通信事業法において，「電気通信」は「有線，無線その他の電磁的方式により，符号，音響又は影像を送り，伝え，又は受けること」と定義されており（電気通信事業法2条1号），送信・伝送・受信の対象となる符号等が公然性を有するか否かは何ら問われていない（インターネット経由での公然性を有する通信も法律上の「電気通信」である）ということも，かかる理解に整合的である。

　第二に，「秘密」の保護はもっぱら公権力に対する不作為義務規範であると解する考え方（以下，「秘密保護要請公権力限定説」という）も提示されている[42]。これは，個々の通信の成立に寄与する私人たる通信管理主体が秘密保護要請に直接拘束されないということを含意する。確かに，秘密保護要請公権力限定説を採れば，理論的には明快であると同時に，憲法規範の名宛人（憲法99条参照）が基本的に公権力であることにも整合的となる。しかも，秘密保護要請公権力限定説は，私人たる通信管理主体の行為と憲法上の要請との直接の連関を断ち切るものであるから，これによれば，個々の通信への関与者等を通信管理主体とそれ以外の者（以下，「非通信管理主体」という）[43]とに区別するという難題も，個々の通信管理主体の特徴に応じて「秘密」の侵害[44]が認められる場合をきめ細かく判断するという煩雑さも，巧みに回避することができる。

　しかし，一般に通信役務が私人たる通信管理主体により提供されている今日において，公権力は通常，個々の「秘密」たる情報を直接取り扱うわけではない。それゆえ，公権力による情報不接触原則が確保されても，本当に憲法が予定する各人の「秘密」の保護の趣旨が充足されたと言えるのか，疑問が残る。すなわち，今日の「通信」においては，通信管理主体が公権力に近似する立場に立ち，「秘密」たる情報の漏えい等のリスクに対する防波堤にも元凶にもなり得る。個々の通信の成立を左右するゲートキーパーのような状況におかれながら，その属性が私人であるということのみをもって，憲法上，「秘密」の保護とは無縁の主体と位置づけることが妥当なのであろうか。仮にそうであるとすると，通信管理主体

が自らのネットワークに対する通信管理権（0.1参照）を主張して，あるいは当該ネットワーク全体を表現媒体とする表現の自由を行使して，その内部の流通情報を任意に探索しつつ削除するなど，秘密保護要請の趣旨と真逆の行為を実行に移した場合，当該情報の発信者においては，法律上はともかく，憲法上は「私的自治の原則」[45]の下でこれに対抗することが困難となろう。かかる状態は，憲法が予定する「秘密」の保護及びそれを基軸とする「通信」の健全な制度的利用環境とは大きく乖離するはずである。法律が通信管理主体の行為をきめ細かく規律すれば足りるという反論もあろうが，「通信」を取り巻く環境は技術革新等に伴う変化が激しいこともあり，立法措置のみでは適時の適切な規律が困難となり得る（1.2.2参照）。

　第三に，「秘密」の保護とは内容情報の保護を指すのであって，構成要素情報の保護についてはその射程外であるとする考え方（以下，「内容情報限定保護説」という）も提示されている[46]。確かに，仮に構成要素情報が秘密保護要請から切り離されれば，データとしての構成要素情報の柔軟な利活用が可能になり得るかもしれない。しかし，保護されるべき「秘密」の内実が内容情報に限定されると解し得る合理的な理由は乏しい。実際，例えば各人のウェブサイトの閲覧先に関する情報は構成要素情報であるが，これが保護されるべき「秘密」ではないとされた途端に，見知らぬ第三者に随時把握されるおそれと裏腹になる。そのような環境の下では，誰しも安心して「通信」を行うことが困難となろう[47]。

　近年の内容情報限定保護説は，憲法21条2項後段の規定の原意が「意思伝達におけるプライバシー権」の保護であったとする思想をその解釈の理由に掲げている[48]。しかし，それが本当に原意と言えるのか，また仮に原意であったとしてもそれが絶対的かつ固定的な解釈となり得るのかという点には議論の余地がある（0.1参照）[49]。そのうえ，そもそも「秘密」との関係において内容情報と構成要素情報とを規範的に切り離すことの妥当性には疑問符がつく。なぜなら，伝統的な学説が説いてきたとおり，構成要素情報が内容情報を推知させる可能性や内容情報と構成要素情報の一部（発信者の氏名等）が包括的に送受信される可能性等を踏まえると[50]，両情報は不可分的，一体的な関係にあると考えられるからである[51]。また，既に示唆したとおり，内容情報が構成要素情報よりも常に秘匿性（要保護性）[52]が高いとは限らず[53]，前者のみが「秘密」としての保護を受けると解し得る合理的な理由も乏しい。しかも，「秘密」の保護にプライバシーの保護

という要素が含まれる限り，構成要素情報についても，その内容情報を推知させる程度等にかかわらず，「秘密」として保護されると解することが合理的である。加えて，通信手段を用いた表現の自由の補完の観点からも，構成要素情報が第三者にみだりに開示されない状態を確保することが，それらの情報の探知を通じてもたらされ得る表現行為の萎縮効果を防止する役割を果たす。したがって，内容情報は構成要素情報とともに，「秘密」たる情報として包括的に保護されると解することが妥当である[54]。

0.3　本書の目的及び構成

以上のような秘密不可侵の法規範に関する学説の問題点を克服するための著者なりの「解答」は，従前の考え方を再構成した理論により旧著[55]において提示している。よって，その詳細についてはそちらの参照を乞うが，次章でその概要を総括する[56]。本書は，当該理論を踏まえつつ，その合理性を改めて論証することも視野に入れながら，これまであまり議論されてこなかった通信の自由・秘密をめぐる個別の各論的な重要論点について，問題の所在及びその解明に向けた解釈論的道筋を明らかにすることを目的とする。

具体的には，例えば以下のような課題を取り上げる。すなわち，①通信の自由を表現の自由とは別に観念する実益は，具体的にどのような点に見いだすことができるのか，②前述の「コモンキャリア」とはそもそもどのような者で，それは本当に伝送行為に徹することが憲法上予定されているのか，③秘密保護要請との関係上，通信管理主体等により保管された通信記録，利用者の通信用端末内部の情報，携帯電話の位置情報等に対して，公権力はどの程度正当にアクセスし得るのか，④インターネット上の多様なプレーヤー（役務提供者）については，どこまでが秘密保護要請に拘束される通信管理主体となるのか，⑤通信管理主体は，取扱い対象となる他人間の通信の内容等に対してどのような法的責任を負い得るのか，といった課題である。

本書の主な構成は以下のとおりである。前述のとおり，議論の前提として，管見としての秘密不可侵の解釈論について総括的に概説する（**第1章**）。また，憲法上の「通信」と「表現」の概念の意義について整理する（**第2章**）。

そのうえで，まず，表現の自由を踏まえた通信の自由の保障・保護のあり方を

めぐる各論的問題について考察を加える。具体的には，通信設備や通信用のアプリケーションをはじめ，各種のハードウェア・ソフトウェアを起動させるために必要となるコードやそれに基づき機械的に生成される情報（機械的生成物）の表出と表現の自由・通信の自由との関係（第3章），インターネット経由の通信を支えるインターネット接続役務提供者自身の「伝送行為を通じた表現の自由」（第4章），しばしば通信事業者を表現の自由の享有主体から排除するための理論的根拠となってきた「コモンキャリア」の概念の再検討（第5章），着信者の意向を無視しつつ多数の者に一方的に送りつけられる電子メール（以下，「迷惑メール」という）に関する法規制と表現の自由・通信の自由及び営業の自由との関係（第6章）といった，これまであまり検討が行われてこなかった各種の論点を取り扱う。

　次いで，「秘密」の保護の側面に議論の軸足を移し，その各論的問題について考察を加える。具体的には，特定電気通信役務提供者の損害賠償責任の制限及び発信者情報の開示に関する法律（平成13年法律137号。以下，「プロバイダ責任制限法」という）に基づく送信防止措置（を実質的に許容する立法措置）と「秘密」との関係（第7章），通信管理主体が行う通信記録の保管と「秘密」との関係（第8章），「秘密」との関係を踏まえた通信用端末設備の法的位置づけ（第9章），「秘密」との関係を踏まえた通信管理主体が収集する携帯電話の位置情報の法的性質とその取扱い（第10章），「秘密」の保護の観点からみた個々の通信の（内容情報の）傍受（以下，「通信傍受」という）と通信記録の捜索との規範的な分水嶺（第11章），通信技術を用いた新種の犯罪捜査の法的位置づけ（第12章）といった先端的な各種の論点について，検討する。

　さらに，公権力とともに通信の自由・秘密の保護の役割を担う通信管理主体に焦点を当て，若干の考察を加える。具体的には，インターネット上でさまざまな役務を提供する多様な者のうち通信管理主体となる者の具体的な範囲（第13章），流通情報に対する通信管理主体その他の関与者の法的責任（第14章）について，それぞれ検討する。

　これらはいずれも我が国の学説における検討が不十分ないし未成熟の問題であり，かつアメリカ合衆国（米国）において関連する議論の展開が豊富にみられるものが多いことを踏まえ，その検討に際しては，必要に応じて米国における関係する議論を参照する。具体的には，**第1章**及び**第7章**における考察を除き，基本

的に何らかの形で米国法上の議論を参照している。もっとも，米国には秘密不可侵に相当する憲法規範が存在しないため，かかる議論が本当に参考になるのか，疑問視する向きもあるかもしれない。しかし，関係する各章で個別に言及するとおり，米国法上の議論は驚くほどに我が国の「通信」に関する憲法解釈論に対して示唆に富んでおり，また規範的な共通項も少なくない。

1 ）本書においては，別段の断りのない限り，憲法上の通信の秘密を指す。
2 ）芦部（2000）541頁，佐藤（2011）321頁参照。
3 ）例えば，「通信は表現行為として保障されるのみならず，通信の秘密が確保されることにより，プライバシーや私生活の自由が確保される」と説かれている。青井＝山本〔龍〕（2016）105頁〔青井未帆執筆〕参照。
4 ）長谷部（2014）229頁参照。
5 ）主要な学説の概況について，海野（2015a）38頁参照。
6 ）漏えいとは，情報を他人の知り得る状態におくことを表す。
7 ）芦部（2000）545頁，佐藤（2011）321頁参照。
8 ）本書において，「保護」という用語については，基本的に「保障」とはやや異なる意味合いを有するものとして用いている。すなわち，「国家からの自由」としての公権力等による権利・利益の侵害の禁止（不作為）ないし消極的な保障のみならず，積極的な行為（作為）を通じた「国家による自由」としての権利・利益の確保を伴い得る場合，これを「保護」としている。
9 ）本書において，内容情報とは個々の通信において発着信者間でやり取りされることが予定された情報を指し，構成要素情報（メタデータ）とは通信の存在の事実，日時，場所，回数，電話番号，IP アドレス等の内容情報以外の個々の通信に関する情報を指す。郵便物とは別に提出された転居届のように，個々の通信に関する情報とは別個の情報については構成要素情報に含まれないと解されている（名古屋高判平成27年 2 月26日判時2256号11頁，名古屋高判平成29年 6 月30日金判1523号20頁，最判平成28年10月18日民集70巻 7 号1725頁〔岡部喜代子裁判官の補足意見〕参照）。
10）プライバシーの概念自体も必ずしも一義的に明らかなものではない。この点に関する主な学説の整理として，さしあたり，海野（2011）561-564頁参照。判例は，「個人のプライバシーに属する事実をみだりに公表されない利益」が法的保護の対象となるとしているが（最決平成29年 1 月31日民集71巻 1 号63頁〔検索結果削除請求事件〕参照），プライバシーの概念自体を定義してはいない。
11）佐藤（2011）182-183頁，伊藤（1995）233-234頁参照。
12）もっとも，契約者情報と個々の通信に関する構成要素情報との分水嶺は相対化し得る。例えば，契約者情報としての電子メールアドレスと電子メールを通じた個々の通信に関して収集される電子メールアドレスとは，同一の中身の情報となることが多い。よって，契約者情報の開示が，実質的に個々の通信に関する構成要素情報の開示にほぼ等しい効果を生み出す場合が想定される。
13）本書にいうネットワークという用語は，その狭義においては情報の伝送に必要となる伝送路設備及びその関連設備を指すが，その広義においては「通信」に必要となる各種の通信設備を包含した概念を表す。
14）「基本的な通信役務」の具体的な内実につき，海野（2015a）231-239頁参照。
15）電気通信事業法 4 条・28条・29条 1 項 1 号・41条 5 項 3 号・179条，有線電気通信法（昭和28年

法律96号）9条・14条，電波法（昭和25年法律131号）59条・109条・109条の2，郵便法8条・70条3項1号・80条，民間事業者による信書の送達に関する法律（平成14年法律99号。以下，「信書便法」という）5条・9条1号・22条・31条1号・44条・45条，刑法（明治40年法律45号）133条，犯罪捜査のための通信傍受に関する法律（平成11年法律137号。以下，「通信傍受法」という）28条・30条，関税法（昭和29年法律61号）76条2項・78条の3等参照。

16）電気通信事業法の場合，相互接続については同法32条乃至35条，通信設備の維持・管理については同法41条乃至73条，基本的な通信役務（基礎的電気通信役務）の提供については同法7条及び106条乃至116条に関係する規定が設けられている。

17）その意味において，「秘密」とは極めて多義的な概念であり，プライバシーはその一要素であると考えられる。

18）例えば，特定電子メールの送信の適正化等に関する法律（平成14年法律26号）11条，青少年が安全に安心してインターネットを利用できる環境の整備等に関する法律（平成20年法律79号。以下，「青少年インターネット環境整備法」という）21条，風俗営業等の規制及び業務の適正化等に関する法律（昭和23年法律122号）31条の8第5項，児童買春，児童ポルノに係る行為等の規制及び処罰並びに児童の保護等に関する法律（平成11年法律52号）16条の3等の規定は，関係事業者等に対して一定の通信に関する内容情報及び構成要素情報の積極的な知得が必要となる行為を促している。海野（2015a）30-31頁参照。

19）大河内（2010）7‐8頁・33頁参照。

20）憲法解釈方法論としての原意主義をめぐる米国の議論及びそれに基づく示唆について，大河内（2010）116-149頁参照。

21）これが何かは必ずしも一義的に明らかではない。

22）佐藤（2011）34頁，伊藤（1995）88頁，戸波（1998）56頁参照。併せて，海野（2015a）2頁参照。

23）佐藤（2011）321頁，芦部（2000）541頁，阪本（1995）141頁参照。

24）本書において，基本権とは，実定憲法上の国民の権利を指す。

25）例えば，「通信」は「表現」に包含されるためあえて通信の自由を観念する必要はないという旨を説く学説（渋谷（2017）350頁参照）は，通信の自由が「通信手段を用いた表現の自由」に尽きるという思想を前提としていると考えられる。

26）ただし，インターネット経由での議論については，意見等が集団的に先鋭化しやすく，世論が分裂の方向に向かいやすいという旨が指摘されている。サンスティーン（2003）95-97頁，曽我部（2017）143頁参照。また，発信者の属性を固定したうえで行われるソーシャルネットワーキングサービス等を介した通信においては，人間関係に気を遣うあまり，議論が矮小化されやすいという指摘もある。棟居（2015）316頁参照。

27）米国国立標準技術院（National Institute of Standards and Technology: NIST）の定義によれば，クラウドコンピューティングとは，「最小限度の管理努力又は役務提供者の関与により速やかに提供され又は公開される仕様変更可能なコンピューティング資源（ネットワーク，サーバー，ストレージ，アプリケーション，サービス等）の共有庫に対し，どこからでも簡便にオンデマンドによってネットワークアクセスを行うことを実現するモデル」であるとされる。*See* Mell and Grance (2011), at 2.

28）海野（2015a）9-13頁参照。

29）本書にいう双方向型プラットフォームとは，関与者以外の異なる利用者間のコミュニケーショ

ンを実現・促進する機能を有する各種のオンライン上のプラットフォームを総称するものである。

30）海野（2015a）176頁。

31）通信管理主体の概念の詳細について，海野（2015a）3‐4頁・153‐179頁参照。なお，通信当事者は，他人間の通信への関与を行う者とは言えないことから，通信管理主体にはならない。それゆえ，着信者は，その着信する通信に関して「秘密の侵害の主体とならない地位」におかれているとも言える。そのため，公権力又はその事実上の「手足」となる者が，ネットワーク上からのマルウェア等の排除を目的とする「おとり」のサーバー等を設置して，流通情報の「着信者」となることにより，当該情報の内容を必要以上に把握する場合には，もっぱら着信する個々の通信との関係では「秘密」の侵害は生じない。しかし，かかる行為の憲法適合性については，「通信」の制度的利用環境の形成の観点から，別途検討される必要がある。

32）「伝送」とは信号等を発信の場所から着信の場所へと運び，中継し，又は変換することを指す（多賀谷ほか編著（2008）26頁参照）。「交換」とは発信された信号等をその着信先へ伝送するために振り分けることを指す（髙嶋（2015）43頁参照）。

33）その詳細について，海野（2015a）343‐367頁参照。

34）芦部（2000）544‐545頁参照。併せて，大阪高判昭和41年2月26日判タ191号155頁，東京地判平成14年4月30日（平成11年（刑わ）3255号）参照。また，「旧憲法」である大日本帝国憲法26条は「信書ノ秘密」を保護していたが，その淵源は1831年ベルギー憲法22条及び1850年プロイセン憲法33条の規定にある。この事実とともに，「信書の秘密並びに郵便及び電気通信の秘密」を保護する今日のドイツ連邦共和国基本法10条1項の規定も踏まえ，これら欧州型の「秘密」の保護の流れを受けたものとして憲法21条2項後段の規定を捉える場合にも，内容情報及び構成要素情報の保護という帰結が導かれるとされる。宍戸（2013a）496頁参照。

35）曽我部（2013）18‐19頁参照。この学説は，「自由権の規定から国家の作為義務を導くことには慎重であった」憲法学の傾向を踏まえ，「通信の秘密条項から広汎な国家の作為義務を導き出す」考え方を批判する。これに対する応答として，海野（2015a）58‐64頁参照。なお，個々の通信から発生した情報以外の一定の情報についても「秘密」の保護対象となり得るものと捉えつつ，それに関する「国家からの自由」を追求するものと解する場合には，かかる警戒感は妥当しないこととなろう（**1.6.5**参照）。

36）近年の主な議論の様相として，宍戸（2013a）487‐523頁参照。

37）佐藤（2011）321頁，高橋〔和〕（2017）256頁参照。公然性を有する通信については，基本的に「憲法21条2項の『通信』ではなく，同条1項の『表現』に該当する」と捉えられる傾向にある。大石＝大沢編（2016）116頁〔小谷順子執筆〕参照。

38）2016年9月末時点における我が国のインターネット利用者数の割合は，83.5％に及んでいる。総務省（2017a）282頁参照。

39）各種の公然性を有する通信を「個人の人格の発展に新しい可能性を付与するもの」と位置づける学説として，棟居（1998）45頁参照。

40）サイバーセキュリティ戦略本部（2017）1頁。

41）サイバー空間とは，「無数のコンピュータ，センサー，駆動装置が情報通信技術（IT）によりネットワーク化されることで創出される」空間のことであり，「国境を意識することなく自由にアイディアを議論でき，そこで生まれた知的創造物やイノベーションにより，無限の価値を生むフロンティア」であるとされる（サイバーセキュリティ戦略〔平成27年9月4日閣議決定〕1‐2頁）。

42）例えば，曽我部（2013）20頁参照。併せて，宍戸（2013a）503頁参照。

序章　本書の基本的な問題意識　　17

43）非通信管理主体には，①もっぱら通信設備を他人の通信の用に供したりセキュリティ対策等に従事したりするような形での関与を行うにとどまり，第三者からの要求に応じて「秘密」たる情報を直接取り扱うことのない者，②自己と他人との間の通信を仲立ちする者，が含まれる。

44）本書にいう「侵害」とは，権利・利益（特に，基本権又は基本権に関する法益）に対する制約（となる公権力の行為）が，公共の福祉に基づき正当化される範囲を超え，違憲又は違法と評価され得る程度に及んでいると認められる状態を指す。なお，「秘密」の侵害の意義について，海野（2015a）289-298頁参照。

45）私的自治の原則は，憲法13条から導かれる客観法的要請であると解される。海野（2015a）70頁，海野（2011）132頁参照。

46）橋本〔公〕（1988）283頁，高橋〔郁〕＝吉田（2006）68-69頁参照。

47）特に，構成要素情報としてのウェブサイトの閲覧先（Uniform Resource Locator: URL）に関する情報の集積は，個人の嗜好，趣味，行動パターン等の把握を可能とし得る。それゆえ，要保護性が概して高く，公権力等によるその取得は，インターネット経由の通信を用いた表現に対する相当な萎縮効果をもたらし得る。

48）高橋〔郁〕＝吉田（2006）66頁参照。

49）宍戸（2013a）496頁参照。

50）佐藤（1978）641頁，曽我部ほか（2016）51頁〔曽我部真裕執筆〕参照。

51）電子メールの表題のように，内容情報及び構成要素情報のいずれに分類するのかが必ずしも明確ではない情報もある。

52）本書でいう「秘匿性」とは，当事者において，情報を無関係の他人に知られないようにすることに対して認められる期待可能性の度合いのことを指す。

53）不特定多数の者への公開が予定された内容情報よりも，非公開となる通信の事実を示す構成要素情報の方が，概して秘匿性が高いと考えられる（注47）参照）。

54）海野（2015a）137-140頁参照。

55）海野（2015a）。

56）ただし，旧著公表後の研究成果を踏まえた理論の内容の彫琢を適宜行っている。

第1章

憲法21条2項後段の規定の趣旨

1.1 序説

　序章でも触れたとおり，伝統的な憲法学説において，秘密不可侵の趣旨は，通信当事者のプライバシーの保護及び表現の自由の補完を図るものと捉えられてきた。それは，支配的な学説が，当該趣旨について，「表現の自由と関連する」としつつ「私生活の秘密の保護の一環としての性格も有する」と説いてきたことに象徴され[1]，近年の一部の学説においてもかかる理解がほぼそのまま踏襲されている[2]。しかし，このような解釈の妥当性をめぐっては，十分な議論が尽くされているとは言いがたい[3]。郵便や電信・電話（固定電話）が「通信」の主役であったかつての時代（以下，「郵便・電話の時代」という）と比べ，「通信」及びそれを取り巻く環境も大きく様変わりしている中で，はたしてかかる解釈は普遍的，時代超越的に妥当するのであろうか。憲法制定以来，憲法21条2項後段の規定が何ら改廃されずに現存している以上，前章で論じた従前の学説の問題点を考慮すると，当該規定の解釈も今日的な状況も踏まえて再構成される必要があるのではないか。

　また，従前の憲法学説は，「通信」を「表現」の部分概念と捉えつつ，「通信」について「表現」と同じような目線で位置づけてきた感がある。しかし，既述のとおり，「通信」は「表現」と異なり独力かつ自然状態で実現可能なものではない（0.1参照）。すなわち，「通信」は，①一定のネットワークその他の通信設備の設置及びその使用を不可欠とする，②情報の発信者がその着信者を指定するため，通信当事者において無関係の第三者に当該情報が知られないこと（秘匿性）に対する利益が生じる，③情報の送受信のために通信設備の支配・管理者等の関与者（その多くは通信管理主体）による一定の助力を必要とし，当該情報が一時的に通信当事者の一方又は双方の手の届かない（直接的な統御の及ばない）ところにおかれる，④前記②及び③の帰結として，発信者，着信者及び関与者からなる「三極

関係」を基本とする構造がその成立に不可欠となる，⑤前記④の帰結として，憲法及びそれに適合的な形で公権力が設営する通信制度に依存しつつ行われる，といった固有の特性（以下，これらを総称して『「通信」の基本的特性』という）を有する[4]。かかる特性を十分に考慮せずに「通信」を捉えようとすると，通信の自由・秘密の保護法益の重要な要素を見失うことに結びつく。

例えば，「基本的な通信役務」を利用するうえで必要となるネットワークを全国津々浦々に張りめぐらすことは，国民各人の通信の自由を保障・保護するに際しての重要な前提となる。ところが，ネットワークの全国的な整備については，通信管理主体の自助努力に委ねるのみでは本質的に不十分となる可能性が高い。それゆえ，公権力による一定の制度的な措置が求められ，現にそれがさまざまな試行錯誤の中で行われてきた[5]。かかる措置をもっぱら立法政策等の問題と位置づけ，基本権としての通信の自由・秘密の保障・保護と完全に無縁のものと捉える解釈は，必ずしも正鵠を射たものとは言えないように思われる。

このような問題意識を踏まえたうえで，サイバー空間で行われる今日的な通信をも視野に入れつつ旧著で提示した秘密不可侵の法規範の趣旨を再構成するための理論[6]について，その詳細をここで再掲することは控えたい。しかし，当該理論（旧著公表後の彫琢部分を含む）の概要を摘示することは，次章以降で取り扱われる各種の今日的・各論的な問題の考察に向けた土台となる。そこで本章では，郵便・電話の時代のみならず今日においてもなお妥当すると考えられる憲法21条2項後段の規定の趣旨（解釈論）について，旧著の要点を摘示しつつ概説する。

1.2 近年の主な学説の問題点と解釈論的対応

1.2.1 公然性通信除外説の問題点

所要の叙述に先立ち，前章で概観した近年の主な学説のうち，有力に提示されている公然性通信除外説及び秘密保護要請公権力限定説の問題点を敷衍しつつ，前述の「通信」及びそれを取り巻く環境の変化にも対応した解釈の方向性について概説する。まず，以下に公然性通信除外説（0.2参照）の問題点を敷衍する。

もとより，郵便・電話の時代の「通信」は，通信管理主体以外の第三者が介入しようのない形で，特定者間において行われる情報のやり取りが大半であった。だからこそ，「秘密」の保護をもっぱらプライバシーの保障に置き換えて理解す

ることでも足りるようにみえた。ところが，今日では，インターネット経由の通信の普及等に伴い，公然性を有する通信が一般に行われており，その内容情報に関してはプライバシーが問題となる余地が乏しい。そこで，公然性通信除外説を採る憲法学説の多くは，公然性を有する通信には「秘密」の保護が基本的に及ばず，表現の自由の法理でこれに対応することが妥当であるという旨を説いている[7]。その背景には，「秘密」が本来「一対一」のコミュニケーションを典型とする「閉ざされた通信」に関するものであるという思想[8]がある[9]。

しかし，既述のとおり，憲法21条2項後段の規定が（その制定当時においても今日においても）「通信」に特段の限定を付していない中で，公然性を有する通信の「秘密」は憲法上基本的に保護されないとは言えない（0.2参照）。むしろ，公然性を有する通信に関しては，今日の国民生活における「通信」の主役的地位を占めるものであることを踏まえ，その通信の自由が（「秘密」の発現の前提として）積極的に保護される必要があるとさえ言い得る[10]。

また，公然性を有する通信においては，内容情報はオープンなものであるかもしれないが，構成要素情報については必ずしもその限りではない[11]。よって，公然性を有する通信の内容情報がオープンなものであるということと，当該通信の「秘密」が憲法上保護されないということとは，当然に連動するものではない。また，秘密保護要請は情報不接触原則を内包するのであるから，個々の情報が実際に有する秘匿性の度合いとは関係なく包括的に「秘密」の保護の網をかけていると考えられる[12]。それゆえ，公然性を有する通信においても「秘密」たる情報は発現し得るのであって，当該通信に対しても秘密保護要請が及ぶと解することが合理的である。実際，近年の憲法学説においても，公然性を有する通信について，「送受信行為の部分も憲法上保護されないと言い切ってよいのか」といった疑問が提示されている[13]。

さらに，そもそも公然性を有する通信とは何かという点も問題となり得る。当該通信は，放送（放送法〔昭和25年法律132号〕2条1号参照）のような特別な構造[14]を有する通信ではなく，少なくとも技術的には，通信管理主体の関与を伴いつつ「一対一の通信」が集積されることにより実現する。よって，他の態様の通信と規範的に区別される合理性が乏しい。同時に，発信当時は公開を予定していた通信の内容情報がその流通過程等で事後的に秘匿性を帯びることもあり得る。ゆえに，公然性を有する通信とそれ以外の通信との分水嶺は不分明である。

公然性通信除外説は，公然性を有する通信が原則として「秘密」の保護対象から外れ，表現の自由の保障の問題となるとしつつも，例外的に「秘密」の保護が及ぶ場合があるとも指摘している[15]。また，かかる思想を前提としつつ，インターネット接続役務[16]の提供を行う電気通信事業者（以下，「インターネット接続役務提供者」という）[17]は「公然性を有する通信」の内容に対して一定の範囲で「編集権」[18]を有すると説かれることもある[19]。しかし，「秘密」の保護対象とならないとされる「原則」とその「例外」とを区別するための基準は曖昧となっている。当該通信の内容情報が原則で，構成要素情報が例外という考え方もあり得るかもしれないが，一般に両者は密接に結びついており，これらを規範的に切り離すことは合理的ではない（0.2参照）。

一方，インターネット経由の通信は，極めて強度な流通情報の伝播力（瞬時性，容易性，広範性，拡散性，記録保管性等）を有する。それゆえ，公然性を有する通信を通じてやり取りされる情報に他人の基本権に関する法益（以下，「基本権法益」という）[20]を著しく害するものが含まれていれば，それに伴う弊害（例えば，名誉毀損等の被害）は，郵便・電話の時代には想定されなかったほど迅速かつ広範に及び得る[21]。かかる弊害が頻繁に発生し，国民各人が「通信」を安心して安定的に利用することが困難となれば，「通信」自体が成立する余地が事実上著しく狭まり，憲法が「通信」の成立を前提としつつ予定する「秘密」の保護に対する実益も乏しくなり得る。

しかし，公然性を有する通信を含め，今日の「通信」は国民生活のあらゆる局面に組み込まれ，個人の尊厳を支える重要な基盤の一つとなっている。その結果，各人は「通信」なしに「健康で文化的な最低限度の生活」を営むことがほぼ困難となりつつあると言っても過言ではなかろう（0.1参照）。よって，公権力が主要な制度的利用環境の整備を適切に行わない限り，各人は前述の弊害と隣合せで「通信」を利用せざるを得なくなる。情報不接触原則を大義としつつ，かかる状況の放置（不作為）が秘密不可侵の趣旨であると断じることは，個人の尊重の原理を基盤とする憲法13条の趣旨との関係に照らして困難である。個々の通信の成立が「秘密」の前提となる以上，情報不接触原則はあくまで原則であって，秘密保護要請は公権力による適切な対処を求めるものと考えられる。当該対処はもっぱら立法政策の問題と捉える考え方もあるかもしれないが，それでは立法不作為に伴う「通信」の利用環境の不備や欠陥に対抗できなくなり得る（1.2.2参照）。

したがって，前述の弊害の発現を防止しつつ，国民生活に不可欠となる「通信」の健全な制度的利用環境（ひいては個人の尊厳）を適切に確保する観点から，ネットワーク空間（特にサイバー空間）に固有の一定の法秩序の形成が（秘密保護要請の一環として）憲法上要請されていると解される。それは，ネットワーク上における広範な流通が憲法規範に背馳することとなる「問題含みの情報」に関して，それをネットワーク外へと排除したりその流通を制限したりするための必要最小限度の措置（以下，「問題情報排除措置」という）が講じられることを確保するための法秩序（以下，「ネットワーク秩序」という）である。ここでいう問題含みの情報とは，ある種のマルウェアのような，いったんネットワーク上に載るとそれに重大な物理的支障を及ぼす可能性が高いと認められる情報（以下，「セキュリティ脅威情報」という）や，発信された情報が最終的に不特定多数の者により着信されることを目的とするネットワーク（以下，「公開目的ネットワーク」という）の内部を広範に流通した場合に他人の基本権法益を著しく害することとなる情報（以下，「基本権法益侵害情報」という）等のことである[22]。とりわけ，セキュリティ脅威情報は，国境を越えて流通（流入）する可能性も高いところ，その最大限の排除は，各人の日常生活上の問題にとどまらず，国家の安全保障を確保するうえでも不可欠となり得る（0.1参照）。「有線電気通信設備の機能に障害を与えて有線電気通信を妨害」する行為及びその未遂を処罰する有線電気通信法（昭和28年法律96号）13条の規定は，かかる趣旨を具体化する側面を有するものと考えられる。また，基本権法益侵害情報については，それが公開目的ネットワークを介して広範に流通することとなる限り，情報の伝播に伴う弊害（社会的評価・信用の低下，私生活の露呈等）の範囲も国民的規模に及び得るし，情報の格納技術や検索技術等を通じてその負の効果が持続的に残存し得るため，当該ネットワーク上からの可能な範囲での排除が求められ得ると考えられる[23]。

　仮に問題情報排除措置がまったく講じられず，セキュリティ脅威情報等が縦横無尽にネットワーク上を流通するような「通信」の利用環境が一般化すれば，国民各人において通信役務を安全に安心して利用することが困難となり，ひいては通信の自由の実効的な保障・保護が危うくなる。このとき，ネットワークが閉鎖的な空間である中で，流通情報に対する公権力的関与としての問題情報排除措置を実効的に実施し得るのは，「秘密」たる情報を直接取り扱う通信管理主体のみである。特に，統一的な管理者を欠くインターネット上においては，各通信管理

主体がそれぞれ自覚的かつ協働的に問題情報排除措置を講じない限り，問題含みの情報の流通は途絶えることなく容易に拡散の一途をたどるおそれを秘めており，それに伴う被害からの回復も困難となり得る。よって，ネットワーク秩序において，問題情報排除措置が通信管理主体に対する責務ないし努力義務として要請されよう[24]。このような仕組みについても，秘密保護要請の一環として，立法を通じて憲法適合的に設営される通信制度の中で，（一次的には立法権により）適切に形成されることが予定されていると解される。

1.2.2　秘密保護要請公権力限定説の問題点

　次に，秘密保護要請公権力限定説（0.2参照）の問題点を敷衍すると，以下のとおりである。郵便・電話の時代における通信役務の提供は，政府（旧郵政省）又は公社等の公的機関を中心に行われており，かかる通信役務の提供者は，秘密保護要請に拘束されると解されていた[25]。その理由として，①政府により提供される郵便と公社等により提供される電話等とを区別する理由はないこと，②国民が独占的な企業体である公社等の役務の利用を強制される関係にあること，が指摘されていた[26]。ところが，通信事業の民営化が行われて以来，一般に，私人たる多くの通信事業者その他の通信管理主体により通信役務の提供が行われている中で，国民各人は特定の通信管理主体が提供する役務の利用を強制されるわけではない。憲法規範は，一次的には公権力をその名宛人とすることから，私人たる通信管理主体が秘密保護要請に直接拘束されるか否かは重要な論点となる。伝統的な憲法学説は，私人たる通信管理主体にも秘密不可侵の効力をなお及ぼそうとしたが[27]，その理由づけについては必ずしも成功していなかったように見受けられる[28]。そのような中で，通信管理主体は秘密保護要請に直接拘束されるものではないと割り切る秘密保護要請公権力限定説が主張されるに至っている[29]。

　しかし，今日の社会において，もっぱら公権力が「秘密」を侵しさえしなければ秘密不可侵の趣旨が充足されたと言えるのか，疑問である。たとえ公権力が「秘密」たる情報に何ら接触しなかったとしても，通信管理主体が当該情報をみだりに開示したり，ネットワーク上の物理的な障害，不具合等によりそれが漏えいしたりするような事態が頻発すれば，国民各人においては安心して「通信」を行うことができなくなるからである（0.2参照）。また，個々の通信に際して，仮

24

にその「秘密」が公権力及び通信管理主体の双方との関係において憲法上保護されなければ，当該通信の利用者は，公権力が通信管理主体の助力を得つつ自らの知らないところで「秘密」たる情報をみだりに探索する脅威から解放されないこととなる。それゆえ，憲法上，公権力とともに通信管理主体も秘密保護要請に拘束されると解することが合理的である。すなわち，秘密保護要請との関係における通信管理主体は，一般私人とは規範的に区別された「公権力側」の主体として位置づけられる[30]。

　同時に，通信事業の民営化以前において，公権力とともに通信役務の提供者が秘密保護要請に拘束されると解していたかつての学説の考え方にも着目する必要があろう。かかる考え方を支えていたのは，当該提供者が個々の「秘密」たる情報を直接取り扱っていたという要素であったと考えられ，必ずしもそれが公権力を行使する行政主体であるか否かに焦点が当てられていたわけではない。基本的な通信役務の内容自体に関しては，民営化の前後でただちに重大な変化が生じることとなったわけではないにもかかわらず，その提供者の属性が「官」から「民」に移行した途端に秘密保護要請から「解放」されると解することは，憲法解釈論としては論理的な飛躍を伴うものであろう。むしろ，通信事業の運営形態の変化にかかわらず，「秘密」たる情報を直接取り扱いつつ他人間の通信の完結に寄与する者を公権力に準じた通信管理主体として捉え，これを秘密保護要請の名宛人として引き続き位置づけることが合理的である。

　もっとも，たとえそうであっても，公権力が通信管理主体に対して「秘密」を保護させる（立法上の）義務を負うにすぎず，通信管理主体が秘密不可侵の法規範に直接拘束されるわけではないと解する考え方も成立し得る。近年の憲法学説の中には，かかる考え方を示唆するものも増えつつある[31]。これは，憲法21条2項後段の規定が公権力の立法義務（立法による内容形成）を予定していることを明確にしたという点において，重要な意義を有する。実際，実定法上「秘密」の保護を具体化した諸規定が設けられており（0.1参照），通信管理主体においてはそれらを遵守することが求められる。しかし，法律の規律内容に関して，それが（憲法上の要請をくまなくカバーするほどに）十分なものとなるという保証はない。かかる保証のないままに，通信管理主体が（法律の網の目を潜って）「秘密」の保護の趣旨に反する権利の行使にふけることとなれば，秘密不可侵の法規範が予定する憲法秩序は瓦解し得る（0.2参照）。また，公権力の立法義務が肯定されると

しても，通信管理主体が秘密保護要請の名宛人とならないということが当該義務それ自体により裏づけられるわけではない。

　法律の具体的な規律内容をみると，例えば，郵便法に基づく「日本郵便株式会社の取扱中に係る秘密」の保護の客体は「信書」[32]に限定されており（郵便法 8 条 1 項），憲法上保護されると解される「信書以外の郵便物の秘密」は保護の対象とされていない[33]。「郵便物に関して知り得た他人の秘密」の保護（同条 2 項）が規定されているとはいえ，「信書以外の郵便物に関して郵便業務従事者がその内容を知り得ないままに取扱い過程の事故等により『秘密』たる情報の漏えいが行われた場合」には「法律上の秘密」の観点からの直接的な保護が及ばない[34]。

　また，電気通信事業法は，「電気通信事業者の取扱中に係る通信」（電気通信事業法 4 条 1 項）や「電気通信事業を営む者の取扱中に係る通信」（同法164条 3 項）の「法律上の秘密」を保護している。しかし，例えば典型的な双方向型プラットフォームであるオンライン上の電子掲示板を管理・運営する者（以下，「電子掲示板管理者」という）には，電子掲示板の機能を提供するサーバー等の通信設備を設置又は支配・管理する者（以下，「設備支配型電子掲示板管理者」という）のほか，かかる設備を設置も支配・管理もしていない個人等（以下，「設備非支配型電子掲示板管理者」という）も含まれ得るところ，後者をその典型とする「電気通信事業者にも電気通信事業を営む者にも該当しない通信管理主体の取扱中に係る通信」に関しては，「電気通信事業法に基づく秘密」の保護の対象外となっている[35]。

　もっとも，かかる状況については，立法政策の結果と捉える余地もないわけではない[36]。しかし，設備支配型電子掲示板管理者は，電気通信設備を他人の通信の用に供する形で電気通信役務を提供している限り，少なくとも「電気通信事業を営む者」に該当し，その「取扱中に係る通信の秘密」は保護される。「秘密」たる情報の適正な取扱いという観点からは，その取扱いの主体が設備支配型電子掲示板管理者であるか，それとも設備非支配型電子掲示板管理者であるかによって，当該情報に対する法律上の保護の有無自体を左右するほどの規範的な差異が設けられる必然性は認めがたい。なぜなら，電子掲示板の利用者は，通常，電子掲示板管理者が有体物としての設備を支配・管理する者であるか否か等は特段意識しておらず，それに応じて電子掲示板の利用のあり方を変えるとは考えにくいからである。しかも，設備支配型電子掲示板管理者及び設備非支配型電子掲示板管理者の双方とも，「秘密」たる情報を取り扱う態様についてはおおむね共

通する。それゆえ，法律上「設備支配型電子掲示板管理者の取扱中に係る通信の秘密」が保護される以上，「設備非支配型電子掲示板管理者の取扱中に係る通信の秘密」についても同様に保護されることが規範的にみて合理的である。また，仮に法律上「設備非支配型電子掲示板管理者の取扱中に係る通信の秘密」が保護されないとすれば，その者が管理・運営する電子掲示板では「匿名による表現の自由」（2.3.4参照）が実効的に保護されないこととなる可能性がある[37]。これらのことは，「設備非支配型電子掲示板管理者の取扱中に係る通信の秘密」の保護に関する規律の欠缺は，実質的に「法律上の秘密の間隙」になっているということを示唆する[38]。

　このように，もっぱら立法政策に期待するのみでは，法律上の欠缺が生じる可能性が排除できず，かかる状態に対する立法不作為を追及・是正することも容易ではない。しかも，「通信」を取り巻く技術革新のスピードが急速である中で，それに立法が適時適切にくまなく対応することは本質的に困難であると言わざるを得ない。それゆえ，憲法が通信管理主体による「秘密」の保護をもっぱら立法に委ねているとは解しがたい。むしろ，より端的に，通信管理主体は通信役務の提供においては公権力に準じた立場に立ち，秘密不可侵の法規範に直接拘束される（その具体的なあり方は基本的に立法により内容形成される）と解する方が，憲法解釈論はもとより，実務においても合理的であろう。

　また，仮に通信管理主体が秘密不可侵の法規範に何ら拘束されず，「法律上の秘密」に関する規定にのみ拘束されるとすれば，「通信」の利用者は憲法規範の次元において極めて不安定な環境におかれることとなる。なぜなら，通信管理主体自身において，自らのネットワーク等を表現媒体とする表現の自由や経済的自由権としての通信管理権（0.1参照）の行使を通じて，特定の流通情報に対する差別的取扱い，「秘密」たる情報の営利目的での利用，個々の通信役務の提供拒否等の利用者に対する「脅威」となる恣意的な行為（以下，「恣意的取扱い」という）を堂々と行う余地が生じ得るからである（4.5・5.4参照）[39]。このとき，憲法上，各人の通信の自由の実効的な行使は困難となり，かかる恣意的取扱いに対抗できなくなるおそれがある。これは，憲法規範の予定するところとは言いがたい。

　もっとも，法律の次元においては，「法律上の秘密」の保護を義務づける規定や，通信役務の「利用の公平」を指向しつつ役務提供における差別ないし不当な差別的取扱いを禁止する規定（電気通信事業法4条・6条，郵便法5条・8条等。以下，

第1章　憲法21条2項後段の規定の趣旨　　27

「法律上の行為規範」という）[40]により，恣意的取扱いが基本的に禁止されている。しかし，通信管理主体を一般私人とまったく同列に捉える限り，任意の恣意的取扱いがなぜ法律に基づき広範に制約されなければならないのか，的確な説明を行うことが困難となり得る。すなわち，仮に当該主体において憲法上「秘密」の保護が求められるわけではないのであれば，法律上の行為規範が通信管理主体の表現の自由その他の基本権の行使を広範に制約する中で，その立法の合憲性が十分に立証されなければならない。特に，「民主主義社会において特に重要な権利」[41]とされる表現の自由を制約する以上，学説の考え方によっては「合憲性の推定原則の排除」[42]が成り立ち得るはずである。ところが，従前の学説において，かかる観点から法律上の行為規範の正当性を証する議論は極めて乏しい。

　以上の考え方の延長線上には，通信管理主体は，その通信役務の提供に関して，秘密保護要請のみならず，憲法14条1項の規定に基づく「法の下の平等」の確保及び差別の禁止に対する要請（以下，「平等保障要請」という）にも同時に拘束されるという帰結が導かれる[43]。特定の利用者が通信管理主体から送受信対象の情報の取扱いに関して「差別」[44]ないし不当な差別的取扱い[45]を受ければ，当該利用者は「通信」の健全な利用を阻害されることになるからである。よって，法律上の行為規範のうち，電気通信事業法6条や郵便法5条等の「利用の公平」をめぐる規定は，通信管理主体が「通信」の提供（ないし各人による通信役務の利用）における平等保障要請（以下，「通信平等保障要請」という）に拘束されるということを具体的に確認する効果を有すると考えられる。

　かかる解釈を支える主な根拠を敷衍すると，以下の各点が挙げられる。第一に，通信管理主体による利用者への通信役務の提供に際して，「秘密」たる情報の取扱いに関する平等とその他の各種取扱い（利用料金等）に関する平等との厳密な区別は事実上困難であり，両者は一体的に確保される必要がある。第二に，仮にかかる区別が可能であっても，「秘密」たる情報の取扱いに関して差別を受ける利用者も，それ以外の取扱いに関して差別を受ける利用者も，ともに通信の自由の行使（通信役務の利用）が著しく妨げられ得ることに変わりはない。第三に，仮に通信管理主体による通信役務の公平な提供のあり方はもっぱら立法政策に委ねられているとして，そのあり方（差別の禁止等）がきめ細かく規律されたとしても，実際の役務提供において，立法の目をかいくぐるような形で特定の利用者への差別的取扱いが行われる可能性（憲法の予定しない不平等状態が恒常的に発生する可能

性）は払拭しがたい。第四に，通信管理主体の提供する通信役務の内実自体も技術革新等に伴い急速に変わり得るため，その公平な提供のあり方に関する規律をもっぱら適時の立法措置による対応に委ねることは本質的に困難を伴い得る。第五に，かかる立法措置については，通信管理主体の表現の自由や通信管理権を大幅に制約し得ることから，秘密不可侵の法規範の場合と同様に，当該主体が通信平等保障要請に直接拘束されると解さない限り，このような制約の正当化が難しくなる。以上の各点に照らし，通信管理主体は，その通信役務の提供において，憲法21条2項後段のみならず，憲法14条1項の規定にも拘束されると解される。

1.3　通信の自由

　秘密不可侵の法規範は，公権力及び通信管理主体をその名宛人としつつ，「秘密」たる情報の保護の前提として，国民各人が安全に安心して特段の支障なく各種の「通信」を利用可能となる健全な制度的環境を予定している[46]。そして，かかる環境の下での通信の自由を基本権として保障・保護していると解される。

　このとき，通信の自由の具体的な内実が問題となる。この自由は，以下に示すとおり，多層的な保護法益を抱えていると考えられ[47]，その保障・保護に際しては，「秘密」たる情報を直接取り扱う通信管理主体の積極的な「助力」（作為）が不可欠となる。よって，以下の各要請も，一次的には公権力に対するものであるとしても，必然的に通信管理主体との協働ないし当該主体による一定の行為を同時に求めるものとなる。

　第一に，伝統的に説かれてきた「通信手段を用いた表現の自由」という主観的権利の保障である。公然性を有する通信の普及等に象徴されるように，今日の「通信」，特にインターネット経由の通信は，国民各人にとっての身近で基幹的な表現媒体かつ情報入手媒体となっており，その機能及び情報の伝播力が飛躍的に拡大している。それゆえ，通信の自由の保障が，憲法21条1項の規定に基づく表現の自由の保障と競合する側面を有することは，必然的である。

　第二に，「通信手段を用いた表現以外の情報発信の自由」という主観的権利の保障である。「表現以外の情報発信」とは，非表現物をネットワーク上で表出することを指す。本書でいう「表出」とは，受け手となる特定又は不特定の者を想定しつつ，その者に向けて，客体となる表現物その他の情報を記号その他の方式

第1章　憲法21条2項後段の規定の趣旨　　29

により対外的に示す（又は発する）と認められる行為を表す[48]。表出という行為自体は，その客体となる情報を示すための具体的な方法や媒体を問うものではないが，それを示すために要する準備段階の行為（資料収集，情報の生成等）は「表出」の射程には含まれない。ここで，「秘密」として保護される「通信」の客体については，その内実が表現物か非表現物かを問うものではない（0.1・2.4参照）。よって，通信の自由は「通信手段を用いた表現の自由」と「通信手段を用いた非表現物の表出の自由」との双方を内包する。

　第三に，「通信手段を用いた情報着信の自由」という主観的権利の保障・保護である。「通信」が完結する（発信者の所期の目的が達成される）ためには，発信者による情報の送信行為だけでなく，着信者によるその受信行為（ないし受信し得る状態におかれること）が不可欠である[49]。それゆえ，発信者側の情報発信の自由だけでなく，着信者側の情報着信の自由についても，通信の自由の一環としての保護が予定されていると解される。この情報着信の自由には，公権力により情報の最終的な受信を不当に妨害されないという消極的な自由に加え，着信者ができる限り情報を円滑に受信し得る状態におかれる制度的環境の確保も含まれると考えられる。その理由として，着信者が情報を受信し得る状態におかれない限り，発信者の通信に関する所期の目的は達成される余地がなく，情報発信の自由を保障する意義が乏しくなるということが挙げられる。同時に，情報着信の自由は送信された情報を実際に受信するか否かの自由を含意するところ，当該情報が受信され得る状態におかれなければ，かかる「自由」を行使する余地がなくなるということも指摘できる。

　第四に，国民生活に不可欠となると認められる「基本的な通信役務」（0.1参照）の通信管理主体による適切な提供の確保が要請される[50]。ここでいう「国民生活に不可欠」であるという要素は，国民生活の一つの基盤を形成し，その提供の効果としてその水準の維持・向上に大きく資することが明らかであるということを意味する。また，「適切な提供」という要素には，少なくとも，①国内どこでも地域間の大きな格差なく利用できる状況の実現，②役務の品質水準やその利用料金等の合理性及びその提供に当たっての一定水準の安全性・信頼性の確保，③特定の利用者に対する差別ないし不当な差別的取扱いの恒常的な防止（公平性の確保），④役務提供における安定性・継続性の確保，が含まれる[51]。

　第五に，通信管理主体による通信設備の適切な管理の確保が要請される。前述

30

の「基本的な通信役務」その他の通信役務が適切に提供されるうえでは，通信基盤の総体的な健全性が確保されることがその前提となる。かかる健全性の確保のためには，通信設備が通信役務の提供に支障を及ぼして個々の通信の成立を阻害することのないよう，日頃から適切に維持・管理されることが必要となる。仮にネットワークそのものが物理的な損傷を繰り返したり，頻繁に重大な事故に見舞われたりする場合には，通信役務の適切な提供自体が困難となるからである[52]。

　第六に，通信管理主体の支配・管理する複数のネットワーク同士の相互接続の確保が要請される。もとより，情報の送信可能範囲が物理的に限定されていては，「通信」の所期の目的は十分に達成され得ない。特に，今日の社会においては，郵便・電話の時代とは異なり，個々の通信が単独の通信管理主体のネットワーク上で完結することは多くなく，むしろ複数の通信管理主体のネットワークが相互に接続されつつ行われる機会が多い。しかも，当該接続の範囲が拡大すればするほど役務提供の効率性及び利用者が享受し得る便益（ネットワーク効果）の大きさも増大するという関係（規模の経済性）が一般に認められる[53]。よって，憲法21条2項後段の規定は，「通信」において情報が地理的にあまねく流通し得る形で各ネットワークが相互に接続された環境を予定するものと考えられる。

　第七に，通信役務の提供におけるネットワーク上の最低限の安全性及び信頼性（以下，「ネットワークセキュリティ」という）の確保が要請される。今日の通信設備の内部については，ネットワークの構造の多様化・複雑化及び不正アクセス等を助長する技術の進展を背景として，通信管理主体以外の者により外部から遠隔で探索される余地を残しているため，それに伴い「秘密」たる情報が漏えいするおそれが生じ得る。それゆえ，各通信管理主体が，前述の通信設備の適切な管理とともに，ネットワークセキュリティの恒常的な保持に努め，その状態を公権力が制度的に確保することが求められる。すなわち，「通信」の制度的利用環境の形成に際しては，（通信当事者の）プライバシーの保護とネットワークセキュリティの確保等との相克が生じ得るが，憲法は「秘密」の保護を掲げることにより前者を絶対的な価値として常に優先させているわけではなく[54]，両者の適切なバランスが立法（及び行政立法）を通じて図られることを予定していると考えられる[55]。

　第八に，ネットワーク上における「情報の自由な流通」という一定の状態の原則的な実現の確保が要請される[56]。もっぱら表現物の表出行為により成立し得

第1章　憲法21条2項後段の規定の趣旨　　31

る「表現」とは異なり，「通信」は通信管理主体の支配・管理するネットワーク
を必要とし，発信者が発した情報が着信者により受信され，又は受信され得る状
態におかれることにより，初めて完結する。それゆえ，通信の自由の保障・保護
においては，さまざまな情報の送受信がネットワーク上で円滑に行われることが
予定されていると考えられる。情報の送受信が一体として保護されるということ
は，単に通信当事者による情報の発信及び着信の自由のみならず，当該情報の流
通経路に送受信対象の情報が確実に搭載される（当該経路に載って伝送・交換等さ
れつつ流通する）という状態の確保をも含意する。そして，かかる状態が確保さ
れるうえでは，前述の問題情報排除措置の実施努力を含むネットワーク秩序
（1.2.1参照）の確保のほか，ネットワーク上のトラフィックの適切な管理の確
保[57]，一定の範囲で匿名性の確保された形での情報の流通の実現[58]等も併せて
要請されよう。

　第九に，以上の各要請も踏まえたうえでの憲法適合的な通信制度の適切な設営
が要請される[59]。立法を通じた一定の通信制度なくして，前述の各要請の充足
はおよそ困難であるからである。実際，秘密不可侵の法規範が立法による内容形
成を予定しているという旨を示唆する憲法学説は近年増えつつある（1.2.2参照）。
憲法がどのような通信制度の設営を要請しているかということについては議論の
余地があるが[60]，明文の規定からは，少なくとも，①通信の自由及びそれを前
提として発現する「秘密」が適切に保障・保護されるような通信制度，かつ②個
人の尊重の原理や「公共の福祉」の確保を前提とした基本権の「最大の尊重」の
要請（憲法13条），平等保障要請（同14条１項）といった総則的な位置づけを占め
る憲法規範に反しないと認められる通信制度，であることが求められよう。

1.4 「秘密」の意義

　以上の通信の自由の内実を念頭におくと，憲法21条２項後段の規定が明示する
「秘密」には，少なくとも二重の意義が含まれていると考えられる。その狭義に
おいては，公権力や通信管理主体にとって「侵してはならない」客体となる情報，
すなわち個々の通信の内容情報及び構成要素情報ないしそれらの適切な取扱いを
意味する。それゆえ，情報不接触原則の下で，これらの情報が包括的に「秘密」
として扱われることに対する価値（情報の秘匿性や通信当事者のプライバシーに関す

る利益等）の保護が予定されている[61]。このことから，国民各人においては，かかる「秘密」の保護に対する主観的権利（「秘密」を侵されない権利）を有するものと解される[62]。

　同時に，前述のとおり，秘密不可侵の法規範には，通信の自由の保護の一環として，憲法適合的な通信制度の適切な設営等に対する客観法的要請が内在する。それゆえ，広義における「秘密」としては，狭義の「秘密」が適切に保護され得るような「通信」の主要な制度的利用環境，すなわち国民各人が安全に安心して特段の支障なく通信役務を利用でき，その中で狭義の「秘密」たる情報がみだりに外部に漏えい等することなく自由かつ安定的にネットワーク上を流通するための基盤（通信基盤）を含意すると考えられる。

　それでは，狭義の「秘密」の実体的な保護法益とは何か。既述のとおり，これにプライバシーの保護という側面が含まれることは否定されないが，決してそれに尽きるものでもない（0.1参照）。近年の憲法学説においても，憲法21条2項後段の規定について，「プライバシー権の観念が発展した現在」では，「その一局面を取り上げて明文で保障した規定」であると同時に，「通信事業者に特別の位置づけを与えることを通じて，国民の自由なコミュニケーション，すなわち通信の自由を保障する規定」であると解する考え方が提示されており[63]，プライバシー的観点からの保護が「一局面」にすぎないことが示唆されている。

　狭義の「秘密」の保護法益としては，個々の情報の支配に対する利益も考えられ得る。しかし，ネットワーク上の情報は本質的に（特定の者による固定的な支配を離れる）伝播力を有しており，通信当事者が「秘密」たる情報に対して財産権としての所有権（民法〔明治29年法律89号〕206条）を有しているわけではない。それゆえ，「秘密」の保護を財産権そのものの保護と捉えることは困難である。

　一方，「通信」の基本的特性（1.1参照）から明らかなとおり，国民各人においては，通信管理主体その他の関与者の助力を得ることなくして，「通信」を完結させることは困難である。よって，「秘密」についても，通信管理主体の意思により，又は公権力に対する当該主体の協力（情報提供）により，侵されるリスクを内包する。一般に，通信当事者は，かかるリスクを承知のうえで，統治主体としての公権力が「秘密」たる情報にみだりに接触しないこと及び通信管理主体が適切に当該情報を取り扱うことを信用しつつ，一定の契約等を通じて通信管理主体に情報の伝送等を託す。かかる所為は，一次的には通信当事者各人の選択とい

う主観的要素に基づくものとしても，個々の通信に際して公権力や通信管理主体による内容情報及び構成要素情報の不当な（積極的）知得，漏えい等の行為（以下，「不当探索」という）が行われないことに対して，利用者としての国民全体（合理的な判断能力を有する通常人を念頭においた社会）が普遍的に抱いている「客観的な期待」を土台として成立していると考えられる。

　このような「客観的な期待」の内実を国民各人の視座に置き換えると，それは，「通信」を利用する国民各人が公権力や通信管理主体に対して有すると認められる「信頼」にほぼ等しい。この「信頼」は，一次的には，送受信対象となる内容情報及び構成要素情報について，その具体的な内容やプライバシーとの関わりの度合いに関係なく包括的に適正な取扱いを行うことに対するものであり，各人の主観的要素に関わりなく客観的かつ一律的に認められる。狭義の「秘密」とは，かかる「信頼」に基づいて発現し，その不可侵とは，当該「信頼」に反すると認められる行為の禁止をその基軸とするものと考えられる。伝送行為等を託される通信管理主体においても，この「信頼」に背くことのないよう，「秘密」たる情報の秘匿性を維持しながら，適切な取扱いを行うこととなる[64]。

　したがって，狭義の「秘密」の保護法益とは，国民各人の「通信」の利用における客観的かつ総合的な「信頼」にほかならず，その侵害が問題となるのは，かかる「信頼」の向かい先となる公権力及び通信管理主体との関係においてのみである。すなわち，公私双方の局面で問題となり得るプライバシーとは異なり，狭義の「秘密」は一般私人との間においては直接保護されるものではない。一般私人をも「法律上の秘密」の侵害の射程に含めている立法措置については，公権力による通信制度の適切な設営，すなわち「通信」の主要な制度的利用環境の確保を図る観点からの立法政策の所為として理解されるべきものである。

　この「信頼」の保護という法益に関しては，狭義の「秘密」のみならず，広義の「秘密」についても当てはまると思われる。なぜなら，「通信」を行うのに不可欠となる憲法適合的な制度的利用環境（通信制度）の不備が狭義の「秘密」たる情報の漏えい等に結びつく中で，国民各人においては，当該環境の確保に対しても，客観的な期待ないし「信頼」を有すると認められるからである。すなわち，今日においては，郵便・電話の時代以来，狭義の「秘密」たる情報の適切な取扱いに対する「信頼」が醸成されてきたという歴史的な事象と，「通信」が個人の尊厳のみならず国家の安全保障をも支えるに至っているという現代的な現象とが

交錯する状況にある[65]。かかる状況の下で，秘密不可侵の法規範は，個々の狭義の「秘密」たる情報が包括的に適切な取扱いを受けることだけでなく，その延長線上で，広義の「秘密」としての「通信」の主要な制度的利用環境が適切に確保されること（に対する「信頼」の保護）をも要請しており，後者の要請の重要性は近年ますます高まっていると考えられる[66]。したがって，憲法上の保護の客体となる「秘密」には，「通信」の利用者としての国民各人が行う個々の通信に関する情報のみならず，それが流通する通信基盤ないし主要な制度的利用環境（の健全性）という意味合いも含まれていると解される[67]。

　また，このような「信頼」は，通信管理主体による個々の通信の取扱中のみならず，その完了後にも及ぶと考えられる。例えば，通信管理主体による通信の取扱中の情報の漏えいと当該通信の完了後の情報の漏えいとを比較した場合，その完了時点の前後において両情報は同一のものであることから，通信当事者の「信頼」に及ぼすインパクトは一概にいずれか一方が大きいとは言いがたい。よって，「秘密」は個々の通信の完了と同時に消滅するものではないと解される[68]。このことは，当該完了時点の前後において「秘密」たる情報の保護の程度は基本的に同様となることが規範的にみて合理的であるということを示唆する。したがって，「秘密」たる情報の取扱いのあり方に関しては，個々の通信の完了前後において経時的に変化するものではなく，「秘密」として取り扱われることに対する価値（秘匿性）が持続的に確保されることが，秘密不可侵の法規範の基幹的な要請となると考えられる。かかる解釈は，法律上，通信事業に従事する者がその退職後においても知得済みの「秘密」を保護する義務を負うとされていること（電気通信事業法4条2項，郵便法8条2項等参照）にも整合的である。

　以上のように「秘密」の内実を捉える限り，既述の内容情報限定保護説（0.2参照）は秘密保護要請に本質的に整合しないということになる。なぜなら，広義の「秘密」に対する「信頼」，すなわち「通信」の主要な制度的利用環境の確保の観点からは，「構成要素情報が内容情報を推知させる可能性」（0.2参照）の有無にかかわらず，内容情報と構成要素情報との一体的かつ包括的な保護が求められると考えられるからである[69]。

　同様に，秘密保護要請公権力限定説も秘密保護要請に整合しない。通信当事者の「信頼」のターゲットには，公権力のみならず通信管理主体も含まれるからである。通信管理主体は，かかる「信頼」に応じることが予定された第三者として，

個々の通信に関する各種の「秘密」たる情報を正当に知り得る立場におかれており，その利用者たる国民各人にとっての脅威となる主体ないし「情報権力」[70]としての「顔」も有していると言える。

1.5　通信管理主体の類型

　通信当事者の「信頼」の向かい先であり「情報権力」にもなり得る通信管理主体の内実は多様であるが，秘密保護要請との関係においては，以下のような類型化が可能である。すなわち，一般的な通信事業者をその典型とするように，伝送行為に従事しつつ他人間の通信を媒介する通信管理主体（以下，「伝送系通信管理主体」という）と，電子掲示板管理者[71]をその典型とするように，伝送行為には直接従事せずに他人間の通信に対する「実質的な媒介」に携わる通信管理主体（以下，「非伝送系通信管理主体」という）とに大別される。

　伝送系通信管理主体が行う「媒介」とは，（電気通信事業法上の媒介の概念に対する一般的な理解と同様に）「他人の依頼を受けて，情報（符号，音響又は影像）をその内容を変更することなく伝送・交換し，隔地者間の通信を取次，又は仲介してそれを完成させること」[72]である。かかる媒介は，他人間の通信における伝送行為の実施がその前提となる。一方，「実質的な媒介」とは，媒介に準じた行為であり，一定の通信設備により機能する双方向型プラットフォーム等を介して行われる他人間の情報の直接的なやり取り（通信）について，当該プラットフォーム等の提供又はその管理・運営に対する権限等を通じて，「秘密」たる情報を直接取り扱いつつ，伝送行為を伴うことなくその完結に寄与することを指す。

　非伝送系通信管理主体については，インターネット接続役務提供者を兼ねるなどして別段の伝送行為を行っていない限り，他人間の通信の媒介を行う者とは言えない。しかし，当該主体が行う実質的な媒介は，異なる利用者間におけるコミュニケーションの実現に資するものであり，その限りにおいて他人間の通信を媒介する行為に近似している。双方向型プラットフォーム等に向けて情報を発する発信者は，一般にもっぱら当該プラットフォーム等の管理・運営者をその着信先と観念して発信するのではなく，不特定ないし多数の「閲覧者」を想定しつつそれを行うと考えられるからである。

　近年の電気通信の領域において実質的な媒介を行う非伝送系通信管理主体につ

いては，典型的な双方向型プラットフォームの管理・運営者に限られるものではなく，その裾野が事実上拡大しつつある。例えば，オンライン上で異なる利用者間での対決を可能とする対戦型ゲームのアプリケーションを提供する主体（以下，「対戦型アプリ提供主体」という）は，当該アプリケーションの利用者同士が「対戦」として情報のやり取りを行うこととなる場合において，その情報を直接把握し得る立場におかれていると認められる限り，異なる他人たる利用者間の通信に対する実質的な媒介を行っていると捉える余地がある。また，画像共有型サイトの管理・運営者，スマートフォンを通じたメッセージ交換のためのアプリケーションの提供者等についても，ほぼ同様の枠組みで捉え得るであろう。このとき，ともすれば，電子商取引やオンデマンドによる動画配信等をはじめ，インターネット経由で行われる多様な行為への関与が軒並み実質的な媒介と位置づけられる可能性を秘めているようにもみえる。

しかし，実質的な媒介は際限なく認められ得るものではない。なぜなら，実質的な媒介は媒介に準じた行為としての位置づけを有するため，その客体となる通信については，一定のプラットフォーム，アプリケーション等を介して，他人間の情報のやり取りが直接的に行われるものと認められることを要するからである。このような実質的な媒介が成立するための要件（以下，「実質的な媒介の成立要件」という）を敷衍すると，以下の二点が重要である。

第一に，自己と他人との情報のやり取りは「他人間」では成立しないことから，実質的な媒介の対象とならない。よって，例えば電子商取引サイトの管理・運営者がその利用者に対して自らの商品に関する電子商取引の機能を提供していたとしても，当該管理・運営者は「自己と利用者との情報のやり取り」を行っているにすぎず，実質的な媒介を行っているとは認められない。インターネット経由で検索役務を提供する検索役務提供者がその利用者との間で行う情報のやり取りについても同様に捉え得る[73]。

第二に，他人間の情報のやり取りは（関与者を介しつつも）直接的に行われるもの，すなわち一連の通信を構成するものと認められなければならない。それゆえ，一見すると他人間の情報のやり取りが実現しているようにみえても，当該やり取りがその接点となる関与者を経由する前後において一貫性ないし一体性を有さず，当該関与者を介した異なるやり取りの集積にすぎないと認められる場合には，実質的な媒介の対象とは言えない。ここでいう一貫性については，少なくとも，関

第1章　憲法21条2項後段の規定の趣旨　　37

与者がそれぞれの通信当事者たる「他人」から中立的な立場におかれることを必要条件として確保され得る。なぜなら，仮に関与者がもっぱら一方の他人を自らの「手足」のごとく用い得るような立場におかれていれば，その他人とのやり取りは事実上「自己の内部のやり取り」とみなし得ることとなり，それをもう一方の他人とのやり取りと同列（一体的）に位置づけることが困難となるからである。

　この点において，電子掲示板管理者は，一般に各利用者からみて中立的な立場におかれており，電子掲示板の性質上，利用者間での投稿情報のやり取り（送受信）に一貫性・一体性が認められることから，実質的な媒介の役務を提供する非伝送系通信管理主体となる。これに対し，例えば一般利用者に対して動画の配信を行う動画配信役務提供者が，その動画（情報）の管理を担う委託先の事業者に対して，当該利用者の求めに応じて一定の動画を抽出・配信させる場合における当該委託先事業者はどうであろうか。かかる場合においては，「当該役務提供者と当該委託先事業者との情報のやり取り」及び「当該委託先事業者と当該利用者との情報のやり取り」が実現するところ，両者の間にはやり取り（通信）としての一貫性を認めがたい。当該委託先事業者は当該役務提供者から中立的な立場におかれているとは言いがたく，前者のやり取りはもっぱら後者のやり取りを実現させるための手段（準備行為）として行われるにすぎないからである。それゆえ，これは同一の情報をその客体とする二種類の異なるやり取りが順次成立しているものと捉えることが合理的である。その限りにおいて，当該委託先事業者は実質的な媒介を行う者とは認められない。

　伝送系通信管理主体と非伝送系通信管理主体とを区別する実質的な意義は，後者の主体は一般に，利用者との契約等を通じて，自らの管理・運営する双方向型プラットフォーム等に向けて送信された流通情報に対してその管理権限に根ざす「編集権」を有し，その恒常的な加工，編集，修正，削除等の行為（以下，「情報加工編集行為」という）に従事することが予定されているという点にある。当該行為は，双方向型プラットフォーム等の機能の適切な維持（役務の提供）にとって不可欠となると言えよう。この「編集権」の内実は，非伝送系通信管理主体の支配・管理下の双方向型プラットフォーム等を表現媒体とする表現の自由又は当該プラットフォームの管理・運営に対する通信管理権として構成され，情報不接触原則の例外となる行為の余地を与える。すなわち，非伝送系通信管理主体は，その役務の提供の都合上，「秘密」たる情報（内容情報）に一定の範囲で積極的に接

触することが予定されている。ここに，情報不接触原則に全面的に服する伝送系通信管理主体による伝送行為の場合との重要な相違があり，当該相違は，次節において述べる狭義の「秘密」の侵害が認められる行為の射程に関する差異のみならず，当該主体の表現の自由や通信管理権の行使可能範囲の径庭としても顕現することとなる（**5.4**参照）。

1.6　「秘密」の侵害

1.6.1　従前の学説の問題点

　狭義の「秘密」は，どのような場合に「侵害」されたことになるのであろうか。この点については，伝統的に，公権力や通信管理主体による「秘密」たる情報（内容情報及び構成要素情報）の知得，漏えい，窃用[74]といった行為の類型が，一律的に侵害に該当すると解されてきた[75]。もっとも，公権力については積極的知得が，通信管理主体については漏えいが，それぞれ禁止される（通信管理主体による知得は問題とならない）と解する考え方[76]も提示されている。また，秘密保護要請公権力限定説の立場からは，通信管理主体による行為については侵害の可能性が問題とならないことになる。これらのいずれの見解によっても，内容情報及び構成要素情報の漏えいをはじめとする一定の行為の類型が侵害に該当するという点に変わりはない。なお，公然性通信除外説の立場からは，公然性を有する通信においては，知得，漏えい等の行為について，侵害が問題となる余地は乏しいということになろう。

　しかし，このような憲法学説における従前の議論は不十分であると言わざるを得ず，より精緻な検討を要する。少なくとも，通信管理主体による「秘密」たる情報の知得のうち，「通信」の取扱い（通信役務の提供）に必要となると認められる範囲内[77]での消極的な把握（消極的知得）とそれを超えた積極的な探索（積極的知得）については，規範的に区別される必要があろう。しかも，ビッグデータ等の用語が飛び交い，「官民データ活用の推進」が個人・法人の権利・利益の保護に資するという認識（官民データ活用推進基本法3条1項参照）が支配する今日の高度情報通信ネットワーク社会[78]においては，通信管理主体による「秘密」たる情報の内部的利用が侵害に該当しない場合を的確に特定することの重要性も高まっているように思われる。かかる観点からの検討の詳細は旧著に譲り[79]，ここ

ではその概要について，以下に略述する。

1.6.2　狭義の「秘密」の侵害の客体

　狭義の「秘密」の侵害の客体たる情報には，例えば公開目的ネットワークを介して誰もが容易にアクセスできる電子掲示板への投稿情報のように，（通信の様態及びそれが行われる文脈等に照らし）一般的かつ合理的な通信当事者が秘匿性やプライバシーの確保に対する期待可能性を有しないと認められる公開を予定した通信（以下，「公開予定通信」という）の内容情報（以下，「公開予定内容情報」という）と，それ以外の通信（以下，「非公開予定通信」という）の内容情報（以下，「非公開予定内容情報」という）とが含まれる。これらに加え，公開予定通信の構成要素情報（以下，「公開予定通信構成要素情報」という）や非公開予定通信の構成要素情報（以下，「非公開予定通信構成要素情報」という）についても，それぞれ「秘密」を構成することから，侵害の客体となり得る。

　公開予定内容情報については，それ以外の情報と比較して秘匿性の度合いが極めて乏しく，その取扱いに関する各人の「信頼」の内実についても，基本的に第三者への情報の開示等を許容するものと考えられる。それゆえ，公開予定内容情報の知得，漏えい及び窃用については，いずれも「秘密」の侵害には該当しないと解される。

　一方，非公開予定内容情報，公開予定通信構成要素情報及び非公開予定通信構成要素情報については，通信当事者を別とすれば，原則として通信管理主体のみが一次的に取得（知得）し得る情報（非公開の情報）であり，いずれも秘匿性が高い。また，通信管理主体においては，公開予定内容情報と公開予定通信構成要素情報とを同時に取得しそれらの照合又は組合せにより付加的な情報（以下，「公開予定通信照合情報」という）を取得することや，非公開予定内容情報及び非公開予定通信構成要素情報から同様に付加的な情報（以下，「非公開予定通信照合情報」という）を取得することが可能であり，これらの中にも秘匿性の高い情報が含まれ得る。非公開予定内容情報，公開予定通信構成要素情報，非公開予定通信構成要素情報，公開予定通信照合情報及び非公開予定通信照合情報（以下，これらを総称して「侵害対象情報」という）の各秘匿性は一概にその高低を決しがたい。それゆえ，いずれも同程度の秘匿性を有し，その取扱いに対する利用者の「信頼」の内実についてもほぼ同等のものと捉えざるを得ないであろう。ただし，これらの情

報の積極的知得，漏えい又は窃用が「秘密」の侵害となる可能性については，侵害の主体の特徴も踏まえた十分な検討が必要である。

1.6.3　狭義の「秘密」の侵害の主体

「秘密」の侵害の主体に関しては，①公権力，②伝送系通信管理主体，③非伝送系通信管理主体に大別される。これらのうち，伝送系通信管理主体及び非伝送系通信管理主体は，ともに通信役務の提供（媒介又は実質的な媒介等）に際して狭義の「秘密」たる情報を消極的に知得することが可能な立場におかれる。このとき，両主体の間で狭義の「秘密」の侵害となる行為の範囲が異なるのか否かが特に問題となる。

この点に関し，非伝送系通信管理主体が正当に実施し得る情報加工編集行為に関する裁量の広さ（1.5参照）に照らして考えれば，当該主体が双方向型プラットフォーム等を通じて取得し得る侵害対象情報の積極的知得等の行為に関する侵害への該当性は，伝送系通信管理主体の場合よりもやや緩やかに捉える余地があろう。なぜなら，役務提供の機能上予定された情報加工編集行為の実施は，必ずしも通信当事者の「信頼」に背馳するものとは認められないからである。それゆえ，例えば他人間の通信の媒介に従事するインターネット接続役務提供者と，実質的な媒介の過程で広範な情報加工編集行為を行い得る電子掲示板管理者との間には，狭義の「秘密」の侵害が肯定される行為の範囲に関して規範的な差異が生じると考えられる。

その具体的な差異は，実質的に，個人を識別し得る状態（特定まではされない状態）での侵害対象情報の積極的知得や内部的利用が許容されるか否かという点に収斂されよう[80]。なぜなら，侵害対象情報の漏えいは，その客体が非公開を予定したものである限り利用者の「信頼」に背馳し，その実施者が伝送系通信管理主体か非伝送系通信管理主体かにかかわらず「秘密」の侵害に該当すると考えられるが[81]，情報の積極的知得や内部的利用については，その態様（行為の主体，侵害対象情報に関する個人の識別性等）によっては必ずしも当然に当該「信頼」に背馳するものとは認められないからである。

このとき，伝送系通信管理主体が個人を特定し得る状態で侵害対象情報の積極的知得や窃用を行えば，媒介（通信役務の提供）に必要となる範囲を大きく超えるものとして，利用者の「信頼」に背馳すると認められよう。また，当該主体が通

信役務の提供とは無関係の目的で，個人を識別し得る状態での侵害対象情報の積極的知得や窃用を行った場合も同様であり，これらは原則として「秘密」の侵害に該当すると解される。これに対し，非伝送系通信管理主体による侵害対象情報の積極的知得や内部的利用については，個人を識別し得るにとどまる状態（特定まではされない状態）で行われ，又は個人を特定し得る状態であっても役務の提供に必要な範囲内で単発的に行われる限り，双方向型プラットフォーム等における流通情報に対して予定された情報加工編集行為の範囲内の行為として，利用者の「信頼」に背馳するものとは認められないと思われる。もっとも，非伝送系通信管理主体といえども，個人を特定し得る状態でかかる行為が役務の提供に必要な範囲を超えて継続的・累積的に行われることとなれば，利用者の「信頼」に背馳し，「秘密」の侵害に結びつくであろう。

　なお，前述の公開予定内容情報の知得等が「秘密」の侵害には該当しないという命題は，「編集権」を有する非伝送系通信管理主体には妥当するが，伝送系通信管理主体についてはその限りではない。なぜなら，伝送系通信管理主体においては，情報不接触原則に正面から拘束されるため，通信当事者が発着信する個々の流通情報が公開予定内容情報に該当するか否かの判断を都度行いがたいからである。換言すれば，たとえ発信者が公開予定内容情報と認識して発信した情報であっても，伝送系通信管理主体がそれを公開予定内容情報と的確に判断することは基本的に困難となる。よって，伝送系通信管理主体による公開予定内容情報の知得等の行為は実質的に観念されず，「秘密」の侵害の認定との関係においては，当該主体が取り扱う内容情報は一律的に非公開予定内容情報とみなさざるを得ないと考えられる。

1.6.4　狭義の「秘密」の侵害への該当性

　以上の考察を総合すると，狭義の「秘密」の「侵害」とは，基本的に以下の各場合が該当すると考えられる。すなわち，個々の通信における侵害対象情報（非公開予定内容情報，公開予定通信構成要素情報，非公開予定通信構成要素情報，公開予定通信照合情報及び非公開予定通信照合情報）について，①公権力による積極的知得，窃用又は漏えい，②通信管理主体による漏えい，③伝送系通信管理主体による個人を特定し得る状態での覗き見[82]，積極的知得又は窃用，④前記③以外の場合において，伝送系通信管理主体による通信役務の提供とは無関係の目的で個人を

42

識別し得る状態で行われる覗き見，積極的知得又は窃用，⑤非伝送系通信管理主体により役務の提供に必要な範囲を超えて個人を特定し得る状態で（継続的・累積的に）行われる覗き見，積極的知得又は窃用，がそれぞれ該当し得ると考えられる。ただし，これらに該当する行為であっても，㋐公権力が公共の福祉を確保するために必要となる範囲で行うものと認められる行為[83]，㋑通信管理主体が「通信」の主要な制度的利用環境ないし通信基盤の健全性の確保のために必要となる範囲で行うものと認められる行為[84]，㋒通信当事者の有効な同意（任意の承諾）があらかじめ得られている行為については，その実施の態様が正当な目的に相応する形で比例原則等を充足する限り，侵害に該当するものではないと解される。

ここでいう通信当事者の有効な同意とは，原則として，発信者及び着信者の双方により明示的かつ個別的に行われる同意である必要があると考えられる[85]。すべての通信当事者の同意が基本的に必要となるのは，仮に通信当事者の一方の同意のみにより他方の通信当事者にも関わる情報が公権力による積極的知得等の対象となるのであれば，当該他方の通信当事者の「秘密」たる情報の取扱いに対する「信頼」に背馳するものと認められ，それが安心して「通信」を利用することが困難となるということによる。ただし，構成要素情報のうち，もっぱら一方の通信当事者に関わると認められる情報[86]については，当該当事者の同意のみで足りることとなろう。

1.6.5　広義の「秘密」との関係

広義の「秘密」（「通信」の主要な制度的利用環境ないし通信基盤の健全性）の「侵害」については，憲法上保護される権利・利益の価値を正当な理由なく一方的かつ経時的に低下させる状態の発生を「侵害」の概念に含めて捉える限りにおいて[87]，観念され得る。具体的には，公権力が憲法適合的な通信制度の設営を行わなかった結果，「通信」の主要な制度的利用環境に重大かつ構造的な弊害が生じていると認められる場合がこれに該当し得る。もっとも，これまでの通信制度の設営の実績にかんがみると，これが実際に認定され得る場合はまれであると思われる。

ただし，狭義の「秘密」の侵害とは認めがたい公権力の行為であっても，広義の「秘密」との関係で問題となる場合があり得るということには留意が必要であろう。すなわち，狭義の「秘密」の内実は内容情報及び構成要素情報であるが，

第 1 章　憲法 21 条 2 項後段の規定の趣旨　　43

広義の「秘密」の要素にはそれらと密接に関わると認められる情報（以下，「周辺関連情報」という）の取扱いも含まれ得る。具体的には，①公権力に知得されることにより内容情報又は構成要素情報の内実が容易に推知され得ると認められる情報，②契約者情報等のうちその内実が内容情報又は構成要素情報と同一である情報，がこの周辺関連情報に該当し得る。

　例えば，特定電子メールの送信の適正化等に関する法律（平成14年法律26号。以下，「特定電子メール法」という）29条の規定は，総務大臣が同法の施行に必要な限度において，電気通信事業者等から一定の電子メールの送信者（発信者）の特定に必要となる情報の提供を求めることができることとしているところ，ここでいう「情報」は契約者情報であって，個々の通信に関する「秘密」たる情報（侵害対象情報）は含まれないものと一般に解されている[88]。このような法律の解釈を憲法解釈論にも援用する場合には，契約者情報としての電子メールアドレスやIPアドレスが（通信管理主体等の助力を経て）公権力に把握されたとしても，これが狭義の「秘密」の侵害となる余地は乏しいということになり得るであろう。しかし，その態様によっては，広義の「秘密」としての制度的利用環境との関係においてなお問題となる余地が残されている。契約者情報を通じて発信者が公権力に特定される可能性は，「秘密」たる構成要素情報が把握される場合とほぼ同様に，当該発信者の行う「通信」の利用に対する脅威となり，その制度的利用環境を不安定なものとし得るからである。とりわけ，匿名での通信を行おうとする者に対しては，重大な萎縮効果が及び得ると考えられる。

　従前の学説においては，もっぱら狭義の「秘密」たる内容情報及び構成要素情報の保護に焦点が当てられ，広義の「秘密」の保護については秘密不可侵の法規範の保護領域外の問題として捉えられてきた[89]。しかし，憲法が「通信」の健全な制度的利用環境の確保を予定する限り，周辺関連情報の取扱いも秘密保護要請の内実に含めて捉える必要があろう。したがって，「秘密」として保護される客体については，その狭義においては内容情報及び構成要素情報であるが，広義においては周辺関連情報もこれと無関係となるものではない。ただし，公権力による周辺関連情報の積極的知得がただちに「秘密」の侵害に該当するわけではなく，その該当性については，公共の福祉の確保の必要性との調整[90]を経て判断されることとなる[91]。

44

1.7 小括

　秘密不可侵の法規範から導かれる秘密保護要請は，①通信手段を用いた表現の自由を含む通信の自由の保障・保護，②狭義の「秘密」（内容情報及び構成要素情報）の保護，③広義の「秘密」（通信基盤ないし主要な制度的利用環境）の保護，をその基軸としている。これらは，公権力に憲法適合的な通信制度の適切な設営を求めるという点で重なり合う。これに加え，秘密不可侵の法規範を介して，通信管理主体による通信役務の提供における平等保障要請も妥当することとなる。

　以上のような帰結は，伝統的な理解とは相当異なる要素を含むものである。しかし，郵便・電話の時代に形成された考え方が「通信」を取り巻く各種事情の変化等によりそのほころびを顕在化させるに至っていることを踏まえると，当時においても今日においても妥当し得る秘密保護要請の理論としては，このように再構成することが妥当であると考えられる。次章以降において通信の自由・秘密に関わる今日的な諸問題に法的考察を加えるに当たっては，本章で概観した解釈論をその土台に据えつつ，当該解釈論の妥当性及び有効性についても，具体的な問題へのアプローチを通じて適宜明らかにしていきたい。

1 ）芦部（2000）541頁参照。
2 ）例えば，阪口（2017）433頁，浦部（2016）208頁参照。
3 ）もっとも，憲法21条 2 項後段の趣旨について，通信におけるプライバシーの保障を企図したものではなく，「表現における通信という媒体を利用するさいの自由を保障したもの」とする注目すべき学説もかねてより提示されている。阪本（2011b）192頁参照。この学説はあえて「表現における」という限定を付しているが，本来，「秘密」の前提としての通信の自由に関しては，「通信」の客体が表現物か非表現物かを問わず保障・保護されるものと考えられる。
4 ）海野（2015a） 3 頁参照。
5 ）ブロードバンド網の基盤整備の支援制度について，さしあたり，総務省「情報通信基盤整備推進補助金交付要綱」（平成28年 4 月15日総基高11号）参照。かつては電気通信基盤充実臨時措置法（平成 3 年法律27号）が当該制度の根幹をなしていたが，光ファイバ網の整備の進展等を背景として，2016年 5 月に同法は廃止された。
6 ）海野（2015a）27-371頁参照。
7 ）佐藤（2011）321頁参照。
8 ）たとえこれが「秘密」の原意であったとしても，絶対的な命題となるものではない。憲法は時代の構造的な変化に応じた解釈の修正を予定していると考えられるからである（**0.1**参照）。
9 ）曽我部（2017）156頁参照。
10）近年の米国の判例においては，サイバー空間における SNS 等の利用が各人の言論活動に不可欠なものであるとされつつ，特定の者に対して商用の SNS の利用を禁止したノースカロライナ州法

の規定（N.C. Gen. Stat. Ann. § 14-202.5 (2017)）の違憲性が説かれている。*See* Packingham v. North Carolina, 137 S. Ct. 1730, 1737 (2017). これは，公然性を有する通信が，国民各人の表現や情報交換のツールとして不可欠なものとなっているということを示唆する。

11）秘密保護要請が特定者間の情報のやり取りに対するものであることを前提としつつ，公然性を有する通信においては内容情報が公開される以上，その構成要素情報についても「秘密」としての保護に値しないという旨を示唆する学説もある。高橋〔和〕（2010）83頁，毛利（2017a）193頁参照。しかし，構成要素情報の保護については，発信者の氏名が匿名の場合の匿名性のほか，発信者の通信の日時・場所及びそれらから日常生活上の行動が認知される可能性の排除等を確保する意味合いもあることから，内容情報のオープン性をもって当該保護の必要性を否定することは妥当ではないと考えられる。

12）海野（2015a）125-126頁参照。

13）宍戸（2013a）521頁。

14）受信者（着信者）が国民全体としての公衆であるという点，通信管理主体を介さずに直接受信されるという点，送信が一斉かつ一方的に行われるという点などが挙げられる。海野（2011）860頁，海野（2015a）108-109頁参照。

15）佐藤（2011）321頁参照。この学説は，例外的に「秘密」が問題となる例として，プロバイダ責任制限法4条に基づく発信者情報の開示請求を挙げている。

16）その具体的な内容について，海野（2015a）243頁参照。

17）インターネット接続役務提供者には，厳密には，一般利用者に対して直接役務を提供する者と，もっぱら基幹網（バックボーン網）を支配・管理しつつ一般利用者のインターネットへのアクセスに資する役務を提供する者とが混在する。本書においては，その両者を視野に入れつつ，基本的には前者を念頭におくこととする。

18）「編集権」については，一般に表現の自由の一環として捉えられていると思われる（高橋〔和〕（2010）72頁参照）。しかし，同時にこれを表現媒体（有体物）に対する財産権や当該媒体の運営に関する営業の自由（通信管理権）の一環として位置づけることも可能であると考えられる。海野（2015a）299頁参照。

19）宍戸（2013a）510頁参照。なお，インターネット接続役務提供者に対しては，（インターネット経由の通信の多くが公然性を有する通信であることから）「法律上の秘密」の規定さえも適用されないという解釈を採る余地があるという指摘もある（松井（2014）334頁参照）。しかし，①当該役務提供者も法律上の電気通信事業者として位置づけられているという実態，②「法律上の秘密」の保護に関する規定（電気通信事業法4条等）も明文上は公然性を有する通信を排除していないという事実等にかんがみると，正鵠を射たものではないと考えられる。

20）基本権法益の内実について，海野（2011）104頁参照。

21）このような弊害については，電子メールの大量送信のような公然性を有する通信以外のインターネット経由の通信においても当てはまり得る。

22）基本権法益侵害情報の排除については，基本的には，その被害規模が大きくなる公開目的ネットワークにおいて特に求められるが，セキュリティ脅威情報の排除については，すべてのネットワークがその対象となる。

23）法律の次元においては，電気通信事業法25条1項の規定に基づき基礎的電気通信役務（5.3.1参照）を提供する電気通信事業者が原則としてその業務区域における役務提供の義務を負うこととされている。その例外となる「正当な理由」が認められる場合については，天災や事故等で役務提供

が不能に陥っている場合，料金滞納者のように利用者側に問題のある場合又は正常な企業努力にもかかわらず需要に即応できない場合等が念頭におかれている（多賀谷ほか編著（2008）115頁，髙嶋（2015）418頁参照）。しかし，ネットワーク秩序の確保の観点からは，セキュリティ脅威情報や公開目的ネットワーク上における基本権法益侵害情報が再三にわたり発信される場合等もこれに含めて解する余地があるように思われる。なお，いわゆる振り込め詐欺（特殊詐欺）を狙った電話のように，公開目的ネットワーク以外のネットワーク上において基本権法益侵害情報が発信されるものと認められ得る場合においても，その情報の排除が求められる可能性は否定できない。ただし，音声伝送役務の場合，かかる排除は基本的に役務提供自体の中止により初めて実現され得るため，それが実際に許容されるケースは限定的となり得る。

24）もっとも，通信管理主体が流通情報を網羅的に監視することは本質的に困難である。よって，問題情報排除措置の具体的な実施のあり方については，相当程度において通信管理主体の裁量に委ねざるを得ないであろう。ゆえに，問題情報排除措置に努める責務の不履行が認定され得るのは，高度な蓋然性をもって流通情報の違法性等が認められ（「一見して［中略］名誉を毀損することが明らかな内容」の情報等。東京地判平成20年10月1日判時2034号60頁参照），それを知り得る状況にありながら，当該情報に対して問題情報排除措置を講じることが容易かつ可能であるにもかかわらず，あえてそれを講じないと認められる場合に限られると思われる。

25）例えば，宮沢（1974）384頁，法学協会（1953）427頁参照。

26）佐藤（1978）640頁参照。

27）芦部（2000）545頁，佐藤（2011）321-322頁，戸波（1998）273頁参照。

28）代表的な学説は，「かつて国営企業であったが今日民営化されて通信業務を営む私企業の社員」を「秘密を守る義務を負う公権力」に含めて解していたが，その理由については必ずしも明らかにされていない。芦部（2000）545頁参照。併せて，伊藤（1995）327頁参照。

29）この問題に関する学説の対立の様相につき，海野（2015a）50頁参照。

30）通信事業者には一般私人とは異なる「法律上の秘密」の保護に関する義務が課されていること（電気通信事業法4条2項，郵便法8条2項等参照）も，かかる理解に整合的である。

31）「憲法上の通信の秘密の保障は，通信事業者に対して利用者の通信の秘密を確保させる責務を国家に課すもの」と説く学説として，渡辺ほか（2016）256頁〔宍戸常寿執筆〕参照。「法律上の秘密」について，「通信の秘密を実際に確保するため法律によって民間業者に課された義務」と解する学説として，毛利ほか（2017）265頁〔毛利透執筆〕参照。「憲法上の要請」として，「通信業務従事者から通信の利用につき不当な差別を受けることがないよう法的な整備がなされなければならない」と説く学説として，市川（2014）168頁参照。併せて，阪本（1995）143頁参照。

32）その定義について，郵便法4条2項，総務省「信書に該当する文書に関する指針」（平成15年総務省告示270号）参照。

33）もっとも，判例は「憲法21条2項後段の規定は，郵便物については信書の秘密を保障するもの」と説くが，郵便における「秘密」の客体を信書に限定する理由は明らかにされていない。最大判昭和59年12月12日民集38巻12号1308頁（札幌税関検査事件）参照。

34）もっとも，郵便法70条に基づく郵便業務管理規程においては，「郵便物の秘密」を保護するために適切となる業務管理が求められる（同条3項1号参照）。

35）電気通信事業法上，電気通信役務とは，「電気通信設備を用いて他人の通信を媒介し，その他電気通信設備を他人の通信の用に供すること」である（5.3.1参照）。政府のガイドラインにおいて，電子掲示板管理者は「電気通信事業を営む者」（電気通信事業法164条1項3号・同条3項参照）で

あるとされ，「他人の通信を媒介する電気通信役務以外の電気通信役務」を提供していることが前提とされている（総務省（2017c）19頁）。しかし，設備非支配型電子掲示板管理者は一般に，他人が設置したサーバー等の設備を通じて提供される無体物としてのプログラム（電子掲示板の機能を提供するためのプログラム）の全部又は一部を利用する権限（パスワード等に基づくオンライン上のアクセス権限）を取得して電子掲示板を管理・運営しているにとどまり，その限りにおいては，（別段の電気通信設備を設置・提供していない限り）有体物としての電気通信設備を他人の通信の用に供している（すなわち，電気通信役務を提供している）とは言いがたい。たとえ（取得した権限とは直接関係しない箇所において）設備の不具合等が生じても，その復旧等を行うことは困難であり，当該設備を包括的に支配・管理しているとは認められないからである。ただし，電子掲示板管理者は，電子掲示板の管理・運営を通じて他人たる利用者間でやり取りされる情報を直接取り扱っていることから，他人間の通信の「実質的な媒介」（1.5参照）を行う通信管理主体であると認められる。設備支配型電子掲示板管理者と設備非支配型電子掲示板管理者との間に存する法規律の非対称性を解消する観点からの立法論としては，かかる「実質的な媒介」という行為の類型を「媒介」等と並ぶ「電気通信役務」の構成要素に新たに追加する可能性も検討に値すると思われる。

36）例えば，設備支配型電子掲示板管理者の方が，設備に記録される情報のすべてに包括的にアクセスし得る分，限定的なアクセス権限を有するにとどまる設備非支配型電子掲示板管理者よりも取り扱う「秘密」たる情報が広範であるため，「設備支配型電子掲示板管理者の取扱中に係る通信の秘密」のみが保護されることに一定の合理性があるとする立論はあり得るかもしれない。

37）当該管理者が任意に発信者の身元に関する情報を開示し得ることとなるからである。

38）「設備非支配型電子掲示板管理者の取扱中に係る通信の秘密」については，有線電気通信法9条の規定が別途保護していると解することも可能であるが，「有線電気通信」に関する部分に限定されているという点において，不十分さが残されている。無線通信に関する部分については電波法59条の規定もあるが，その規律内容は電気通信事業法4条とは異なる要素が多く（傍受した情報の漏えい・窃用が原則として禁止されるものの，傍受（積極的知得）自体は禁止されていない。併せて，電波法109条1項参照），これをもって「設備非支配型電子掲示板管理者の取扱中に係る通信の秘密」が適切に保護されているとは言いがたい。

39）このような通信管理主体の行為は国民各人の通信の自由を著しく阻害し得るため，憲法規範の次元において，かかる行為への制度的な「ブレーキ」を特定することが必要となる。そのためには，通信管理主体を秘密保護要請の名宛人と解することが不可欠となろう。

40）法律上の行為規範には，電気通信事業法6条のみならず，同法4条の規定も含まれる。なぜなら，特定の流通情報ないしトラフィック（「秘密」たる情報）に対する恣意的取扱いの前提として，その積極的知得が必要となり得ることに照らすと，当該知得を制限する「法律上の秘密」の保護の要請は，通信事業者自身の通信管理権等の行使のあり方を拘束するからである。

41）最判平成20年4月11日刑集62巻5号1217頁（立川自衛隊宿舎反戦ビラ配布事件）参照。

42）野中ほか（2012）356頁〔中村睦男執筆〕参照。

43）海野（2015a）53頁・488頁参照。ここでいう「平等」は，諸条件との衡量を念頭においた相対的平等を指す。

44）憲法上禁止される「差別」について，仮に憲法14条1項の規定が明文上掲げる事由（人種，信条，性別，社会的身分又は門地）に基づくものに限定されると解する場合には，通信管理主体の行為が実際に「差別」に該当する場合は乏しいかもしれない。しかし，かかる限定的な解釈を採る学説は今日においては見当たらない。当該事由は特に問題となり得るものとして特別に列挙されたもので

あり，憲法14条１項にいう「差別」にはそれ以外の事由に基づく不合理な取扱いも含まれると解される（海野（2015a）461頁参照）。

45）「差別」と「差別的取扱い」との語義上の相違はやや相対的であるが，厳密には両者は同義ではないと思われる。憲法14条１項が公権力に対して明示的に禁止するのは「差別」であり，「差別的取扱い」は法律上の用語である（電気通信事業法６条参照）。「差別」は単なる「不合理な区別」ではなく，蔑視の念等の一定の主観的意思を伴い，憲法14条１項の規定の要請に背馳する行為となると解される。これに対し，「差別的取扱い」は必ずしもその限りではなく，客観的にみて特定の者に対してのみ利益又は不利益となると認められる取扱いを広く包含すると考えられる。したがって，「差別的取扱い」には，「差別」に至らない「不合理な区別」（典型的には，公権力の意思によらずに結果的に特定の者に対してのみ合理的な理由なく事実上の不利益となる区別行為）も含まれると解される。もっとも，憲法14条１項は「差別」を禁止するだけでなく，同時に「法の下の平等」という状態の確保を定めているのであるから，決して「『差別』に至らない『差別的取扱い』」を広く許容するものではない（それゆえ，合理的な理由を伴わない「差別的取扱い」についても，実質的には「差別」とほぼ同様に禁止される）と解される。換言すれば，公権力等による「差別」と認められる行為は憲法上当然に禁止される一方，「差別的取扱い」については，たとえ「差別」に該当しなくとも，それに匹敵し得るような不当なものである場合（区別に関する合理的な理由を伴わない場合）には速やかに是正することが求められ，合理的な理由が認められる「正当な差別的取扱い」ないし「合理的な区別」に関してのみその限りではないと考えられる。

46）海野（2015a）40-41頁・49頁参照。

47）海野（2015a）190-216頁参照。

48）情報の受け手には，自己及び他人の双方が含まれ得る。ただし，もっぱら自己を受け手と予定して情報を「表出」する場合（例えば，誰にも聞かれずに独り言を発する場合）には，当該情報は他人に何かを伝えようとするメッセージとしての性質を有さず，「本質的に表出型」の行為（2.3.2参照）とは認められない。

49）本書において，「発信」と「送信」，「着信」と「受信」については，それぞれ区別して用いている。「発信」は最終的な受信者を想定しつつ情報をネットワーク上で発する行為を広く表すのに対し，「送信」はその主体が発信者か通信経路の途中に位置する通信管理主体（関与者）かにかかわらず，ネットワーク上における情報の出発地点からその物理的な到達地点（中継地点を含む。以下同様）に向けて情報を送り出す行為を指す。また，「着信」は発信者から発せられた情報がその予定する最終的な受信者の下に到着することを表すのに対し，「受信」はその主体が最終的な受信者か通信経路の途中に位置する通信管理主体（関与者）かにかかわらず，ネットワーク上における情報の出発地点から送り出された情報がその物理的な到達地点に位置する者により実際に受け入れられる行為（受け入れられ得る状態が創出されることを含む）を指す。個々の通信は，発信者が送信した情報が通信管理主体その他の関与者により（暫定的に受信されつつ）伝送・交換され，着信者がそれを最終的に受信し，又は受信し得る状態におかれることにより完結する。

50）佐藤（2011）322頁参照。同書においては，「通信業務提供者から公正な通信業務の提供を受けることができること」が「通信の自由に関係して」求められるという旨が指摘されている。

51）もっとも，憲法は必ずしもあらゆる通信役務の適切な提供の確保を要請するものではなく，「基本的な通信役務」以外の通信役務の提供のあり方については一次的に立法裁量に委ねられていると解される。海野（2015a）195頁・231-234頁参照。

52）海野（2015a）195-196頁参照。なお，ネットワークに障害等が発生した後に個別に対処するの

では，回復困難となる被害がもたらされる可能性が否定できない。

53）海野（2010a）122-123頁参照。

54）例えば，セキュリティ脅威情報の発信を行う者の通信に関する情報は，「秘密」たる情報となり得る。しかし，プライバシー的観点からの当該情報の保護に注力するあまり，その者の特定が困難となってネットワークの安全性に重大な支障が及ぶに至り，多数の者の通信に関する情報が外部に漏えいすることとなれば，まさに本末転倒であり，秘密不可侵の趣旨は充足されない。

55）なお，ネットワークの安全性・信頼性が立法及びそれに基づく法令上の措置により実効的に確保され得るということについては，我が国のこれまでの経験により実証されよう。例えば，2011年3月の東日本大震災の発生に伴い，通信役務の提供に関して広範囲に及ぶ輻輳や途絶等の問題が生じたことを踏まえ，2012年6月に事業用電気通信設備規則（昭和60年郵政省令30号）等が大幅に改正された。具体的には，自家用発電機や蓄電池の持続時間の長時間化（事業用電気通信設備規則11条），停電対策や伝送路切断対策に関する総務大臣への報告義務（電気通信事業報告規則〔昭和63年郵政省令46号〕7条の4），ループ構造ネットワークの信頼性の強化，中核的な拠点における携帯電話基地局のエントランス回線の冗長化（予備回線の設置）及び基幹的な電気通信設備の地理的な分散（事業用電気通信設備規則15条の3）等の具体的な措置が一定の電気通信事業者に求められることとなった。その結果，2016年4月に発生した熊本地震の際に講じられた応急復旧対策においては，可搬型発電機の充実した配備等により多くの局舎が救済されるとともに，基幹伝送路の冗長化等を背景に重要な基地局の停波も限定的であった。総務省（2017a）241頁参照。

56）「情報の自由な流通」の確保の必要性は，サイバーセキュリティ基本法（平成26年法律104号）1条及び3条1項においても掲げられている。それゆえ，同法は通信の自由の保護を具体化する側面を有するものと考えられる。「情報の自由な流通」の確保のための公権力による介入の必要性を示唆する学説として，曽我部ほか（2016）38頁〔曽我部真裕執筆〕，山本〔龍〕（2015a）294頁参照。

57）トラフィックの混雑時にそれを適切に緩和するための努力を行うこともこれに含まれる。海野（2015a）505-530頁参照。

58）一般に「通信」においては，その構成要素情報を手がかりとして通信管理主体が発信者を特定することが物理的に可能となることが多い。それゆえ，ここでいう匿名性は，通信当事者にとって容易に発信者がわからないという意味での限定的なものを指す。また，匿名性が悪用されてセキュリティ脅威情報等が（発信者不明のまま）発信される場合，ネットワーク秩序の確保の観点から，当該情報の遮断等に必要となる範囲内で，その匿名性は制限され得る。

59）高橋〔和〕（2017）255頁参照。

60）この点をめぐる管見について，海野（2015a）213-216頁参照。

61）海野（2015a）125-126頁参照。

62）奥平（1993）102頁，木村（2017）76頁，海野（2015a）42頁参照。

63）渡辺ほか（2016）256頁〔宍戸常寿執筆〕参照。

64）海野（2015a）128-133頁参照。

65）海野（2015a）143-144頁参照。

66）もっとも，秘密不可侵の法規範については，個々の通信が事実上成立し，その狭義の「秘密」が発現した場合にのみ，それが保護されることを予定した規定であると解する余地もないわけではない。その場合，広義の「秘密」の保護は必ずしも問題とならないこととなる。しかし，「通信」それ自体が個人の尊厳を支える重要な基盤となっていること，また「通信」は本質的にネットワークの相互接続が広く行われ，情報の流通範囲が拡大すればするほどその効用が高まるという効果

（規模の経済性）を有することなどにかんがみると，憲法21条2項後段の規定は狭義の「秘密」たる情報とともに，広義の「秘密」としての「通信」の健全な制度的利用環境を総合的に保護していると解される。このとき，かかる制度的利用環境の形成は，立法（及び行政立法）による通信制度の追加的な内容形成を通じて実現するが，それは決して無限定に許容されるものではない。具体的には，①既存の通信制度を放置した場合，それが原因となって「秘密」に関する法益その他の基本権法益が害され，又は害される高度な蓋然性が認められること，②前記①の状況に対して，通信管理主体又は通信当事者自身による任意の適切な対応を期待しがたいと認められること，③当該内容形成により保護される法益の価値がそれにより制約され得る他の法益の価値を下回らないものと認められること，のすべての要件を充足する場合に限り，当該内容形成が許容され，又は求められるものと考えられる。海野（2015a）215頁参照。

67）それゆえ，「秘密」の保護について，私人の所持に属する文書と同様の保護を与えようとするもの（法学協会（1953）427頁参照）と解することは，（利用者の所持に属する範囲を超えた）通信基盤の保護という意味合いが考慮されておらず，正鵠を射たものとは言いがたい。

68）海野（2015a）143頁・323頁参照。

69）（法律の次元における議論として）構成要素情報については内容情報よりも軽度な保護で足りると解する学説もあるが（例えば，石井（2013）22-23頁参照），「通信」の主要な制度的利用環境を総合的に確保する観点からは，両情報は一体的かつ同程度の水準で保護されると解するのが合理的である（序章注53）参照）。

70）海野（2015a）4頁参照。

71）設備支配型電子掲示板管理者のほか，設備非支配型電子掲示板管理者も含む。

72）多賀谷ほか編著（2008）28頁。

73）それゆえ，検索役務提供者は，別段の事情がない限り，他人間の通信に対する実質的な媒介を行っているわけではなく，通信管理主体とは言えない。

74）窃用とは，知得した情報を通信当事者の意に反して（自己又は他人の利益のために）利用することを表す。なお，通信当事者の意に反するとは認められない形での内部的な利用について，本書においては「内部的利用」と記すこととする。

75）芦部（2000）545頁参照。

76）佐藤（2011）321-322頁，市川（2014）167頁，阪口（2017）434頁参照。

77）通信役務の提供の目的が正当であり，かつその目的を達成するうえで当該知得の必要性及びその手段の相当性が認められることがその前提となる。

78）高度情報通信ネットワーク社会形成基本法（平成12年法律144号）2条参照。

79）海野（2015）285-326頁参照。

80）「特定」とはある情報が誰の情報であるかがわかることを指し，「識別」とは情報が誰か一人の情報であることがわかることを指す（海野（2015a）149頁参照）。個人を特定可能な情報は，必然的に個人を識別可能となる。また，個人を識別可能な情報は，他の情報との照合等を通じて個人を特定可能となり得るところ，伝送系通信管理主体は一般に当該特定に資する「他の情報」を豊富に保有している。それゆえ，伝送系通信管理主体にとっての「個人を特定し得る情報」と「個人を識別し得る情報」との分水嶺については相対化している部分が大きく，少なくとも当該主体が収集する「秘密」たる情報に関して，両者の規範的な区別を厳密に行う意義ないし実益は大きくないと考えられる。

81）内容情報又は構成要素情報が特定の個人に関する情報である場合，たとえ当該情報を加工して

特定の個人の識別もその復元もできない状態（個人情報の保護に関する法律〔平成15年法律57号〕2条9項にいう「匿名加工情報」に相当するもの）にしたとしても，それをみだりに漏えいすることは「信頼」に反し，原則として許容されないと解される。

82）覗き見とは，情報の中身をすべて了知する（積極的知得を行う）までには至らないが，知得の意図をもって能動的にその一部を垣間見る行為を指す。

83）法律に基づき所定の手続きにより行われる通信傍受や通信記録の捜索（**11.1**参照），拘置所に収容されている者の信書の発信を制約する（ために必要となる）行為（最判平成18年3月23日判時1929号37頁，最判平成28年4月12日判時2309号64頁参照）等がその典型である。

84）セキュリティ脅威情報を排除するためにIPパケットのヘッダー情報（構成要素情報）を検査する行為，青少年インターネット環境整備法21条の規定に基づく青少年閲覧防止措置の一環として流通情報（内容情報）を点検する行為等がその典型である。

85）海野（2015a）322-324頁参照。

86）例えば，携帯電話端末から発信される位置情報がこれに該当し得る。

87）海野（2015a）294-297頁参照。

88）神谷（2008）25頁参照。かかる解釈により，電気通信事業法4条1項の規定との抵触の可能性が回避されている。

89）換言すれば，保護される「個々の通信に関する情報」が「個々の通信から発生した情報」と同視され，それ以外の「個々の通信の内容又は構成要素を示唆する情報」が捨象されてきた。本来，「個々の通信に関する情報」には，内容情報及び構成要素情報と併せて，ここでいう周辺関連情報も含まれ得るものと考えられる。

90）公権力による周辺関連情報の取得については，内容情報及び構成要素情報の取得の場合に比べ，公共の福祉の確保の必要性に基づき正当化される余地が大きいと考えられる。なぜなら，周辺関連情報は個々の通信の成立と関わりなく存在する情報であり，個々の通信に伴い発生する内容情報及び構成要素情報に比べ，公権力や通信管理主体との関係における要保護性，ひいては通信管理主体から公権力に情報が提供されないことに対する利用者の「信頼」の度合いが相対的に低いと認められるからである。

91）なお，狭義及び広義の「秘密」の侵害とは別に，通信の自由（特に，その主観的側面）に対する侵害を別途観念する余地がある。とりわけ，通信管理主体による「基本的な通信役務」の提供の不当な拒否及びそれが恒常的に行われ得る制度的環境の放置等は，通信の自由の侵害となり得る。

第 2 章

憲法上の「通信」と「表現」

2.1 序説

　前章で考察したとおり，憲法21条2項後段の規定に根ざす基本権としての通信の自由には，「通信手段を用いた表現の自由」という側面がある。また，当該規定は，プライバシー的観点から狭義の「秘密」のみを保護するものではなく，広義の「秘密」の保護，すなわち「通信」の健全な制度的利用環境の確保を求めるという側面も有する。それゆえ，この規定の趣旨を的確に理解するためには，憲法上の「通信」及び「表現」の概念についても整理しておく必要がある。換言すれば，憲法上保護される「通信」とは何か，また「表現」とは何かが明らかになって初めて，通信の自由・秘密をめぐる各種の法的問題への的確なアプローチが可能となる。

　もっとも，「通信」については，その基本的特性（1.1参照）を踏まえ，技術的に観念し得る要素が大きい。それゆえ，既に検討した公然性を有する通信の扱い（1.2.1参照）等を別論とすれば，その概念の輪郭を把握することはさほど困難ではないかもしれない。これに対し，従前の学説・判例上，「表現」という行為の射程については不明確な部分が大きい。そのため，ともすればあらゆる情報の伝達が「表現」と捉えられる可能性もある[1]。

　しかし，表現物と情報とは同義ではなく，後者には非表現物も含まれる。これを踏まえ，「表現」の概念の射程を的確に画定することは，憲法上の保護領域を画するうえで極めて重要となる。なぜなら，ある行為を「表現」として認定することは，当該行為に関する実際の事案の解決に際し，表現の自由の「優越的地位」[2]を裏づける厳格な合憲性審査の俎上にこれを載せることを意味し得るからである[3]。逆に，ある行為を「表現」と区別された「非表現の行為」と捉えることは，当該審査において考慮される余地のあった表現行為の主体（以下，「表現者」という）としての意思を事実上隠滅させる効果をもたらし得る。

53

このような観点を踏まえ，本章は，次章以降において取り扱う各種の具体的な問題を考察するための前提として，憲法上の「通信」及び「表現」の意義やそれらの射程を明らかにすることを目的とする。憲法はその条文上，「通信」と「表現」とを区別していると解されるが，両概念は決して二項対立的なものではなく，その接点となる部分があり得る。すなわち，「通信」の中には「表現として行われる通信」がある一方，「表現」の中には「通信手段を用いた表現」があり得る。しかし，両概念が交錯しない領域で行われる行為（例えば，「非表現の行為として行われる通信」）も存在し，近年の「通信」に関しては，かかる行為の役割及び重要性が高まりつつあるように思われる（2.4参照）。

2.2　憲法上の通信の意義

2.2.1　従前の学説とその問題点

伝統的な憲法学説においては，「通信」を内的コミュニケーション過程として位置づける考え方が有力である[4]。ここでいう「内的コミュニケーション」とは，「特定人の間のコミュニケーション」[5]ないし「特定者間の情報のやり取り」[6]と理解し得る。かかる理解からは，「特定者間」に限定されない「表現」を「通信」の上位概念と捉える考え方も導かれることとなる[7]。

このような「通信」の位置づけは，公然性を有する通信をその射程から排除しようとする公然性通信除外説の思想に符合する。すなわち，「通信」とは「非公開での特定者間のコミュニケーションないし表現」であるという帰結を導き得るものである。その背景には，憲法制定当時に想定されなかった新たな形態の通信の出現を踏まえた「通信の秘密の保護範囲を縮減する試み」[8]が見え隠れする。

しかし，かかる帰結に対しては，複数の観点からの疑問が提示され得る。例えば，「非公開」のコミュニケーションと「公開」のコミュニケーション（公然性を有する通信）とは外形的に区別可能であるとしても，両者の間に憲法上の保護に関して規範的な差異が設けられる合理的な理由を十分に説明できるのだろうか。また，「特定者間のコミュニケーション」はすべて（「通信」であると同時に）「表現」なのであろうか。仮にそうであるとすれば，「通信」とはもっぱら「表現」の一形態ないし一手段にすぎないのか。これらの疑問点を解消すべく，以下に「通信」の規範的な意義及び射程について考察を加える。

2.2.2 憲法上の通信の射程

　社会通念上の通信ないしコミュニケーションと捉え得る行為については，そこでやり取りされる情報の内容・性質（「公然性」の有無等）や通信手段の技術にかかわらず，その通信当事者及び関与者の関わりの観点から，以下の各種類に大別することが可能である。すなわち，情報の発信者を A，当該発信者が情報の宛先（最終的な送信先）として予定する着信者を B（特定又は不特定の者），当該情報の伝送・交換等に従事する関与者を X（複数の異なる者がこれに該当し得る）とした場合，①A と B との間の情報のやり取りを X が一定の通信設備を用いて取り次ぐ一般的な場合（以下，「設備使用他人間通信」という），②A と B との間の情報のやり取りを X が通信設備を用いずに取り次ぐ場合（以下，「設備不使用通信」という）[9]，③前記①の場合の中で A と B とが同一人である場合（A が自分自身に宛てて X を介して情報を発信する場合。以下，「設備使用同一人通信」という），④前記①の場合の中で A と X 又は B と X が同一人である場合（発信者又は着信者が仲立ち役を兼ねる場合。以下，「設備使用自他通信」という），⑤A と B とが X を介さずに対面の会話等により直接情報をやり取りする場合（以下，「対面コミュニケーション」という）である。これらのうち，憲法上の「通信」に該当するのはいずれであろうか。

　憲法21条 2 項後段の規定は「通信」に関して特段の明示的な限定を行っていないことを踏まえると，これらの行為はすべて「通信」に含まれるようにもみえる。実際，憲法制定当時の当該規定の制定者意思に関する調査を踏まえ，対面コミュニケーションも含め，あらゆる「意思伝達」が「通信」に含まれると観念すべきであるという旨を示唆する考え方も提示されている[10]。しかしながら，この規定は，構成要素情報や制度的利用環境も含め，利用者の「信頼」に裏打ちされた狭義及び広義の「秘密」を（表現の自由やプライバシーの保障とは別個の定めにおいて）適切に保護することをその要請の基軸に据えていると考えられる（1.3・1.4参照）。それゆえ，当該規定の名宛人との関係を踏まえ，かかる「秘密」の積極的な保護の必要性がおよそ乏しいと認められるコミュニケーションについては，ここでいう「通信」に含まれないと解される。

　憲法21条 2 項後段の規定の名宛人が公権力及び（前述の X にほぼ相当する）通信管理主体であること（1.2.2参照）を前提とすると，以下のように考えることが可能であろう。まず，対面コミュニケーションについては，通信管理主体を必要と

せず，当事者間において自然状態で行われる行為により完結する。例えば，A
とBとの間で情報のやり取りが直接行われる場合，そこで生じ得る秘匿事項等
に関しては，AやB自身がそれを他人に開示しないよう取り計らえばよく，公
権力との関係においてはプライバシー（憲法13条）や表現の自由等の保障の問題と
して扱われれば足りる[11]。よって，憲法上その「秘密」をあえて別に保護する
必要性が極めて乏しい[12]。また，設備不使用通信についても，Xを介しつつ究
極的には情報がAからBに伝達されるものの，これは「AとXとの情報のやり
取り」と「XとBとの情報のやり取り」とが結合して成立する行為（自然状態で
完結する行為）と観念することができ[13]，Xは通信管理主体というよりも通信当
事者の一人として位置づけられ得る。よって，通信管理主体との関係において保
護されるべき「秘密」が存在しない。同時に，公権力との関係において設備不使
用通信を通じて生じ得る情報の秘匿性等に関しては，対面コミュニケーションの
場合と同様に，プライバシー等の問題に帰着する。したがって，対面コミュニケ
ーション及び設備不使用通信については，憲法上の「通信」には含まれないと解
される。

　これに対し，設備使用他人間通信はもとより，設備使用同一人通信及び設備使
用自他通信については，少なくとも公権力との関係において，その「秘密」が適
切に保護されることが要請されると考えられる。なぜなら，公権力は通信傍受そ
の他の手段により，通信当事者（の双方又は一方）の直接的な支配・管理下にない
通信設備を介して，個々の通信に関する情報を取得する物理的な可能性を有して
おり，当該情報を不当探索されない状態が確保されることが，国民各人が安心し
て「通信」を利用するための必要条件となり得るからである。もっとも，さしず
め公権力との関係については措き，もっぱら通信管理主体との関係に着目すると，
設備使用自他通信については，関与者Xが通信当事者を兼ねることから，そこ
に保護されるべき「秘密」は生じないのに対し，設備使用他人間通信及び設備使
用同一人通信については，通信管理主体による「秘密」の不当探索の脅威からの
保護の必要性が認められる。よって，設備使用他人間通信，設備使用同一人通信
及び設備使用自他通信のうち，設備使用自他通信に関しては，公権力との関係に
おいて「秘密」が保護される必要性があり，設備使用他人間通信及び設備使用同
一人通信に関しては，これに加えて通信管理主体との関係においても「秘密」が
保護される必要性がある。いずれにしても，これらの通信については，国民各人

が安心してそれを利用するうえでの「秘密」の保護の必要性が認められることから，憲法上の「通信」に該当すると解される[14]。

　このように考えると，さまざまなコミュニケーションの態様のうち，通信当事者の双方又は一方による支配・管理の及ばない伝送路設備[15]その他の通信設備を用いて（通信管理主体等の助力により）行われるものについては，憲法上の「通信」に該当するということになる。すなわち，「発信者からの情報が通信設備を介してその予定する宛先たる着信者に送り届けられること」が「通信」の骨格であり[16]，そこには当該設備を支配・管理する通信管理主体その他の関与者が介在する。関与者は，多くの場合において通信管理主体であるが，設備使用自他通信の場合のように，一方の通信当事者である場合もある。以上のような考え方は，公然性を有する通信についても妥当する（1.2.1参照）。このことは，公然性を有する通信を電気通信の射程に含めて捉えている実定法上の規律（0.2参照）にも符合する。

　法律上の電気通信の概念が示すとおり，「通信」という行為の基幹的な構成要素は，情報の送信，伝送及び受信である[17]。これらのうち，伝送は，もっぱら伝送系通信管理主体（1.5参照）により担われるのに対し，当初の送信（発信）及び最終的な受信（着信）については通信当事者により行われる。それゆえ，通信の自由の保障・保護においては，通信当事者たる国民各人の権利・利益を保護する観点から，発信（送信）の自由や着信（受信）の自由が問題となり得るが（1.3参照），通信当事者ではない伝送系通信管理主体の「伝送の自由」については基本的に通信の自由の保護領域の問題となるものではないと解される（もっとも，当該主体の基本権としての「伝送行為を通じた表現の自由」〔4.5参照〕や通信管理権〔0.1参照〕は別途問題となり得る）。なお，伝送及び送受信の対象となる内容情報には，表現物及び非表現物の双方が広く含まれる（1.3参照）。

2.3　憲法上の表現の意義

2.3.1　表現の意義をひもとく手がかり

　憲法上「通信」とは区別された「表現」とは，具体的にどのような行為を指すのであろうか。我が国の憲法学説において，表現の自由の保障根拠をめぐる原理論については一定の蓄積があるものの[18]，表現の概念それ自体の定義をめぐる

第2章　憲法上の「通信」と「表現」　　57

精緻な議論は乏しい。本来はこれに資する可能性のあると思われる「定義づけ衡量（definitional balancing）」のアプローチ[19]についても，基本的に表現の概念それ自体の限界の問題としてではなく，表現の客体として一応保護される表現物のうち，表現の自由に対する制約（以下，「表現規制」という）が許容され得るものや憲法上低い価値しか有しないと認められるものの範疇を特定するための議論として行われてきた。それゆえ，例えば芸術作品ともわいせつ文書とも解し得るような表現物のうち，どこまでが具体的に表現規制の対象となり得るかということ（「わいせつ」の定義づけ等）に関しては一定の議論の蓄積があるものの[20]，憲法上保護される表現行為（ないし表現物）とそれ以外の「非表現の行為」（ないし非表現物）との間の境界線に関する具体的な判断基準については極めて曖昧となっている。

これに対し，米国においては，米国憲法修正1条の規定（以下，単に「修正1条」という）[21]にいう「言論（speech）」の概念の解釈をめぐり，豊富な議論が展開されている。修正1条は，「連邦議会は，国教を樹立するための法律，宗教上の行為を自由に行うことを禁止する法律，言論又はプレスの自由及び市民が平穏に集会する権利並びに苦情の処理を求めて政府に請願する権利を制限する法律を制定してはならない」と規定し，言論の自由を保障している。そこで，表現の意義をひもとくための手がかりとして，修正1条の解釈論の一環として展開されてきた言論の意義及びある行為又は生成物が修正1条にいう言論ないしその客体に該当するか否かということ（以下，「言論性」という）の判断基準をめぐる主な議論について，以下に概観する。

2.3.2　言論の意義をめぐる米国の学説・判例における主な議論

修正1条をめぐる議論において，言論の自由を保障する必要性に関する主な根拠ないし保護法益については，自己統治（民主的議論の機会)[22]や（各人の自律と結びついた）自己実現[23]に加え，個人の自律（autonomy)[24]，「思想の自由市場（marketplace of ideas)」[25]，真理の探究[26]，政府に対するチェック機能[27]等の確保がかねてより指摘されてきた[28]。ところが，言論それ自体の定義及びその射程については，必ずしも一義的に明らかなものとはなっていない。

もっとも，米国の学説・判例において，言論の定義づけを試みる議論は少なくない。有力な学説は，ことば（言語）の表出のみならず，相互に意思伝達[29]を図ることを広く指すものと説いており[30]，この点は判例においても承認されてい

ると言えよう[31]。かかる考え方を前提とすれば，言論には，さまざまな「表出型の意味合いを有する記号（symbols of expressive meaning）」が含まれ，ことばは当該記号の一種にすぎないということになる[32]。その帰結として，「ことばによる言論」であれその他の「表出型行為（expressive conduct）による言論」[33]であれ，一定のメッセージを伝えるための努力として指向され，かつ（他人に）受領され得るものである限り，いずれも言論に該当するとされる[34]。

判例も同様に，言論が「本質的（inherently）に表出型の行為」[35]であること（以下，「表出型行為性」という）を前提としつつ，当該行為において「意思伝達の要素」が十分に含まれていること（以下，「意思伝達の要素の十分性」という）を言論性の基本的な判断基準としている[36]。さまざまな表出行為のうち，「本質的に表出型」であるか否かということは，付加的な説明（explanatory speech）を要さずして，当該行為が何らかのメッセージの伝達を意図（予定）していることがいたって明らか（overwhelmingly apparent）であると認められるか否かに左右されるという旨が示唆されている[37]。ここでいう「メッセージ」については，情報と完全に同義ではなく，他人に向けて伝えられようとするさまざまな情報を表す。したがって，例えばもっぱら自己に対してつぶやくなどの，メッセージの伝達を何ら予定していないことが一見して明白な表出行為については，「本質的に表出型」の行為とは認められず，（意思伝達の要素の十分性を問うまでもなく）言論の射程からは外れることとなる。

一方，意思伝達の要素の十分性を判断するためのより具体的な基準として判例上確立されてきたのが，しばしば「Spence テスト」と称されるメルクマールである。これは，問題となる行為が行われる文脈や環境についても勘案しつつ，「個別的（particularized）なメッセージを伝える意思が現存し，かつ諸般の状況にかんがみ，そのメッセージが受領者において理解される蓋然性が高い」と認められるか否か（以下，「個別的伝達・理解可能性」という）を判断するものである[38]。すなわち，単なるメッセージの伝達のみでは言論として不十分であり，個別的なメッセージを伝達しようとする意思が示されていると認められること（個別的伝達性）[39]及び当該メッセージが受け手たる他人に理解され得ると認められること（理解可能性）が，言論性の認定に際して追加的に求められる。この Spence テストは，表出型行為性を有すると認められる行為のうち，意思伝達の要素の実態及びメッセージの性質等に着目しつつ，言論とそれ以外の「非言論の行為

第2章　憲法上の「通信」と「表現」　　59

(conduct)」とを区別するための基準であるとも言える。ただし，単一の行為に言論の要素とそれ以外の要素とが混在し得ることなどを根拠として，かかる区別を行うこと自体の困難さを指摘する学説もかねてより提示されている[40]。

　他方，Spence テストの不完全さを補う観点から近年有力となっているのが，言論の客体（メッセージの内容）ないし意思伝達の内実に対してその実体性（以下，「表出内容の実体性」という）を求める考え方である[41]。これによれば，ある行為について表出型行為性及び個別的伝達・理解可能性（意思伝達の要素の十分性）が認められるのみでは言論性の肯定材料として十分ではなく，仮にこれらの基準のみによる場合には，必要以上に多くの表出行為が修正 1 条の保護下に入ることとなるとされる。そして，修正 1 条の基幹的な保護法益が「思想の自由市場」の確保である以上，言論性の認定に当たっては，表出型行為性及び個別的伝達・理解可能性に加えて，「表出内容の実体性」の有無も踏まえる必要があるという。すなわち，言論の自由を支える「思想の自由市場」においては，公権力が特定の考え方を優先的又は差別的に扱うことは許されないが，さまざまな思想その他の知識が競い合われることが予定されている。よって，保護される言論は単なるメッセージではなく，少なくとも一定の実体的（substantive）な中身（content）を有すると認められるメッセージ（以下，「実体的メッセージ」という）を含むものでなければならないとされる[42]。そして，かかる「実体的な中身」の有無については，「アイディアの〔意思〕伝達（communication of ideas）」をその内実とする表出行為が行われるか否かに左右されるという旨が示唆されている[43]。

　ここでいう「アイディア」については，我が国では伝統的に「思想」と翻訳されてきたものであるが，純然たる思想に限らず，営利的な着想や事実の感知等を含め，一定の内容を伴う情報が人の知性により（知覚的に）意味づけされることにより生ずる知識・認識を包含する比較的広範な概念である。それゆえ，表出内容の実体性が肯定されるためには，外界に表出可能であり他人に受領可能となる実体的メッセージが存し，それが実際に表出される（アイディアの伝達が行われる）ことが必要となる。そして，主な判例[44]も，言論性の判断に当たり，表出内容の実体性を実質的に考慮してきたという[45]。

　以上の議論を総合すると，一般にある行為の言論性は，基本的には，①表出型行為性，②個別的伝達・理解可能性，③表出内容の実体性という 3 つの要件（以下，「言論性三要件」という）が（客観的に）肯定されるか否かにより判断され得る

と解されてきたと言える[46]。換言すれば，ある表出行為について，それが行われる文脈や環境も踏まえ，人の各種アイディアに関する実体的メッセージの個別的な伝達が予定され，かつ当該メッセージの内容が受け手に理解され得ると認められることにより，意思伝達の要素が十分に含まれていることが明らかである限り，言論に該当することとなる。

かかる言論性三要件の充足の可能性が争点となってきた局面の一つが，第三者による言論の編集行為である[47]。この点に関し，判例は，CATV事業者による番組の編集行為について，オリジナルの番組編集に際しての編集権（editorial discretion）を通じて「さまざまな主題に関するメッセージを多様な形式で伝えようとしている」と説き，それが「言論に従事しそれを伝える」者の行為として修正1条に基づく保護を受けるという考え方（以下，「編集言論説」という）を示している[48]。すなわち，編集行為は厳密には表出そのものとは言いがたいかもしれないが，一般に理解可能な実体的メッセージの伝達を予定して行われることが明らかであるため，いわば表出に直結した行為として，言論の範疇で捉えられていると言えよう。

なお，しばしば議論の混乱を招く要因となるのが，言論と非言論の行為との区別が，「修正1条に基づき保護されるもの」と「それ以外のもの」との区別に対応するという混同であろう。しかし，ここでいう「それ以外のもの」の中には，非言論の行為のみならず，「保護されない言論」[49]とされてきた言論が含まれ得る。伝統的な判例も，言論と非言論の行為との区別に加え，「保護される言論」と「保護されない言論」との区別を用いて，言論それ自体の実質的な射程を画定してきた感がある。しかし，後者の区別は本来，個々の言論に対して言論の自由の保護がどの程度及ぶかということを決するものであり，言論の射程そのものを画するものではない。なぜなら，「保護されない言論」も言論にほかならないということが前提とされているからである。実際，近年のある判例は，従前「保護されない言論」とされてきた類型の言論について，これを「米国憲法上（正当に）規制され得る」言論として位置づけ直している[50]。すなわち，言論性三要件を充足する言論の中にも，修正1条との関係において正当に制約を受けるものがあり得ると言える。

第2章　憲法上の「通信」と「表現」　61

2.3.3 表現性の認定要件

憲法上の表現の自由の保障根拠ないし保護法益に関して、我が国の支配的な学説は、「自己実現の価値を基本に置いた自己統治の価値によって支えられている」と説いてきた[51]。同時に、表現の自由の保障が個人の自律や「思想の自由市場」の確保に資するということについても、その各論的な批判[52]は別論として、基本的な方向性については多くの学説によって支持されてきたと言えよう[53]。このような表現の自由の保護法益と修正1条に基づく言論の自由の保護法益との共通性の高さを踏まえると、言論性三要件を基本とする言論性の判断のあり方は、憲法上の「表現」であるか否かということ（以下、「表現性」という）の判断に対しても基本的に援用可能であるように思われる。

　もっとも、前述の支配的な学説は、表現の定義について、「人の内面的な精神活動を外部に（すなわち他人に対して）公表する精神活動」[54]と説いているにとどまる[55]。これと言論性三要件とを比較すると、表出型行為性及び個別的伝達性については、一応この定義に含意されていると言えるかもしれない。すなわち、明らかに他人に伝達されることが予定された個別的なメッセージが（自己に対してではなく）他人に向けて示されることにより、表出型行為性及び個別的伝達性を充足することが念頭におかれていると捉え得る[56]。しかし、理解可能性及び表出内容の実体性に関してもここに同様に含意されているか否かについては定かではない。

　そこで、理解可能性に関して考えると、およそ他人に理解される余地のない内容の表出行為を表現として保護する実益は極めて乏しい。しかも、一般に表現物は、その表出行為の自由が原則として保障される一方、名誉毀損をはじめとする基本権法益侵害情報（1.2.1参照）等について、権利・利益侵害性がその理解可能性を前提として判断され、正当に表現規制に服し得る。ところが、理解可能性の乏しいと認められる表出物に対しては、それが「名誉毀損に該当するか」等の個別の判断を客観的かつ的確に行うことが困難を極める。このとき、仮に暗号文等により構成される「理解可能性の乏しい表現物」が存在するのであれば、その中に基本権法益侵害情報等が含まれていたとしても、当該内容が関知されないまま表現規制を免れつつ保護され得ることとなる。このことは、基本権の「最大の尊重」や公共の福祉の確保（憲法13条）の趣旨に整合しない。したがって、理解可能性は表現性を肯定するための必要条件の一つとなると考えられる。

もっとも，誰を基準とした理解可能性を求めるかということについては議論の余地があろう。この点については，基本的には，表現物の表出先として予定された一定の人々の理解だけでなく，合理的な通常人（標準人）を基準として，メッセージの内実が理解され得ると客観的に認められることが求められる[57]。なぜなら，表現者の予定する表現物の受け手となる人々の範囲は必ずしも明らかではない中で，ある行為が表現であるか否かの判断については，（最終的には司法判断として）客観的かつ安定的に行われる必要があるからである。ただし，「アイディアの伝達」がもっぱら特定の分野の専門家（プログラマ等）の間において，通常人には容易に理解しがたい専門的な用語等を介して行われることが一般的かつ合理的であると認められる場合には，例外的に当該専門家を基準として理解可能性を判断することが求められよう（その場合，表現性をめぐる司法判断に際しては，当該専門家による表出物の内容の十分な説明が必要となり得る）。

同時に，表出内容の実体性に関して考えると，例えば意識不明時の不明瞭な発言等，表出の主体の意思への適合性が疑われるばかりか，表出の客体としての実体的な中身を欠き，「アイディアの伝達」を伴わないと認められる表出内容までをも一律に表現物と位置づけることは，当該主体の「個人の自律」を妨げ得る[58]。また，表出内容について，たとえそれが表出の主体の意思に明確に反するとまでは認められなくとも，アイディアを示すメッセージとしての実体性を有しないと認められる場合においてまで，当該表出を表現の射程に含めて解する必要性及び実益は乏しい。それゆえ，表出内容の実体性についても，表現性を肯定するための必要条件の一つとなると考えられる。

したがって，表現性については，言論性の場合と同様に，表出型行為性，個別的伝達・理解可能性及び表出内容の実体性といった各要件（以下，「表現性三要件」という）をすべて充足する行為に対して認定され得ると言えよう[59]。もっとも，表現性三要件に関しては，表現性の認定のための必要十分条件ではなく必要条件にすぎないと捉える考え方もあるかもしれない。しかし，憲法21条1項の規定が「一切の表現」の自由を保障していることにかんがみれば，さらなる要件を観念して厳格に「表現」の射程自体を絞り込むよりも，表現性三要件を充足する行為をその射程に含めて捉えたうえで，当該行為の性質，態様等に応じてそれに対して許容される制約の度合いを判断する方が合理的であろう[60]。逆に，表現物をより広範な射程を有する「情報」と同視し，表現の自由とは「情報（流通）の自

由」であると割り切る学説も提示されているが[61]，前述の理由から，表現性三要件を充足しない非表現物（たる情報）の表出行為は表現の自由の保護領域に含まれないと解される。

　また，表現性三要件を充足する行為が行われるための媒体，手段，場所等の態様については，表現性の認定に際して問われるものではない（当該態様のあり方を選択・決定するのも基本的に表現者の自由である）と考えられる。ただし，かかる行為に関して，表現の自由がどの程度正当に制約され得るかについては，別途の個別的な検討が必要であるところ，当該検討に際して表現の具体的な態様が問題となる可能性がある。

　一方，編集言論説の考え方については，放送や新聞のように編集と表出とが一体的に行われる限り，憲法上も基本的に妥当すると考えられる。編集行為が編集者の意思を体現するアイディアを示す実体的メッセージの（読者，視聴者等に向けた）表出と不可分であり，その内容が通常人に理解可能と認められる場合には，表現性三要件が充足されると捉え得るからである[62]。我が国の学説においても，放送，新聞等のメディアの編集者が表現者となり得る（「編集権」を有する）という考え方は通説的地位を占めている[63]。判例も，この点に関して明示的に述べているわけではないが，同様のスタンスに立っていると思われる[64]。ただし，表現性三要件に照らし，「表現」の核心はあくまで表出行為にあると考えられることから，編集行為が表現としての要素を含むとしても，それは表出行為と同程度の憲法上の保護を必ずしも受けるわけではない（表出行為よりも広範な制約に服し得る）と解される。

2.3.4　表現の通信との相違

　表現性三要件の充足により肯定される「表現」は，主として以下のような「通信」とは異なる特徴を有する。第一に，表現性三要件の充足も表現物の受領も，基本的に自然状態で実現可能であることから，表現の自由の保障は，かかる自然状態で実現可能な行為が公権力により不当に妨げられないこと（国家からの自由）をその主旨とする。判例も，言いたいことは言わせることが表現の自由の核心であるという旨を説いている[65]。すなわち，表現の自由の保障の基軸は，表現者による表出行為の自由の保障にあり，（表現者の利益を置き去りにした形で）表現物の受領者の利益を積極的に確保することにおかれているわけではない。自律的な

各受領者により異なり得るはずの表現物に対する評価を公権力が「先取り」しつつ表現規制を行うこと自体が，民意を通じた自己統治の確保という表現の自由の保障根拠に背馳し得るからである[66]。しかも，表現行為は表現物の表出行為により成立し，実際にそれがどれだけの者に受領されたかを必ずしも問うものではない。よって，「誰にも受領されない表現物」も存在し得る。ゆえに，通信制度に依存しつつ着信者が情報を受信し得る状態におかれるまで完結しない「通信」の自由とは異なり，表現の自由の保障は，「情報の自由な流通」（1.3参照）等の一定の状態を積極的に確保することを含意するものではないと解される[67]。

　第二に，表現においては，「意思伝達の要素」の表出を伴うため，表現者の意思の存在が不可欠となる。ただし，この意思の具体的な内実については，必ずしも個々の主観的意思を問うものではなく，客観的に認められる意思となる[68]。すなわち，個別の主観的意思については，表現の自由の保障において補充的に考慮され得るものの，その内容次第で表現性の有無が左右されるわけではない。仮に表現者の主観的意思の内容が表現性自体を左右するとすると，表現行為の成立可能性及び当該行為の保障のあり方が，必ずしも容易に特定できない当該内容に依存し，表現の自由の安定的な保障を妨げるおそれが生じるからである[69]。しかも，匿名での表現物のように，もとより表現者の主観的意思を確認することが極めて困難となる場合も想定される中で，「匿名による表現の自由」についても憲法上保障されると解される[70]。それゆえ，表現性の肯定に際しては，客観的に認定される表現者の意思の存在がその前提となる。

　これに対し，「通信」においては，発着信者の発着信に対する意思を個別に問うことは現実的に困難であるうえに[71]，そもそも「秘密」の保護のうえでは当該意思の有無や内容を問題とする必要性が乏しい[72]。なぜなら，「秘密」たる情報は包括的であり（1.4参照），発着信の対象となる情報をネットワーク上に載せること（ネットワーク上で情報の送受信が行われること）自体が，ただちに通信の自由・秘密の保護領域の入口に立つことに結びつくからである。「通信」は発信者の意思とは関わりなく行われる場合もあり得るが，かかる場合であっても，「秘密」たる情報は憲法上の保護を受けると解される。それゆえ，例えば，電子メールの発信者がキーボードの誤操作等によりその意思に反して送信した情報も，なお「秘密」として保護され，その送受信に関する「自由」が保障・保護されることに変わりはない。したがって，表現者又は発信者の意思との関わりの観点から

第2章　憲法上の「通信」と「表現」　　65

みても，表現は「通信」とは性質を異にする要素を含んでおり，前者が後者の上位概念に終始するものではない。

　第三に，表現性三要件に照らし，表現の客体はアイディアを示すメッセージとしての実体性を有する必要があり，それ以外の情報（非表現物）はこれに含まれない。これに対し，「通信」においてやり取りされる客体にはあらゆる情報が含まれる。その意味において，「表現」はその手段が「通信」を含む形で広範であるが，その客体となる情報の範囲に関しては「通信」よりも狭いと言える。

2.4　情報通信技術の発展に伴う「通信」の射程の事実上の拡大

　「通信」については，近年の技術革新により，その事実上の範囲が拡大しつつあるということにも留意が必要である。すなわち，郵便や電話をその典型とする伝統的な通信においては，個別的なメッセージの伝達を伴う「特定者宛ての表現」が行われることが圧倒的に多く，（特定者間とはいえ）「表現物の伝達を予定した通信」が一般的であった。ところが，今日の国民生活においては，個別的なメッセージとは認めがたいタイプのデータの送受信をはじめ，「非表現物の伝達を予定した通信」の役割が急速に増している。このことは，表現の自由と通信の自由との関係を考えるうえで重要なインパクトを与え得る。ところが，これまでの憲法学説において，「通信」においてやり取りされる客体となる情報が表現物か非表現物か，また両者の比重はどのように変容してきたかということは，あまり問題とされてこなかったように思われる。

　同時に，「非表現物の伝達を予定した通信」の役割の増大は，もっぱら特定者間の情報の伝達を表す概念として「通信」を捉えることの困難さを裏づける。なぜなら，伝達対象としての非表現物は，個別的なメッセージではないことが多く，不特定多数の者に「共有」される蓋然性が高いからである。このような近年における「非表現物の伝達を予定した通信」の増加に関する主な契機は，以下の各点に集約されよう。

　第一に，「インターネット・オブ・シングス」(0.1参照)，「機器間の通信（Machine-to-Machine Communications: M2M）」，車車間通信等の発展を背景としつつ，コードがネットワーク上でやり取りされる局面が増えている。本書でいうコードとは，あるソフトウェアないしプログラムを作動させるための指令群となる電子

的データ（当該データを生成するために必要となるプログラムを作動させるための指令群を含む）を指す。これは，もっぱら機械，機器等を物理的に作動させるために用いられるコード（以下，「機能的コード」という）と，実体的メッセージを発する媒体等を機能させるために不可欠となり，当該メッセージの内容が組み込まれていると認められるコード（以下，「意味的コード」という）とに大別される。このうち，機能的コードは，個々の機械等がその特定の任務（多くの場合，「表現」とは言いがたいもの）を遂行するための指令となる。そして，非表現の行為としての特定の任務を遂行するために通常予定される態様の機能的コードの表出については，当該コードの作成者の個別的なメッセージを伝えようとする意思を特定しがたいであろう。しかも，機能的コードのやり取りが一般的に行われ得る機器間の通信に関しては，同一の者が所有する機器間でこれが行われる場合も少なくないが，このとき「他人に向けて伝えられようとするメッセージ」は存在しない。よって，かかる機能的コードのネットワーク上でのやり取りは，基本的に「非表現物の伝達を予定した通信」である。

　第二に，コンピュータの異常作動を促して大量のパケットの送信等によりネットワークに重大な支障を及ぼすマルウェアのように，インターネット経由で不特定多数の者を標的として一律的に送信される無機的な情報が増えている。また，発信先が特定の者であっても，例えば既製のソフトウェアたる情報のみを（当該ソフトウェアの作成者以外の者が）いわゆる「P2P（peer-to-peer）」[73]方式により送信する場合，あるいは他人から送信されてきた電子メールの添付ファイルの文書についてその内容の確認を伴わずに当該ファイルのみをそのまま別の他人に転送する場合[74]のように，発信者自身の個別的なメッセージが送信の客体たる情報に含まれない場合もあり得る。このような情報の多くは，（発信者にとっての）意思伝達の要素を欠く。その限りにおいて，その送信行為は表現に該当せず，「非表現物の伝達を予定した通信」となる。

　第三に，今や古典的とも言えるウェブサイトはもとより，検索役務の提供において用いられる検索エンジン（以下，単に「検索エンジン」という）やウェブ辞書のように，利用者がインターネット経由で必要な情報を入手するために一定の要素たる情報（検索用語，URL 等）を投入（送信）することを予定したオンライン上のプラットフォームが増えている。このとき，一般に利用者は情報の投入に当たり，当該情報をインターネット接続役務提供者やプラットフォームの運営者（検索役

務提供者等）に向けて送信する認識は有していると思われるが，それは意思伝達の要素を有するものとは言いがたい。よって，かかる送信行為は表現とは認められない。ゆえに，インターネット上でかかる形態の送信行為が増加する限り，「非表現物の伝達を予定した通信」の比重は必然的に増す。

　第四に，パーソナルコンピュータ（PC）等の起動時に自動的にオペレーションシステム等の各種ソフトウェアの内容を更新するために要する情報のやり取りをはじめとして，「意図せずに行われる自動的な通信」（以下，「自動的通信」という）が増えている。もとより，表現行為においては表現者の意思を反映した個別的なメッセージが伝達されることから，表現者が「意図せずに行われる表現」は予定されない。しかし，「通信」においては（形式的な）発信者の意図しないところで，あるいはその者にとってはほぼ無意識のうちに，情報の送信が行われる可能性がある。かかる自動的通信は，ソフトウェアの更新に限らず，例えば携帯電話端末の占有者から基地局に対して自動的に発信される当該端末の位置情報，スマートフォンの各種アプリケーションが自動的にインストールされる際に送受信される情報，自動車のナビゲーション（道案内）の機器が自動的に受信する人工衛星（GPS）から発信される信号情報の送信等，今日の国民生活の隅々において行われている[75]。

2.5　小括

　憲法21条2項後段にいう「通信」には，自然状態で完結し得る対面コミュニケーションや設備不使用通信は含まれないものの，通信設備を用いつつ通信制度に依存しながら行われる通信については，包括的にこれに含まれると解される。「通信」の射程を画するうえでは，その送受信の対象が表現物であるか非表現物であるかは問われず，宛先の特定性や件数等も問題とならない。憲法制定当時に想定されていた「通信」が特定者間のものであったとしても，時代の構造的な変化に伴い当時は想定外であった新種の通信が現に広く実用化され，国民生活を支えている以上，それが秘密不可侵の保護領域から除外されると解する合理的な理由は乏しい。よって，公然性を有する通信も憲法上の「通信」である。

　一方，憲法21条1項にいう「表現」とは，表出型行為性，個別的伝達・理解可能性及び表出内容の実体性をすべて充足する行為である。表現行為は独力かつ自

然状態でも完結し得るうえに，表現物の「流通」という一定の状態を直接問うものではない。よって，その自由を保障するための法規範については，「情報の自由な流通」の確保という公権力に対する客観法的要請を内包する通信の自由とは異なり，あくまで「国家からの自由」を基本とする。また，表現の核心は表現物の表出行為にあるのに対し，「通信」においては情報の発信・着信の双方の行為が（保護対象として）同等に重要となる。さらに，表現は表現者の「意思伝達の要素」を伴うのに対し，「通信」は通信当事者の意思の内容とは関わりなく行われ得る。これらにかんがみると，表現と「通信」とは観念的・規範的に区別されるものであり，一方が他方に包含される関係にあるわけではないと言える。

1 ）市川（2014）136頁，赤坂（2011）18-19頁，木村（2017）73頁参照。これらの学説は，表現物を情報と互換的に位置づけつつ，「表現」を情報の伝達とほぼ同視している。

2 ）芦部（1994）217頁，佐藤（2011）249頁参照。

3 ）梶原（2006）52頁参照。

4 ）佐藤（2011）321頁。

5 ）野中ほか（2012）397頁〔中村睦男執筆〕。市川（2014）167頁。

6 ）曽我部ほか（2016）46頁〔曽我部真裕執筆〕。併せて，毛利ほか（2017）264頁〔毛利透執筆〕参照。

7 ）渋谷（2017）353頁・412頁参照。

8 ）宍戸（2013a）521頁。

9 ）例えば，AがBを宛先として作成した封かん済みの書状を一般私人たるXに手渡しした後，Xがそれを直接Bに手渡しする場合がこれに該当する。

10）高橋〔郁〕＝吉田（2006）67-70頁参照。

11）対面コミュニケーションを「通信」ではなく「表現」と解する学説として，赤坂（2011）80頁参照。

12）もっとも，憲法13条に基づくプライバシーの保障と憲法21条2項後段に基づく「秘密」の保護とを「一般法と特別法との関係に立つ」ものと解する場合には（井上（1997）12頁参照。併せて，佐藤（1978）636頁，高橋〔和〕（2017）290頁，曽我部（2013）19頁参照），たとえ対面コミュニケーションのプライバシーが憲法13条の規定により保護されるとしても，それと重畳的に憲法21条2項後段の規定がこれを保護するという帰結が導かれるかもしれない。しかしながら，もっぱら対面コミュニケーション（及びその他の通信設備を用いないコミュニケーション）を念頭におく限り，なぜかかるコミュニケーションに関するプライバシーのみが憲法規範の中であえて重畳的・明示的に保護されるのかを的確に説明することは困難となろう（双方又は一方の通信当事者以外の者が通信設備を用いて関与する「通信」を念頭において初めて，プライバシーの保障とは別に「秘密」が憲法上明示的に保護される意義が合理的に説明可能となると考えられる）。

13）なぜなら，AはXが構成要素情報はもとより内容情報をも関知するリスクを承知のうえで，Xにその仲立ちを託すものと捉え得るからである。

14）厳密には，これらの場合のほか，極めてまれなケースながら，⑥設備使用同一人通信において

XがAと同一人である場合（Aが自分自身に宛てて自ら支配・管理する通信設備を用いて情報を発信する場合。以下，「設備使用独力完結通信」という），⑦設備使用自他通信において用いられる通信設備がA及びB双方の支配・管理下にある場合（以下，「設備共用自他通信」という）も理論的には考えられる。設備使用独力完結通信については，使用される通信設備及びその内部の流通情報がAの承諾（関与）なしには公権力等が物理的にアクセスできない状態におかれている限り，公権力によりAの意に反して通信設備を介しつつ情報が取得される可能性が想定されないことから，対面コミュニケーションや設備不使用通信の場合とほぼ同様に解することが可能である。一方，設備共用自他通信については，公権力がAの知らないところでBの助力を得て通信設備を介して（通信傍受等により）Aの発する情報を取得する可能性が残されており，公権力によるAの「秘密」の侵害が想定され得ることから，憲法上の「通信」に該当すると解される。

15）送信の場と受信の場所とを接続する通信設備のことを指す（電気通信事業法9条1号参照）。

16）着信者が特定の者であるか不特定の者であるかは「通信」の認定に際して問題とならない。

17）海野（2015a）93-94頁参照。

18）例えば，奥平（1988）3-61頁参照。

19）芦部（2000）332頁，阪口（2017）361頁参照。

20）判例上，わいせつ文書の定義については，「徒らに性欲を興奮又は刺戟せしめ，且つ普通人の正常な性的羞恥心を害し，善良な性的道義観念に反するもの」とされている。最大判昭和32年3月13日刑集11巻3号997頁（チャタレー事件），最大判昭44年10月15日刑集23巻10号1239頁（『悪徳の栄え』事件）参照。

21）U.S. CONST. amend. I.

22）See Mills v. Alabama, 384 U.S. 214, 218 (1966); Meiklejohn (1960), at 26-27; Sunstein (1995), at 127, 130.

23）See Redish (1984); Redish (2001), at 22-23; Richards (1974), at 61-63.

24）See Hurley v. Irish-American Gay, Lesbian and Bisexual Group of Boston, 515 U.S. 557, 573 (1995); Baker (1989), at 194-224; Fallon (1994), at 902-905.

25）See, e.g., Red Lion Broadcasting Co. v. Federal Communications Commission (FCC), 395 U.S. 367, 390 (1969). "Marketplace of ideas" については，純然たる思想のみを念頭においたものではないことから，本来は「アイディアの自由市場」と中立的に翻訳されるべきものと考えられるが（阪本（2011a）3頁・32頁参照），本書ではさしずめ伝統的な用語法に倣い，「思想の自由市場」と表記する。

26）See Marshall (1995), at 32-39.

27）See Blasi (1977), at 527-528.

28）近年の判例においては，修正1条の基本原則として，各人が話したり聞いたりし，また再考のうえさらに話したり聞いたりすることができる場にアクセスできることが挙げられている。See Packingham v. North Carolina, 137 S. Ct. 1730, 1735 (2017).

29）本書でいう「意思伝達」とは，"communication" の訳語であるが，通信設備を用いた「通信」に限らず，表出対象の客体となる情報の伝達，伝播，交換等の行為を広く包含する。

30）See Amar (1989), at 133-134.

31）See Texas v. Johnson, 491 U.S. 397, 404, 416 (1989).

32）See Sunstein (1993), at 834.

33）"Expressive conduct" については「表現的行為」と翻訳されるのが一般的であるが，この訳語は，

それ自体として，当該行為が憲法21条1項にいう表現に該当するか否かに関する無用の予断を与え得る。むしろ，ある行為が本質的に "expressive conduct" であると認められることは，表現に該当するための前提条件となり得るものである。そこで，本書ではこれをより中立的に「表出型行為」と表記する。

34）See Sunstein（1993），at 835-836.

35）See Rumsfeld v. Forum for Academic and Institutional Rights, Inc., 547 U.S. 47, 66（2006）.

36）See Spence v. Washington, 418 U.S. 405, 409（1974）. もっとも，この点に関しては学説の批判も少なくない。例えば，意思伝達の要素がどの程度十分に含まれていれば問題となる行為が言論となるのかが不明であるという旨を示唆する学説はその典型である。See Rubenfeld（2001），at 773. また，修正1条に基づき保護される「意思伝達」の具体的な射程については，言論者の意思，表出されるメッセージ及びその受領者による受領可能性という三つの要素の連関における社会的な文脈に左右され得るとも指摘されている。See Post（1995），at 1252.

37）See Rumsfeld, 547 U.S. at 66; Johnson, 491 U.S. at 406. すなわち，「表出」という行為の客体はさまざまな情報を包含し得るが，「本質的に表出型」の行為となるためには，当該客体が何らかの伝達対象としてのメッセージと認められることが必要となる（**第1章注48**）参照）。

38）See Spence, 418 U.S. at 410-411.

39）メッセージの伝達の多くは個別的に行われると考えられるが，例えば機械を作動させるために標準的に用いられるコードの伝達等，特定の任務を遂行するために通常予定されるメッセージの伝達については，「一般的」に行われるものとして，個別的伝達性を欠くということになり得る。なお，伝達の相手方が特定の者か不特定多数の者かということは，個別的伝達性の有無には影響しない。

40）See Ely（1975），at 1495; Post（2012），at 2-4. 後者の学説は，言論と非言論の行為との規範的な区別を断念し，明らかに修正1条の価値を実現する行為を広く「言論」と解すべきであるとする。個々の行為について修正1条の価値との関係は一義的に定まるものではないことから，かかる解釈による場合には，言論性の判断それ自体が事実上裁判所の判断に大きく委ねられることとなろう。しかし，修正1条が明示的に「言論」をその保護対象としている以上，言論と非言論の行為との規範的な区別を客観的に行い得るための指標を設定することは，解釈論上不可避であると思われる。確かに，「言論」の中に非言論の行為の要素が混在することもあり得るが，その場合，両者が不可分の関係にある限り，原則として一体的に「言論」として捉えることが必要となろう。

41）See Benjamin（2011），at 1700.

42）See id. at 1694.

43）See id. at 1700. それゆえ，例えばレントゲン検査機器からX線が表出されたとしても，それは人のアイディアを示すメッセージの伝達ではないことから，表出内容の実体性を有するものとは言えず，言論とは認められないという。

44）See, e.g., Roth v. United States, 354 U.S. 476, 484（1956）.

45）See Benjamin（2011），at 1697-1698; Gey（2010），at 1274.

46）海野（2015d）86頁参照。

47）See Miami Herald Publishing Company v. Tornillo, 418 U.S. 241, 258（1974）.

48）See Turner Broadcasting System, Inc. v. FCC, 512 U.S. 622, 636-637（1994）. ただし，判例は，第三者による編集行為の言論性を肯定するに当たり，当該行為の必要性を裏づける言論の表出の場の限定性（チャンネル数の有限性等）を考慮している。言論性の判断に際して，かかる考慮が求められる具体的な射程については不明瞭である。

第2章 憲法上の「通信」と「表現」　71

49) *See* Chaplinsky v. New Hampshire, 315 U.S. 568, 571-572（1942）; *Roth*, 354 U.S. at 485-486. こ
れらの判例においては，「保護されない言論」として，みだらでわいせつな言論，不敬な言論，名
誉毀損の言論，侮辱的なことば，喧嘩ことば等が挙げられている。

50) *See* R.A.V. v. City of St. Paul, 505 U.S. 377, 383（1992）.

51) 芦部（2000）259頁・322頁参照。

52) 例えば，佐藤（2011）250頁，阪本（2011a）33-45頁参照。

53) 例えば，野中ほか（2012）352-353頁〔中村睦男執筆〕，渡辺ほか（2016）215頁〔宍戸常寿執筆〕
参照。

54) 芦部（2000）240頁参照。

55) これに対し，表現の自由と「情報の自由な流通」との相違を精緻に分析しつつ，「表現」を「記
号を通してなす対人的コミュニケーション行為」と定義する学説として，阪本（2011a）29-32頁参
照。

56) もっとも，この定義は，表出の要素に重点がおかれ，伝達の要素については不明確さを残して
いるとも言える（木村（2017）180頁参照）。また，表出の客体をメッセージ全般ではなく，「内面
的な精神活動」として捉えているが，厳密には，内面的な精神活動が外界に表れたときにのみメッ
セージが生まれるわけではないと考えられる（阪本（1995）9-10頁参照）。

57) 曽我部ほか（2016）17頁〔曽我部真裕執筆〕参照。

58) 海野（2015a）103頁参照。

59) ただし，言論は表現と比べてより客観的に，言論者の主観的意思の内実等を問わずに認定され
る余地があるということに留意する必要がある（もっとも，表現性の認定においても，表現者の主
観的意思は補充的に考慮され得るにすぎないと考えられる。2.3.4参照）。

60) 海野（2015d）92頁参照。米国法の下では，修正1条にいう「言論」について，これを民主政の
実現のツールと捉えつつ，公的意見の形成に資する「公的議論」等に限定して解する余地もある
（*see* Post（2012）, at 15）。しかし，「一切の表現」を保護する憲法21条1項の下では，「表現」の射
程に関してかかる限定的な解釈を行うことはなじまず，個々の表現の内容に中立的にその保護領域
が画されるべきであると考えられる。

61) 渋谷（2017）350頁・412頁参照。併せて，奥平（1993）199頁参照。

62) ただし，ある公表済みの表現物に対する編集行為が秘密裏に行われ，当該表現物の受領者（通
常人）においてその編集内容を理解することが極めて困難であると認められるような場合には，か
かる編集行為は個別的伝達・理解可能性を欠き，表現に該当しないと解される。

63) 例えば，大石＝大沢編（2016）179頁〔上田健介執筆〕参照。ただし，同書の主張を含む多くの
学説は，収集した情報を整理する行為として編集行為を位置づけつつ，情報の流通過程の一環とし
てこれを憲法21条1項の保障下にあると解している。しかし，仮にかかる解釈による場合には，編
集行為は，それが表現性三要件を充足しているか否かにかかわらず憲法21条1項に基づく保障を受
けることになり得る。これは，表現の射程を際限なく広げ，表現の自由の保障の意義を実質的に希
釈化するおそれを秘めた解釈であると思われる。

64) 判例は，放送事業者の番組編集行為に関して，「表現の自由の保障の下，公共の福祉の適合性に
配慮した放送事業者の自律的判断にゆだねられて」いると説いている。最判平成20年6月12日民集
62巻6号1656頁（NHK番組改変事件）参照。

65) 最大判昭和27年8月6日刑集6巻8号974頁（石井記者証言拒否事件）参照。ただし，放送のよ
うに，憲法21条1項の趣旨を「具体化」する立法に基づく制度の枠を離れて成立し得ない特殊な表

現の形態もある。最大判平成29年12月 6 日裁時1689号 3 頁（NHK 受信料制度訴訟）参照。

66）毛利（2017b）17-18頁参照。

67）阪本（2011a）30-31頁，海野（2010c）103頁，海野（2015a）102-107頁参照。なお，表現の自由の保障を「情報の自由な流通」の保護と一体化させて解する主な学説として，佐藤（2011）129頁，戸波（1998）233頁，松井（2007）445頁，渋谷（2017）350頁参照。

68）海野（2015d）89頁・91頁参照。

69）この点の詳細について，海野（2015d）127-132頁参照。

70）松井（2014）384頁，曽我部ほか（2016）15頁〔曽我部真裕執筆〕参照。併せて，志田（2013）108-109頁，毛利（2017a）212頁参照。

71）ネットワーク上においては，発信者が不明となる場合も少なくない。

72）なお，「通信」において，発着信者の主観的意思の内実は基本的に問題とならないが，通信管理主体か否かの認定に際して，関与者の意思は問題となり得る（海野（2015a）172頁参照）。なぜなら，他人間の通信を積極的・能動的に取り扱う意思が認められない限り，「秘密」たる情報のやり取りに関する媒介や実質的な媒介の機能を適切に担うことは困難であるからである。

73）対等の位置づけを有する複数の端末内で，特定のサーバー等を経由せずに直接通信を成立させる技術のことを指す。

74）これは，他人から受け取った文書入りの封筒を開封せずにそのまま別の他人に手渡しする場合と同様であり，当該手渡し（又は転送）という行為自体について，表出型行為性及び個別的伝達性を肯定することは基本的に困難である。

75）もっとも，これらの場合における発着信者を特定することは必ずしも容易ではない。前述のソフトウェアの更新を例に挙げれば，「PC 等の占有者とソフトウェア開発者との間の情報のやり取り」と解することが可能である。しかし，かかるアップデートがもっぱらソフトウェア開発者の意思に基づき行われるものと解すれば，当該開発者が情報の発着信者であると捉える余地もある。少なくとも前者の解釈による場合には，発信者としての PC 等の占有者にとっては，自動的通信となり得る。

第3章

コード及び機械的生成物をめぐる
表現の自由・通信の自由

3.1 序説

近年の情報通信技術の発展は，各種のコード（2.4参照）の重要性を顕在化させている。例えば，電気通信設備をはじめ，一定のソフトウェアを通じて稼動するハードウェアはコードを介して起動する。また，「通信」を通じて利用される各種のアプリケーション等，特定のソフトウェア内部に組み込まれた要素としてのモジュールも，同様にコードを介して機能する。

「通信」との関わりにおけるコードの主な役割は，以下の各点に集約されよう。第一に，利用者が「通信」を行うために不可欠となる各種の端末設備[1]がコードに支配されている。それゆえ，例えば犯罪捜査を目的として，移動体端末[2]にアクセスするためのソフトウェアのロック（アクセス可能者の限定）の解除を公権力が当該端末の開発者等に強制できるかといったことも論点となる。このような問題は，一次的には，被疑者の速やかな逮捕による国家・地域の安全の確保に対する要請と，移動体端末の利用者のプライバシーの保護に対する要請とが交錯したものと捉えることが可能である。しかし，その根底には，当該端末へのアクセスを阻止していたプログラム（ソフトウェア）を構成するコードについて，これがそもそも表現物であるか否か，さらには公権力による当該コードの改変の強制は表現の自由を侵害することとならないか，という重要な問題が伏在している。

第二に，コード自体が「通信」の客体としてネットワーク上を流通する機会が増えている。これは，機器間の通信，自動的通信等の発展を背景とする「非表現物の伝達を予定した通信」の増大傾向（2.4参照）の一環である。これに伴い，コードの表出行為が表現の自由として保護されるのか否かに加え，コードの流通と通信の自由との関係をどのように捉えるかということも問題となる。

一方，近年の技術革新は，アルゴリズムその他ソフトウェアを形成するコードに基づき機械的ないし自動的に生成・表出される各種の情報（以下，便宜上「機械

的生成物」という）も生み出しており，それらがインターネット等を経由して手軽に利用されることも多い。例えばロボットが一定のアルゴリズムに基づき描く絵画に象徴されるように，機械的生成物は，コードそれ自体とは異なり，概して一定の創造性ないし訴求力を有し，「人間の思い」を直接又は間接的に反映ないし体現させている場合が多い[3]。そこで，コードが表現物となるか否かという問題とは別に，コードに基づく機械的生成物の表出行為について，これが「表現」として憲法上保護されるのか否かも問題となる。

　ところが，憲法学説において，コードが表現物となるか，機械的生成物の表出行為が表現として保護されるのか，またこれらと通信の自由との関係はどのように整理されるのか，といった今日的な問題に関する議論は未成熟である[4]。私的自治の範囲で行われ得るコードの書換え等により表現の自由の保障の憲法的価値が事実上縮減する可能性についてはかねてより指摘されてきたが[5]，これはコードの表出行為それ自体が表現として保護されるのかという問題とは異質のものである。もっとも，近年の判例は，コードに基づくオンライン上の検索結果の表示を「表現行為という側面を有する」ものと位置づけ，一歩踏み込んだ判断を行っているが[6]，その点に関して必ずしも詳細な検討が行われているわけではない。

　一方，米国においては，前章で概観した言論の定義づけをめぐる議論（2.3.2参照）とともに，「（コードを含む）データは言論となるか」，さらには「機械的生成物の表出行為は言論として保護されるのか」ということを追究する解釈論が提示されてきた。これまで憲法21条1項の規定の解釈論が修正1条の解釈論から大きな影響を受けてきたという事実にかんがみると，かかる米国の議論は，前述の今日的な問題に対するアプローチに向けた貴重な手がかりとなり得るであろう。

　以上を踏まえ，本章は，米国法上の議論を参照しつつ，そもそもコードや機械的生成物の表出行為が「表現」として保護されるのか否か，保護され得るとすれば具体的にどのような場合に保護されるのかということに関する規範的な考察を加えるとともに，その表出行為と通信の自由との関係についても論じることを目的とする。そのため，まずはコード及び機械的生成物の主な類型を確認したうえで，コード及び機械的生成物（の表出行為）について，それらの言論性をめぐる米国の学説・判例上の主な議論を整理する。そして，かかる議論を踏まえつつ，それらの（憲法上の）表現性についてそれぞれ検討する。

第3章　コード及び機械的生成物をめぐる表現の自由・通信の自由　　75

3.2 コード及び機械的生成物の種類

　コードや機械的生成物にはさまざまなものが含まれるが，それらに共通するのは，基本権の享有主体であるオリジナルのコードの作成者（以下，単に「コード作成者」という）を擁しているということである。コードは一般にコード作成者により表出され，機能的コードと意味的コードに大別される（2.4参照）。機械的生成物についても，コード作成者の作成するコードが集積されることにより生成されるアルゴリズム（以下，「一次的アルゴリズム」という）等のプログラムにより，場合によってはそれに加えて，一次的アルゴリズム等の改変又は当該改変の繰返しにより得られるアルゴリズム（以下，「副次的アルゴリズム」という）[7]や当該生成物の利用者（以下，「コード利用者」という）による諸要素の個別的な投入等を通じて，機械的・自動的に表出される。

　もっぱらコード作成者によるコード（一次的アルゴリズム）の作成及びコード利用者による要素の投入を通じて表出される比較的シンプルな機械的生成物（以下，「原始的機械的生成物」という）の具体例としては，検索エンジンに基づく検索結果の情報[8]，自動車のナビゲーションのシステムに基づく情報等がある。また，機械ないしコンピュータ等により追加的に生み出された副次的アルゴリズム等に基づき表出される比較的高度な機械的生成物（以下，「発展的機械的生成物」という）の典型例として，ロボットやクラウド技術等を通じて提供される人工知能（Artificial Intelligence: AI）の発する情報，コンパイラ[9]やジェネレータ[10]に基づき表出される情報等が挙げられる。

3.3 米国法上のコード及び機械的生成物と言論との関係をめぐる判例における議論

3.3.1 連邦最高裁判所の主な判例の考え方

　前章で考察した言論や表現の意義（2.3参照）を踏まえ，本節ではコード及び機械的生成物と言論との関係をめぐる米国の主な議論を概観する。連邦最高裁判所の判例におけるかかる議論の嚆矢として捉え得るのが，通信品位法（Communications Decency Act of 1996）[11]の規定[12]の違憲性を説いたことで知られる1997年の Reno 事件判決[13]であろう。この判決においては，電子メール，ウェ

ブサイト等の当時揺籃期にあったインターネット上の各種ツールが誰でもアクセス可能なサイバー空間を構成するものと位置づけられ[14]，受領者が未成年であることを承知したうえでの「わいせつ又は下品（obscene or decent）」な表現物の作成・伝送等を禁じる法律の規定について，これがサイバー空間全体に適用されるものとされつつ，言論の内容に基づく包括的（blanket）な制約となり[15]，修正1条に反するとされた[16]。この判決は，サイバー空間という電子的データの流通する空間に対しても修正1条に基づく保護が及ぶことを明確にし，当該保護の射程を考えるうえで重要な一里塚となった。

　次いで，各医師の薬の処方に関する慣行を明らかにする記録（情報）の薬局等によるマーケティング目的での販売，利用等を原則として禁じるヴァーモント州法の規定[17]の違憲性を判示した2011年のSorrell事件判決[18]は，「情報の作成及び流通（dissemination）」は修正1条に基づき保護される言論であるとし，「事実」が当該言論の多くの出発点となると説いた[19]。このような考え方の背景には，各人の言論の自由は，言論の主体（以下，「言論者」という）が有する情報がその利用又は流通の過程で一定の制約に服するときに問題となるという思想がある[20]。これらが前提とされつつ，個々の医師による処方の慣行を特定する情報についても修正1条に基づく保護の対象となるとされ，特定の者（薬局や処方情報の収集者等）による特定の目的（マーケティング）での情報の利用等を禁ずることは，特定の言論者及び特定の言論の内容を不当に冷遇するものであって，修正1条に違反するという旨が示された[21]。この判決は，かかる情報の収集者による当該情報のやり取りが非言論の行為ではなく言論となり，情報の利用・流通過程に対する公権力の介入が修正1条の問題となるということを明確にした。

　さらに，未成年者に対する「暴力的なビデオゲーム」の販売又はレンタルを禁止するカリフォルニア州法の規定[22]の違憲性を判示した2011年のBrown事件判決[23]は，ビデオゲームにも修正1条に基づく保護が及ぶとした。その主な理由として，①修正1条は基本的には公的な問題に関する対話（discourse）の保護を念頭においたものであるが，（当該問題への該当性を問うために）例えば政治と娯楽とを明確に区別するようなことは困難かつ危険であること，②ビデオゲームはアイディア（場合によっては社会的なメッセージとなるもの）の伝達を実現すること，③言論の自由の基本的な原則は，従前の媒体とは異なる新たなコミュニケーション媒体の出現によって変わるものではないこと，などが指摘されている[24]。こ

第3章　コード及び機械的生成物をめぐる表現の自由・通信の自由　　77

の判決は，一定の（コードに基づく）機械的生成物に対しても修正1条に基づく保護が及び得るということを明らかにした。ただし，ここではコードそれ自体の言論性については示されていない。

　もとより，近年の米国の連邦最高裁判所は，概して修正1条の適用の射程を拡張的に捉える傾向にあり[25]，この点については既に多くの学説において指摘されてきた[26]。かかる傾向については，判例が，厳格な合憲性審査が求められてきた言論の内容に対する規制（言論内容規制）とそれ以外の言論の時，場所，態様等に関する規制（言論内容中立規制）との区別のあり方に関して，言論に対する制約が文面上（on its face）言論内容規制であると認められる限り，当該規制の悪意のない目的（innocent motives）にかかわらず，言論内容規制として厳格な合憲性審査に服すると説き[27]，「言論内容規制の射程を拡張的に捉える傾向」にあることにも符合する。このような傾向の下で，やや特殊な電子的データとも言えるコードの言論性は明らかにされていないものの，Brown事件判決から窺えるとおり，少なくとも一定の機械的生成物に関しては，人の発言や出版物等の一般的な表現物（以下，便宜上「一般的表現物」という）と同様に，言論に含まれるという考え方が支配的となりつつある。

3.3.2　下級審の主な裁判例の考え方

　下級審の裁判例においては，より踏み込んだ形で修正1条の適用の射程を拡張的に捉える考え方も提示されている。とりわけ，「コンピュータのコードにより表現された意思伝達は，それがコードにより表現されているからといって，言論としての米国憲法上の保護を失うものではない」と説いた裁判例[28]は，コードの言論性が肯定される余地を示唆したものとして注目される[29]。その理由として，①コードやプログラムが機械等を作動させるために必要となる指令を発するという事実は，それが一定の情報を伝達する付加的な能力を欠くことを意味するものではないこと，②かかる指令は通常「人間が理解及び評価することが可能な情報」を伝えていること，が指摘されている[30]。もっとも，この裁判例では，あるコードが実際に言論となるか否かについては，やり取りの態様や用途等に応じて異なるという旨が示唆されている[31]。

　一方，通信の利用者に専属的なネットワーク情報（Customer Proprietary Network Information: CPNI）[32]の電気通信事業者による取扱いに対する連邦通信委

員会（Federal Communications Commission: FCC）の規律が当該事業者の言論の自由を制約するという旨を説いた裁判例[33]も特記に値する。ただし，これはかかる情報それ自体が「言論」であると明示するものではなく，それを利用して電気通信事業者がその利用者と営業上のやり取りを行うことに修正1条の利益（営利的言論の自由）を特定しているという点に留意を要する[34]。

他方，検索エンジンないしそれによる検索結果たる情報の表出行為又は表示されたもの（以下，「検索結果表示」という）について，それが主観的な判断の結果の表示であり，修正1条の保護を受けるという旨を説いた複数の裁判例[35]は，機械的生成物の表出行為としての検索結果表示の言論性を正面から肯定したものと捉え得る。また，特定の政治的な映画の削除を動画共有サイトの管理・運営者に対して求める裁判所の差止命令（injunction）が修正1条に違反し得るという旨を示唆した裁判例[36]も，その延長線上に位置づけられよう。

3.4 米国法上のコード及び機械的生成物と言論との関係をめぐる学説における議論

3.4.1 コードと言論との関係をめぐる主な議論

既に言及したとおり，コードそれ自体の言論性とコードに基づく創作，判断等の産物としての機械的生成物の言論性とは区別して考える必要があるが，従前の米国の学説上，コードの言論性を正面から検討したものは多くない。しかし，より一般的な（電子的）データの言論性という観点からは，さまざまな議論が展開されている。とりわけ，この点に関してかねてより問題とされてきたのが，各人の個人的な情報ないし私的なデータ（以下，「個人的データ」という）に関するプライバシーを保護する各種の法律が，修正1条との関係における合憲性を証するための十分な審査を受けてこなかったということである[37]。論者によっては，プライバシー保護関係の法律に加え，競争法，証券取引法，労働法，著作権法等に対する合憲性審査の不十分性を主張する向きもあり[38]，これらは必ずしも純粋な法原理上の原因によるものではなく，従前の判例において保護対象とされてきた事柄との関連性や，個々の裁判において訴訟当事者への同情感等が作用した結果ではないかとも指摘されている[39]。かかる指摘の前提には，（電子的）データも言論ないしその客体にほかならないという共通認識があるように思われる。

第3章　コード及び機械的生成物をめぐる表現の自由・通信の自由　　79

これに対し，各人のプライバシーに関わる個人的データについては，今日では
インターネットその他の多様な情報源から取得可能であることも踏まえると，そ
の取扱いは日用品の取引に近似するものであって，言論ではない（当該取扱いに
対する規制は米国憲法上許容され得る）という旨を示唆する学説もある[40]。その背
景には，仮に表出型行為性を有するあらゆる行為が言論であるとすれば，一般的
な情報の取扱いに関する各種の規制が，たとえ言論統制的な意味合いがなくとも，
修正１条との関係において正当化されなくなり得るという思想がある[41]。この
ような観点からは，少なくとも個人的データの表出については，格別の意思伝達
の要素（さらには，アイディアを示す実体的メッセージの表出）を欠くものとして評
価される。コードの表出についても，一般的にその延長線上に位置づけられ得る
こととなろう。

　一方，「知識を生成する権利（right to create knowledge）」の保障が言論の自由
の保障の必要条件となるという前提に立ちつつ[42]，言論を行うために必要な「知
識」となるデータの生成及び収集についても，非言論の行為ではなく，言論の射
程に含まれると説く学説もある。その理由として，例えばある個人がもっぱら自
らの記念のために写真を撮影・現像する場合，その現像行為（画像情報の表出行為）
は他人に向けてメッセージを伝達しようとするものではないから言論とは認めら
れず，米国憲法上保護されないのに対し，同様の行為が写真展への出展等の外界
への伝達を意図して行われた場合には言論と認められ得るという不合理を解消す
るためには，現像行為の前段階となる撮影行為（データの生成・収集行為）も言論
として保護されると捉える必要があるという旨が指摘されている[43]。これによ
れば，仮にデータの生成・収集行為が妨げられれば，各人は思考ないし「知識の
生成」を行うことができなくなり，その結果として言論も妨害されるという連関
が認められるため，当該行為も含めて広く言論の射程を画すべきであるという。
かかる立場からは，言論の厳密な定義づけの必要性は乏しくなり，「修正１条に
基づき保護されるあらゆるもの」が言論であるということになる[44]。その延長
線上においては，一般的なデータの表出及びそれらの流通についても，各人（受
領者）の「知識を生成する権利」を保護する観点から，「思考者中心（thinker-
centered）の修正１条」の理念に基づき，原則として言論として保護されると解
する考え方（以下，「知識生成保護説」という）が導かれる[45]。これは，前述の
Sorrell 事件判決の考え方にも親和的である。

もっとも，知識生成保護説は，（電子的）データについて，これをもっぱらサーバーの起動等の物理的な機能を果たすために用いられる「機能的データ（functional data）」と一定の情報を保存することを指向した固定的な「記録（record）」とに区分する必要性を説いている。そのうえで，前者については「知識を生成する権利」との結びつきが弱いために相対的に軽度の保護となり得るという旨が示唆されているが，データの言論性それ自体の判断においては，両者の区別を用いるべきではないとされている[46]。ただし，コードに関しては，「機能的データ」に近似する機能的コードと，「記録」に近似する意味的コードとの区別を前提としつつ，後者についてのみ「知識を生成する権利」の保護のために言論となるという旨が示唆されている[47]。

3.4.2　機械的生成物と「言論」との関係をめぐる主な議論

　機械的生成物の言論性に関しては，これを原則として肯定する見解と限定的に肯定する見解とが提示されている。前者の立場に立つ代表的な学説が，表出内容の実体性を言論性の判断基準の一つとして求める既述の考え方（2.3.2参照）である。これは，修正1条の適用の有無を判断する重要なメルクマールは実体的メッセージの有無であるという前提の下で，機械的生成物の表出についても，実体的メッセージを有する限り，その受領者の利益を問うまでもなく，修正1条の保護を受けるという考え方（以下，「実体的メッセージ保護説」という）に立っている[48]。かかる考え方によれば，判例が言論者として認めてきた番組編集を行うCATV事業者が「実体的メッセージの表出に直結する編集」に従事することも，たとえ当該事業者が編集の客体となる内容物に関する格別の思想等を有していなかったとしても，基本的に言論に該当するという[49]。

　そして，実体的メッセージ保護説によれば，実体的メッセージの伝達という要素については，コード（アルゴリズム）の利用等の有無に左右されるものではないとされる。すなわち，インターネットで標準的に用いられている通信手順（Transmission Control Protocol/Internet Protocol: TCP/IP）のように，その表出がアイディアの伝達の要素を特段含まないと考えられるものは言論を構成しないとしても，少なくとも検索結果表示のように，選択的に情報を抽出するためのアルゴリズムに基づく機械的生成物の表出行為については，コード利用者に受領され得る実体的メッセージの表出という要素が認められ，その言論性が肯定され得ると

いう[50]。また，機械的生成物については，一般にコード作成者の自己表現を含み，又はその自律を支えるものとなり得ることから，言論の自由の保障根拠に照らしても基本的に言論となるという旨が説かれている[51]。

これに対し，機械的生成物の表出行為の言論性について，単に「意思伝達の要素」が含まれているか否かの判断だけでなく，当該行為の内実が，予定された受け手に対してコード作成者自身のアイディアが伝達されることを意図したものと認められるか否かを個別に精査しつつ，その言論性をきめ細かく判断すべきとする機能的なアプローチを採る考え方（以下，「言論性機能的区別説」という）も提示されている[52]。これによれば，少なくとも，もっぱら他人間の意思伝達の円滑化を図るためのツールの伝達（例えば，SNS 等における投稿文字数の上限に関するプログラムの設定）は，コード作成者のアイディアの伝達とは言いがたく，言論とは認められないとされる[53]。そして，実体的メッセージ保護説の考え方のように実体的メッセージの有無を主たる基準とした場合には，例えば自動車のアラームにより機械的に表出される情報までもが言論と評価され得ることとなり，言論性の判断基準として不適当であるという[54]。その延長線上には，機械的生成物に関して，「実際の言論の所産（actual speech product）」となるものと「単なるツール（mere tools）」にすぎないものとは修正 1 条の適用関係上区別される必要があり[55]，後者のようにコード作成者自身の意思伝達の要素との関係性が薄いと考えられるものについては言論とは言えない，という帰結が導かれている。同時に，機械的生成物の表出源となるコード作成者が，自らのメッセージをコードに組み込むことにより，コード利用者に影響を及ぼそうとする度合いが高ければ高いほど，当該生成物が言論となる確度が高まるとされる[56]。もっとも，かかる考え方に対しては，議論の出発点としては有用であるものの，機械的生成物の内容は（副次的アルゴリズムが用いられる度合いと比例的に）コード作成者の意思から乖離する程度が徐々に高まる傾向にあり，それに応じてコード利用者の考え方を強く反映するようになり得るため，「言論の所産」と「ツール」との二分的な判断は困難を極めるという旨の批判も提示されている[57]。

実体的メッセージ保護説及び言論性機能的区別説の双方の立場から共通して説かれているのが，今後，機械的生成物の内容とコード作成者のアイディアとの結びつきが著しく弱まり，当該内容がもはや人の実体的メッセージと認められなくなる場合には，それは真に「機械自身の表出物」となり，修正 1 条により保護さ

れる言論ではなくなる可能性が生じるということである[58]。かかる観点からは，機械的生成物の言論性を確認するためには，技術革新の動向等を見据えながら，当該生成物の表出行為におけるコード作成者のメッセージとの関係性（関連性）の度合いを的確に見極める必要があるということになる。

3.4.3 機械的生成物の一環としての検索結果表示と言論との関係をめぐる主な議論

機械的生成物の中でも，検索結果表示については，やや特殊な考慮を要するという旨の主張は少なくない。その主な理由として，検索結果表示は，①他人の言論（表現物）が示されたウェブサイト等の存在及びそれへのリンクを示すものであり，一般的表現物とは異なる側面が認められること，②一定のアルゴリズム等を通じて，特定の個人がインターネット上で他人に自らの言論（表現物）を認識してもらう機会を事実上剥奪する潜在力を秘めていること，が挙げられる。これらのうち，前記②の側面を重視する一部の学説からは，検索エンジンを「情報インフラのボトルネック（bottlenecks of the information infrastructure）」と捉える考え方（以下,「検索ボトルネック論」という）も提示されている[59]。これを踏まえ，機械的生成物（の表出行為）の一環としての検索結果表示の言論性をめぐる主な議論についても，以下に概観する。

検索ボトルネック論を重視する立場からは，検索結果表示においてはコード作成者と表出されるメッセージの内容との関係性が希薄であることから，その言論としての性質は薄弱かつ限定的であるとする考え方（以下,「検索結果表示言論性否定説」という）が提示されている[60]。これに対し，検索エンジンのコード作成者が自らの意思や嗜好を反映させる形で開発したアルゴリズムに基づき検索結果が表出されるという特性を重視する立場からは，検索結果表示は言論であって，コード作成者が言論者となるという旨の考え方（以下,「検索結果表示言論性肯定説」という）も主張されている[61]。

検索結果表示言論性否定説と検索結果表示言論性肯定説との対立の根底には，以下のような「管路（conduit）」と「編集者（editor）」との規範的な区別がある[62]。管路とは，他人の言論ないし表現物を伝送するためのツールであり，当該言論を支援する役割を担うにとどまる。それゆえ，管路の支配・管理者（以下,「管路支配者」という）は，基本的に，言論に従事する者とは認められないという。

検索エンジンを管路のごとく捉える限り，それはインターネット上の一種のゲートキーパーとして機能するものと位置づけられ得る[63]。このとき，そのコード作成者については，検索役務の利用者（以下，「検索役務利用者」という）ないしコード利用者をその求めるウェブサイトにつなぐための橋渡し役にすぎず，当該利用者がいったん所要のウェブサイトへのアクセスを達成すれば，事実上「身を引く」ことになるから，基本的に言論者にはならないこととなる。かかる帰結は，検索エンジンにより実現される行為に着目したものであり，検索結果表示言論性否定説の考え方に符合する[64]。

　一方，編集者に関しては，前述の編集言論説の考え方がほぼ確立していると言えよう[65]。すなわち，編集者による編集行為は，原則として修正1条に基づく保護を受けることから，検索エンジンのコード作成者を編集者のごとく捉える限り，当該作成者については，事実上，検索結果表示に関する編集上の選択を通じてその意思を反映した実体的メッセージを理解可能な形で表出する言論者として位置づけられる[66]。このような帰結は，検索エンジンによる検索結果表示の結果に着目したものであり，検索結果表示言論性肯定説の考え方に符合する。

　これらに対し，折衷的な「第三の方向性」として，前述の各考え方はいずれも不十分であって[67]，検索エンジンについては，情報の受領者としての検索役務利用者がウェブサイトへのアクセスに関する意思決定を行うに際しての「助言者（advisor）」として位置づけられるべきであるとする学説も提示されている[68]。その場合，検索エンジン及び検索結果表示は基本的に検索役務利用者の言論活動に資するツールとして捉えられ，その根底には，自ら求める情報に対して自律的な統御を行い得る利用者像が念頭におかれている[69]。もっとも，この学説が検索結果表示それ自体を言論と位置づけているか否かについては必ずしも明確ではない。しかし，検索役務利用者を支援するために特定のウェブサイトへと導く機能と検索結果表示に際して自らの判断の自由を行使する機能とが不可分であるという旨を説いていることにかんがみると[70]，検索結果表示言論性肯定説の考え方に近接するものと考えられる[71]。

3.5 コード及び機械的生成物の表出行為の表現性

3.5.1 コードの表出行為の表現性

　本節では，前節で整理した米国法上の関連する主な議論を参考にしつつ，コード及びそれに基づく機械的生成物の表出行為の表現性について，考察を加える。まず，コードの表現性に関して検討する。

　機能的コードの表出については，コード作成者の「意思伝達の要素」を反映したものと言うよりは，むしろ個々の機械等がその特定の任務（表現物の表出とは言いがたいもの）を遂行するための指令として機能する。もっとも，機能的コードを通じたプログラムの作動なしには起動し得ないハードウェアに関しては，その起動を前提として表出され得る何らかのメッセージが当該コードに内包されているとも言えそうである。しかし，かかるコードの表出に対して個別的伝達・理解可能性（格別の「意思伝達の要素」）を肯定することは，基本的に困難であろう。なぜなら，当該起動が非表現の行為としての特定の任務を遂行するために通常予定される態様のものであると認められる限り，それを実現するコードの表出について，コード作成者の個別的なメッセージの伝達に関する「意思伝達の要素」を特定しがたいからである。ただし，機能的コードがあるソフトウェアを稼動させ，それ自体が例えば画面のデザイン性やデータのセキュリティ観等の固有の実体的メッセージを表出するものと認められる場合には，当該コードの表出に関しても，例外的に「意思伝達の要素」（個別的伝達性）を肯定することが可能となり得る。

　一方，意味的コードの表出については，基本的に，単なる機械等の作動という要素にとどまらない実体的メッセージを構成する「意思伝達の要素」（個別的伝達性）が内包されていると捉えることができよう。しかし，コードに個別的伝達性が認められる場合であっても，その理解可能性についてはなお問題となる。なぜなら，コードで用いられる記号自体は一般に複雑な計算式等のコンピュータ・プログラムを構成しており，通常人には理解ないし解読が極めて困難であるからである。もっとも，たとえコードが表面的には難解な内容であっても，その専門家においては一定の解析作業等を通じて理解可能となり得る。したがって，当該コードがもっぱら専門家間で伝達されることが予定され，かかる伝達の態様が一般的かつ合理的であると認められる場合には，その限りにおいて，その表出につい

て表現性が（例外的に）肯定される余地がある。ただし，人工知能の学習等により生成される高度な副次的アルゴリズムたるコードについては，それがもっぱら専門家間で伝達されることが予定されたものであったとしても，専門家さえもその内容を的確に理解・把握することが困難であることが少なくない。このような高度なコードについては，理解可能性が基本的に否定される。

　以上のように考えれば，①機能的コードについては，一般的に個別的伝達性（意思伝達の要素の十分性）を欠く，②意味的コードについては，もっぱら専門家間の伝達が予定されたもの（高度な副次的アルゴリズムを除く）を除き，おおむね理解可能性を欠く，といった事情にかんがみ，大半のコードは原則として表現物には該当しないという帰結が導かれる[72]。それゆえ，コードそれ自体の生成・表出に表現の自由の保障が及ぶ余地は極めて限定的であるようにみえる。

　確かに，機能的コードに関しては，当該保障が実際に及ぶ場合は乏しいであろう。しかし，意味的コードについてはさらに慎重な検討が必要である。なぜなら，意味的コードに基づき理解可能な実体的メッセージを発する機械的生成物が表出される場合には，当該コードがその表出の不可欠の要素となるからである。

　この点に関して参考になると思われるのが，取材の自由について「憲法21条の精神に照らし，十分尊重に値いする」[73]と説いてきた判例の考え方である。ここでいう取材とは，表現行為の前提となり得る情報収集のための行為にほかならない。このとき，意味的コードの生成・表出についても，機械的生成物の表出行為が表現と認められる限りにおいて（3.5.2参照），その不可欠の前提となるものとして，取材とほぼ同列に位置づけることが可能であろう。もっとも，前述の判例のいう「十分尊重に値いする」ことの内実については曖昧であるが，これを「『表現の自由』の保障を全うさせるため，一定の場合に『取材の自由』も憲法的保護を受ける」[74]という趣旨に解する今日の支配的な学説による限り，取材の自由も表現の自由（ないし報道の自由）に付随する形で一定の保護を受けるということになろう[75]。したがって，表現の前段階となる取材が憲法21条1項の規定に基づく付随的な保護を受け得る限り，表現と認められる機械的生成物の表出の前提となる意味的コードの生成・表出についても，同様に一定の範囲（当該表出行為に不可欠となると認められる範囲）で同条項に基づく付随的な保護を受け得ると解される。ここに，意味的コードを機能的コードから規範的に区別して捉える余地が生じ得る。

もっとも，あるコードが一次的には一定の機器等を作動させるために用いられるものの，当該作動を通じて表現物たる実体的メッセージが発せられる場合には，当該コードは機能的コードであると同時に，実質的に意味的コードとしての役割も果たすこととなる。例えば，移動体端末内の情報にアクセスするためのコードは，一次的には機能的コードとして位置づけられるものの，当該コードによりその端末を介して電子メール，オンラインビデオゲーム等を通じた情報のやり取りをはじめとする実体的メッセージの表出（表現）を伴う行為が予定される場合には，同時にその前提となる意味的コードとして位置づけられ得る（その場合，かかるコードの生成・表出に対し，憲法21条１項の規定に基づく付随的な保護が一定の範囲で及び得る）。したがって，機能的コードと意味的コードとの区別は，必ずしも二項対立的なものではなく，それらの表出に関する表現性の判断に資する一つの目安にすぎない。

　他方，コードが付随的に一定の憲法的保護を受け得るとしても，知識生成保護説の考え方をそのまま援用することは困難であると考えられる。この学説は，一定のコードを含む各種データを「知識の生成」のために用いられるものとして捉えつつ，その受領者としての「思考者」を保護する観点から，それらの表出が言論に該当するという帰結を導いている。かかる帰結は，さまざまな情報の生成，収集，表出及び流通の各過程がすべて同列かつ一律的に言論の射程に入ると解する思想（以下，「情報流通過程一律保護思想」という）に根ざす。この思想は，「情報の自由な流通」を憲法21条１項の規定の保護法益と解する一部の憲法学説の立場[76]にも符合する。

　しかしながら，表現の自由の保障との関係において，「情報」は表現物よりも広範な（すなわち，非表現物たる情報も含み得る）概念であってこれと区別される。しかも，その「生成，収集，表出及び流通」の各過程については，一律的に捉え得るものではない。なぜなら，表現という行為の核心は，実体的メッセージの伝達に関する表出行為にあるのであって，(ア)およそ実体的メッセージとは認められない情報の表出行為（意思伝達の要素の十分性を欠く表出行為）のあり方，(イ)実体的メッセージの表出行為が行われた後におけるその「流通」の状態，(ウ)かかる表出行為が行われる以前の準備行為（情報の生成，収集等）のあり方，を必ずしも直接問うものではないと考えられるからである。既述のとおり，判例も，表現の自由の保障の基本は，各人が表現したいことをまずは表現させること（表現物の表出

行為）にあるという旨を強調している（**2.3.4**参照）[77]。

　この点を敷衍すれば，情報流通過程一律保護思想（知識生成保護説）の問題点については，以下の各点に集約される。第一に，表現物は情報全般と同義ではなく，「意思伝達の要素」を含まないと認められる情報（非表現物）の表出行為について，表現の射程に含めて解すべき合理的な理由は見いだしがたい（**2.3.3**参照）。第二に，生成，収集等される各種の情報の中には，虚偽の情報等，実際の表出対象からは外れるものも多く含まれ得る中で，かかる情報の生成，収集等の準備行為までも包括的に表現の一環として保護されると解するのは合理的ではない[78]。第三に，「誰にも受領されずに流通しない表現物」もあり得る中で，流通という一定の状態について，表出行為と同等の保護を受けるとする解釈には論理的な飛躍が認められる（**2.3.4**参照）。第四に，確かに表現物の受領の過程が不当に妨害されれば表現の自由の保障の意義が著しく損なわれるため，当該表現物を受領したいと考える者の「受領権」も一定の保護を受けるが，これは「受領を不当に妨害されない権利」としての消極的な自由にとどまる（積極的な「情報提供を受ける権利」を導くものではない）と解される[79]。第五に，準備行為としての情報の生成，収集等については，それが表出行為に不可欠なものと認められる限りにおいて，取材の自由と同様に一定の憲法的保護を受け得ると解されるが，それは表現の自由の保障に対して付随的・補完的に保護され得るにすぎない（表出行為よりも広範な制約に服し得る）[80]。

　したがって，情報の「生成，収集，表出及び流通」の各過程に関する憲法21条1項に基づく保護のあり方には格差があり，表現物の表出については手厚く保護される一方，「生成」や「収集」（及び表現物以外の情報の表出）については表現物の表出に不可欠と認められる範囲で付随的に保護されるにすぎない。また，「流通」の状態については，表現の自由との関係では直接保護されるものではないと考えられる。それゆえ，情報流通過程一律保護思想に基づきコードその他の電子的データの表出がただちに表現の射程に入ると解する考え方については，少なくとも憲法21条1項の規定の解釈論としては採りがたい。

3.5.2　機械的生成物の表出行為の表現性

　表現性の観点からコードそれ自体とは区別される機械的生成物の表出行為については，はたして表現となるのであろうか。当該行為に関しては，表現性三要件

に照らして考えれば，一般に人のアイディアを体現した理解可能な実体的メッセージが個別的に伝達されることを予定したものと認められることから，表出型行為性，個別的伝達・理解可能性及び表出内容の実体性がいずれも肯定されると考えられる。よって，その限りにおいて，表現に該当すると解される。

　もっとも，機械的生成物の表出行為が基本的に表現であるとしても，その表現者を特定することは必ずしも容易ではない。例えば，原始的機械的生成物としての検索結果表示については，①検索のための一次的アルゴリズムに関するコード作成者，②検索語句等の要素を投入するコード利用者（検索役務利用者），③検索結果の表示対象となる各種ウェブサイト等の作成者，がそれぞれその表出に一定の範囲で複合的に関与している[81]。また，人工知能による発展的機械的生成物については，コード作成者のコードがその出発点であるとしても，人工知能の「学習」により（コード利用者の要素投入なく）生成される副次的アルゴリズム等がその表出の重要な原動力となり得るため，もっぱら当該作成者を表現者と位置づけることについては議論の余地があろう。

　しかし，いずれの類型の機械的生成物についても，コード作成者の当初のコードなしには当該生成物が生み出されないという意味において，その表出の出発点は当該コードである。それゆえ，その表出を行う表現者については，原則としてコード作成者が該当する。前述のとおり，判例も，検索結果表示について，「検索事業者自身による表現行為」という側面を有すると説き，コード作成者の表現と捉えている（3.1参照）。機械的生成物の表出に際して，コード利用者が一定の要素の投入を行う場合であっても，それは必ずしも個別的伝達性を有する行為とは言えず，一般的には自らのコード（機械的生成物）の利用・受領のために必要となる非表現の行為となると考えられる。その限りにおいて，コード利用者は基本的に当該表出に関する表現者にはなり得ない。

　ただし，機械的生成物の中には，例えばオリジナルの文章を機械的に整形させるプログラムに基づき表出されるブログ等，もっぱら他人が作成した一般的表現物の加工・編集又は模倣により生成されるものも含まれ得る。このように機械的生成物の内実の大半が別に作成された一般的表現物の内容にほぼ等しいと認められる場合には，例外的に当該表現物の作成者が表現者となると捉え得る[82]。もっとも，編集言論説の考え方を踏まえ，当該加工・編集等を行うためのプログラムを生成したコード作成者を二次的な表現者として捉える余地も残されてい

る。

　以上のような考え方を前提とすると，コード作成者が表現者となると捉え得る表出対象の機械的生成物の内容が，一定の実体的メッセージを含むと認められる限り，その表出行為に関する表出型行為性，個別的伝達性及び表出内容の実体性については比較的容易に肯定され得る。また，かかる表出行為は，表現者としてのコード作成者とその受領者となるコード利用者（合理的な通常人）とがほぼ共通の言語・知識で結ばれている部分において行われる（すなわち，コード作成者はコード利用者としての各人に理解可能な機械的生成物の表出を指向してコードを作成する）ことが一般的であるため，当該生成物の理解可能性についても原則として肯定されよう。したがって，機械的生成物の表出行為については，たとえその内容が「単なるツール」としての意味合いの強いものであっても，実体的メッセージを含む限り，基本的に表現性が認められる。かかる帰結は，実体的メッセージ保護説の考え方におおむね符合する。

　それでは，機械的生成物の表出行為に対して，言論性機能的区別説の考え方が妥当する余地はまったくないのであろうか。そもそも言論性機能的区別説は，一次的には，機械的生成物の内容とコード作成者の意思との「距離」に対する懸念に根ざす。確かに，検索結果表示に代表されるように，機械的生成物の内容とコード作成者の主観的意思との間には一定の乖離が認められる場合が少なくない。しかし，実体的メッセージ保護説（検索結果表示言論性肯定説）も示唆するとおり，コード作成者の意思については客観的に認定されれば足り，個別の主観的意思については表現の自由の保障において補充的に考慮され得るにすぎない(2.3.4参照)。

　このとき，たとえ機械的生成物が部分的にのみコード利用者の意思を反映しているようにみえる場合であっても，その反映の度合いが著しく大きいと認められるものではない限り，「個々のコード利用者が価値を見いだすものを選択する」ということ自体をコード作成者において認められる客観的な意思と位置づけることが可能であろう。その場合，かかる意思を反映したメッセージが表出の対象となる実体的メッセージにほかならず，その表出におけるコード作成者の表現としての性質はただちに失われるものではないと考えられる。

　なお，言論性機能的区別説が，実体的メッセージ保護説の考え方では自動車のアラームに関する情報等の表出までもが言論となると批判していることについては，表現と非表現の行為との区別のあり方に対するものではなく，「保護される

表現」と「憲法上正当に規制され得る表現」との区別のあり方に関わり得るものにすぎないと考えられる。すなわち，機械的生成物としての当該アラームに関する情報の表出についても，自動車の利用者のニーズに応じて特定の場合にのみ反応・実現することが予定されているということを踏まえると，基本的にコード作成者の個別的かつ理解可能なメッセージを含み，表現性三要件を充足すると認められる。よって，それが「表現」の射程から当然に外れることにはならないように思われる。

3.6　機械的生成物の表出行為に関する表現からの離脱の契機

以上の帰結にかかわらず，昨今及び今後の情報通信分野の技術革新は，以下の各点において，各種の機械的生成物の表出行為の表現性を簒奪する契機を内包していると考えられる。かかる契機が実現する限りにおいて，言論性機能的区別説の基本的な考え方を（部分的に）援用する余地が生じ得るであろう。

第一の契機は，機械的生成物の内容がそのコード作成者の（客観的な）意思から著しく離脱し，コード利用者の意思を反映する度合いが大半を占めるようになると認められる場合である。例えば，検索エンジンを念頭に考えると，既述のとおり，今日の一般的な検索結果表示には多かれ少なかれコード作成者及びコード利用者双方の意思が反映されている。ところが，今後の技術革新等に支えられつつ，コード利用者による検索エンジンのカスタマイズ化等により，検索結果表示の大半が当該利用者の意思の反映結果と捉え得るようになれば，それをコード作成者の表現物と捉えることが困難となり得る。その場合，前述の「第三の方向性」（3.4.3参照）のように，検索結果表示をもっぱらコード利用者の表現行為に奉仕するものとして位置づける解釈論上の道筋が考えられる。

すなわち，このような場合における機械的生成物の表出行為の自由については，これが各利用者の表現行為の前提となると認められる限りにおいて，前述の意味的コードの表出の場合に接近する形で，「取材の自由」と同様の憲法上の付随的な保護を受け得るにすぎないものと捉え得る。もっとも，かかる表出行為に要するアルゴリズム等がコード作成者の意思に基づき設計・開発されている限り，その行為に関して当該意思を完全に切り離すことは困難である。その意味において，「コード作成者の意思から著しく離脱すると認められる場合」については慎重に

見極められなければならない。

　第二の契機は，今後，人工知能のさらなる発展等により，機械等それ自体があたかも人間のごとく自在に情報を表出することが可能となるに至り，それによる発展的機械的生成物の内容がコード作成者の意思からもコード利用者の意思からも著しく乖離（離脱）していると認められるようになる場合である。かかる場合には，人間の「個別的なメッセージを伝える意思」それ自体が存在しないにほぼ等しい状態となる可能性が生じる。

　この点を敷衍するために，さしずめ機械独自の「意思」ないし知能を体現する典型的な機能となり得る人工知能を例に採り，その振舞いに関する主な類型に応じた機械的生成物の表出行為をめぐる表現性の変化を考えてみたい。すなわち，人工知能には，①もっぱらプログラミングにより指示されたとおりに実行する「単なる制御」の段階，②人工知能自体が身につけた一定の推論能力や知識を用いて異なるパターンに対応しつつ行動する段階，③２つの異なる事象の相関関係等，対応のパターン自体を自動的に学習しつつ行動する段階，④いわゆるディープラーニング等，対応のパターンの把握に用いられる特徴量（客体を認識・分析する際に抽出する特徴）ないし変数自体も「学習」しつつ，人間の認知機能を機械上においてほぼ実現可能となる段階，があるとされる[83]。

　これらの各段階のうち，少なくとも前記①乃至③までの段階にある人工知能による機械的生成物の表出については，人間の知能未満の状態における表出であると考えられ，基本的にコード作成者のメッセージがその表出の客体であると捉えることが妥当であろう。それゆえ，かかる表出行為については，表現性三要件を充足する限り，依然としてコード作成者を表現者とする表現にほかならない。これに対し，前記④の段階にある機械的生成物の表出のうち，「一次的アルゴリズムの『原型』をとどめていないと推定し得る副次的アルゴリズムに基づき，コード作成者の関与（その意思との関連性）をほぼ断絶させた形で機械的生成物が表出されると認められる場合」については，これを「機械自身の表出物」（非表現物）として観念する余地が生じるように思われる。現時点では，この水準に至っている機械的生成物は乏しいかもしれない。しかし，将来的に，かかる水準での機械的生成物の表出が一般的に実現するようになった場合には，その表出行為については，憲法21条１項の規定に基づく直接の保護を受けないことになろう。もっとも，「人の手を離れた機械独自のメッセージを表出させる」というコード作成者

の実体的メッセージを表出したものとして，かかる機械的生成物の表出行為を表現と位置づける余地もなお残されている。

「機械自身の表出物」を観念する場合に問題となり得るのは，「機械自身の表出物」とそれ以外の（人間の）機械的生成物との規範的な区別のあり方である。あらゆる機械的生成物は，少なくともその当初の段階（ディープラーニング等が進展する以前の段階）においては，何らかの形でコード作成者の意思が反映されたものであると捉え得る。よって，かかる区別に際しては，客観的に認められ得るコード作成者の予見可能性をその重要な判断材料とすることが妥当であると考えられる。すなわち，当初のコード作成者によるコード（一次的アルゴリズム）の内容の開示等を通じて，その指令の内実を解析し，それに基づき導出され得る「表出物の射程ないしおおよその幅」を客観的に特定することが先決となる。そして，問題となる表出物がその「幅」（予見可能性）の範囲内にあると認められる際には，これを表現物（機械的生成物）と解する一方，当該「幅」を超え，副次的アルゴリズムの占める役割が著しく大きいと認められる場合には，「機械独自の意思・知能」に基づく非表現物（機械自身の表出物）と捉えることが，基本的な方向性として合理的であろう。仮にコード作成者の予見可能性の範囲を明らかに超えていると認められる表出物までもが表現物とみなされることとなれば，当該作成者の意思に反した「他律的表現」が保護されることとなり，個人の自律を脅かし得るからである。もっとも，このような区別に当たっては，アルゴリズムを形成するコードの開示とその客観的な解析が不可欠となる。

3.7　コード等の表出と通信の自由

「非表現物の伝達を予定した通信」の増加（2.4参照）に対応して，表現の自由では保障されない当該通信におけるコード等の情報の自由な流通に対して憲法的保護を及ぼす余地が事実上拡大しつつある。すなわち，機能的コードその他の非表現物をその客体とする「通信」が行われる場合には，当該客体が表現物であって憲法21条1項の規定に基づく保護を受ける場合と比べて，同条2項後段の規定に基づく保護を受ける実益の度合いが相対的に増す。たとえコードや一部の機械的生成物の表出の主体が表現者として認められない（よって，表現の自由の保護領域の問題とならない）としても，それらが「通信」の客体として特定又は不特定の

第3章　コード及び機械的生成物をめぐる表現の自由・通信の自由　　93

者に向けて表出（発信）され，一定のネットワークを介して受領（着信）される場合[84]には，当該発信・着信の自由をはじめとする通信の自由が憲法上保障・保護されるからである。

このとき，たとえ（一般的な機器間の通信のように）物理的な発信又は発着信双方が機械等により行われるとしても，また自動的通信のように（形式的な）発信者がその発信を明確に認識していなかったとしても[85]，その過程で「秘密」たる情報が取り扱われる限り，その通信の自由はなお憲法上の保護を受けると解される。換言すれば，憲法上，コードであれ機械的生成物であれ，そのネットワーク上での発信の自由が保障されるとともに，予定された着信者においてそれらを適切に受信し得る状態におかれること（さらには，そのための憲法適合的な制度的利用環境の確保）に対する手厚い保護を受ける。

それでは，多くのコードその他の非表現物は，なぜネットワーク上を流通する場合にのみ憲法上の手厚い保護を受け，それ以外の表出時にはかかる保護を受けないのであろうか。換言すれば，「非表現物の表出の自由」はなぜ「通信」の領域においてのみ保障されることが憲法上予定されていると言えるのか。その主な理由は，以下の各点に集約されよう。

第一の理由は，憲法が要請する公共の福祉の確保の必要性に基づき予定される制約の程度の相違による。すなわち，憲法上，ネットワーク以外の場における非表現物の表出行為については，比較的広範に公共の福祉に基づく制約に服し得る。なぜなら，非表現物には各種の単純なデータが含まれるところ，その中には個人的データ，著作権等の無体財産権に関わるデータ等，その表出が関係者のプライバシーや財産権等に関する基本権法益を害し得るものが多々存するため，当該表出の「自由」を憲法上のデフォルトとすることは極めて困難であるからである。むしろ，これらのデータの表出については，プライバシー関係法や財産法等に基づく「法律による制約」が広く予定されていると捉えることが合理的である。

ところが，ネットワーク上においては，情報不接触原則を前提とした（狭義の）「秘密」の保護が求められる。よって，個々の流通情報が（非）表現物であるか否かの事前の「選別」は基本的に困難となる。そこで，ネットワーク上に限っては，非表現物も含めた各種の流通情報の表出（発信）の「自由」をデフォルトとしつつ，原則として「情報の自由な流通」を広く確保することが，憲法21条2項後段の規定の要請となると考えられる。

94

第二の理由は，表出の客体に関する法的責任[86]の問題（**14.5**参照）による。すなわち，通信手段以外の手段により行われる表現においては，匿名による表現を別論とすれば，一般に表現者が容易に特定される。よって，表現物の表出行為に伴う法的責任は基本的に当該表現者に帰することがほぼ明確である。かかる法的責任の明確性と表裏一体的に，その表出行為については原則として「自由」となり得る。これに対し，非表現物が表出される際には，その表出行為に伴う法的責任が表出の主体に帰するとは限らない。例えば，Ａが公表の可能性を想定して作成したデータ（非表現物）をＢが受領のうえ広告物等により公表（表出）した結果，当該データにＣの重要な個人的データが含まれていてそのプライバシーが害されたという場合，その責任はもっぱらＡ（又はＢ）が負うかもしれないし，場合によってはＡ及びＢが負うかもしれない。それゆえ，かかる法的責任の所在の不安定性・不確実性に伴い，その表出行為を原則として「自由」とすることは，他人の基本権法益を保護する観点からは，必ずしも合理的ではない。

　ところが，「通信」によりネットワーク上で情報が表出（発信）される際には，その内容に関する法的責任は，一次的に表出行為の主体たる発信者が負うと考えられる。前述の例に倣えば，たとえＡが作成したデータをＢが公開目的ネットワーク上に載せたことがＣの権利・利益を害した場合であっても，その一次的な責任は発信者たるＢが負うこととなろう。なぜなら，Ｂがネットワーク上にデータを載せない（表舞台に登場させない）限り，当該データに権利侵害的な要素があってもＡの責任が問題となる余地は乏しいからである。このことは，ネットワーク上に載せられるものが表現物か非表現物かを問わず妥当する。それゆえ，かかる法的責任の安定性・確実性にかんがみ，ネットワーク上における表出行為（発信行為）については，「自由」を原則とするものと捉えることが合理的であろう。

　もっとも，インターネット経由の通信においては，インターネット接続役務提供者や電子掲示板管理者等の通信管理主体により，発信者による当初の伝達対象であるオリジナルの流通情報（以下，「当初情報」という）に対する情報加工編集行為が行われる可能性もある。その場合，かかる通信管理主体の（二次的な）責任のあり方が別途問題となるが（**14.5**参照），当該責任の有無及び内実にかかわらず，発信者としての一次的な責任は残る。すなわち，ある情報を「ネットワーク上に載せる」という行為自体が，他人の権利・利益との関係における一定の法的責任を伴い得る。

第3章　コード及び機械的生成物をめぐる表現の自由・通信の自由　　95

第三の理由は，「通信」が行われる場としてのネットワークは，通常私人たる通信管理主体が支配・管理しているという事実に根ざす。すなわち，一般に私人の支配・管理する場においては，当該私人の享有する財産権との権衡上，道路や公園等のいわゆる「パブリックフォーラム」とされる領域とは異なり[87]，実質的に表現の自由の保障が著しく限定的な形でしか及ばない（当該私人の場の管理のあり方に応じた制約を受け得る）という性質を有する[88]。それゆえ，もっぱら表現との関係に着目する限り，本来，私人たる通信管理主体の支配・管理するネットワーク上においては，表現物の発信は限定的にしか保護されず，非表現物の発信は基本的に保護されないこととなり得る。

　ところが，「通信」においては，「秘密」の保護が要請され，それを直接取り扱う通信管理主体が（私人であっても）公権力に準じた立場に立つ（1.2.2参照）。当該主体においては，そのネットワーク上における表現物及び非表現物の流通が原則として自由に行われる制度的環境の確保（それ自体は一次的に公権力の役割である）に寄与することが求められる。それゆえ，憲法上，「通信」の場としてのネットワークに関しては，その支配・管理者たる通信管理主体が「情報の自由な流通」を最大限に実現する形での管理を行うことが要請される。特に，公然性を有する通信を容易に実現するものとして今日の国民生活に定着しているインターネットに関しては，統一的な支配・管理者が存在しない中で，各通信管理主体がそれぞれ支配・管理する部分をパブリックフォーラムに接近させるような形で各利用者にできる限り「開放」しつつ，そこでの「情報の自由な流通」の確保に極力配意することが必要となる[89]。ここに，「非表現物の表出の自由」が「表現物の表出の自由」とともに包括的にネットワーク上で手厚く保護されることの重要な根拠を見いだすことができる。

　以上の考察を総合すると，憲法21条2項後段の規定は，コード等の理解可能性の乏しい電子的データを含む各種の情報のネットワーク上における自由な流通を最大限に保護しつつ，かかるデータの表出（発信）に関する「表現の自由の保障の間隙」を「通信」の領域において埋めるような役割を実質的に果たしていると言えよう。換言すれば，表現物たる情報と非表現物たる情報との間に設けられ得る表出行為の憲法的保護に関する格差は，それらがネットワーク上を流通する限りにおいて基本的に「解消」される。かかる法的効果は，憲法21条2項後段の規定とネットワーク上における電子的データの流通との関係を考えるうえで，今後

多様なコードや「機械自身の表出物」等のやり取りが増加していく中で，ますます重要な意味合いを帯びることとなろう。

3.8 立法論的課題

　以上の考察から，コード等と表現の自由及び通信の自由との関係をめぐり，以下の立法論的課題が導かれる。第一に，ネットワーク上における非表現物たる情報に関し，その送受信又は伝送に対する法令上の規制（以下，「送受信規制」という）が行われる場合には，国民各人の通信の自由に対する制約となるものとして，その正当性が十分に証される必要がある。例えば，著作権法（昭和45年法律48号）120条の2第1号の規定は，「技術的保護手段の回避を行うことをその機能とするプログラム」を公衆送信する行為について処罰することとしているが，今後の技術革新等に応じて，このような機能的コードその他プログラムの送受信規制となる立法措置は増加することが見込まれる。とりわけ，サイバーセキュリティ基本法（平成26年法律104号）10条の規定に基づき，サイバー空間におけるネットワークセキュリティの確保のために必要となる法規制が予定される中で，例えば，ネットワークへの障害や機器の異常作動を誘発しかねないコード及びアプリケーション，秘匿性を確保するために暗号化された通信を故意に解読するためのプログラム（キー）等の送受信規制が講じられる可能性がある[90]。このとき，たとえかかるコードやプログラム自体が表現物に該当せず，当該措置が表現の自由との関係では問題とならないとしても，通信の自由に対する制約として許容され得るか否かが（当該自由の客観法的要請の内実も踏まえて）別途検討されなければならない[91]。

　第二に，ネットワーク上で表現物たる情報が送受信される場合と非表現物たる情報が送受信される場合とを比較した場合，これらに対する送受信規制については，前者においては表現の自由及び通信の自由双方に対する制約となるのに対し，後者においてはもっぱら通信の自由に対する制約となる。それゆえ，非表現物たる情報の送受信規制となる立法措置については，前述のとおり通信の自由との関係が問われるものの，表現物たる情報の送受信規制と比べると，表現の自由に妥当するとされてきた各種の法理[92]を考慮する必要性が乏しい分，立法裁量の余地が相対的に大きくなると考えられる。換言すれば，機能的コード等の送受信行

為に対しては，法律による制約が比較的広く予定されている。その意味において，かかる立法に際しては，ネットワーク上におけるコード等の「自由な流通」という原則的な状態の実現と当該コード等（の送受信及び流通）それ自体に内在し得る弊害との利益衡量に基づく適切なバランスの確保が求められよう。

　一方，送受信規制が表現の自由及び通信の自由双方に対する制約となる表現物の場合には，立法裁量の余地はやや限定的となり得る。例えば，表現物として多数の者に向けられた電子メールの送信に対する規制（特定電子メール法3条乃至6条参照）については，発信者の表現の自由との関係に対する十分な配慮が求められる。しかし，当該表現がもっぱらネットワークという閉鎖的な空間で行われるという特異性を踏まえると，「通信」の主要な制度的利用環境の確保を要請する通信の自由の保護の観点から，憲法適合的な措置と捉え得る（6.4.2参照）。よって，かかる立法措置については，もっぱら通信の自由に対する制約となる措置よりは厳格に憲法適合性を判断する必要があるものの，もっぱら表現の自由に対する制約となる実空間上の措置とは異なる観点から，憲法上正当化される余地を残していると言える。

　したがって，ネットワーク上における情報の送受信規制となる各種の立法措置が講じられる場合には，それがもっぱら通信の自由に対する制約となるのか，それとも表現の自由及び通信の自由の双方に対する制約となるのかを的確に見極めることが求められよう。このとき，後者については前者以上に厳格にその憲法適合性が判断されなければならないが，もっぱら表現の自由に対する制約となる実空間上の措置に比べれば，通信の自由が内包する各種の客観法的要請（1.3参照）に対する考慮を要する分，立法裁量の余地は相対的に大きくなると考えられる。

3.9　小括

　コード及びそれに基づく機械的生成物の表出行為の表現性に関する判断については，表現性三要件の充足を指標としつつ，おおむね一律的に行い得る。すなわち，コードの多くはそれ自体としては表現物と認められないが，機械的生成物の大半はコード作成者の表現物と捉え得る。もっとも，実体的メッセージを含む意味的コードについて，もっぱら専門家間での伝達が予定される場合には，当該コードの表出が例外的に表現となる余地がある。また，機能的コードか意味的コー

ドかにかかわらず，コードそれ自体の生成・表出が，機械的生成物の表出行為（表現）の前段階のプロセスとして不可欠なものと認められる限り，憲法上一定の付随的な保護（「取材の自由」相当の保護）を受ける余地がある。

　しかし，今後の技術革新に伴い，このような判断は複雑化・多様化し，それに応じて今日のコードそれ自体と機械的生成物との区別に関する分水嶺も曖昧化するおそれがある。とりわけ，非表現物たる「機械自身の表出物」の表出が日常的に行われるようになると，さまざまな（機械的生成物等の）表出行為が本当に表現の自由の保障を受けるのか否かをきめ細かく判断する必要性が生じ得る。それゆえ，機械的生成物の表出源となるアルゴリズム等とそれに対するコード作成者（の客観的な意思）との関わりの度合いを的確に見極めること（そのための客観的な指標の形成）が重要になる。

　また，検索結果表示に代表されるように，機械的生成物の表出が他人のオリジナルの表現物の「編集」を行う場合には，憲法の次元において，やや複雑な権利・利益関係が交錯する。すなわち，①オリジナルの表現物を作成した表現者の表現の自由，②当該表現物の受領者の受領権（公権力に不当に受領を妨害されないという意味での消極的な自由），③オリジナルの表現物に対して編集又は編集相当の行為を行う機械的生成物の表出に関するコード作成者の表現の自由，という複数の異なる主体の「表現の自由」が緊張関係に立つ可能性がある。特に，検索ボトルネック論が示唆するように，前記③の自由は前記①や②の自由を実質的に抑圧する形で作用するリスクを内包しているということには留意が必要である。

　一方，コードや機械的生成物の表出が「通信」によりネットワークを介して行われる場合には，たとえそのやり取りの対象が表現物とは言いがたいコードや「機械自身の表出物」であっても，「秘密」及びその前提としての通信の自由の保護を受けると解される。人工知能の発展等を背景として将来的に見込まれる「機械自身の表出物」の増加は，かかる表出物のネットワーク上における憲法上の保護（通信の自由）の実益を事実上高めると考えられる。

　「機械的生成物の表現の自由」及びその前提として付随的な憲法的保護を受け得る「意味的コードの表出の自由」に関しては，それらに対する制約となる立法が今後徐々に増加することも見込まれる。それに応じて，一般的表現物に対する表現規制との比較において，かかる立法の合憲性（制約が許容される程度）をどのように判断するか，表現の自由の限界に関して伝統的に説かれてきた各種の法理

がどこまで援用され得るか，といったことが正面から問われ得る。実際，近年の憲法学説の中には，今日においては「紙媒体を前提として形成されてきた伝統的な表現の自由（擁護）論が必ずしも妥当しない」[93]と説くものもある。ネットワーク上でコード及び機械的生成物がやり取りされているという現実，そして一部のコードや機械的生成物の表出（検索結果表示等）が表現行為に該当し得るという解釈論上の帰結は，伝統的に構築されてきた表現の自由の法理に対して，通信の自由との関係も踏まえた見直しを迫るものにもなっているように思われる[94]。

1）端末設備については，電気通信事業法52条1項において，「電気通信回線設備の一端に接続される電気通信設備であつて，一の部分の設置の場所が他の部分の設置の場所と同一の構内（これに準ずる区域内を含む。）又は同一の建物内であるもの」と定義されており，本書でも基本的にこの定義に依拠している。具体的には，端末設備等規則（昭和60年郵政省令31号）2条2項にいうアナログ電話端末，移動電話端末，インターネットプロトコル電話端末，インターネットプロトコル移動電話端末，無線呼出端末，総合デジタル通信端末，専用通信回線設備等端末のすべてが含まれる。

2）移動体端末の定義について，総務省（2017b）112頁参照。

3）*See* Boyden（2016），at 378. なお，情報（の表出）と認められない単なる機械等の作動については，それ自体として機械的生成物であるとは言えない。

4）近年の学説上の議論として，例えば，成原（2016）150-153頁参照。同書は，コードと「古典的な言論」とを「単純に同一視することはできない」としつつも，コードそれ自体が表現の自由として保護されるか否かについては結論を留保している（同152頁・333頁・347頁参照）。また，検索エンジンに関して，宍戸ほか（2015）73-77頁参照。

5）例えば，小倉（2017）7-9頁参照。併せて，レッシグ（2007）120-137頁参照。

6）最決平成29年1月31日民集71巻1号63頁（検索結果削除請求事件）参照。その理由として，検索エンジンのプログラムが「検索結果の提供に関する検索事業者の方針に沿った結果を得ることができるように作成されたもの」であることが指摘されている。学説においては，「表現行為という側面を有する」という婉曲的な判示に関して，伝統的な表現行為との区別を意味するものとしつつ，「その実質は『媒介者』であることを前提とした判断」とする評価も提示されている。古田ほか（2017）15頁参照。同様に，「技術的な利便性を提供する手段的な表現行為にすぎないこと」を強調するものとする評価として，棟居（2017）51頁参照。一方，「検索事業者の方針」には一貫性が求められることから，それに対する公権力（裁判所）の干渉を「報道の場合とは異なる表現の自由の制約」と位置づけたものと評する学説として，宍戸（2017）51頁参照。

7）これは，多くの場合，機械等により自動的に生成される。

8）検索役務による検索結果の表示の具体的な仕組みについて，検索結果とプライバシーに関する有識者会議（2015）15頁参照。当該表示は，①各種のウェブサイトに掲載された情報を収集し，その複製物を保存する行為，②当該複製物に基づき検索条件ごとの索引の作成等により情報を整理する行為，③利用者からの投入条件（検索条件）に対応するURL等の情報を前記②の索引に基づき検索結果として表示（提供）する行為等を経て行われる。

9）複雑な構文を有する「高水準プログラミング言語」で人により書かれたプログラム（ソースコード）をコンピュータが直接解釈・実行可能な「機械語」に変換するソフトウェアのことを指す。

10）与えられた条件に基づいてデータやコードを自動的に生成するソフトウェア・プログラムのことを指す。

11）これは，1996年電気通信法（Pub. L. No. 104-104, 110 Stat. 56）の5節（Title V）として設けられたものである。

12）*See* 47 U.S.C. § 223 (Supp. 1997).

13）Reno v. American Civil Liberties Union（ACLU）, 521 U.S. 844 (1997).

14）*See id.* at 851.

15）その背景においては，サイバー空間で行われるインターネット経由の通信が，放送とは異なり，①広範な政府の監督・規制に服してきたという歴史を欠く，②利用者の意思に反してまで（家庭内に）侵入するという性質を有しない，といった特徴を有するという点が考慮されている。*See id.* at 868-869.

16）*See id.* at 868.

17）Vt. Stat. Ann. Tit. 18, § 4631 (d) (Supp. 2010).

18）Sorrell v. IMS Health Inc., 564 U.S. 552 (2011).

19）*See id.* at 570.

20）*See id.* at 568.

21）*See id.* at 564, 577-580. 一部の学説において，この説示は「営利的表現の自由を個人情報保護に優先させた」ものと評されている。佐々木〔秀〕（2017）257頁参照。

22）Cal. Civ. Code §§ 1746-1746.5 (2009).

23）Brown v. Entertainment Merchants Association, 564 U.S. 786 (2011).

24）*See id.* at 790.

25）同時に，「保護されない言論」の範囲を縮小的に捉える傾向にあるとも指摘されている。*See* Benjamin (2013), at 1457.

26）*See, e.g.,* Bambauer (2014), at 69.

27）*See* Reed v. Town of Gilbert, 135 S. Ct. 2218, 2228-2229 (2015).

28）*See* Universal City Studios, Inc. v. Corley, 273 F. 3d 429 (2d Cir. 2001).

29）*See id.* at 445.

30）*See id.* at 447-448.

31）*See id.* at 449. 例えば，機能的コードと意味的コードとの区別が考えられる。

32）*See* 47 U.S.C. § 222 (2016).

33）*See* U.S. West, Inc. v. FCC, 182 F. 3d 1224 (10th Cir. 1999).

34）*See id.* at 1232-1233.

35）*See* Search King, Inc. v. Google Technology, Inc., No. CIV-02-1457-M, LEXIS 27193, at 4 (W.D. Okla. 2003); Langdon v. Google, Inc., 474 F. Supp. 2d 622, 630 (D. Del. 2007); Zhang v. Baidu.com, Inc., 10 F. Supp. 3d 433, 440 (S.D.N.Y. 2014).

36）*See* Garcia v. Google, 786 F.3d 733, 747 (9th Cir. 2015).

37）*See* Richards (2005), at 1173-1174.

38）*See* Schauer (2004), at 1766-1767.

39）*See id.* at 1803-1805.

40）*See* Richards (2005), at 1157, 1186-1190.

41）*See* Richards (2015), at 1528. かかる思想の下では，表出型行為性を有する各種の行為の言論性

を厳密に判断するよりも，当該行為に対する規制の目的及び効果を問うことが重要であるということになる。*See id.* at 1507.

42）*See* Bambauer（2014），at 86.

43）*See id.* at 81-84.

44）*See id.* at 67.

45）*See id.* at 88.

46）*See id.* at 66.

47）*See id.* at 76-77.

48）*See* Benjamin（2013），at 1471.

49）*See id.* at 1471, n.84.

50）*See id.* at 1471.

51）*See id.* at 1474.

52）*See* Wu（2013），at 1504-1505.

53）*See id.* at 1498.

54）*See id.* at 1524-1525.

55）*See id.* at 1529.

56）*See id.* at 1533.

57）*See* Blackman（2014），at 33.

58）*See* Benjamin（2013），at 1482; Wu（2013），at 1501-1503; Blackman（2014），at 35.

59）*See* Bracha and Pasquale（2008），at 1150.

60）*See id.* at 1197.

61）*See* Volokh and Falk（2012），at 888.

62）*See* Grimmelmann（2014），at 879-892.

63）*See* Elkin-Koren（2001），at 180.

64）かかる考え方の延長線上には，インターネット接続役務提供者に対して特定のトラフィックの取扱いに関する差別等を禁止する「ネットワークの中立性」に関する規範（4.2参照）と同様に，「検索エンジンの中立性（search neutrality）」に関する規範を設けるべきであるとする立法論も展開されている。*See* Blevins（2012），at 363-365.

65）*See, e.g.*, Bezanson（1999），at 756.

66）*See* Grimmelmann（2014），at 886-888. しかも，㋐検索エンジンの質を向上させるための取組みと新聞紙面の内容の向上を指向した取組みとの近接性に根ざす，検索エンジンと新聞（表現媒体）との類似性，㋑近年の検索エンジンの技術革新に伴う検索結果表示の精緻さが，それ自体として言論者（としてのコード作成者）の意思伝達の要素により裏づけられるという認識等が，このような考え方を補強する。

67）特に，検索エンジンのコード作成者を管路支配者と捉える考え方は，検索役務利用者により投入される意思の要素を考慮しておらず，当該作成者を編集者と捉える考え方は，検索役務利用者により投入される意思（ウェブサイトの表示に対する意思）をコード作成者の意思（個々のウェブサイトと当該利用者の選択との関連性に関する判断）と一体化させているとされる。*See id.* at 931.

68）*See id.* at 893-896. なお，我が国の議論においても，検索結果表示を「発信表現の補助者的な立場」にある者の行為として位置づけるべきであるとする主張も提示されている。宍戸ほか（2015）74頁〔門口正人発言〕参照。併せて，成原（2016）346頁参照。

102

69）*See* Grimmelmann（2014），at 896.

70）*See id.* at 874.

71）もっとも，検索結果表示について，これを基本的にコード利用者の意思を反映したものと捉える場合には，検索エンジンのコード作成者が有する言論者としての意思の位置づけが問題となり得る。コード利用者の意思の反映度合い次第では，検索結果表示がコード作成者の実際の主観的意思から相当程度乖離する形で行われる可能性もあり，その場合にはこれをコード作成者の言論と捉え得るかが問われるからである。しかし，実体的メッセージ保護説に基づく検索結果表示言論性肯定説の立場からは，コード作成者の主観的意思については，検索結果表示の言論性を判断するに当たっては事実上問題とならないという旨が示唆されている。例えば，特定のジャンルのウェブサイトのみを示す検索結果表示が単なる営利目的であって，そのコード作成者は特段のメッセージの表出に対する認識を有しないということも考えられる。それにもかかわらず，言論者の自己表現や自律を重視する従前の学説の多くは，言論性の判断に当たり，言論者の主観的意思については焦点を当ててこなかったことから（**2.3.4**参照），かかる検索結果表示の言論性は否定されないとされる。この場合，実際の目的がどうであれ，コード作成者においては，自ら価値のあると評価するものを検索結果として表示していると認められ，それは実体的メッセージの表出にほかならないという。さらに，仮に検索結果表示が一次的には利用者の意思を反映しているとしても，コード作成者においては，「各利用者が価値を見いだすものを選択する」という実体的メッセージを表出していると認められることから，検索結果表示の言論性はなお失われないとされる。*See* Benjamin（2013），at 1475.

72）なお，仮にコードがすべて表現物であれば，各種の機械的生成物等がコードに依存している今日において，コードそれ自体の表出に対する必要かつ健全な規制も常に表現の自由の保障に対する制約として問題となり，社会における各種情報の流通がかえって阻害され得る。

73）最大決昭和44年11月26日刑集23巻11号1490頁（博多駅取材フィルム提出命令事件）。

74）佐藤（2011）252頁。

75）ただし，取材行為そのものは表出型行為性及び個別的伝達性を欠き，表現とは認めがたい。それゆえ，取材の自由については，「優越的地位」にあるとされる表現の自由とまったく同等の憲法上の保護を受けるものではなく，より広範な制約に服すると解される（芦部（2000）285頁参照）。

76）渋谷（2017）350頁，松井（2007）445頁，佐藤（2011）250頁参照。

77）最大判昭和27年8月6日刑集6巻8号974頁（石井記者証言拒否事件）参照。

78）情報流通過程一律保護思想の立場からは，「情報収集権」も表現の自由に包含されることとなる。佐藤（2011）249頁参照。

79）その意味において，国民の「知る権利」は，憲法21条1項ではなく，憲法13条（及び25条1項）の規定から導かれ得るものと解される。この点の詳細について，海野（2010c）107-111頁参照。

80）しかも，知識生成保護説がデータの生成・収集行為を言論と捉えようとしたのは，それらが言論ではないと米国憲法上の保護が一切ばなくなることに対する懸念に根ざすものと考えられる。ところが，我が国の憲法の下では，生成・収集対象のデータが憲法19条にいう「思想及び良心」に関わると認められる限り，その内容が何ら表出されなくとも，当該生成・収集行為自体が「思想・良心の自由」として一定の保護を受けると解する余地も残されているように思われる。伝統的には，思想・良心の自由は内心領域における自由の問題として捉えられてきたが（佐藤（2011）217頁，松井（2007）422頁参照），近年では，思想・良心の実践の自由ないし思想・良心に基づく行為の自由についても憲法19条に基づく保障の射程に含めて解する考え方も提示されている（赤坂（2011）

第3章　コード及び機械的生成物をめぐる表現の自由・通信の自由　　103

117-118頁，林（2013）199頁参照。「外部からの働きかけに対して受動的にとる拒否という形の外部的行為」の自由に限定する考え方として，渡辺ほか（2016）161頁〔渡辺康行執筆〕，毛利ほか（2017）146頁〔小泉良幸執筆〕参照）。また，思想・良心に基づく行為の自由をめぐる近年の主な学説の整理として，山口〔智〕（2017）397-399頁参照。多様な思想・良心に接する自由についても，伝統的には表現の自由等の問題として捉えられてきたが（高橋〔和〕（2017）189頁参照），これを憲法19条の問題として捉えることも可能であろう。これらの新たな考え方による場合には，データの生成・収集行為の自由が思想・良心の自由の一環として保障されるという帰結を導く余地がある。

81）これらのうち，ウェブサイト等の作成者については，検索結果表示それ自体の表現者にはなり得ない。当該表示は，検索役務利用者が各種ウェブサイトへのアクセスを実現するための手段として，当該アクセスの前段階で行われるからである。

82）このような場合における機械的生成物は，オリジナルとなる一般的表現物の作成者の表現行為を支援するものと位置づけ得る。See Blackman（2014），at 36.

83）総務省（2015）13-14頁参照。併せて，総務省（2016a）9-10頁参照。

84）例えば，ウェブサイト上で特定のコードを公開（共有）するためにその発着信が行われる場合もこれに含まれる。

85）かかる通信は，発信者の意思に基づくものではないとしても，ソフトウェアのアップデート用プログラムを作成した者等，人の意思に基づくものであることは明らかである。

86）本書にいう法的責任とは，厳密には「憲法の次元において予定される責任」であるが，その具体的な内容については，基本的に立法による内容形成に委ねられていると考えられる。

87）道路，公園等の伝統的なパブリックフォーラムとされる場所における表現行為がどこまで許容され得るかという点については，当該場所での表現の自由の優位性を示唆する学説も有力である（松井（2007）472頁，阪口（2017）443頁参照）。確かに，道路等の公物の管理に対する権限については，私人の財産権とは異なる「制約」に服し得る。しかし，当該管理において確保されるべき公共の福祉の内実については，公物の本来の目的又は用途を踏まえた慎重な検討を要する。この点をめぐる管見について，海野（2011）322-324頁参照。また，近年ではインターネットの普及等に伴い，表現を行うための公共空間の希少性というパブリックフォーラムの理論の前提が成立していないということ（棟居（2015）311頁参照）にも留意する必要があろう。なお，米国の判例法理を参考にしつつ我が国の学説において提示されているパブリックフォーラムの理論については，例えば，中林（2014）31-41頁参照。

88）私人の支配・管理する場であっても，その場が有する「共的な」性質に応じた表現行為が憲法上の保護を受ける余地はあると説く学説もある。佐々木〔弘〕（2012）256-257頁参照。この点については別途の検討が必要であるが，少なくとも，かかる場における表現の自由の行使について，一般に当該私人の財産権（管理権）等に基づく内在的な制約を受けるということは，判例に照らして明らかである。最判平成20年4月11日刑集62巻5号1217頁（立川自衛隊宿舎反戦ビラ配布事件），最判平成21年11月30日刑集63巻9号1765頁（葛飾区ビラ配布事件）参照。併せて，曽我部ほか（2016）33頁〔曽我部真裕執筆〕参照。

89）公権力においては，そのような状況を制度的に実現することが要請される。

90）このほか，特定の電気通信事業者のネットワーク上でしか稼働しない形で移動体端末等に施されるプログラム（セーフガード措置）を無効化するコード（SIMロック〔**第9章**注43〕参照）解除ツール等），特定のアプリケーションしかインストールできないようにする形で端末設備に施されるプログラムを無効化するコード（改造行為支援ツール等），もっぱら特定の地域で流通するこ

とが予定されたソフトウェアにのみ対応するよう機器等に施されたプログラム（セーフガード措置）を無効化するコード（DVD リージョンコード無効化ツール等），利用者に無断で位置情報等のプライバシーに関わる情報を送信するコードを含むスマートフォンの一定のアプリケーション・プログラム，車車間通信において自動走行等に支障を及ぼす可能性があると認められるコード等に対する送受信規制も想定される。

91）なお，著作権法120条の2第1号の規定については，著作物に対する（財産権としての）著作権を技術的に保護する必要性の観点から（通信の自由に対する制約として）憲法上正当化され得ると考えられるが，その詳細については措く。

92）具体的には，芦部（2000）359-475頁，佐藤（2011）254-262頁参照。もっとも，ネットワーク上においては，公共財的な性質を有するネットワーク（通信基盤）の保護等の観点から，各人の表現の自由の行使可能範囲は実質的に限定的となり，伝統的に説かれてきた表現の自由の法理が必ずしもそのまま妥当するわけではないと考えられる（**6.4.2**参照）。

93）棟居（2017）46頁。併せて，インターネットの発展に伴い「従来の表現の自由論も抜本的な再検討を迫られるかもしれない」とする指摘として，高橋〔和〕（2017）218頁参照。同旨につき，曽我部（2017）156頁参照。

94）一般に，ネットワーク上の情報の流通に関して権利・利益が衝突し得るのは，例えば表層的には「表現の自由とプライバシー」であるようにみえても，本質的には「情報の自由な流通」と個人のプライバシー等であることが少なくない（棟居（2017）48頁参照）。その場合，「通信の自由とプライバシー」が衝突していることになり得る。このとき，通信の自由が各種の客観法的要請を伴うこと（**1.3**参照）からも明らかなとおり，プライバシーに対峙している法益が「国家からの自由」を超えた憲法上の要請である場合もあり，ここに伝統的な表現の自由の法理（防御権的思想）がそのまま当てはまるということには必ずしもならないであろう。

第4章

インターネット接続役務提供者の
伝送行為を通じた表現の自由

4.1 序説

　インターネット接続役務提供者（1.2.1参照）は，一般に，発信者から送信された情報（トラフィック）をその着信先まで送り届けるために，自ら支配・管理するネットワーク上での伝送行為（伝送単位となるパケットに関するデータ伝送役務の提供）に従事する。物理的・技術的には，伝送行為の過程において，特定の情報ないしその伝送単位となるパケットのみを抽出して伝送することや，それらの伝送を個々の利用者の要求に基づかずに故意に遮断（伝送の中止・放棄，情報の削除等）すること（以下，「遮断行為」という）も可能である。もとより，このような恣意的取扱いは，「通信」の利用者にとってはその円滑なコミュニケーションが阻害される要因となる。しかし，遮断行為については，少なくともインターネット接続役務提供者による通信管理権（0.1参照）の行使の一環として位置づけられ得る。もっとも，財産権や営業の自由といった経済的自由権に対する制約の可能性を比較的広範に認めてきた通説・判例の考え方に基づけば，「通信」の利用者を保護する観点から，基本権としての通信管理権が公共の福祉を確保する必要性に基づき制約されるという一応の説明は可能であろう[1]。

　それでは，遮断行為は，それ自体が憲法上の「表現」の一環として，表現の自由の保障の対象となり得るのであろうか。これが肯定されるのであれば，表現の自由が基本権の中でも「優越的地位」を占めると解されてきた中で（2.1参照），インターネット接続役務提供者により行使され得る「伝送行為を通じた表現の自由」の保障とその利用者の保護の必要性との関係については，どのように捉えるべきなのであろうか。

　従前の憲法学説において，このような点が問題として捉えられることはほとんどなく[2]，伝送行為を通じた表現の自由が行使される余地は皆無に等しいという命題（以下，「伝送行為を通じた表現の自由否定命題」という）が当然視されてきた

106

感がある。その背景には，以下のような事情があると考えられる。第一に，通信役務が公的主体により提供されていたかつての時代においては，伝送行為に従事する当該主体による表現の自由が観念される余地が乏しかった。第二に，通信事業の民営化後においても，通信事業者は法律上の行為規範（1.2.2参照）に拘束され，その内容を遵守してきたため，伝送行為を通じた表現の自由が実務上問題となる機会が極めて乏しかった。第三に，伝送行為を通じた表現の自由を観念することにより法律上の行為規範を違憲だと主張したり，又は私人間で発生した紛争において一方の当事者がかかる表現の自由を主張したりして，裁判で争われる事例がなかった。第四に，伝統的な音声伝送役務（固定電話役務）の提供においては遮断行為が行われる余地が事実上も乏しく，物理的には遮断行為が行われ得るはずのインターネット接続役務の提供に関しても，暗黙裏にこれとパラレルに考えられるきらいがあった。第五に，憲法上の表現の意義及びその射程が必ずしも明確ではなかったため，伝送行為（遮断行為）がこれに該当する可能性も不明瞭なままとなり，この問題が正面から追究されることも乏しかった。

　しかし，インターネット接続役務提供者その他の伝送系通信管理主体による伝送行為を通じた表現の自由の行使可能性については，表現の意義（2.3.3参照）に立ち返り，伝送行為がこれに該当し得るのか否かということを含め，十分な検討を経て規範的に明らかにされるべき問題である。そこで本章は，基本権としての伝送行為を通じた表現の自由の内実について追究することを目的とする。そのため，**第2章**における言論性・表現性の認定要件に関する考察を踏まえ，この問題に関連する解釈論上の蓄積が見られる米国の主な議論を参照する。そして，当該議論を土台としつつ，インターネット接続役務提供者の伝送行為の表現性に関する考察を行い，伝送行為を通じた表現の自由の行使可能性について検討する。

4.2 「伝送行為を通じた表現の自由」が争点となる米国法上の契機

　米国において，伝送行為を通じた言論の自由に関しては，主に「ネットワークの中立性」をめぐる議論の一環として議論されてきた。すなわち，一般利用者との接点となる加入者回線網を含むネットワークを支配・管理するインターネット接続役務提供者が，その役務の提供に当たり，特定のトラフィックを差別的に取り扱うことに対する懸念が実務上の問題として顕在化したことに伴い，2010年12

月に連邦通信委員会（Federal Communications Commission: FCC）により当該役務の提供に際しての行為規範となるオープンインターネット規則及びそれを定める命令が公表された[3]。そして，諸般の経緯[4]を経て，2015年3月に当該規則の内容を部分的に改正・強化するための規則（新オープンインターネット保護規則）[5]及びそれを定める命令（新オープンインターネット保護命令）[6]が公表された[7]。

　この規則・命令は，ブロードバンド網を通じた大衆（一般利用者）向けのインターネット接続役務について，米国において通信を規律する基幹的な連邦法となる1934年通信法（Communications Act of 1934）[8]との関係における位置づけを変更した。すなわち，かかるインターネット接続役務に関して，同法2編[9]に基づく各種の厳格な規律（合理的な要求を受けた場合に通信役務を提供する義務，同種の通信役務に対する不正又は不当な差別の禁止等の「コモンキャリア規制」）に服さない「情報役務（information service）」[10]と位置づける従前の解釈を改め，当該規律に（部分的に）服する「電気通信役務（telecommunications service）」[11]と位置づけ直すという方向転換（以下，「インターネット接続役務の再分類」という）を図るものであった。これを前提としたうえで，かかるインターネット接続役務の提供者に対し，特定のトラフィックに対する不当な遮断行為，有償での優先的な取扱い等の行為を原則として禁ずることをその主旨としていた。

　ここで，1934年通信法にいう電気通信役務とは，「利用される設備を問わず，直接大衆に対して，又は直接大衆に効果的に利用させる部類の利用者に対して，有償で電気通信を提供すること」と定義されている。そして，この定義における「電気通信」とは，「利用者が選択した情報の内容をその送受信の過程で改変することなく当該利用者の指定する地点間で行われる情報の伝送」を表す[12]。したがって，①一般利用者向けの（有償での）伝送行為に従事すること，②当該行為の過程で取扱い対象となる情報の内容を改変しないこと，の双方を充足する事業者が，米国法上の電気通信役務の提供者（コモンキャリア。5.2参照）に該当する。これらのうち，前記②の条件に照らせば，少なくとも発信者と着信者との間での同時進行的な交信を成立させる音声伝送役務は，伝送行為の過程で第三者が情報の内容を改変する余地が事実上乏しいため，典型的な電気通信役務であると言える。

　一方，情報役務とは，「電気通信を通じた情報の生成，取得，保管，変換，処理，検索，利用又は閲覧を可能とする機能」（以下，「情報加工編集機能」という）

の提供を指し，電子出版を含むが，「電気通信システムの管理，制御若しくは運営又は電気通信役務の管理のために当該機能をあらゆる形で使用すること」（以下，「電気通信システム管理目的等の情報加工編集機能の使用」という）は含まれない。すなわち，電気通信役務と情報役務との重要な分水嶺は，取り扱われる情報の内容を任意に改変するなど，電気通信（電気通信設備又は電気通信役務）の維持・管理の必要性とは関わりなく作用する情報加工編集機能を伴うか否かという点に求められる。

インターネット接続役務の再分類を契機として，新オープンインターネット保護規則及び新オープンインターネット保護命令に基づくインターネット接続役務提供者に対する規律が，修正1条に基づき保障される「伝送行為を通じた言論の自由」を侵害する可能性が重要な争点として顕在化した。この争点の入口において議論されてきたのが，伝送行為の言論性という問題である。

4.3　米国法上の伝送行為の言論性をめぐる主な議論

言論の意義（2.3.2参照）を踏まえた米国の学説及び実務において，伝送行為の言論性をめぐる考え方は二分されている。編集言論説の考え方（2.3.2参照）を踏まえれば，コモンキャリア規制に服する電気通信役務の提供者の伝送行為は言論とはならない一方，当該規制に服さない情報役務（情報加工編集機能）の提供行為は言論に該当し得るという帰結が導かれ得る。ところが，FCCは，インターネット接続役務提供者のネットワーク管理はCATV事業者の編集行為とは異なるという前提に立ち，当該役務提供者は情報役務の提供者として位置づけられるとしても，言論の自由を享有するものではないと説いていた[13]。これは，前述の「伝送行為を通じた表現の自由否定命題」にも通底し得る。

その後，インターネット接続役務の再分類を契機として，コモンキャリア規制に服する者とそれ以外の者との分水嶺がやや相対化した。その結果，伝送行為の主体がコモンキャリア規制に服する者であるか否かに関わりなく，「伝送行為を通じた表現の自由否定命題」のような割り切りを行うことの不合理性が顕著になってきた。

このような状況の下で，今日の学説や実務におけるインターネット接続役務提供者による伝送行為の言論性に対する考え方については，これを肯定する立場

第4章　インターネット接続役務提供者の伝送行為を通じた表現の自由　　109

（以下，「伝送行為言論性肯定説」という）と基本的に否定する立場（以下，「伝送行為言論性否定説」という）とに大別される。伝送行為言論性肯定説によれば，編集言論説を踏まえ，CATV 事業者の場合と同様に，インターネット接続役務提供者による流通情報の統御（の可能性）が言論となり得るとされる。すなわち，インターネット接続役務提供者は原則として非差別的にあらゆる情報を伝送するとしても，それは個々の伝送のあり方を任意に決めた結果にほかならないという[14]。換言すれば，インターネット接続役務提供者の伝送行為については，管路としての機能（3.4.2参照）に特化する場合もあれば，編集者としての役割を兼ねることもあり得ることから，言論と位置づける余地があるとされる[15]。

　一方，伝送行為言論性否定説によれば，伝送行為は一般に他人の言論を伝えるための管路として機能するものにすぎず，言論ではないとされる[16]。すなわち，編集言論説を踏まえても，インターネット接続役務提供者については，原則としてその役務提供（伝送行為）において何らかのメッセージを伝える意思を表出しているとは言えず，流通情報の内容に対する統御の余地も乏しいため，自ら言論に従事しているとは認められないという[17]。伝送行為の過程における流通情報の遮断行為についても，当該情報それ自体に関する実体的メッセージの伝達を伴うものではないため，これを言論と位置づけることは困難であるとされる[18]。同時に，米国法上，インターネット接続役務提供者はそのネットワーク上の流通情報について，原則として著作権の侵害に関する法的責任を負わず[19]，当該情報の「発行者（publisher）」や「言論者（speaker）」として扱われないとされていること（14.3.1参照）も，それが一定のメッセージを伝える者ではないことを裏づけるという[20]。

　もっとも，伝送行為言論性否定説においても，単なるネットワーク運営の効率化ではなく，個々の利用者の求めに応じて一定の問題含みの情報のネットワーク上からの排除を指向しつつ行われる遮断行為については，それが実体的メッセージの伝達を目的とする限り，言論となる余地があるという旨が説かれている[21]。新オープンインターネット保護規則の正当性を承認した裁判例も，大衆向けのインターネット接続役務の提供のあり方を規律する同規則の修正１条への適合性を肯定しつつも，インターネット接続役務提供者が遮断行為等を通じた任意の編集行為を行う場合にそれが言論者となる余地があることを認めている[22]。これらにかんがみると，伝送行為言論性否定説においても，伝送行為の言論性が認めら

れる余地は決して皆無ではないものと捉えられており，その限りにおいて，この問題をめぐる議論の対立は相対化している。

なお，新オープンインターネット保護命令は，仮に新オープンインターネット保護規則が「伝送行為を通じた言論の自由」を制約するとしても，当該規則の規律は個々のトラフィックの内容に対して中立的であって，その正当性が認められると補充的に説いている。このとき，当該規則の合憲性審査においては，いわゆる中間審査に服するところ，法律が明示的に「高度な電気通信の機能を合理的かつ時宜に適した形で提供することを奨励する」[23]権限を FCC に授権し，裁判例も「インターネットの開放性」の確保が技術革新等の利益に結びつくことを認めている中で[24]，その促進を目的とする政府（公共）の利益は明白かつ多大なものであるから，当該審査に耐え得るとされる[25]。

4.4　我が国における伝送行為の表現性

4.4.1　米国の議論の憲法解釈論への影響

前節において概観した米国法上の議論は，我が国における表現の自由の保障のあり方それ自体にただちに多大な影響を及ぼすものではないかもしれない。しかし，「伝送行為を通じた表現の自由否定命題」が当然視されるきらいのあった憲法解釈論に再考を迫りつつ，本章の追究する伝送行為を通じた表現の自由の行使可能性に関する検討に資すると考えられる。それは，単に修正１条及び憲法21条１項の保護法益やインターネット接続役務提供者による遮断行為が行われる蓋然性に関する日米両国間の共通性のみに根ざすものではない。米国法上の伝送行為の言論性については，インターネット接続役務の再分類（コモンキャリア規制の適用の有無）にかかわらず従前より伏在していた問題であり，我が国におけるインターネット接続役務提供者その他の伝送系通信管理主体による伝送行為の表現性の考察に当たっても，伝送行為それ自体の特性に着目した検討が必要となるということを浮き彫りにする。そこで，以下に伝送行為の内実を整理しつつ，その表現性について考察する。

4.4.2　伝送行為の類型とその表現性

インターネット接続役務提供者その他の伝送系通信管理主体が，発信者から発

信された情報の趣旨や内容を改変せずに着信者にそのまま送り届ける伝送行為（以下，「単純伝送行為」という）のみを行う限りにおいては，個々の伝送対象の情報の内容に対して不干渉となる。それゆえ，そこに表現としての固有の実体的メッセージの表出を認めることは困難となるようにみえる。

　ところが，通信当事者の求めによらずに自らの判断（意思）に基づき行われる遮断行為については，「自らのネットワーク上ではその情報を流通させない」という理解可能な固有の実体的メッセージを表出するものと捉え得る[26]。このとき，その表出のための手段となる媒体は，役務提供において用いられる支配・管理下のネットワーク（通信設備）全体にほかならない。仮に遮断行為の実施が利用者に何ら示されなければ，そのようなメッセージは理解困難となり得るが，それが個別に通知され，又は契約条件等において一定の情報については伝送行為を実施しないという旨が事前に掲げられている限り，かかるメッセージの理解可能性は肯定され得る。それゆえ，遮断行為については，基本的に表現性三要件（2.3.3参照）を充足すると認められる。よって，当該行為は，取扱い対象の流通情報のうちどれを伝送し，どれを伝送しないかということを任意に決め，それを利用者に向けて表出する表現として位置づけることが可能である[27]。ただし，遮断行為がもっぱら秘密裏に行われ，通信当事者においてそれを認識する（気づく）余地が極めて乏しいと認められるような場合には，理解可能性を欠くものとして，例外的に表現と認められなくなる可能性も残されている。

　他方，単純伝送行為についても，そのすべてが当然に非表現の行為となるわけではなく，表現と非表現の行為との双方を内包する。すなわち，通信当事者の要求に応じて，（個々の流通情報の内容，性質等にかかわらず）伝送の可否に関する判断を一切挟まないまま情報を「右から左に」送り届ける形で行われる単純伝送行為（以下，「純粋単純伝送行為」という）については，別段の事情のない限り，表出型行為性等が認められず，それ自体としては非表現の行為となろう。これに対し，問題含みの情報（1.2.1参照）が送信されたときにおいて，その伝送の可否に関する一定の判断を経たうえで，あえてそれを着信者に送り届けるという意思に基づき行われる単純伝送行為（以下，「故意的単純伝送行為」という）については，「自らのネットワーク上では問題含みの情報もあえて流通させる」といった実体的メッセージの表出行為と捉えることが可能であり，それが利用者において認識され得ると認められる限り，表現と位置づけられる。

112

それでは,「基本的には純粋単純伝送行為が, 必要に応じて遮断行為及び故意的単純伝送行為 (以下, 両行為を総括して「故意的伝送行為」という) が, それぞれ行われる」という場合, これらの行為は一体として表現と位置づけられるのであろうか。仮に純粋単純伝送行為と故意的伝送行為とが可分的であって, 後者についてのみ表現と位置づけ得る場合には, 伝送行為の射程自体をもっぱら純粋単純伝送行為が行われる範囲に限定して捉える余地も生じ得る。その場合, 故意的伝送行為については「伝送行為を通じた表現」とは言えなくなる。逆に, 故意的伝送行為のみを「伝送行為を通じた表現」として捉え, 非表現の行為としての純粋単純伝送行為と明確に区別することも考えられる。

　しかしながら, 純粋単純伝送行為及び故意的伝送行為のいずれも, 伝送系通信管理主体が自ら支配・管理する同一のネットワーク上において同時的に行われる。それゆえ, これらを可分的に捉えることには本質的に無理があり, 両者は一体的に伝送行為として観念することが合理的である。しかも, 純粋単純伝送行為と故意的伝送行為との峻別, 単純伝送行為と遮断行為との峻別を明確に行い得るのは, 伝送行為を担う伝送系通信管理主体自身のみである。よって, 前述のように「伝送行為を通じた表現」の射程が故意的伝送行為のみに関わる (純粋単純伝送行為を除く) と仮定すると, この表現行為の具体的な射程がもっぱら伝送系通信管理主体の主観的意思に基づき画定され, これを客観的に把握する余地が乏しくなり得る。その場合, 憲法規範の次元における表現の適切な保護 (他の対抗法益との調整を踏まえたもの) が困難となるおそれがある。したがって, 故意的伝送行為が純粋単純伝送行為と併せて行われ得る場合には, 両行為が一体的に「伝送行為を通じた表現」に該当すると解することが妥当であろう。

　以上のような考え方の延長線上には, たとえ伝送行為の過程において恒常的に遮断行為が行われなくとも, 少なくとも散発的にそれが行われ得る限り, その伝送行為が表現と位置づけられるという帰結が導かれ得る。換言すれば,「伝送行為を通じた表現」の内実には, 表出型行為性が顕著な遮断行為とそれが必ずしも顕著ではない故意的単純伝送行為とが観念的に混在している。よって, 伝送行為については, これらの表現行為と本来的には非表現の行為となる行為 (純粋単純伝送行為) との混合体として捉え得る。かかる帰結は, 表現性三要件に照らして導かれたものであるから, 秘密保護要請の名宛人の範囲をめぐる解釈論にかかわらず妥当する。ゆえに, インターネット接続役務提供者その他の伝送系通信管理

第4章　インターネット接続役務提供者の伝送行為を通じた表現の自由　　113

主体は，実際にどの程度遮断行為等に従事するか（従事し得るか）に関わりなく，支配・管理下のネットワーク全体を表現媒体とした表現者に該当し得ると考えられる[28]。

4.5 伝送行為を通じた表現の自由の行使可能性

「伝送行為を通じた表現の自由」については，それが表現の自由の一環である以上，高次の基本権として手厚く保障され得る。しかし，既述のとおり，その全面的な行使が容認されることとなれば，「通信」の各利用者にとっては重大な脅威となり得る。このとき，仮に秘密保護要請公権力限定説（0.2参照）による場合には，伝送行為のあり方を規律する法律上の行為規範（1.2.2参照）について，インターネット接続役務提供者その他の伝送系通信管理主体の享有する基本権に対する重大な制約として，その憲法適合性が十分に証される必要が生じる。

しかも，法律上の行為規範は，遮断行為等を通じて表出されようとするメッセージの内容そのものに対する制約，すなわち表現内容規制として位置づけられ得る。憲法学説においては，米国の判例法理[29]の影響を受けつつ，表現内容規制とそれ以外の表現内容中立規制との間でそれらに対する合憲性審査のあり方が区別され，前者の方がより厳格な審査に服するという見解（以下，「内容規制・内容中立規制二分論」という）[30]が有力である[31]。よって，秘密保護要請公権力限定説の下では，法律上の行為規範に対して，表現内容規制として極めて厳格な審査が求められ得る。

一方，法律上の行為規範については，憲法21条２項後段及び憲法14条１項の各規定の要請を踏まえて定められたものであるとされている[32]。それゆえ，憲法上の要請の具体化又は確認を指向するはずの立法措置について，改めて憲法21条１項との関係を問うことが求められ，格別の正当化事由に基づく厳格な合憲性審査を経なければならないとする解釈論上の帰結は必ずしも合理的ではない。もっとも，「通信」の利用者の利益を確保する観点から，「法律上の行為規範は，確かに伝送行為を通じた表現の自由を制約するが，当該制約は厳格な合憲性審査の下でも公共の福祉の確保の必要性に基づき正当化される」と解する道筋がないわけではない。しかし，法律上の行為規範はあらゆるトラフィック等の取扱いに対して広範に適用されるものと解され，かかる広範性が「過度の広汎性ゆえ無効の法

理」[33)]を前提とする厳格な審査に耐え得るのか，などの疑問は払拭しがたい。

思うに，「伝送行為を通じた表現の自由」とそれに対する制約となり得る法律上の行為規範との関係については，当該行為規範それ自体が憲法上の要請を踏まえたものとされていることからも示唆されるように，一次的には「伝送行為を通じた表現の自由」の保障の要請と秘密保護要請及び通信平等保障要請との原理調整の問題となる。このとき，仮にインターネット接続役務提供者その他の伝送系通信管理主体が通信役務の提供において憲法21条2項後段及び同14条1項の各規定に直接拘束されないのであれば，「伝送行為を通じた表現の自由」が「優越的地位」にあると解する余地も生じ得る。しかし，憲法上，通信管理主体は通信役務の提供に関して秘密保護要請及び通信平等保障要請を充足することが求められる中で（**1.2.2参照**），殊に伝送系通信管理主体においては，流通情報の内容にはみだりに接触せずに，各トラフィックを原則として平等に取り扱いつつ，国民各人の通信の自由の保障・保護に奉仕することが予定されていると考えられる。

一方，「伝送行為を通じた表現の自由」については，以下の各点の理由から，必ずしも手厚い保障を受けるものではない（その保護領域が憲法内在的に縮減されている）と解される。第一に，既述のとおり，「伝送行為を通じた表現の自由」の全面的な行使は，国民各人の「通信」の利用に対する脅威となり得る。よって，憲法上，各利用者の通信の自由の保障・保護に奉仕する形での行使が予定されているものと解される。逆に，当該保障・保護に背馳する形での行使は許容されず，その分，その行使可能範囲が限定的となると考えられる。

第二に，伝送行為には一定の規模の通信設備を要することを背景として，インターネット接続役務提供者その他の伝送系通信管理主体は一般に法人である。判例によれば，法人（団体）の基本権の享有主体性については，個人（自然人）の場合とまったく同様ではなく，「性質上可能なかぎり」という限定を伴う[34)]。一部の学説においても，法人に保障される基本権は，「個人の自律と発展を支えるための権利」とは区別された「公共の福祉に基づいて保障される権利」のみであるとする指摘が提示されている[35)]。それゆえ，「伝送行為を通じた表現の自由」の行使可能範囲も，「性質上可能な範囲」ないし「公共の福祉に資する範囲」に限定されることが予定されていると捉える余地がある。「伝送行為を通じた表現の自由」の行使に関するかかる「範囲」とは，「通信」の利用者全体の通信の自由の保障・保護及びそれに基づく主要な制度的利用環境の確保に資する範囲にほぼ

重なることとなろう。

　これらを踏まえると，憲法上，インターネット接続役務提供者その他の伝送系通信管理主体においては，秘密保護要請及び通信平等保障要請に反してまで，その「伝送行為を通じた表現の自由」を行使することは許されないと考えられる。すなわち，「通信」に関する憲法規範が通信管理主体に直接向けられそれを拘束する結果，かかる自由の行使可能範囲が憲法内在的に大幅に縮減されていると解される[36]。

　したがって，「伝送行為を通じた表現の自由」の行使可能性は，憲法規範の次元において，原則としてほぼ「封印」されるに近い状態にある。それにより，国民各人の個人の尊厳の基盤となる「通信」の健全な制度的利用環境が（立法による具体化も介して）確保されてきたと言えよう。このような解釈は，憲法21条2項後段及び憲法14条1項の規定に基づく義務規範が，利用者の権利・利益を著しく脅かしかねない「伝送行為を通じた表現の自由」の行使を抑制するための防波堤としての役割を果たしているということを表している。ここに，秘密保護要請の一環としての通信の自由の保護の重要な意義がある。米国法の下では，米国憲法の次元での明文の規定に基づくかかる防波堤が欠如しているため，インターネット接続役務提供者の「伝送行為を通じた言論の自由」が全面的に行使可能となる余地が多分に残されている。その分，立法又は行政立法上の行為規範（新オープンインターネット保護規則に基づく規律）を別途設ける必要性が相対的に高いと言える[37]。

　法律上の行為規範については，秘密保護要請や通信平等保障要請といった憲法規範の趣旨を（憲法上の調整結果を踏まえて）確認ないし補完（具体化）するものであると解される。よって，当該行為規範と表現の自由との関係を改めて問う必要性は乏しい。仮にこのような解釈を採らず，秘密保護要請公権力限定説に依拠しつつインターネット接続役務提供者は憲法上の義務規範には何ら拘束されないと解する場合には，基本権としての「伝送行為を通じた表現の自由」が保障される中で，法律上の行為規範により当該自由が大きく制約される理由に関する的確な説明が困難となり得る。ここに，インターネット接続役務提供者その他の伝送系通信管理主体が秘密保護要請及び通信平等保障要請に関する憲法規範の名宛人となるか否かという問題との連関において，伝送行為（遮断行為）の表現性を明確に肯定することに対する解釈論上の大きな意義（実益）を見いだすことができる。

他方，伝送行為が本質的に国民各人の通信の自由の保障・保護に資することが要請される以上，憲法上限定的に保障される余地を残した「伝送行為を通じた表現の自由」の行使が，国民各人の「秘密」の保護をはじめとする「通信」の制度的利用環境の適切な確保に必要ないし適合的となると認められる場合には，逆に，当該自由が正当に行使されることが例外的に期待（予定）される[38]。例えば，セキュリティ脅威情報に対する自主的な情報加工編集行為（削除等）の実施はその典型的な局面であり，ここに「伝送行為を通じた表現の自由」の行使の余地が認められる。そのような「期待」の一端が，自主的な遮断行為を促すことをねらいとしたプロバイダ責任制限法3条の規定（7.1・14.1参照）等の近年の立法措置に反映されていると考えられる[39]。

4.6　小括

遮断行為を伴い得る伝送行為は，ネットワーク全体を表現媒体とした表現としての性質を有しており，基本権としての「伝送行為を通じた表現の自由」が行使される余地は決して皆無ではない。しかし，インターネット接続役務提供者その他の伝送系通信管理主体が公権力とともに秘密保護要請及び通信平等保障要請に関する憲法規範の名宛人となることの帰結として，当該主体は国民各人の通信の自由の保障・保護に奉仕することが予定される。よって，「伝送行為を通じた表現の自由」の行使可能性は憲法規範内在的に大幅に縮減されている。

このような観点からは，米国で「ネットワークの中立性」の確保が国民的議論となってきた一方，我が国ではそれに相当する議論がさほど充実していないという事実は，その一面において，秘密不可侵の法規範及びその名宛人にインターネット接続役務提供者等を含める解釈の有無に関する相違に基づくとも言えよう[40]。すなわち，秘密保護要請及び通信平等保障要請に関する憲法規範は，通信役務の提供の局面において，私人たる通信管理主体を直接拘束することにより，当該主体の「伝送行為を通じた表現の自由」その他の基本権の行使を実質的に抑制する法的効果を与えている。これが，「通信」の利用者の利益ないし健全な制度的利用環境を（新オープンインターネット保護規則の内容に相当する明文の具体的な規律がなくとも）適切に保護しつつ，もって当該利用者各人の個人の尊厳を支えるとともに，民主主義の発展等に資する役割を果たしてきたと考えられる。

1）なお，この点に関する管見につき，海野（2015a）352-365頁参照。

2）この点に関する問題提起を行う数少ない学説として，佐々木〔秀〕（2015）298頁参照。

3）*See* FCC（2010）. その概要について，海野（2015a）426-430頁参照。

4）その詳細について，海野（2014b）59-63頁参照。

5）47 C.F.R. §§ 8.1-8.19（2017）.

6）FCC（2015）.

7）その詳細について，海野（2015c）42-60頁参照。ただし，本規則は2017年12月に採択された FCC の決定（命令）により廃止される予定となっている。*See* FCC（2018）; 83 FR 7852, February 22, 2018.

8）Pub. L. No. 73-416, 48 Stat. 1064, codified at 47 U.S.C. §§ 151 et seq.

9）47 U.S.C. §§ 201-276（2016）.

10）*See* 47 U.S.C. § 153（24）（2016）.

11）*See* 47 U.S.C. § 153（53）（2016）.

12）*See* 47 U.S.C. § 153（50）（2016）.

13）*See* FCC（2010）, at 17982-17983.

14）*See* In the United States Court of Appeals for the District of Columbia Circuit, Joint Brief for Verizon and MetroPCS, Verizon v. Federal Communications Commission（740 F.3d 623）, No. 11-1355, July 2, 2012, at 42-44. この主張によれば，オープンインターネット規則に基づく遮断行為の禁止等の規律それ自体が，インターネット接続役務提供者による流通情報の統御の可能性を前提としているとされる。

15）*See* Yemini（2008）, at 18-19.

16）*See* FCC（2015）, at 5868-5869.

17）*See* Crawford（2014）, at 2382; Benjamin（2011）, at 1693-1696.

18）*See* Benjamin（2011）, at 1704-1705.

19）*See* 17 U.S.C. § 512（a）（2016）.

20）*See* FCC（2015）, at 5871.

21）*See* Benjamin（2011）, at 1710-1711.

22）*See* United States Telecom Association（USTA）v. FCC, 825 F.3d 674, 743（D.C. Cir. 2016）.

23）47 U.S.C. § 1302（a）（2016）.

24）*See* Verizon v. FCC, 740 F.3d 623, 644（D.C. Cir. 2014）.

25）*See* FCC（2015）, at 5872.

26）たとえインターネット接続役務提供者自身がかかる実体的なメッセージを（主観的には）十分に認識していなかったとしても，その表出は客観的に認められ得る。

27）もっとも，青少年インターネット環境整備法21条に基づき行われる青少年閲覧防止措置のように，遮断行為が法令に基づく義務又は努力義務の履行として行われる場合には，当該行為は立法権の意思に基づくものと捉え得る。よって，インターネット接続役務提供者の表現とは認めがたい。

28）なお，伝送行為を通じた表現の自由は，発信者の表現の自由とは別個のものであり，両者はそれぞれ別に保障される（保障の程度は異なり得る）と考えられる。なぜなら，伝送行為と発信行為とは，ともに「通信」の要素となる行為であるが，伝送行為については，他人により発信された情報の取扱いに関する選別等を通じてのみ表出型行為性等を充足し得るという点において，それ自体が表現となり得る発信行為と大きく異なるからである。

29）米国の判例によれば，言論内容中立規制については，「規制対象の言論の内容を参照することなく正当化」されるものであれば妥当であるとされる。*See* Clark v. Community for Creative Non-Violence, 468 U.S. 288, 293 (1984). また，一般に言論内容中立規制を認定する決め手となるのは，「伝えようとするメッセージに対する不賛意」を理由として規制が導入されているか否かであると説かれている。*See* Ward v. Rock Against Racism, 491 U.S. 781, 791 (1989). 言論内容規制については，「切実な公共の利益（compelling government interest）を促進するために範囲限定的に設けられた（narrowly tailored）もの」でなければならないとされる。*See* United States v. Playboy Entertainment Group, Inc., 529 U.S. 803, 813 (2000).

30）芦部（1994）229-230頁，長谷部（2013）236-239頁，阪口（2017）404-405頁参照。この見解に対しては批判も提示されている。例えば，市川（2003）218-232参照。

31）なお，内容規制・内容中立規制二分論に関しては，米国の学説・判例においても多様な考え方が提示されている。その詳細について，さしあたり，海野（2015d）105-109頁参照。

32）多賀谷ほか編著（2008）36-37頁・43頁参照。

33）芦部（2000）388-401頁参照。

34）最大判昭和45年6月24日民集24巻6号625頁（八幡製鉄政治献金事件）参照。もっとも，この判例の考え方にはさまざまな批判があるが（例えば，樋口（2007）183頁参照。併せて，髙橋［和］（2017）101-102頁，松井（2007）316頁参照），多数説はこれを基本的に支持している。芦部（1994）162頁，伊藤（1995）201頁参照。

35）長谷部（2014）124頁参照。

36）伝送系通信管理主体による「伝送行為を通じた表現の自由」の保護領域が憲法内在的に縮減するのと類似して，各利用者による通信の自由の行使可能範囲についても，当該行使が「通信」の制度的利用環境を阻害する限りにおいて，実質的に限定的となる（当該自由が制約される）と解される（ただし，各利用者は憲法21条2項後段の規定に基づく要請に直接拘束されるわけではないことから，その通信の自由の保護領域自体が憲法内在的に縮減されるわけではない）。例えば，ある特定の利用者がセキュリティ脅威情報をネットワーク上に載せれば，利用者全体の健全な利用環境が包括的かつ瞬時に減失し得るという関係が認められることから，そのような情報の発信は「自由」の行使として許容されず，その分，通信の自由の行使可能範囲は狭くなる（当該発信が「表現」としての性格を有する場合には，発信者の通信の自由と表現の自由とが競合することとなるが，ネットワークという一種の閉鎖的な空間で行われる行為であることに照らし，通信の自由の保護法益が優先的に考慮されるものと考えられる。6.4.2参照）。このように，利用者全体の利益に配慮して権利の行使可能範囲が限定されるという通信の自由の保護のあり方は，例えば，判例上認められている「景観利益」（最判平成18年3月30日民集60巻3号948頁〔国立マンション事件〕参照）の保護にも部分的に通底するように思われる。なぜなら，景観利益については，関係する地権者の一人でも景観の妨げとなる建築物の建築等を行えば，他の全地権者の利益が剝奪されるという関係にあり，当該地権者各人が「自らの財産権の自由な行使を自制する負担を負う反面，他の地権者らに対して，同様の負担を求めることができなくてはならない」（東京地判平成14年12月18日判時1829号36頁）ということになるからである。

37）すなわち，インターネット接続役務提供者が米国憲法に直接拘束される余地はない。よって，たとえ新オープンインターネット保護規則に基づく行為規範が「インターネットの開放性」を促進するとしても，それは修正1条に基づき全面的に行使され得る「伝送行為を通じた言論の自由」の保障という「壁」を克服するものでなければならない。その克服のための解釈論上の道筋は，①言

論の意義を狭義に解しつつ伝送行為の言論性を基本的に否定するか，又は②伝送行為の言論性を正面から認めたうえで問題となる行為規範の公共の利益への適合性を証するかのいずれでしかなかろう。新オープンインターネット保護命令が前記①の立場を採りつつも，前記②についても仮定の議論として一定の説明を加えているのは，かかる事情に基づくものと考えられる。

38）なお，通信管理権の行使に関しても結論的にはほぼ同様である。海野（2015a）353-354頁参照。ただし，憲法29条2項の規定の趣旨にかんがみ，通信管理権の行使が「期待」される場合については，立法による具体化が求められよう。

39）それゆえ，主にインターネット経由の通信の利用者の表現の自由や「秘密」の保護の観点を基軸として捉えられてきたプロバイダ責任制限法に基づく規律については，インターネット接続役務提供者等の表現の自由その他の基本権の適切な保障に資する立法措置として捉え直す余地もある（7.5参照）。もっとも，プロバイダ責任制限法において「伝送行為を通じた表現の自由」の行使が一定の範囲で期待されているとしても，それは，同法の立法により初めて当該自由が「封印解除」されたということを意味せず，当該自由の行使の余地を「確認」するものにすぎない。なぜなら，「国家からの自由」を基軸とする表現の自由は，本質的に「立法による内容形成」に依存する権利ではなく（海野（2015a）107-108頁参照），「伝送行為を通じた表現の自由」の行使可能性は立法以前から皆無であったわけではないからである。一方，かかる立法については，「立法による内容形成」が憲法上予定されているインターネット接続役務提供者等の通信管理権（憲法29条2項参照）の保護領域を「追加的な内容形成」を通じて実質的に拡大させたものと捉え得る（海野（2015a）262-268頁・354-356頁参照）。

40）他の考えられる要因として，海野（2015a）493頁参照。

第5章

「コモンキャリア」概念の再検討

5.1 序説

　「伝送行為を通じた表現の自由否定命題」（4.1参照）を前提とする従前の学説においては，「コモンキャリアとしての通信事業者は，自ら言論活動を行うのではないことから，原則として，言論者として表現の自由の保障を受けるわけではない」[1]とされてきた。これによれば，「コモンキャリア」に対しては，それが他人間の通信の仲立ちを行うに際して表現の自由の保障を受けないことの帰結として，伝送行為を規律する法律上の行為規範（1.2.2参照）が設けられているという。かかる理解の下では，「通信の秘密は，電気通信事業者を制度的にコモンキャリアたらしめるもの」[2]であるということになる。また，「通信事業者は，コモン・キャリアといわれ，通信サービスの提供に徹しなければならない」[3]とか，「通信の場合，両者〔著者注：内容情報の提供者と通信媒体の設置者を指す〕は原則として一致せず，媒体の設置者はコモン・キャリアとして他人の通信内容の伝達者になる」[4]などと説かれることもある。これらの説示は，コモンキャリアとなる者については，通信役務の提供において他人間の通信の媒介に徹することが求められ，自らが情報の発着信者となる場合を別とすれば，基本権としての表現の自由を行使する余地はないということを示す。

　仮にこのような考え方に依拠する場合には，通信役務（実質的な媒介〔1.5参照〕を含む。以下同様）の提供を行う通信管理主体のうち「コモンキャリア」となる者の射程が，表現の自由その他の基本権を享有する者となるか否かの重要な分水嶺をなす。しかも，これらの学説の中には，「法令で通信業務従事者にコモン・キャリアとしての性格付けを与えたとき，初めて差別的取扱い禁止が〔著者注：憲法〕14条1項の直接的効果として導出される」[5]と説くものもある。その場合，法令によるコモンキャリアとしての位置づけが通信平等保障要請の名宛人となるか否かも左右することとなる。さらに，憲法上の「通信」と「表現」との区別を

121

維持するための指標として，コモンキャリアの存在を観念しているように見受けられる学説もある。かかる学説の下では，公然性を有する通信という複合的な性格を有するコミュニケーション形態が一般化する中で，「コミュニケーションとしての性格に応じて，通信と表現のそれぞれ異なった憲法法理を適用する」[6]ことが適当とする立場[7]から，「通信」においては，放送等の表現とは異なり，ネットワーク上で伝送行為にひたすら従事するコモンキャリアが表現の自由とは無縁の主体となるものとして捉えられてきた[8]。

　このように，近年の学説においては「コモンキャリア」が憲法規範の適用範囲を画する重要な概念として頻用されている。その字義に照らし，「通信」の領域における「コモンキャリア」が一定の通信事業者を意味することは明らかであるが，この概念の規範的な内実や射程については共通理解が存するのであろうか。

　我が国において，「コモンキャリア」は実定法上の用語ではない。前述の学説の多くは，通信事業者全般をコモンキャリアと捉えているようにも見受けられるが，通信事業者の中にもさまざまな通信役務の提供者が混在している。また，他人間の通信の媒介又は実質的な媒介に携わる者は，必ずしも通信事業者に限られない（0.1・1.5参照）。そのような中で，憲法規範の適用範囲を決するメルクマールとしてのコモンキャリアの概念は，適切なものとなるのだろうか。

　翻って言えば，我が国の「通信」の領域において，ここでいう「コモンキャリア」とは具体的にどのような者を指すのか。もとより，通信役務が公的主体により提供されていた郵便・電話の時代においては，当該役務の提供主体は同時に公権力を行使する主体又はそれと同視し得る主体であった。かかる主体の「基本権」は観念しにくいため，それに「コモンキャリア」的な位置づけ（他人間の通信の媒介に徹するという位置づけ）を付与することは理論的に可能かつ容易であった。よって，あえてこの実定法外の概念を憲法解釈論上持ち出す必要性が乏しかったとも言える。これに対し，通信事業の民営化後においては，伝送行為に専従する通信事業者を形容する用語として，コモンキャリアの概念が講学上の便利なツールとなっているかにみえる。

　しかしながら，通信役務の提供者が多様化している今日において，「コモンキャリア」の内実はおよそ自明ではなく，その射程を的確に特定する作業は決して容易ではない。伝統的な音声伝送役務（固定電話役務）を提供する電気通信事業者が含まれることに異論はなさそうであるが，インターネット接続役務提供者を

はじめとして，各種の通信役務の提供を行う者については，どこからどこまでが
これに該当するのか。あるいは，電気通信の領域においては，電気通信事業法上
の電気通信事業者（電気通信事業法2条5号参照）がすべてコモンキャリアとなる
のか。また，仮にコモンキャリアの範囲が具体的かつ明確に特定されたとして，
それが私人でありながら他人間の通信の媒介（伝送行為）に際して表現の自由そ
の他の基本権の保障を受けないと解することは妥当なのか。さらに，伝送行為に
直接従事せずに一定の通信役務の提供を行う者（非伝送系通信管理主体）も，（コモ
ンキャリアとして）表現の自由等の保障を受けないこととなるのか。これらは，前
章で論じた「伝送行為を通じた表現の自由」の行使の余地を再確認する意義を有
するものでもある。

　以上を踏まえ，本章は，前章の内容も念頭におきながら，米国法上の電気通信
の領域におけるコモンキャリアの概念を分析し，それとの比較において導かれる
我が国の法の下における「コモンキャリア」なる者の内実に関する法的考察を通
じて，前述の問いに対する「解答」を導くことを目的とする。米国法の参照につ
いては，米国において，①「コモンキャリア」が実定法上の概念となっており，
その定義規定も設けられていること，②コモンキャリアの具体的な射程をめぐっ
て近年新たな議論の展開がみられること，を踏まえたものである。

5.2　米国法上のコモンキャリアの概念とその揺らぎ

　「コモンキャリア」の概念は，英米法にその淵源を有し，元来，通信事業者の
みならず運輸事業者を含む広範な射程を有するものである[9]。米国のある下級
審の裁判例によれば，コモンキャリアの特性は，「あらゆる人々について差別な
き伝送を引き受ける」という準公共的な性質にあるという[10]。それゆえ，利用
者との個々の契約において相対の条件で役務が提供されるような慣行となってい
る場合には，コモンキャリアとは言えないとされてきた[11]。

　一方，1934年通信法におけるコモンキャリアとは，「有線，無線若しくは州
際・対外エネルギー無線伝送による州際通信又は対外通信に事業者たるコモンキ
ャリアとして従事する者」を指す[12]。そして，同法上，「伝送」の提供を表す電
気通信役務（4.2参照）を提供する電気通信事業者は，当該役務を提供する限りに
おいて，コモンキャリアとして扱われる[13]。それゆえ，近年の裁判例においては，

電気通信役務の提供の有無を基準として，ある事業者がコモンキャリアであるか否かを判断すべきとされている[14]。よって，代表的な電気通信役務となる音声伝送役務の提供者となる電気通信事業者は，典型的なコモンキャリアに該当する。これに対し，情報加工編集機能の提供を基軸とする情報役務（4.2参照）の提供者については，コモンキャリアには該当しないものとされてきた。

　このような基本的な枠組みの下で，インターネット接続役務提供者については，長らく情報役務を提供する者として位置づけられ，コモンキャリアとは捉えられてこなかった。その主な理由として，インターネット接続役務に関して，①その機能にはドメイン名システム（Domain Name System: DNS）の利用，ネットワークセキュリティの確保，情報のキャッシング（caching）[15]等が含まれるところ，それらは情報加工編集機能（4.2参照）にほかならない[16]，②「電気通信」が利用者に提供されるものの，それは情報加工編集機能と一体的であって「伝送」を独立して提供するものではない[17]，といった点が指摘されていた。

　ところが，既述のとおり，新オープンインターネット保護命令に基づくインターネット接続役務の再分類（4.2参照）に伴い，インターネット接続役務提供者が電気通信役務の提供者として基本的にコモンキャリアへの「仲間入り」をすることとなる[18]。このことは，インターネット接続役務提供者の位置づけをめぐる従前の基本的な解釈を事実上覆すと同時に，当該役務提供者が一定の範囲で厳格なコモンキャリア規制に服することを意味した。このような解釈変更の主な理由として，㋐今日におけるインターネット接続役務がインターネットを用いた各種の役務を利用するうえで不可欠となる機能を果たしていること[19]，㋑当該機能に関しては，基本的にデータを伝送するための「管路」（3.4.3参照）として作用しており[20]，情報の内容に改変を加えることなく利用者が求めるトラフィックをそのまま送り届けるものであること[21]，が挙げられている。そして，これらを裏づける要素として，(a)電子メール，SNS，電子商取引等の各種ツールの利用に際してインターネット接続役務の利用が必要となるという事実[22]，(b)各インターネット接続役務提供者のマーケティングにおいて伝送の速度や信頼性等が特に強調されているという実態[23]，(c)一般利用者に対する「伝送」の提供を基軸とするインターネット接続役務の技術的特性[24]等が指摘されている。

　同時に，前述の DNS 等の利用については，「電気通信システム管理目的等の情報加工編集機能の使用」（4.2参照）を目的としており，インターネット接続役

務を情報役務と位置づける根拠にはなり得ないとされる[25]。しかも，DNSはそれ自体として「電気通信」の提供機能自体に対して特段の影響を及ぼさない（DNSは伝送対象の情報の内容を改変するものではない）ということが，このような考え方を補強するという[26]。同様に，前述のキャッシングその他の付随的な機能についても，それがインターネット接続役務の一部として提供される限り，基本的に「電気通信システム管理目的等の情報加工編集機能の使用」を目的とするとされる[27]。

一方，インターネット接続役務提供者により，クラウド技術を通じた情報の保管，問題含みの情報の遮断等の付加的な機能が提供されることもあるところ，これらは伝送行為と表裏一体となるものではないとされる。すなわち，かかる機能は伝送行為に関する機能から切り離された情報役務であり，伝送行為を核心とするインターネット接続役務それ自体の位置づけを直接左右するものではないという[28]。

以上のようなインターネット接続役務の再分類に伴うインターネット接続役務提供者の（部分的な）「コモンキャリア化」は，技術革新や市場の変化等に伴うコモンキャリアの射程の可変性を示唆するとともに，その概念の曖昧さを浮き彫りにする。すなわち，長年にわたりコモンキャリアではないと解されていたインターネット接続役務提供者が，行政庁による法解釈の変更により基本的にコモンキャリアと捉えられるようになったという事実自体が，コモンキャリアの観念のもろさを表している[29]。同時に，インターネット接続役務提供者のように，役務提供において情報の伝送はもとよりその一時的な保管や処理も行い得る者がコモンキャリアであるとする考え方は，コモンキャリアとそれ以外の者との規範的な分水嶺はどこにあるのか（米国法上の概念に照らして言えば，例えば「電気通信システム管理目的等の情報加工編集機能」とは具体的にどこまでの機能が含まれるのか）という根本的な疑問を投げかけるものとなる。

5.3 我が国の電気通信における「コモンキャリア」の内実

5.3.1 コモンキャリアへの該当性を判断する基準

米国法上のコモンキャリアの概念を踏まえ，我が国の電気通信の領域におけるコモンキャリアとは具体的にどのような者を指すのか，実定法に照らしつつ以下

に考察を加える。法律上，電気通信役務の観念については，「電気通信設備を用いて他人の通信を媒介し，その他電気通信設備を他人の通信の用に供すること」（電気通信事業法2条3号）と定義されている。ここでいう「媒介」とは，他人の依頼を受けて，情報をその内容を変更することなく伝送・交換し，通信を取次又は仲介してそれを完結させることを指す（1.5参照）。また，電気通信設備を「用に供する」（以下，「供用」という）とは，電気通信が可能な状態に構成された電気通信設備を支配・管理する者が，当該設備を他人の通信のために運用することを指すと解される[30]。前述の電気通信役務の定義に照らし，供用には媒介行為も含まれる。ここで重要となるのが，伝送行為を伴う媒介だけでなく，必ずしも伝送行為を伴うわけではない供用についても，電気通信役務の提供に含まれるものと観念されているということである[31]。

かつての電気通信事業法は，自前の電気通信回線設備[32]を設置して電気通信役務を提供する「第一種電気通信事業者」とそれ以外の「第二種電気通信事業者」とを区別しており，もっぱら前者の事業者がコモンキャリアであると捉えられる傾向にあった[33]。その背景には，「第一種電気通信事業者」には一定の役務提供義務[34]が課されていたという事実があった。しかし，電気通信回線設備を設置することと一定の役務提供義務を負うこととは理論上当然に結びつくものではなく，両者を直結させていたのは当時の立法政策にほかならない。そして，立法上「第一種電気通信事業者」の観念が既に廃止されている今日において，コモンキャリアの射程はますます不明確になっている。

もっとも，その法律上の呼称にかかわらず，自前の電気通信回線設備を設置して電気通信役務を提供する電気通信事業者こそがコモンキャリアであるという考え方はなおあり得るかもしれない。確かに，電気通信回線設備の設置[35]の有無は，電気通信事業法に基づく規律の具体的な適用範囲を大きく左右する[36]。しかし，電気通信役務の提供における電気通信回線設備の設置の有無に着目しつつコモンキャリアの射程を画する考え方は，前述の米国法上のコモンキャリアの観念（通信設備の設置のあり方を問わないもの）に符合しないことはもとより，今日の大半の伝送系通信管理主体ないし伝送行為に従事する電気通信事業者をコモンキャリアに含めるという帰結をもたらし得る。なぜなら，伝送行為に従事する者については，伝送路設備の全部又は一部を他の事業者から借りる場合であっても，多かれ少なかれ自前のルーター等の交換設備を設置していることが今や一般的であるか

126

らである。このとき，あえてコモンキャリアなる概念で電気通信回線設備の設置者（伝送系通信管理主体の大半）の射程を規範的に画する実質的な意義は乏しいと思われる[37]。そうであれば，伝送行為に直接従事するか否か自体についてはなお問題となり得るとしても，電気通信回線設備の設置の有無という要素は，コモンキャリアへの該当性を判断するための決め手とはなりにくい。

　一方，電気通信回線設備に限らず，何らかの自前の通信設備を設置して電気通信役務を提供する電気通信事業者を広くコモンキャリアと位置づけることも考えられる。しかし，その場合には，例えば，一定の通信設備（サーバー等）の設置により特定の利用者宛ての電話やFAXを自動的に受けて（内容情報は変更せずに）フォーマットの変更等を行いつつ当該利用者に伝達する電話等受付自動代行役務を提供する事業者や，交際に関する情報等をインターネット経由で閲覧可能な状態にしつつ当該情報に対応した利用者からのメッセージを電子メール機能等により自ら媒介する役務（出会い系サイト）を提供する事業者も，他人の通信の媒介を行うコモンキャリアであるということになる。しかし，これまでの学説上，コモンキャリアの例としてこれらの電気通信事業者が観念されてきた形跡は乏しいという事実は，我々の社会通念は当該事業者をコモンキャリアとして捉えていないということを示唆する。同時に，そもそもなぜ通信役務の提供に用いられる通信設備が自前のものであるか否かに応じてコモンキャリアの射程を画する必要があるのか，合理的な説明を行うことは容易ではない。

　他方，コモンキャリアの原始的観念が一定の法的義務（特に，役務提供における差別禁止義務）と結びついていることを踏まえ，法律により一定の役務提供義務を負う電気通信事業者がコモンキャリアであるとする考え方もあるかもしれない[38]。例えば，基礎的電気通信役務を提供する電気通信事業者（以下，「基礎的電気通信役務提供事業者」という）は，正当な理由がなければ業務区域における基礎的電気通信役務の提供を拒否してはならないとされており，一定の役務提供義務を負っている（電気通信事業法25条1項）[39]。この基礎的電気通信役務提供事業者は比較的大規模な電気通信事業者であることが多く，少なくともこれがコモンキャリアに該当することについては，固定電話役務の提供者をコモンキャリアの典型と観念してきた我々の社会通念にも親和的である。この場合，理念的には，「基本的な通信役務」としての基礎的電気通信役務を提供する事業者こそがコモンキャリアとして捉えられる可能性もある。

しかし，基礎的電気通信役務の具体的な射程については，総務省令で決められ
るため（電気通信事業法7条参照）[40]，流動的である。また，インターネット接続
役務提供者は措くとしても[41]，基礎的電気通信役務提供事業者以外の電気通信
事業者がコモンキャリアに該当しないと解する合理的な理由は乏しい。さらに，
法律上の役務提供義務の有無がコモンキャリアへの該当性を介して憲法規範の適
用範囲を実質的に左右するという点については，解釈論上の合理性を欠く。

　同時に，他人の土地の使用権等のいわゆる公益事業特権[42]を享受する電気通
信事業者も，認定電気通信事業者として，正当な理由がなければ関係する電気通
信役務の提供を拒否してはならないこととされている（電気通信事業法121条1項）。
この認定電気通信事業者をコモンキャリアと捉える余地もないわけではない。し
かし，ここで求められる役務提供義務は各種の公益事業特権の享受との関係にお
ける対価的な意味合いが強く，これをコモンキャリアの射程を画するための要素
として捉えることには疑問が残る。また，認定電気通信事業者以外の電気通信事
業者がコモンキャリアに該当しないと解する合理的な理由が乏しいことなどにつ
いては，基礎的電気通信役務提供事業者の場合と同様である。

　このように考えていくと，我が国におけるコモンキャリアなる者の射程を的確
に画することは相当に困難な作業であるということが明らかになる。当該射程の
特定に対する論理的な「行き詰まり」に照らし，電気通信事業者（電気通信事業
法2条5号参照）のすべてをコモンキャリアとみなすことも一考に値するかもし
れない。実際，電気通信事業法に基づく不当な差別的取扱いの禁止に関する義務
は，すべての電気通信事業者に課されている（同法6条参照）。コモンキャリアの
本質が役務提供における差別の禁止にあるのであれば，電気通信事業者全般を包
括的にその射程に含めることにも一定の合理性がありそうである。

　ところが，電気通信役務を提供する者には，電気通信事業者以外にも，「電気
通信事業者以外の電気通信事業を営む者」（電気通信事業法164条1項・同条3項参
照）[43]や電気通信事業を営まない者（個人たる設備支配型電子掲示板管理者等）も含
まれ得る。これらの者と電気通信事業者との境界線は，言うまでもなく法律上
（「公正な競争を促進する」〔同法1条〕観点等を踏まえて）設けられたものである。そ
れにもかかわらず，仮にこの境界線が「コモンキャリア」への該当性を介して憲
法上の権利・義務の適用範囲を画する分水嶺にもなるのであれば，その妥当性に
ついては慎重な検討が必要となろう。また，仮に電気通信事業者がすべてコモン

キャリアであるとすると，前述の出会い系サイトを提供する電気通信事業者等の扱いが問題となり得る。しかも，例えば伝送行為に直接従事せずにもっぱら卸電気通信役務（同法29条１項10号参照）を提供する電気通信事業者や，DNS のサーバーを用いて照会を受けたドメイン名に対応する IP アドレスの回答を行うドメイン名の名前解決役務（同法164条２項１号で定義されるドメイン名電気通信役務）を提供する電気通信事業者[44]もコモンキャリアに該当することとなるところ，これらについても社会通念との整合性が問われ得るように思われる。

　あるいは，米国法上の枠組みに倣い，さらに広範に，（電気通信事業者であるか否かにかかわらず）電気通信役務を提供する事業者はすべてコモンキャリアとなると解する道筋もあるかもしれない。しかし，その場合，電気通信役務の概念自体が日米両国間で同一でないこともあり，理論的な不整合が生じ得る。例えば，米国法において情報役務の提供者の典型とされるオンラインストレージ役務提供者（0.1参照）は，通信記録の保管用の設備を自前で設置し，それを事業として利用者の用に供する限り，電気通信役務の提供を行うコモンキャリアであるということになる[45]。ところが，オンラインストレージ役務提供者と伝統的な音声伝送（固定電話）の役務を提供する電気通信事業者（以下，「固定電話役務提供者」という）との間には法律上の位置づけに関して相当の径庭があること[46]にかんがみると，かかる帰結の妥当性は疑わしい。また，設備支配型電子掲示板管理者も，我が国の法の下では，（他人の通信の媒介を行っているとは言えないものの）電子掲示板の機能（情報交換の場）を提供するためのサーバー等の供用により，電気通信役務の提供を行うコモンキャリアとなり[47]，表現の自由を原則として享有しないという帰結が導かれ得る。ところが，設備支配型電子掲示板管理者は，電子掲示板の管理・運営において，情報加工編集行為に従事することが一般に予定され，当該行為は表現の自由又は通信管理権の一環をなす「編集権」として保障されるものと解されている（1.5参照）。このことは，米国法上の編集言論説の考え方（2.3.2参照）にも符合する。よって，電気通信役務を提供する事業者を一律にコモンキャリアと捉える見解は，米国法上の議論に整合しない可能性が高いだけでなく，電子掲示板管理者その他の非伝送系通信管理主体の「編集権」を観念する一般的な理解にも反し，妥当とは言いがたい。

　以上のとおり，表現の自由の保障から外れ，通信平等保障要請に関する義務をも負い得るとされるコモンキャリアなる者の具体的な範囲については，憲法解釈

論上極めて曖昧である。あえて言えば，電子掲示板管理者等の「編集権」にかんがみ，非伝送系通信管理主体はコモンキャリアに該当せず，その裏返しとして，伝送系通信管理主体がこれに該当する可能性があるということになりそうである。しかし，伝送系通信管理主体の中にも多様な者が混在している中で[48]，コモンキャリアとなる者の具体的な射程は依然として不明瞭である。したがって，このようなコモンキャリアの概念を憲法規範の適用範囲（保護領域）の画定に用いることは，解釈論上不適当であると考えられる。

5.3.2 インターネット接続役務提供者のコモンキャリア性

それでは，米国法上の議論の焦点となってきたインターネット接続役務提供者とコモンキャリアとの関係については，我が国の法の下ではどのように捉えればよいのであろうか。従前の学説においては，インターネット接続役務提供者が電子掲示板管理者等を兼ねる場合，伝送行為を基軸とするインターネット接続役務の提供それ自体はコモンキャリアの性質を有し，電子掲示板の管理・運営等はコモンキャリアとは異なる性質のものとなるという旨が指摘されてきた[49]。確かに，既述のとおり，一定の情報加工編集行為の実施が予定された電子掲示板管理者について，これをコモンキャリアの範囲から切り離すことは合理的であろうし，かかる「付加的な機能」を有する行為を伝送行為と一体化させない新オープンインターネット保護命令の考え方にも親和的である。

しかし，物理的・技術的には自らの判断による遮断行為等を伴い得るインターネット接続役務の提供それ自体についても，コモンキャリアの概念とは異なる性質を有している部分があるように思われる。我が国の法令上，インターネット接続役務提供者は当初から電気通信事業者として位置づけられてきた。しかし，純粋単純伝送行為と故意的伝送行為とを織り交ぜながら，「基本的には右から左に情報をそのまま伝送するが，時に任意に遮断行為等を行い得る」というインターネット接続役務提供者の二面性について，これを単純にコモンキャリアとしての特徴と割り切ってよいのであろうか。

プロバイダ責任制限法3条2項の規定の趣旨等を踏まえると，法律上，インターネット接続役務提供者においては，必ずしも常に他人間の通信の媒介に徹することが求められるわけではない。一定の場合にその媒介の実施を自ら断念しても，（民事上の）責任を問われないからである（7.1参照）。一部の学説においても，イ

130

ンターネット接続役務提供者には「伝達される情報について一定のコントロール権がある」[50]とされ，伝送行為に一定の判断を挟む余地があるという旨が指摘されている。このようなインターネット接続役務提供者の性質は，伝送行為に徹するとされるコモンキャリアなる者としての特性に整合しない。

　このことは，コモンキャリアなる者の内実の不明確さを改めて裏づける。インターネット接続役務提供者の登場が，従前より伏在していたコモンキャリアの射程画定の困難さに拍車をかけているとも言えよう。同時に，インターネット接続役務提供者の伝送行為については，従前の学説の説く「他人の通信の媒介に徹する」という性質と，それとは明らかに異なる性質とを共存させていることを浮き彫りにしている。そして，かかる複合的な性質は，インターネット接続役務提供者のみならず，伝送行為（特にデータ伝送役務の提供）に従事する電気通信事業者（伝送系通信管理主体）全般について，遮断行為等の故意的伝送行為に従事する物理的な余地が残されている限り，多かれ少なかれ同様に妥当する可能性が高いと言える[51]。

5.4　「コモンキャリア」の表現の自由及び通信管理権

　やや循環論的になるが，表現の自由の保障を受ける者の範囲という観点からコモンキャリアの射程を特定することはできないのであろうか。コモンキャリアなる者といえども，それが社会を構成する私人（法人）である限り，その伝送行為（媒介）の局面において表現の自由の保護領域（権利の主体）から完全に外れると解する合理的な理由は見いだしがたい。しかも，ネットワーク全体を表現媒体としつつ伝送行為の過程において流通情報の取捨選択を伴って行使される「伝送行為を通じた表現の自由」は当然に排除されるものではない（4.5参照）。それゆえ，少なくとも憲法21条１項の規定上は，コモンキャリアなる者に対しても，一般私人が行う表現活動と同様に，他人間の通信の媒介（伝送行為）に際しての表現の自由が保障され得る。よって，当該自由を保障される者の範囲という観点からコモンキャリアの具体的な射程を特定することは，理論的に困難である。

　それにもかかわらず，なぜコモンキャリアとされる者は表現の自由の保障を受けないとされてきたのであろうか。多くの学説は，コモンキャリアが表現の自由の保障を受けないことの効果について，「通信の内容を詮索することなく，どの

ような内容のものであっても宛先に届けなければならない」ことであるとしつつ，その代わりに，コモンキャリアは個々の通信の内容に関して「一切責任を負わない」ものと解してきた[52]。すなわち，コモンキャリアにおいて，①基本的に表現の自由の保障を受けないこと，②通信役務の提供の義務（及び個々の通信の内容を詮索しない義務）を負うこと，③個々の他人間の通信においてやり取りされる情報（流通情報）の内容に対する法的責任（以下，「情報内容責任」という）[53]は基本的に負わないこと，は不可分の命題として捉えられてきた。

　このとき，前記①については，「伝送行為を通じた表現の自由」のみならず，通信管理権についてもほぼ同様に考えることが可能であろう。そして，これらが憲法規範（基本権）に直接関わる以上，前記②についても（立法政策に基づいてではなく）憲法規範の次元で要求されるものと位置づけるのが素直であろう。このことは，コモンキャリアなる者に役務提供義務を課す法律上の規定は一切存在しない（前述の法律上の役務提供義務は，コモンキャリアの射程の画定に連動するわけではない）という事実からも裏づけられる。かかる考え方は，憲法上の秘密保護要請の一環として，通信管理主体に対する「秘密」たる情報の保護や「基本的な通信役務」の適切な提供等を求める既述の解釈（1.3参照）にも符合する。

　ここで，前記②に示される義務の憲法上の根拠については，「通信」について正面から規律する唯一の条項となる憲法21条2項後段と解するのが合理的である。それゆえ，秘密不可侵の法規範は，「通信役務の提供に関する義務」（当該提供における狭義の「秘密」の保護や通信平等保障要請に基づく公平な取扱いに関する義務を含む）を課していると解される。その効果として，コモンキャリアとされる者を含む各通信管理主体においては，情報不接触原則に服しつつ，前記③のとおり個々の流通情報に関する情報内容責任を原則として負わないこと（以下，「通信管理主体原則免責」という）が予定されていると解される。同時に，公権力においてはこれらの連関を制度的に確保することが求められる。実際，一部の学説は，「コモンキャリアは，『通信の秘密』が課される裏返しとして，通信内容に対する責任を有していない」と説いているが[54]，これが憲法の次元でも当てはまるとすれば，実質的に通信管理主体が公権力とともに秘密保護要請に拘束されるという解釈を前提とする考え方となろう。したがって，前記①乃至③の各命題は，秘密不可侵の法規範の趣旨を具体化する要素として，三位一体的な関係にあると考えられる。

　ただし，前述の「通信役務の提供に関する義務」とは，単なる「通信役務の提

供の義務」（役務提供義務ないし役務提供拒否の原則的禁止）と同義ではない。すなわち，㋐通信役務の提供の局面で，狭義の「秘密」の保護その他各利用者の「通信」の健全な利用にとって不可欠となると認められる各種の客観法的要請（1.3参照）に拘束されること，㋑とりわけ，「基本的な通信役務」については適切な提供（なかんずく役務提供拒否の原則的禁止）が求められること，を意味する。なぜなら，役務提供拒否の原則的禁止という消極的な規範のみでは，国民各人における「通信」の健全な利用に支障を来すおそれがなお残る一方，基本的な通信役務以外の役務が提供されることの確保までが憲法上求められるわけではないと解されるからである。

　そして，コモンキャリアなる者を含む通信管理主体がかかる憲法上の通信役務の提供に関する義務（前記②の命題に近接する義務）に実際に拘束される具体的な度合いに応じて，前記③の命題のみならず，前記①の命題についても，表現の自由等の行使可能範囲が著しく縮減するという意味において原則として妥当する，という説明は十分に可能であろう。ただし，通信役務の提供に関する義務の具体的な履行のあり方については，憲法上必ずしも一義的に決まるものではなく，一定の柔軟性ないし立法による内容形成の余地（特に，法律に基づき例外的に役務提供の拒否等を行い得る余地）を残していると考えられる。それゆえ，当該余地に実質的に連動するような形で，前記①の表現の自由又は通信管理権の行使についても許容される余地が生じ得る。すなわち，通信管理主体においては，その「通信役務の提供に関する義務」に背反しないと認められる範囲内で，自らの意思による役務提供の拒否等を正当に（法律の規定に基づき）行い得る。このとき，堂々とは行使し得ない状態にあった「伝送行為を通じた表現の自由」及び通信管理権の行使の余地が顕現することとなる。そして，かかる余地の内実についても，（プロバイダ責任制限法３条２項等の）法律の規定を通じて確認又は具体化され得る（4.5参照）[55]。

　したがって，憲法規範の適用範囲を画するツールとしてのコモンキャリアの観念は，憲法21条２項後段の規定が「秘密」の保護を含む「通信役務の提供に関する義務」の通信管理主体による履行及びその制度的確保を客観法的に要請しているという解釈を暗黙裏に前提としていたことを浮き彫りにする。同時に，実質的にはほぼ「封印」されるに近い状態にありながらも「皆無」ではない通信管理主体の「伝送行為を通じた表現の自由」及び通信管理権に関して，その行使可能性を

（コモンキャリアの名の下に）事実上封じるような効果をもたらしていたと言える。確かに，憲法上の「通信役務の提供に関する義務」によってこれらの基本権の行使可能範囲は縮減されるが，その行使可能性が皆無であるとの誤解を招く要因となり得るコモンキャリアの観念を不用意に使用することの妥当性は疑わしい。したがって，憲法解釈論上は，憲法21条2項後段の規定の名宛人となる通信管理主体の具体的な範囲を憲法規範内在的な観点から画定したうえで，それらが伝送行為に従事するに際してどこまでの「通信役務の提供に関する義務」を負い，その帰結としてどの程度の表現の自由及び通信管理権の保障・保護を受ける余地が残されているのか，という検討の道筋をたどることが必要となろう。

　このとき，憲法上の「通信役務の提供に関する義務」の具体的な内容については，伝送系通信管理主体と非伝送系通信管理主体との間に一定の径庭があると考えられる。なぜなら，伝送行為は，情報の送信・伝送・受信を基軸とする「通信」の主要な行為要素の一つであり（2.2.2参照），これが適切に行われないと個々の通信そのものが成立せず，その結果として利用者各人の通信の自由及び保護されるべき「秘密」の発現の余地がなくなるという点において，（伝送行為以外の関与行為に比べて）「通信」に対する不可欠性が高いからである。換言すれば，伝送系通信管理主体は非伝送系通信管理主体と比べて他人間の通信の完結に寄与し，そのあり方を左右する度合いが相対的に強く，その分，憲法上より厳格な「通信役務の提供に関する義務」を負うものと解される。

　このような伝送系通信管理主体と非伝送系通信管理主体との間の行為規範の差異に応じて，両者における個々の通信の取扱いに際して保障される通信管理主体自身の表現の自由又は通信管理権の程度は異なり得る。同時に，狭義の「秘密」の侵害が認められる場合についても，両主体間では一定の相違が認められる（1.6.3参照）。

　それでは，伝送系通信管理主体及び非伝送系通信管理主体は，他人間の通信に対する媒介（伝送行為）又は実質的な媒介に際して，それぞれ具体的にどの程度表現の自由等の保障を受けるのか。既述のとおり，伝送系通信管理主体は，憲法上の「通信役務の提供に関する義務」を負うことの帰結として，伝送行為の過程において基本的に国民各人の通信の自由に奉仕することが予定され，これが公共の福祉の確保に資することとなる（4.5参照）。よって，それに明らかに背馳する形での「伝送行為を通じた表現の自由」や通信管理権の行使は憲法上許容されな

い。特に，伝送系通信管理主体が音声伝送役務のような「基本的な通信役務」を提供する場合には，その公平性，安定性等を確保した形での適切な提供が求められ，自らの表現の自由に藉口して正当な理由なく役務提供の拒否や伝送行為の中止等を行うことは認められない。その意味において，「基本的な通信役務」の提供の一環として行われる伝送行為は，もっぱら私的自治の原則に支配される行為と位置づけられるものではない。ゆえに，伝送系通信管理主体の表現の自由及び通信管理権の保護領域は，実質的に大幅に縮減することとなる。

ただし，伝送系通信管理主体による「伝送行為を通じた表現の自由」及び通信管理権の行使が国民各人の通信の自由の保障に資する（秘密保護要請に背馳しない）と認められる場合には，例外的に当該行使が正当に行われる余地が生じ得る（4.5参照）。少なくともその限りにおいて，伝送系通信管理主体をコモンキャリアなる者と位置づけることは困難となる。「伝送行為を通じた表現の自由」及び通信管理権の行使の余地については，立法上，インターネット接続役務提供者がその伝送行為を自ら中止しても一定の条件の下で責任を問われないものとされていること（7.1参照）に反映されている。

これに対し，非伝送系通信管理主体が他人間の通信に関与するに際しては，狭義の「秘密」の保護をはじめとする憲法上の「通信役務の提供に関する義務」に拘束されるものの，その「編集権」との関係上，自らの表現の自由の行使が原則として否定されるわけではない。すなわち，非伝送系通信管理主体においては，取扱い対象の情報を「秘密」として保護する義務を負い，それをみだりに漏えいすることなどは憲法上禁止されるが，情報の主体となる個人を容易に特定し得ないと認められる形でその内容を利用すること，あるいは個人を特定し得る形であっても通信役務の提供に必要となる範囲内で単発的に接触することまでは必ずしも禁止されず，その一環として，表現の自由又は通信管理権の行使としての情報加工編集行為を行う余地が生じ得る。

このことは，伝送行為以外の「通信」への関与行為（実質的な媒介等）については，個々の通信の成立それ自体を必ずしも大きく左右するものではないという事情に根ざすものと考えられる。例えば，仮に電子掲示板管理者が自ら支配・管理する電子掲示板の機能の提供を任意に中止（設備の供用を廃止）したとしても，情報の発信者と電子掲示板管理者との通信及び当該管理者と電子掲示板の閲覧者との通信自体は，インターネット接続役務提供者による伝送行為が適切に行われる

限り物理的に成立し得る。また，当該閲覧者が電子掲示板管理者に対して発信者との直接交信の仲立ちを個別に依頼することなども可能であるし，その結果として，当該発信者と当該閲覧者とのコミュニケーションが電子掲示板を介さずに成立する可能性もある。その意味において，非伝送系通信管理主体の関与行為は「通信」に対する不可欠性が相対的に低く，その分「通信役務の提供に関する義務」も緩やかなものとなり，その結果として表現の自由の行使可能範囲も相対的に拡大し得る。

　以上を総合すると，基本権の保護領域を画する（憲法規範の適用対象を決する）ためのツールとしてコモンキャリアの概念を用いることは妥当ではなく，その限りにおいて，当該概念の射程を厳密に画する実益も乏しいということになる。これまで「コモンキャリア」として観念されてきたのは，伝送系通信管理主体の行為の一局面（純粋単純伝送行為）にすぎず，当該主体といえども伝送行為の過程で表現の自由その他の基本権を行使する余地は残されている。よって，秘密保護要請との関係においては，コモンキャリアの射程を厳密に画するのではなく，むしろ当該要請の名宛人としての通信管理主体の射程を規範的に特定したうえで，伝送系通信管理主体と非伝送系通信管理主体との間で生じる表現の自由等の行使可能範囲（及び拘束される「通信役務の提供に関する義務」の具体的な内実）に関する径庭を的確に認識することが有用である[56]。もっとも，両主体がそれぞれ行使する表現の自由等に伴う法的責任のあり方については，当該径庭をどの程度勘案する必要があるかということを含め，別途の検討が必要である（**14.5.3・14.5.4参照**）。

5.5　小括

　通信管理主体の表現の自由及び関連する憲法規範の適用範囲（基本権の保護領域）を画するためにマジックワードのごとく頻用されてきた「コモンキャリア」の概念については，その具体的な射程が不明瞭である。しかも，コモンキャリアの名が付されることにより，通信管理主体の「伝送行為を通じた表現の自由」及び通信管理権は実質的に「抹殺」されるような形となり，これらの権利の行使に対して事実上の萎縮効果が及び得る。よって，コモンキャリアの概念は，「通信」に関わる権利・利益又は義務の及ぶ範囲を画するための憲法解釈論上の基準としては，用いられるべきではないと考えられる。

したがって，通信事業者は単純に「コモンキャリア」と位置づけられるものではない。むしろ，他人間の通信の完結に寄与する多様な主体に関して，「通信」に関する憲法規範に拘束される通信管理主体の具体的な射程を特定することが必要かつ先決である。そのうえで，各通信管理主体が行う他人間の通信への関与行為の態様に応じて，それがどの程度憲法上の「通信役務の提供に関する義務」に拘束されるのかということを類型化し，その中で行使され得る表現の自由その他の基本権の範囲を明らかにすることが重要となろう。かかる類型化は，伝送系通信管理主体と非伝送系通信管理主体との規範的な区別（1.5参照）に対応する。

　以上のような観点に照らせば，典型的な伝送系通信管理主体とも言える音声伝送役務（固定電話役務）提供者においてさえも，コモンキャリアなるレッテルを貼られることにより，ただちにその表現の自由や通信管理権を行使する余地が皆無となるわけではないと考えられる。確かに，伝送系通信管理主体においては，憲法上，通信役務の提供の局面において秘密保護要請及び通信平等保障要請に強く拘束され，「通信役務の提供に関する義務」を厳格に履行しなければならない。その限りにおいて，「伝送行為を通じた表現の自由」その他の基本権を堂々と行使できる範囲が縮減する。しかし，「通信役務の提供に関する義務」の履行の一環として，「伝送行為を通じた表現の自由」及び通信管理権の行使が例外的に許容ないし期待される場合もあり得る。それは，基本権法益侵害情報を公開目的ネットワーク上から排除する場合など，当該行使が国民各人の通信の自由の保障・保護に資すると認められる場合である。

　一方，他人間の通信の実質的な媒介に携わる非伝送系通信管理主体においては，秘密保護要請及び通信平等保障要請に基づく一定の憲法上の義務に拘束されるものの，「編集権」として理解されている自らの基本権（その内実は，表現の自由又は通信管理権である）を行使する余地が本質的に小さくない。それゆえ，伝統的に観念されてきたコモンキャリアとは相当の距離を有している。したがって，通信役務を提供する者の基本権の保護領域，すなわち「伝送行為を通じた表現の自由」や通信管理権の行使の余地を決する観点から特に重要となるのは，その者がコモンキャリアであるか否かではなく，伝送行為に直接従事する通信管理主体（伝送系通信管理主体）であるか否かということであると考えられる。

第5章　「コモンキャリア」概念の再検討　　137

1 ）山口〔い〕（2015）31頁。

2 ）宍戸（2013b）113頁。

3 ）曽我部ほか（2016）47頁〔曽我部真裕執筆〕。同書は「電信電話事業者や信書を取り扱う郵便局」をコモンキャリアの例として挙げるが（同152頁〔栗田昌裕執筆〕），例えばインターネット接続役務提供者がこれに該当するのか否かについては定かではない。

4 ）渋谷（2017）413頁。

5 ）渋谷（2017）414頁。

6 ）松井（2014）103頁。

7 ）この学説は，「インターネットの利用形態のうち，電子メールは通信としてその秘密が保護されなければならず，掲示板の利用［中略］は表現として表現の自由が認められなければなるまい」と説いており，実質的に公然性通信除外説に近接する。松井（2013）31頁参照。

8 ）松井（2014）101-102頁参照。

9 ）米国法上のコモンキャリアに関する規律の歴史について，以下を参照：Septa（2002), at 252-268.

10）National Association of Regulatory Utility Commissioners（NARUC）v. FCC, 525 F.2d 630, 641（D.C. Cir. 1976). 併せて，佐々木〔秀〕（2011）249-253頁参照。

11）*See NARUC*, 525 F.2d at 641. このことから，コモンキャリアへの該当性を判断するうえでは，大衆に対して非差別的に役務提供を行う機能を有するか，又は公共の利益がコモンキャリアとしての事業運営を求めるものであるか，に基づくべきであると説かれることもあった。*See* Virgin Islands Telephone Corp. v. FCC, 198 F.3d 921, 924（D.C. Cir. 1999).

12）*See* 47 U.S.C. § 153（11）（2016).

13）*See* 47 U.S.C. § 153（51）（2016).

14）*See* United States Telecom Association v. FCC, 825 F.3d 674, 691, 710-711（D.C. Cir. 2016).

15）「キャッシング」とは，利用者による迅速情報の取得・検索を可能とするために，頻繁に閲覧したいと考えるウェブサイト等の情報の発信源よりも利用者側に近いネットワーク上において，当該情報の内容の複製物を保管することを指す。*See* FCC（2002), at 4810, n.76.

16）*See* FCC（2002), at 4810.

17）*See* FCC（2002), at 4821-4823.

18）ただし，新オープンインターネット保護命令は，インターネット接続役務提供者に対してすべての役務についてコモンキャリアとしての提供を義務づけるものではないと説いている。*See* FCC（2015), at 5776. また，インターネット接続役務者へのコモンキャリア規制の適用については部分的に差し控えられ，公益事業型の料金規制や相互接続規制をはじめとする一部の規制については課されないこととされている。*See id.* at 5838-5858. 適用が差し控えられたコモンキャリア規制の具体的な内容については，海野（2015c）48頁参照。

19）*See* FCC（2015), at 5743.

20）*See id.* at 5757.

21）*See id.* at 5762.

22）*See id.* at 5752-5755.

23）*See id.* at 5755-5757.

24）*See id.* at 5761-5775.

25）実際，パケットの伝送自体は DNS がなくとも一応行われ得るということが指摘されている。

See id. at 5766-5769.

26) *See id.* at 5769-5770.

27) *See id.* at 5770-5772.

28) *See id.* at 5773-5775.

29) 米国法の下でのインターネット接続役務の再分類は，インターネット接続役務提供者を一定の範囲でコモンキャリア規制に服させ，個々のトラフィックの取扱いに対する厳格な義務（行為規範）を課すための突破口を切り開いたものの，依然として「コモンキャリア」という法律上の用語の曖昧さを問題点として残していたとも言える。なお，近年の米国においては，インターネット接続役務提供者が情報役務の提供者（コモンキャリアではない者）として位置づけ直され，インターネット接続役務の再分類が行われる以前の状態への回帰を指向した動きが見られる。*See* FCC (2018); 83 FR 7852, February 22, 2018.

30) 供用の意義については，「広く電気通信設備を他人の通信のために運用すること」と解する考え方（多賀谷ほか編著（2008）28頁）が有力であるが，「電気通信設備の設置者がその設備を他人の通信のために使用させること」（圏点は著者による）と解する考え方（髙嶋（2015）43頁・72頁）も提示されている。もっとも，後者の考え方にいう「設置」については，「物的設備の管理・支配に着目した概念であり，所有権の有無は問わない」（髙嶋（2015）75頁・205頁参照）とされていることから，その限りにおいて，双方の考え方の相違は相対化する。供用という行為の有無を左右する決め手となるのは，対象となる電気通信設備を設置・所有しているか否かではなく，有体物としての当該設備を実効的かつ継続的に支配・管理していると認められるか否かであると解される。その理由として，①利用者の視点からみれば，電気通信設備が提供され，それが利用可能になれば「用に供された」状態となり，当該設備が供用者の自前で設置・所有されているものであるか否かは特段問題とならないこと，②対象となる電気通信設備に対して包括的な支配・管理能力が安定的に及ばない限り，当該設備を電気通信の可能な状態で適切に維持することは難しく，他人（第三者）の実効的な支配・管理を招来する可能性もあること，が挙げられる。

31) これに対し，「通信」に関する憲法規範に拘束される通信管理主体であるか否かを判断するうえでは，供用行為の有無は決め手とはならない。すなわち，「秘密」たる情報を直接取り扱わない形での供用を行うのみでは，「通信管理主体としての行為」とは認められない。ただし，他人間の通信の媒介又は実質的な媒介を行う場合には，必然的にその過程で「秘密」たる情報を直接取り扱うことから，（供用行為の有無にかかわらず）「通信管理主体としての行為」となる。

32) 電気通信回線設備とは，「送信の場所と受信の場所との間を接続する伝送路設備及びこれと一体として設置される交換設備並びにこれらの附属設備」（電気通信事業法9条1項）のことである。

33) 例えば，石田（1987）420頁参照。

34) この役務提供義務の趣旨については，現行法上，目的別に抽出されて今日の規定（電気通信事業法25条1項・同条2項・121条1項）に引き継がれている。髙嶋（2015）109頁参照。

35) 政府のガイドラインによれば，電気通信事業法上の「設置」とは，設備を「電気通信が可能な状態に構成した上で，電気通信を行う主体が継続的に支配・管理すること」を指し，「所有」の有無は問われないものとされている。総務省（2016b）5頁参照。

36) 例えば，電気通信回線設備を設置する電気通信事業者は，原則として，他の電気通信事業者からの接続請求に応じる義務（電気通信事業法32条），技術基準適合維持義務（同法41条1項），利用者からの端末設備接続請求を拒否してはならない義務（同法52条1項）等を負う一方，公益事業特権（同法128条乃至143条）を享受し得る認定電気通信事業者としての地位を得る資格（同法117条

第5章　「コモンキャリア」概念の再検討　　139

1項）等を有する。一方，「電気通信設備を用いて他人の通信を媒介する電気通信役務以外の電気通信役務〔中略〕を電気通信回線設備を設置することなく提供する電気通信事業」を営む者（同法164条1項3号）については，検閲の禁止（同法3条），「法律上の秘密」の保護（同法4条），電気通信事業者との契約締結に関するあっせん・仲裁の申請（同法157条の2）に関する規定を除き，電気通信事業法の規定が適用されない（同法164条1項・同条3項）。

37）秘密保護要請との関係においては，電気通信回線設備の設置者たる伝送系通信管理主体について，もっぱら他人から当該設備を借用して伝送行為に従事する伝送系通信管理主体と規範的に区別する意義はさほど大きくない。

38）ある学説は，コモンキャリアについて，「指定料金が支払われれば，いつでも，誰に対しても，その役務提供を義務づけられている事業者」であるとし，一定の役務提供義務の課される対象を観念している。阪本（1995）140頁参照。

39）なお，指定電気通信役務（電気通信事業法20条1項参照。支配的事業者の提供する音声伝送役務，光ファイバ網によるインターネット接続役務等が該当する）を提供する電気通信事業者にも，保障契約約款所定の条件に基づく役務提供義務が課されているが，相対契約での取引についてはその例外となる（同法25条2項）。

40）その具体的な内容については，電気通信事業法施行規則（昭和60年郵政省令25号）14条参照。併せて，海野（2015a）245-246頁参照。

41）現在の法令上，基礎的電気通信役務と位置づけられているのは，アナログ型の固定電話及びこれに相当する光IP電話，第一種公衆電話（市内通話），緊急通報等の各役務であり，インターネット接続役務については基礎的電気通信役務とされていない。

42）その具体的な内容について，髙嶋（2015）653-686頁参照。

43）その具体例として，海野（2015a）164頁参照。

44）ドメイン名電気通信役務を提供する者は，他人の通信の媒介は行わないが，電気通信設備を他人の通信に供用する者として，（電気通信事業法上の登録又は届出を経て）電気通信事業者となる。

45）なお，法律上，かかるオンラインストレージ役務提供者は，他人間の通信の媒介を行わず，かつ電気通信回線設備を設置していない限りにおいて，「電気通信事業を営む者」（電気通信事業法164条3項参照）にはなり得ても（総務省（2017c）18頁参照），電気通信事業者とはならない。

46）例えば，電気通信事業法上，一定の固定電話役務提供者には，業務区域内における役務提供義務が課されている（電気通信事業法25条1項）のに対し，オンラインストレージ役務提供者にかかる義務は課されていない（同法164条1項参照）。

47）海野（2015a）168頁参照。

48）例えば，固定電話役務提供者とインターネット接続役務提供者とでは，流通情報に対して遮断行為等により実際に「介入」し得る度合いが事実上異なる。

49）高橋〔和〕（2010）71-72頁参照。

50）松井（2014）331頁。

51）例えば，「電子メールの送受信上の支障を防止するため電子メール通信役務の提供を拒むことについて正当な理由があると認められる場合」（特定電子メール法11条）において役務提供の拒否が許容されている電気通信事業者も，故意的伝送行為に従事する余地がある。

52）曽我部ほか（2016）47頁〔曽我部真裕執筆〕。同旨につき，松井（2014）331頁参照。

53）ここでいう「責任」の具体的な内実としては，一次的には民事上の損害賠償責任が想定されるが，刑事上の責任も含めて捉え得る。「憲法の次元において予定される責任」（**3.7・第3章**注86）参照）

には，民事・刑事双方の責任が含まれるからである。なお，憲法13条の規定は私人間の私的自治を尊重していると解されることから，私人たる通信管理主体とその利用者とが契約において情報内容責任に関する別段の取決めを行うことは，必ずしも排除されない。

54）西土（2015）303頁参照。ただし，これは一次的には法律の次元における議論として説かれている。

55）ここでいう「確認」とは憲法規範に内在している表現の自由の行使の余地の確認であり，「具体化」とは憲法上「立法による内容形成」が予定された通信管理権の行使の余地の具体化である。かかる区別は，表現の自由が（通信管理権とは異なり）本質的に「立法による内容形成」に依存しない基本権であるという考え方（**第4章**注39）参照）に根ざす。

56）このように，憲法解釈論において「コモンキャリア」の概念は基本的に放擲されるべきであると考えられるが，それが有用となる可能性をあえて指摘するとすれば，以下の点においてであろう。すなわち，従前の学説は，コモンキャリアについて，ひたすら伝送行為に従事することにより他人間の通信の媒介に徹することが求められる（伝送行為に関する「自由」を有さない）者を意味するという前提に立っているように思われる。このように捉える限り，非伝送系通信管理主体との相違を念頭におきつつ，「通信役務の提供に関する義務」を厳格に履行することが求められる伝送系通信管理主体の基本的な性格を「コモンキャリア的な性格」として理念的に表すことが可能かもしれない。

第5章 「コモンキャリア」概念の再検討　141

第6章

迷惑メールと表現の自由・通信の自由

6.1 序説

　広告や宣伝を主な目的として発信されてきた迷惑メール（0.3参照）については，インターネットの黎明期から社会問題の一つとなっている。今日においても，迷惑メールによる被害は観察されており[1]，問題が解決されるに至ったわけではない。しかも，近年においては，広告や宣伝を装いつつマルウェアへの感染やフィッシング詐欺[2]等を狙う標的型の迷惑メール（以下，「標的型メール」という）に関する新たな問題も顕在化し，これは国家の安全保障にも関わり得る。そのため，迷惑メールへの対策は，今やサイバーセキュリティ[3]の文脈でも捉えられるようになっている[4]。実際，サイバーセキュリティ基本法10条に基づき新たな法制上の措置が予定され（3.8参照），同法6条・7条に基づく関係事業者の責務等が定められる中で，迷惑メールに関する法規制（以下，「迷惑メール規制」という）のあり方も新たなステージを迎えつつある。

　ところが，我が国の学説においては，営利的表現を含む一切の表現の自由が憲法上保障されている中で，その迷惑メール規制との法的関係をどのように説明するかということがあまり議論されない傾向にあった[5]。その背景には，代表的な迷惑メール規制となる特定電子メール法に基づく措置のあり方をめぐる裁判例が少なく，同法の合憲性に関する司法判断が正面から求められる機会もなかったという事情もあろう[6]。また，「情報の自由な流通」を指向する通信の自由との関係も問題となるが，この点に関する議論も極めて乏しい。

　一方，米国では，迷惑メール規制の内容と修正1条に基づく言論の自由の保障との関係について，かねてより実務上の問題として議論されてきた。憲法21条1項の規定に基づく表現の自由の保障のあり方が修正1条の解釈論から少なからず影響を受けてきた事実を踏まえると，かかる議論の参照は，我が国における議論の不足部分を補う観点から有意義であろう。

142

以上を踏まえ，本章は，米国法上の迷惑メール規制と修正１条との関係をめぐる議論を参照しつつ，特定電子メール法に基づく迷惑メール規制（以下,「特定電子メール規制」という）と表現の自由及び通信の自由との関係について，解釈論的な考察を加えることをその主な目的とする。併せて，迷惑メールの発信が営業の一環として行われる場合が多いことを踏まえ，基本権としての営業の自由の保護法益を整理しつつ，当該自由との関係についても考察を加える。もっとも，米国の迷惑メール規制も特定電子メール規制も，近年の標的型メールの弊害を必ずしも念頭においたものとなっていないという点において，一定の限界を抱えている。しかし，伝統的な迷惑メール規制と発信者の基本権との関係をめぐる議論自体が不足している我が国の状況にかんがみると，まずは当該関係を明らかにすること自体に一定の意義があるうえに，それは今日的な標的型メールの発信に対する新たな規制のあり方（立法論）を検討するための土台にもなると思われる。

6.2　日米両国における迷惑メール規制法の概要

6.2.1　米国における迷惑メール規制法の概要

　2003年12月に連邦議会で制定された米国の迷惑メール規制法は，一般に「CAN-SPAM 法」[7]と称され[8]，連邦法としての基本的な枠組みを定めている。この法律は，広告又は商用製品・役務の販売促進を主目的とする「商用電子メール（commercial electronic mail message）」[9]について，それが保護されたコンピュータに向けられる場合に適用され，欺瞞的ではない商用電子メールの利用を規制するあらゆる州法に優先するもの（以下,「対州法優先規律」という）とされている[10]。その主要な規律内容は，以下のとおりである。

　第一に，万人に対し，実質的に虚偽又は誤解誘導的なヘッダー情報を伴う商用電子メールを発信しようとする行為が禁止されている。商用電子メールのヘッダー情報は技術的に正確で，その発信者がメールアドレス等により特定可能であることが予定されている[11]。

　第二に，合理的な状況の下で着信者に誤解を与えるおそれの高い件名表示により商用電子メールをコンピュータに発信しようとする行為が禁止されている。この規律は，発信者が当該表示の問題点を現に知っていたか，又は客観的な状況にかんがみそれを知り得ると認められる状態にあった場合に限定して適用され

第6章　迷惑メールと表現の自由・通信の自由　　143

る[12]。

　第三に，商用電子メールの着信者がいわゆる「オプトアウト（opt-out）」の方式（電子メールの発信を原則として自由としつつ，その受信を望まない着信者が意思表示以降の受信を拒む請求〔以下，「受信拒否請求」という〕を行う方式）を採ることを可能とする措置の実施が，その発信者に対して義務づけられている。すなわち，商用電子メールを発信しようとする場合，有効な返信用メールアドレスその他の受信拒否請求に必要となるインターネット経由での機能が用意・表示されていなければならない[13]。

　第四に，受信拒否請求に基づき得られた着信者のメールアドレスが他の無関係の目的に転用されることが禁止されている。すなわち，当該アドレスの販売，移転，公表等については，法律上の措置のために必要となる場合や着信者の積極的な同意がある場合を除き，原則として許容されない[14]。

　第五に，商用電子メールの発信は，当該メール内において，明確かつ目立つ形での広告・勧誘表示がある場合，受信拒否請求の機会に関する通知が示されている場合又は発信者の有効な住所が含まれている場合を除き，原則として違法となる。ただし，当該発信に関して着信者の積極的な同意がある場合には，この限りではない[15]。

　第六に，以上の規律に対する違反行為に関しては，一般的な規制対象となる「不公正（unfair）又は欺瞞的な行為若しくは慣行」[16]に該当するものとして，原則として連邦取引委員会（Federal Trade Commission: FTC）に対してその執行権限が付与されている[17]。一方，インターネット接続役務提供者においては，CAN-SPAM 法に基づく一定の規律に対する違反行為により損害が生じた場合の民事訴訟の提起が認められている[18]。そして，同法の規律は当該役務提供者が特定の電子メールの遮断行為等を行う方針の合法性を左右するものではない[19]とされている[20]。

　他方，CAN-SPAM 法に基づく規律を補完する観点から，同法の委任[21]を受けた連邦通信委員会（Federal Communications Commission: FCC）の定めた規則において，移動体端末向けの迷惑メールに関する一定の規律が設けられている。すなわち，「商用移動役務[22]の加入者により利用される移動体端末に当該役務に関して直接発信される商用電子メールのメッセージ」[23]として定義される「移動役務商用メッセージ（mobile service commercial message）」について，何人も，着信者

144

の事前の明示の同意を得た場合等を除き，原則として発信（しよう）としてはならないこととされている[24]。これは，コンピュータ向けの商用電子メールに関するオプトアウト方式とは異なり，着信者の事前の同意を発信の条件とする「オプトイン（opt-in）」の方式を採用したものである。また，移動役務商用メッセージを発信しようとする者において，受信拒否請求に備え，有効な返信用メールアドレス等を明確かつ目立つ形で含める義務[25]等の所要の規律が設けられている。

6.2.2　我が国における迷惑メール規制法の概要

　特定電子メール規制の内容については，既に多数紹介されていることから[26]，その要点を簡潔に記すにとどめる[27]。特定電子メール法においては，「自己又は他人の営業につき広告又は宣伝を行うための手段として送信をする電子メール」（特定電子メール法2条2号）としての特定電子メールについて，①原則としてあらかじめ送信の同意を得た者以外の者への送信の禁止（同法3条1項1号），②送信者の氏名や受信拒否の求めの通知を受けるための電子メールアドレス等の一定の事項に関する表示義務（同法4条），③送信者に関する情報を偽った送信の禁止（同法5条），④いったん送信の同意等を行った者から受信拒否請求の通知を受けた場合における送信の禁止（同法3条3項），等の規律が定められている。また，架空電子メールアドレス（同法2条4号）を宛先とする電子メールの送信の禁止（同法6条）等，特定電子メールにその射程が限定されない規律も設けられている[28]。これらのうち，前記①についてはオプトイン方式を規定したものであり，（コンピュータ向け発信に関して）基本的にオプトアウト方式を採る米国法に比べて，迷惑メールの発信に対するより強度な規制となっている[29]。

6.3　米国法上の迷惑メール規制に関する主な議論

6.3.1　商用電子メールの送信に対する規律の性質

　米国のCAN-SPAM法は，もっぱら「商用」の電子メールを規律することから，営利的言論に対する制約として位置づけられ得る。連邦最高裁判所の判例において，営利的言論とは，「もっぱら言論者及びその聴衆（audience）の経済的利益に関係する表現」と定義されており[30]，商用電子メールの発信もこれに含まれることに異論はなかろう。一般に，営利的言論の自由については，商取引上の弊害

第6章　迷惑メールと表現の自由・通信の自由　　145

の防止に対する利益等を踏まえ，政治的言論等の他の言論の自由に比べてより広範な制約を受け得るとされてきた[31]。しかも，CAN-SPAM 法は，商用電子メール以外の迷惑メールの発信を特段規律していないうえに，すべての商用電子メールの発信を禁止するものでもないことから，修正 1 条との関係において比較的問題となりにくい[32]。そのような事情もあり，現在のところ，CAN-SPAM 法の合憲性を正面から直接審査した連邦最高裁判所の判例は存在しない[33]。

6.3.2　White Buffalo 事件判決

　米国の下級審の裁判例上，迷惑メールの発信に関する規律と修正 1 条との関係が問題となった代表的な事案として，2005年の White Buffalo 事件判決[34]が挙げられる。この事件では，州立大学の学生をターゲットとする複数の出会い系サイトを運営する事業者が大量の迷惑メールたる商用電子メールを当該学生に向けて発信していたところ，学生や教職員に無料でインターネットアクセスや電子メールアドレスを提供していた同大学が，学生からの苦情に基づき，当該メールを遮断する指針（以下，「大学遮断指針」という）を策定・運用したことが問題となった。当該事業者は大学遮断指針の差止めを求めたが，原審は差止命令を否定したため同事業者が控訴し，連邦法としての CAN-SPAM 法が大学遮断指針に優先して適用されることや当該指針が修正 1 条に違反することを主張した。

　この控訴審の判決においては，（州立大学の規律としての）大学遮断指針について，①CAN-SPAM 法の対州法優先規律としての性質に反するものとは言えないこと，②営利的言論の自由との関係において許容され得ること，がそれぞれ示された。本章の目的に照らし，以下においては前記②の側面に関する判示の概要を略述する。

　まず，営利的言論の自由に対する制約となる大学遮断指針の合憲性を判断するための具体的な基準として，1980年の Central Hudson 事件判決[35]に基づく基準が参照された。この基準は，我が国の憲法学説においてもしばしば参照されており[36]，(ア)問題となる言論が非合法的又は誤解誘導的であるか否か，(イ)提示された公共の利益が実体的（substantial）なものであるか否か，(ウ)政府の措置が当該利益を直接促進するものであるか否か，(エ)政府の措置が当該利益の促進のために必要となる範囲以上に広範なものとなっているか否か，を問題とする[37]。これらは，かつては比較的緩やかに捉えられていたが[38]，近年では一般に前記(ウ)

146

及び㈓の基準を中心として，その適用が厳格化される傾向にある[39]。

　これらの各基準のうち，㈠については，問題となった商用電子メールの発信者もその着信者も当該内容の合法性を認めていたため，争点とならなかった。㈡については，学生のアカウント利用に関する時間及び利益の保護に対する「利用者効率性（user efficiency）」とともに，ネットワーク及びサーバーの保護を指向する「サーバー効率性（server efficiency）」が，それぞれ「実体的な利益」として指摘された。そのうえで，後者の利益（以下，「ネットワーク保護利益」という）に関しては㈓の基準への適合度が別途問題となるとされた。㈢については，大学遮断指針が前述の「実体的な利益」を直接促進することが肯定され，迷惑メールの防止のためのより直接的な手段は想定しがたいとされた。㈓については，前述の利用者効率性に対する利益（以下，「利用者利益」という）に関しては，学生が受信した迷惑メールの削除等に浪費する時間等を考慮すると，大学遮断指針は必要以上に広範なものではないとされた。しかし，ネットワーク保護利益に関しては，必ずしもそのように言い切れないという旨が説かれている。その主な理由として，(a)ネットワーク保護利益の確保の観点からは，迷惑メールの発信者がトラフィックのオフピーク時において限定的な量の電子メールしか送信しないよう規制することが可能であること，(b)大学遮断指針においては，連邦議会が重視してきた真実の商用電子メールとわいせつ画像との区別，配信中止機能付きの商用電子メールとそれ以外の電子メールとの区別，真正な発信元から送信された電子メールとそれ以外の電子メールとの区別等が何ら考慮されずに，一律に商用の迷惑メールが遮断対象となっていること，などが指摘されている[40]。これらの検討を踏まえ，大学遮断指針については，ネットワーク保護利益との関係においては修正１条への適合性が不十分であるものの，当該利益はほぼ常に利用者利益と同一の外延を有している中で，利用者利益との関係においては修正１条への適合性が認められることから，Central Hudson 事件判決に基づく基準に照らして米国憲法に適合的であると結論づけられた[41]。

6.3.3　White Buffalo 事件判決に対する主な学説の批判

　以上の裁判例の考え方に対しては，複数の観点からの批判的見解が提示されている。第一に，利用者利益との関係において，より限定的な手段（権利制約的でない手段）が検討されずに大学遮断指針の合憲性が導かれているのは問題である

第 6 章　迷惑メールと表現の自由・通信の自由　　147

とする批判である。利用者利益の内実が学生による迷惑メールの削除等に要する時間の問題をその中核としていることを踏まえると，発信者に対して発信中止の請求を促すなど，他の代替的な手段があり得たとされる[42]。

　第二に，個々の学生のメールボックスとインターネット接続役務提供者等のネットワークとの区別が考慮されないまま，広範な迷惑メールの遮断行為がネットワーク保護利益という「実体的な利益」として認定されているとする批判である。確かに，商用電子メールの発信については，学生のオンライン上のメールボックスの利用に支障をもたらし得るかもしれない。しかし，インターネット接続役務提供者等のサーバーその他の通信設備には著しい障害をもたらさない可能性がある。それにもかかわらず，個々の学生の受信の意思を何ら問うことなく，その着信前（学生のメールボックスへの到達前）における一律的な遮断行為を行うことに対する利益を「実体的な利益」と認めることは困難であるとされる[43]。

　第三に，大学遮断指針の合憲性を結論づけるに当たり，当該指針が言論内容規制か，それとも言論内容中立規制であるかが明確にされていないとする批判である[44]。商用電子メールの遮断を求める大学遮断指針が言論内容規制と位置づけられるのであれば，内容規制・内容中立規制二分論に照らし，当該合憲性を導くまでのハードルは高くなり得る（4.5参照）。

6.3.4　Jaynes 事件判決

　迷惑メール規制をめぐる州裁判所の判例としては，2008年にヴァージニア州最高裁判所が示した Jaynes 事件判決[45]が挙げられる。この事件においては，ある私人が，複数のコンピュータ及びヴァージニア州内のサーバー等を介してヘッダー情報等を偽装（匿名化）しつつ，大量の迷惑メールを特定の電子メール役務提供者の加入者に向けて発信した。その結果，虚偽の発信者情報により大量の迷惑メール（商用電子メールに限定されない）を送信する行為を処罰するヴァージニア州法の規定[46]に違反するものとして逮捕された。被逮捕者は，当該規定の内容が曖昧で修正１条違反であるなどと主張したが，第一審では有罪とされ，控訴審でもその判断が肯定されたため，上訴した。

　ヴァージニア州最高裁判所の判決においては，問題となった州法の規定が，修正１条に基づき保護される政治的言論，宗教的言論等の自由を侵害し得る過度に広範な規制であるとして，違憲とされた[47]。その前提として，匿名による言論

の自由が修正1条に基づき保障されるという旨を示した判例[48]，過度に広範な言論に対する規制は保護される言論活動に対する萎縮効果を与えるという旨を示唆した判例[49]が，それぞれ参照されている[50]。

6.4 特定電子メール法に基づく規律の憲法適合性
——米国法上の議論からの示唆

6.4.1 表現の自由との関係

特定電子メール規制については，主に経済活動の自由に対する制約として捉える考え方もあり得るが[51]，仮に特定電子メールの送信がもっぱら経済活動であるとしても，ただちに当該制約の合憲性が導かれるわけではない[52]。もっとも，一般的な憲法学説に基づく限り，当該規制については，CAN-SPAM法に基づく規律と同様に，一次的には営利的表現の自由に対する制約として捉えられることになろう[53]。なぜなら，広告又は宣伝の手段として行われる電子メールの送信は通信手段を用いた表現行為（表現性三要件を充足する行為）にほかならず，それが「自己又は他人の営業」の一環として行われる以上，営利を目的とするものとして位置づけられるからである[54]。

営利的表現の自由については，政治的表現等の自由と同等の憲法上の保護を受けると解する学説もあるが[55]，米国の判例と同様に，その保障の程度は「非営利的言論のそれよりも若干弱い」[56]と解する学説が支配的である。その理由として，営利的表現の特徴に関して，①自己統治に資する度合いが低いこと[57]，②国民の健康や日常生活に影響する度合いが高いこと，③真実性の客観的判断になじみやすいこと，④萎縮効果を懸念する必要性が比較的小さいこと[58]，⑤公権力の表現規制権限が濫用されるおそれが小さいこと[59]，などが指摘されている[60]。かかる考え方に基づけば，「特定電子メール規制は，保障の程度が相対的に弱い営利的表現の自由に対する制約にほかならないから，緩やかな合憲性判断基準に服し，利用者利益等により正当化される」という命題が成立する余地があろう。実際，迷惑メール規制と表現の自由との関係については，暗黙のうちに，かかる考え方に基づき理解されてきたように思われる。

もとより，営利的表現を他の表現と規範的に区別することの妥当性については，表現の自由の保障根拠も踏まえた十分な検討が必要であるが，本書ではそれに深

第6章　迷惑メールと表現の自由・通信の自由　　149

入りする余裕がない[61]。少なくとも営利的表現の自由に対する一般的な理解に基づく限り，かかる区別自体が表現内容規制に結びつくおそれなどを別論とすれば，前述の命題が成立する可能性が高いと言えるかもしれない。しかし，支配的な学説においても，個別の営利的表現に対する規制のあり方に関しては，「事案に即して具体的に検討されるべき」[62]であると説かれている。また，「営利的言論について頭から緩和された審査基準が妥当すると解すべきではない」[63]という考え方も有力である。前述のとおり，米国の判例も，営利的言論の自由に対する制約の合憲性審査を厳格化する傾向にある（6.3.2参照）。しかも，営利的表現に対する表現規制は，表現者の利益を犠牲にしつつ表現物の受領者（消費者）の保護を目的として行われることが多い。ところが，表現の自由の核心はあくまで表現者の表出行為の自由にあるのであるから（2.3.4参照），かかる表現規制を正当化し得る受領者に対する弊害については，単なる不快感等を超えた内実を含む利益の侵害であることが必要である[64]。これらを踏まえると，憲法21条1項の規定との関係における特定電子メール規制の正当性については，より詳細な個別的検討が必要であると考えられる。

　ここで，White Buffalo 事件判決を参照しつつ考えると，当該判決が掲げた利用者利益については，特定電子メール法の立法当時（2002年）においては，発信者の表現の自由に比肩し得る「実体的な利益」と言い得たであろう。なぜなら，当時の迷惑メールは，個々の着信者のメールボックスの容量や移動体端末の電源容量等に対して深刻な悪影響を及ぼし得るものであったからである。実際，立法当時の議論においては，原則としてもっぱら発信者が通信料金を負担する郵便とは異なる構造を有する電子メール（特に，携帯電話を用いた電子メール）において，迷惑メールの量が著しく増加すれば，着信者と契約関係にある通信管理主体のサーバー等が事実上「ただ乗り」されるうえに，着信者の負担増も伴い得るという「共有地の悲劇」[65]にも類似した根源的な問題が，特定電子メール規制の合憲性を証する理由（利用者利益の実体性を支える根拠）として指摘されていた[66]。

　しかし，インターネット経由の通信を取り巻く技術革新の進んだ今日では，利用者利益の要保護性は相対化しつつある。すなわち，大半のインターネット接続役務提供者又は電子メール役務提供者により，着信先における迷惑メールを特定のフォルダに自動的に振り分ける「迷惑メールフィルター機能」等が実装・提供されている。そのため，個々の利用者において迷惑メールを受信の都度削除等す

る必要性が事実上乏しくなっている。また，個々のメールボックスの設営に要する設備については，技術革新により高機能化・高容量化している。しかも，クラウド技術の発展を背景として，昨今の当該設備はインターネット接続役務提供者や電子メール役務提供者等の第三者により支配・管理されることも多い。個々の利用者においても，異なる電子メール役務を同時に利用しつつ，重畳的に複数のメールボックスを有していることが今日では一般的であろう。その結果，従前に比べて格段に電子メールの保管等のリソースに余裕が生じやすい（よって，着信者に特段の不都合が生じにくい）状況になっている。さらに，（迷惑メールの発信にしばしば利用される）ボットネット[67]に関する政府主導の対策や各種の迷惑メール送信防止技術[68]，送信ドメイン認証技術[69]の発展等により，実際に迷惑メールが受信される確率は低下傾向にあると考えられる。世界的にみても，近年の迷惑メールの割合は減少傾向にあると指摘されている[70]。加えて，迷惑メールの発信は，住居に立ち入ってのビラの配布等とは異なり，着信者の「私生活の平穏を侵害するもの」[71]とも言いがたい。

　したがって，今日において，受領者（着信者）の「迷惑」（迷惑メール削除等の手間暇）を重視する利用者利益のみにより特定電子メール規制を通じた発信者に対する表現規制を正当化することは，困難になりつつある。むしろ，表現の自由の保障の重要性を支える「思想の自由市場」論の観点からは，たとえ迷惑メールであっても，利用者ができる限りそれに多くさらされた方が当該市場の発展に結びつくという帰結が導かれ得る[72]。

　また，White Buffalo 事件判決において指摘されたネットワーク保護利益については，憲法21条1項の規定との関係において特定電子メール規制を正当化する理由としては，当該判決の示した要素とはやや異なる観点から薄弱であると言わざるを得ない。なぜなら，ネットワーク保護利益については，基本的にインターネット接続役務提供者や電子メール役務提供者が支配・管理する通信設備の保護を指向するものと考えられるところ，これらの役務提供者については，表現物としての特定電子メールとの関係においては，その表現者にも受領者にもならない（関与者としての通信管理主体にすぎない）からである。仮にネットワーク保護利益の内実に個々の着信者（表現物の受領者）のメールボックスの設営に要する設備の保護が含まれるとしても，前述のとおり当該設備は第三者が支配・管理することが多く，その者は私的自治の原則の中でそれを任意に提供している。したがって，

第6章　迷惑メールと表現の自由・通信の自由　　151

もっぱら憲法21条1項の規定との関係に着目する限り，かかる設備の保護が表現者の表現の自由を制約するための「実体的な利益」となるという帰結がただちに導かれるものではない。

一方，特定電子メール規制については，表現内容規制と位置づける余地がある。なぜなら，特定電子メール法は，迷惑メール全般ではなく，「営業」に際しての「広告又は宣伝を行うための手段」として送信されると認められる迷惑メールを抽出して限定的に規律しているからである。かかる手段の有無を的確に見極めるためには，表現物としての電子メールの主題・内容又は意思伝達の要素（2.3.2参照）の内実に踏み込んだ判断を要する。特定電子メール規制をこのように位置づける場合，内容規制・内容中立規制二分論による限り，厳格にその正当性が立証されなければならないことになる。

しかも，特定電子メール規制が表現内容規制であるか否かにかかわらず，それを表現規制と捉える限り，その憲法21条1項の規定への適合性を判断するに当たっては，「より制限的でない他の選択し得る手段」の有無が問われ得る[73]。このとき，当該規制が「電子メールの送受信上の支障を防止する必要性」（特定電子メール法1条）に基づくものであるとすれば，White Buffalo事件判決も言及するとおり，例えばトラフィックが混雑すると見込まれる特定の時間帯のみ発信を制限するなど，発信者の表現の自由にとって「より制限的でない」代替手段があり得ると考えられる[74]。

もっとも，一見すると表現内容規制であるかのようにみえるものの，実際には表現行為から派生する間接的な害悪を抑止するための規制が当該行為を付随的に抑制するもの，すなわち「間接的，付随的な制約」[75]として，特定電子メール規制を位置づける余地もある。その場合，「間接的な害悪」の内実が着信者各人の「電子メールの送受信上の支障」ということになろう。しかし，ある効果が「間接的」となるためには問題となる表現の内容との関連性が偶発的なものでなければならないとされるところ[76]，ここで考えられる「害悪」は，表現物としての特定電子メールの内容が着信者にとってほぼ無益なものであること（広告・宣伝にすぎないこと）それ自体により発生し，その発生の効果は決して偶発的なものではない。よって，当該効果を抑止するために表現物のネットワーク上での表出を規制することについて，単に「間接的，付随的な制約」と割り切ることは，必ずしも正鵠を射たものではないように思われる。

152

あるいは，表現物としての特定電子メールの受領者（着信者）の「受け取らない自由」を積極的に保護する観点から，特定電子メール規制が憲法21条1項の規定との関係において正当化されると解する道筋もあり得るかもしれない。しかし，当該規定に基づく「受領権」は，表現物を受領したいと考える者がその受領を公権力により不当に妨害されないという意味での消極的な自由であって（3.5.1参照），表現物が未着の段階でそれを「受け取り得ない」状態の確保までをも要請するものではないと解される[77]。

以上を総合すると，もっぱら表現の自由の保障との関係に着目する限り，特定電子メール規制を適切に正当化することは容易ではないと言える。そこで，表現の自由と密接に関わる通信の自由の保障・保護の観点から，以下に考察を加えることとする。

6.4.2 通信の自由との関係

電子メールが身近な通信手段となっている今日において，特定電子メール規制は発信者の表現の自由のみならず，通信の自由をも著しく制約するもののようにみえる。もっとも，発信される情報が基本権法益侵害情報等であれば，ネットワーク秩序（1.2.1参照）との関係上，その発信の自由の行使可能範囲は限定的となり得るが[78]，特定電子メールは必ずしもかかる情報に該当するわけではない。

ここで注目する必要があるのが，特定電子メール規制はもっぱら「通信」（電気通信）という特定の局面において適用されるということである。特定電子メール法の掲げる目的も，「電子メールの利用についての良好な環境の整備」及び「高度情報通信社会の健全な発展」（特定電子メール法1条）といった「通信」の制度的利用環境の整備・改善を指向するものである。

既述のとおり，通信の自由の保障・保護は，利用者（国民各人）が通信管理主体から通信役務の適切な提供を受けることを可能とする主要な制度的利用環境を前提とする。かかる利用環境の下では，個々の通信役務の適切な提供を確保する観点から，各通信管理主体による「通信設備の適切な管理」や「ネットワーク上の安全性・信頼性」の確保等が要請されると解され，それらのあり方については一次的に立法による具体化（内容形成）が予定されている（1.3参照）。このような要請は，前述の「電子メールの利用についての良好な環境の整備」に対する要請に符合する。

それゆえ，かかる要請に対する利益の確保を指向した特定電子メール規制は，通信の自由を保護するために必要となる措置として位置づけられる。その利益は，利用者利益及びネットワーク保護利益の双方を内包し得るが，後者をその中核とするものと言えよう。すなわち，仮に迷惑メールがその発信者の意のままにネットワーク上を流通することとなれば，ネットワークその他の通信設備に対して過大な負荷がかかり，その結果として，個々の通信役務（電子メール役務等）が適切に提供されなくなる（国民各人の利用するネットワークにおける安全性・信頼性を阻害する）おそれを生じさせ得る[79]。このことは，迷惑メールが今日でも日本国内のインターネット接続役務提供者が取り扱う電子メールの４割程度を占めており，ネットワークに対する大きな負荷の要因となっていることからも裏づけられよう[80]。

したがって，このような利益については，通信設備が特定電子メールの発着信者以外の者（通信管理主体）による支配・管理に服する限り，もっぱら表現の自由の保障との関係において直接保護されるものとは言いがたいが，通信の自由の保障・保護との関係においては「通信」の利用者全体を包括的に保護する観点から重要な保護法益となる。すなわち，立法を介して迷惑メールの流通及びそれに伴うネットワークへの過大な負荷を一定の範囲で抑制することを指向する通信制度の設営が，電気通信の領域においては求められ得る。これは，ネットワーク秩序の一端を構成するものとしても位置づけられよう。このように解する限り，特定電子メール規制は，憲法21条２項後段の規定に基づく客観法的要請の実現のために必要なものとして位置づけられ得る。

もっとも，たとえ特定電子メール規制がネットワーク保護利益等を土台とする憲法21条２項後段の客観法的要請により正当化されるとしても，表現の自由との関係はなお問題となり得る。特定電子メール規制を表現内容規制と捉える余地が残されている中で，かかる迷惑メール規制が憲法上許容されるためには，あらゆる観点からみて違憲の瑕疵がないことが求められると考えられるからである。この点に関しては，特定電子メールの発信に対する発信者の利益が表現の自由及び通信の自由という双方の基本権の保護領域に該当すると考えられることにかんがみ，基本権の競合の問題として捉えることが妥当であろう。このとき，通信の自由と表現の自由のいずれの基本権が特定電子メール規制とより強い関連性を有するかが問題となり得る[81]。前述のとおり，特定電子メール規制が「通信」の制

度的利用環境の整備・改善を指向する中で，特定電子メールの発信がネットワークという一種の閉鎖的な空間で行われることを踏まえれば，通信の自由との関連性がより強度であると言えるように思われる。それゆえ，通信の自由の客観法的要請に照らし，ネットワーク上における発信者の表現の自由については，他の法益を排して当然に「優越的地位」を得るわけではなく，ネットワーク保護利益等を著しく阻害しない範囲内での一種の「限定的な自由」として保障される（なお，ネットワーク上の「通信」以外の一般的な表現の局面においてはこの限りではない）ものと解される。

　したがって，特定電子メール規制がネットワーク保護利益等の確保に不可欠と認められる限りにおいて，当該規制はそれと最も関わりの深い基本権としての通信の自由の保護に適合的であり，当該自由と競合する表現の自由との関係においても正当化されると考えられる[82]。このとき，特定電子メール規制は，「憲法の想定するベースライン」[83]を確保するものとして，実質的に「表現の自由の規制に関する議論が及ばない領域」[84]のものとなり得る。

　ただし，特定電子メール規制が，実際に「通信設備の適切な管理」や「ネットワーク上の安全性・信頼性」といったネットワーク保護利益等の確保のために必要不可欠と認められる範囲のものにとどまっているか否かについては別途の検討が必要となり得る。とりわけ，CAN-SPAM 法型のオプトアウト方式ではなくオプトイン方式を前提とする規律のあり方については，特定電子メールの発信者の主観的権利としての通信の自由（及び営業の自由）を必要以上に制約するおそれを秘めている。その意味で，発信者の権利に対する制約の度合いが相対的に低いオプトアウト方式の規制の方が憲法問題となりにくいとも指摘されている[85]。しかし，オプトイン方式の規律は，着信者の同意が得られるまで特定電子メールを送ることができなくするものであるから，着信者の「通信」の利用環境の健全性をより強固に確保するだけでなく，迷惑メールの送信量の総体的な減少にも結びつくと考えられ，ネットワークに対する負荷を軽減する観点からも有効な手段であると認められる。よって，これが一概に発信者の通信の自由を侵害するものとは言い切れない。むしろ，オプトアウト方式かオプトイン方式かの選択については，（程度の差異こそあれ）いずれも発信者の権利の行使可能範囲を実質的に限定するものであることに変わりはなく，基本的にはネットワーク保護利益等を確保するための手段の選択（立法裁量）の問題として位置づけられよう。

第 6 章　迷惑メールと表現の自由・通信の自由　　155

一方，憲法21条２項後段の規定に基づく客観法的要請の実現という観点からみた特定電子メール規制は，以下の各点において一定の課題を抱えている。第一に，本章冒頭で言及した標的型メールについては，広告・宣伝を装うにすぎず，その実施の手段として送信されるものではない限りにおいて，特定電子メールに該当しないと解される[86]。すなわち，もっぱらパスワード等の個人的データや金銭の搾取を指向した取引の手段として送信される迷惑メールについては，特定電子メールではない。それゆえ，かかる標的型メールの送信に対しては，特定電子メール規制に相当する規律が包括的に及ぶものではない[87]。しかし，ネットワーク上の安全性・信頼性の確保等に対するネットワーク保護利益が憲法上保護され得る以上，その具体化の観点から，標的型メールの発信に対する法律上の規律の強化が求められているように思われる。このことは，サイバーセキュリティ基本法10条の趣旨にも符合する。

　このとき，標的型メールの排除に対する利益については，利用者利益及びネットワーク保護利益の双方に符合する。しかも，ここでいう利用者利益の内実は，一次的には各人の「通信」の利用環境に重大な悪影響を及ぼす危険性の排除であるが，二次的にはフィッシング詐欺の防止等の派生的な利益にも及び得る。また，ここでいうネットワーク保護利益の内実についても，単なるネットワークへの負荷の軽減にとどまらず，ネットワーク自体に重大な障害が及び得る可能性の排除となる。それゆえ，標的型メールの発信に関しては，各人の通信の自由を保護する（当該自由の客観法的要請を充足する）観点から，ネットワーク上における発信者の表現の自由が実質的に大幅に制約され，特定電子メール規制以上の厳格な規律が立法上求められることとなろう。

　第二に，近年の我が国で観察されている迷惑メールの多くは，外国から発信されているものである[88]。特定電子メール規則は，外国から発信され我が国で着信される特定電子メールにも及ぶが[89]，その発信者の発信行為それ自体に対する規律としては一定の限界を抱えている[90]。それゆえ，実効性のある迷惑メール規制を指向する観点からは，外国執行当局への情報提供を可能とする特定電子メール法30条の規定も踏まえた二国間又は多国間の協力[91]の充実・強化，国際的な法規律の調和に向けた努力等の取組みも重要となる。

156

6.4.3 営業の自由との関係

特定電子メール規制は，特定電子メールの送信が「営業」の一環として行われる中で，表現の自由及び通信の自由との関係とは別に，営業の自由（営業活動の自由）に対する制約として位置づける余地もある。一般に，経済的自由権に対する制約については精神的自由権に対する制約に比べて広範に容認される傾向にあるものの，「制約の目的・趣旨に照らしその合憲性についてはなお慎重な配慮が要請される」[92]とされる。それゆえ，通信の自由との競合という要素については別論とすれば，利用者利益やネットワーク保護利益の確保の必要性から，ただちに発信者の営業の自由に対する制約が正当化されるわけではない。

もとより，営業の自由とは何か，それはどのような保護法益を内包しているのかということ自体が一つの論点である。営業の自由を独占の排除のための「公序」と捉える問題提起[93]に端を発するかつての「営業の自由論争」を経た主な学説においては，営業の自由に関して，複数の考え方が提示されている。すなわち，①「営業をすることについての自由」については職業選択の自由（憲法22条1項）が保障し，「営業活動（選択された職業の遂行）の自由」については財産権（憲法29条1項）により保障されると解するもの[94]，②もっぱら財産権の保障に内包されると解するもの[95]，③職業選択の自由の一環としての職業遂行の自由に内包される（ただし，職業選択の自由には個人の人格の発展と不可分の要素も含まれる）と解するもの[96]，④営業に基づく既得の財産的権利に対する保障を除き，職業選択の自由に内包されると解するもの[97]，⑤法人（団体）の営利事業の遂行の自由と解するもの[98]，等の考え方である。

これらの各考え方は，必ずしも相互に対立的なものではない[99]。なぜなら，営業の実施に際しては一般に財産的権利の行使が不可欠となるため，営業の自由が財産権の保障と競合する側面を有することは否めないものの，当該行使は営業のための一手段にすぎず，営業それ自体が職業の遂行から派生することは共通認識となっていると考えられるからである[100]。その意味において，さしずめ主観的権利としての営業の自由については，基本的に憲法22条1項の規定から導かれつつ，憲法29条1項の規定の保護領域と部分的に重なり合う側面を有するものと解することが妥当であろう。

しかし，営業の自由も，通信の自由と同様に，営業の主体の主観的権利だけでなく，一定の客観法的要請を内包していると解される。なぜなら，営業の自由の

保護法益の核心とは，各人の選択する「職業」ではなく「営業」そのものであると解されるところ[101]，市場における基本的な財・役務の提供に関する営業活動が消費者としての国民各人の自律を支える側面を有すると考えられるからである。すなわち，営業の自由の保障・保護とは，国民生活にとって不可欠となる営業活動が一定の規律（法秩序）の下で円滑に行われることが確保され，それにより個人の尊厳や「健康で文化的な最低限度の生活」の確保に資することを指向するものと捉え得る。

この営業の自由に内在すると考えられる客観法的要請について敷衍すると，以下のとおりである[102]。第一に，営業活動が実効的に保護されるためには，公権力が時代の構造的な要請及び市場の状況に応じて適切な経済的政策（競争政策）を実施することが求められ得る。特に，もっぱら市場に委ねて放任すると，人々に相当の害悪ないし不利益をもたらし，又は経済的にみて明らかに最適な資源配分が達成されないと認められる事業においては，憲法の予定する公共の福祉を確保する観点から，公権力による政策的な「介入」が求められ得る[103]。換言すれば，憲法の明文の規定は競争政策について「沈黙」しているものの，営業の自由の保護には，一定の事業領域における適切な政策的措置の実施が含まれ得ると考えられる。

第二に，営業活動にはその相手方としての消費者（国民）が不可欠であり，憲法が個人の尊重の原理に基づき「営業」を保護する以上，公権力においては，営業活動により個々の相手方（消費者）の基本権又は基本権法益が不当に害されない環境をできる限り確保することが求められる。換言すれば，営業の自由の保護には，営業の相手方である消費者の基本権又は基本権法益の適切な保護が含まれると考えられる。判例も，憲法は「経済的劣位に立つ者に対する適切な保護政策を要請している」としつつ[104]，「消費者と事業者との間に締結される契約を双方の自由な交渉にゆだねるとき」には，「消費者の不利益の発生を防止し，消費者を保護する必要が存在する」と説いている[105]。したがって，営業の自由については，少なくとも，営業の相手方である消費者（国民各人）が不当な営業活動から適切に保護されるために必要となる一定の制度的環境の形成を前提としていると解される。

第三に，個々の営業活動を通じて，消費者としての国民全体が「健康で文化的な最低限度の生活」（憲法25条1項）を営むために不可欠となる基本的な財・役務

の安定的な供給が適切に確保される必要があると考えられる。それゆえ，営業の自由は，基本的な財・役務の供給・消費に関する機能連関そのものの自律をも制度的に保護するものと解される。具体的に何がここでいう基本的な財・役務に該当するかということについては，各種の財・役務の「健康で文化的な最低限度の生活」に対する必要度等に応じて個別に判断されることとなろう。

以上のような解釈を前提とすれば，特定電子メール規制については，前述の第二の要請，すなわち消費者の基本権法益の保護に対する要請に適合的であると考えられる[106]。換言すれば，電子メール（その他のインターネット経由の通信）の利用が国民生活に根づいている今日の実態を踏まえ，電子メールを利用した各種の広告・宣伝によるやや前のめりの営業活動から消費者（利用者）としての国民各人を適切に保護し，もって各主体の営業の自由を実効的に保障・保護するために必要となる措置としても位置づけられ得る。それゆえ，憲法22条1項の規定との関係に着目する限りにおいても，特定電子メール規制の憲法適合性が肯定されよう。

6.5 小括

以上の考察を総合すると，特定電子メール規制については，基本的には，同法がその目的規定において「良好な環境の整備」と適切に明示するとおり，電子メールをはじめとするインターネット経由の通信の健全な制度的利用環境の保護を指向するものと位置づけられる。具体的には，迷惑メールが縦横無尽にネットワーク上を流通した場合の通信設備（伝送路設備）にもたらされる負荷及びそれに伴う当該設備への障害等のおそれを踏まえ，それらをできる限り未然に防止することにより，「良好な環境」を総合的に確保するものである。このことは，ネットワーク上における各人の表現の自由の保障は，憲法が前提とする「通信」の健全な制度的利用環境を確保する観点（通信の自由を保護する観点）から，実質的に限定的なものとなるということを表す。同時に，特定電子メール規制は，営業の相手方としての消費者の「迷惑」を顧みないオンライン上の営業活動に一定の制度的な歯止めをかけ，各消費者（国民各人）の自律を適切に保護する側面も有する。よって，この規制は，もっぱら憲法21条1項の規定（表現の自由）との関係に着目する限り容易に正当化されがたいが，同条2項後段の規定に基づく通信の自由の客観法的側面の保障・保護という観点及び憲法22条1項の規定から導かれ

第6章 迷惑メールと表現の自由・通信の自由 159

る営業の自由の客観法的側面の保障・保護という観点を踏まえて憲法適合的なものと認められる。なお，通信の自由の保護という観点からは，標的型メールの発信の規制を指向した新たな立法措置も求められるように思われる。

　このように考えると，基本権としての通信の自由を保障・保護する意義の一つとして，ネットワーク上における表現物の表出及びその流通に対する法令上の制約に関して，伝統的に説かれてきた表現の自由の法理のみでは必ずしも十分に正当化し切れない健全な措置を実効的に機能させる役割を果たし得るという側面を指摘できよう。すなわち，通信の自由は，「通信」（ネットワーク）の利用という特定の局面において，表現の自由としての側面を有する発信者の情報発信の自由のみが過度に重視されることのないよう，着信者の情報着信の自由や憲法規範の客観法的要請に基づく各種の保護法益との比較・利益衡量も踏まえながら，適切なバランスを取った形での（立法による）内容形成を促すものと言える。ここにも，既述のネットワーク上における「非表現物の表出の自由」の保障・保護の必要性（**3.7**参照）とともに，「表現の自由の保障の間隙」を埋める通信の自由の重要な役割を見いだすことができる。

1）総務省（2017a）287頁参照。
2）発信者を詐称した電子メールの送信等により，着信者の個人的データを盗み出す行為を指す。
3）その定義について，サイバーセキュリティ基本法2条参照。
4）サイバーセキュリティ戦略本部（2017）8-9頁参照。
5）佐々木〔秀〕（2010）66頁参照。
6）なお，表現の自由との関係における迷惑メール規制の合憲性について疑問視する学説として，松井（2014）77-78頁参照。
7）"Controlling the Assault of Non-Solicited Pornography and Marketing Act" の略である。*See* 15 U.S.C. §§ 7701-7713 (2016); Pub. L. No. 108-187, 117 Stat. 2699.
8）CAN-SPAM 法が制定される以前から，米国の過半数の州において，迷惑メールを規制する州法が制定されていた。
9）その定義について，以下を参照：15 U.S.C. § 7702 (2)(A) (2016).
10）*See* 15 U.S.C. § 7707 (b)(1) (2016).
11）*See* 15 U.S.C. § 7704 (a)(1) (2016).
12）*See* 15 U.S.C. § 7704 (a)(2) (2016). その特則として，性的指向の強い内容を含むメッセージについては，格別の警告表示を電子メールに付すことが義務づけられている（15 U.S.C. § 7704 (d)(1) (2016)）。
13）*See* 15 U.S.C. § 7704 (a)(3) (2016).
14）*See* 15 U.S.C. §§ 7704 (a)(4)(A)(iv), 7704 (a)(4)(B) (2016).
15）*See* 15 U.S.C. § 7704 (a)(5) (2016).

16) *See* 15 U.S.C. § 57a (a)(1)(B) (2016).

17) *See* 15 U.S.C. § 7706 (a) (2016).

18) *See* 15 U.S.C. § 7706 (g)(1) (2016).

19) *See* 15 U.S.C. § 7707 (c) (2016).

20) 以上のような規律に加え，米国刑事法上，許可なく（他人の）保護されたコンピュータにアクセスし，複数の商用電子メールを発信しようとする行為が処罰の対象となっている（18 U.S.C. § 1037 (a)(1) (2016)）。同時に，故意に着信者を欺いたりそれに誤解を与える目的で当該コンピュータから複数の商用電子メールを取り次ぎ，転送等する行為や，ヘッダー情報を実質的に改ざんして着信者を欺いたりそれに誤解を与えるべくかかる電子メールを発信しようとする行為等（18 U.S.C. §§ 1037 (a)(2), 1037 (a)(3) (2016)）のほか，個人の属性を実質的に改ざんする情報を用いて５以上の電子メールアカウントを登録し，それらの組合せ等により複数の商用電子メールを発信しようとする行為（18 U.S.C. § 1037 (a)(4) (2016)）についても，処罰が予定されている。

21) *See* 47 U.S.C. § 7712 (b) (2016).

22) *See* 47 U.S.C. § 332 (d)(1) (2016).

23) *See* 47 C.F.R. § 64.3100 (c)(7) (2017).

24) *See* 47 C.F.R. § 64.3100 (a)(1) (2017).

25) *See* 47 C.F.R. § 64.3100 (b)(2) (2017).

26) 例えば，総務省 = 消費者庁（2011）参照。

27) 特定電子メール法に基づく規律のほか，特定商取引に関する法律（昭和51年法律57号）に基づく事前承諾を得ていない者に対する電子メール広告の送信の禁止等に関する規律（特定商取引に関する法律12条の３等参照）もあるが，紙幅の都合上措く。

28) 以上の各規律に反する特定電子メールの送信は違法となり，総務大臣等においては，「電子メールの送受信上の支障を防止するため必要があると認めるとき」に，その送信者に対して送信方法の改善に関して必要となる措置の実施を命令できる（特定電子メール法７条）。また，電気通信事業者においては，「電子メールの送受信上の支障を防止する」観点から「正当な理由があると認められる場合」に，電子メール役務の提供を拒否することができる（同法11条。**第５章**注51）参照）。

29) 日米両国の迷惑メール規制の枠組みには，オプトアウト方式を基本とするか，それともオプトイン方式を原則とするかの相違があり，このことから規制の目的等に関する立法政策上の径庭を導く余地もある。しかし，発信者の表現の自由，通信の自由等の主観的権利に対する制約という観点からは，かかる径庭は権利制約度合いの程度の問題におおむね収斂すると捉えることが可能であり（**6.4.2**参照），双方の基本的な枠組みはなお共通性が高いと考えられる。

30) *See* Central Hudson Gas & Electric Corp. v. Public Service Commission of New York, 447 U.S. 557, 561 (1980).「商取引を申し出る言論」と狭く解する定義も提示されているが（*see* Bolger v. Youngs Drug Products Corp., 463 U.S. 60, 64 (1983)），これによれば，ある商取引に対抗するための言論は営利的言論に該当し得なくなるため，妥当とは言いがたい。

31) *See* City of Cincinnaty v. Discovery Network, Inc., 507 U.S. 410, 426 (1993).

32) *See* Helman (2009), at 1546-1547.

33) もっとも，迷惑な広告用 FAX の発信に対する（オプトイン方式の）規制（47 U.S.C. § 227 (b)(1)(C) (2016)）を米国憲法上正当化した下級審の裁判例（State of Missouri v. American Blast Fax, Inc., 323 F.3d 649, 660 (8th Cir. 2003)）はあり（その詳細について，平野（2003）588-589頁参照），この裁判例の趣旨に照らし，迷惑メール規制も正当化され得ると説く学説もある。*See*

第 6 章 迷惑メールと表現の自由・通信の自由　　161

Manishin and Joyce（2004）, at 10. しかし，ＦＡＸと電子メールとでは，その受領（受信）に要するコスト等に関する相違があるため，この裁判例の考え方が迷惑メール規制にそのまま妥当するものではないと考えられる。

34）White Buffalo Ventures, LLC v. University of Texas at Austin, 420 F.3d 366 (5th Cir. 2005). この裁判例を紹介する邦文文献として，平野（2005）1318-1319頁参照。

35）*Central Hudson*, 447 U.S. 557.

36）例えば，芦部（2000）319頁参照。

37）*See Central Hudson*, 447 U.S. at 566.

38）*See* Posadas de Puerto Rico Associates v. Tourism Company of Puerto Rico, 478 U.S. 328, 340-344（1986）.

39）*See, e.g.* Sorrell v. IMS Health Inc., 564 U.S. 552, 577 (2011).

40）*See White Buffalo*, 420 F.3d at 374-377.

41）*See id.* 377-378.

42）*See* Hopper（2006）, at 392.

43）*See* Huh（2006）, at 206.

44）*See* Harb（2006）, at 544.

45）Jaynes v. Commonwealth of Virginia, 276 Va. 443 (Va. 2008).

46）Va. Code Ann. § 18.2-152.3:1 (2003).

47）*See Jaynes*, 276 Va. at 462.

48）McIntyre v. Ohio Elections Commission, 514 U.S. 334, 342 (1995).

49）Virginia v. Hicks, 539 U.S. 113, 119 (2003).

50）なお，米国においては，ロボット等による音声通信（ロボコール）を含む迷惑音声通信を規制するための法律（15 U.S.C. §§ 6101 et seq. (2016)）も定められている。かかる法律に基づく規律（実質的にはＦＴＣの規則に委任されている）と修正１条との関係についても，迷惑メール規制に関して本文で述べた考え方の延長線上に位置づけられ得る。

51）純然たる営利広告を主に経済活動の自由と捉える学説として，伊藤（1995）312-313頁，高橋〔和〕（2017）218頁参照。

52）前述の学説も，広告に対する制約に関して，「一般的な制約原則をもって語ることは妥当ではなく，具体的な状況に応じて較量が必要となろう」と説いている。伊藤（1995）313頁参照。併せて，経済的自由権に対する制約の合憲性判断のあり方に関して，最大判昭和50年４月30日民集29巻４号572頁（薬局距離制限事件）参照。

53）判例は，営利広告の自由が表現の自由の保護領域に含まれるのか否かを必ずしも明らかにしていないが（最大判昭和36年２月15日刑集15巻２号347頁参照），営利的表現の自由が当該保護領域に入ることについては今日の通説的見解となっている。その背景には，営利的表現を通じた消費者への情報提供が国民の「知る権利」に奉仕するという側面があるとされる。渡辺ほか（2016）228頁〔宍戸常寿執筆〕参照。しかし，かかる側面は営利的表現の自由と緊張関係に立ち得るものである。むしろ，憲法21条１項の規定が「一切の表現の自由」を保障している点に，営利的表現の自由が表現の自由の保護領域に含まれる根拠を特定することが合理的であろう。

54）なお，政治団体等の非営利団体が送信する電子メールについては，たとえそれが宣伝等を目的とするものであっても，特定電子メールには該当しない。総務省＝消費者庁（2011）２頁参照。

55）例えば，松井（2007）464頁，浦部（2016）167頁参照。

56）芦部（2000）318頁。併せて，阪口（2017）359頁・389頁参照。

57）芦部（2000）322-323頁，芦部（1994）234-235頁参照。もっとも，この点については，自己統治のみが表現の自由の保障根拠ではないとする批判が提示されている。渋谷（2017）376頁参照。

58）佐藤（2011）255-256頁参照。

59）長谷部（2014）211頁参照。

60）このような考え方に対する米国の学説上の批判として，例えば以下を参照：Kozinski and Banner（1990），at 634-650.

61）営利的表現の自由とその制約のあり方について，橋本〔基〕（2014）51-142頁参照。なお，米国の主要な学説において，企業の営利的言論の保護に懐疑的な見解として，以下を参照：Baker（1982），at 652. 逆に，修正１条との関係において営利的言論を他の言論と規範的に区別することに否定的な見解として，以下を参照：Redish（2001），at 19. 営利的言論を「低い価値」の言論の一環と捉えつつ，その比較的広範な制約の余地を認める見解として，以下を参照：Sunstein（1995），at 123, 135.

62）芦部（2000）323頁。

63）佐藤（2011）256頁。

64）毛利（2017b）18頁・23頁参照。

65）その意義について，さしあたり，海野（2010a）98頁参照。

66）平野（2002）57-62頁参照。

67）悪意のあるサイバー攻撃者により構築され，インターネット経由の指令で遠隔操作される PC 群（しばしば踏み台として利用されるもの）を指す。

68）その代表例として，"Outbound Port25 Blocking: OP25B" が挙げられる。その詳細につき，迷惑メール対策推進協議会（2016）60-61頁参照。

69）例えば，ネットワーク方式の "Sender Policy Framework: SPF"・"Sender ID Framework: SIDF" や電子署名方式の "DomainKeys Identified Mail: DKIM" 等が挙げられる。それらの詳細につき，迷惑メール対策推進協議会（2016）67-68頁参照。

70）迷惑メール対策推進協議会（2016）13頁参照。

71）最判平成20年４月11日刑集62巻５号1217頁（立川自衛隊宿舎反戦ビラ配布事件）。

72）*See* Harvard Law Review Association（2005），at 1315.

73）当該手段の有無を問う法理については，表現内容中立規制の場合に妥当すると解される傾向にあったが（芦部（2000）435-436頁参照），近年では「およそ表現の自由の規制に関し一般的に妥当する」（佐藤（2011）261頁）と説く学説が有力である。

74）加えて，特定電子メール法４条に基づく送信者の氏名等の表示義務については，Jaynes 事件判決で問題視された「匿名による表現の自由」（**2.3.4**参照）に対する強度な制約となるということにも留意が必要である。かかる表示義務が当該自由に対する制約事由として正当化されるためには，利用者利益等を掲げるのみでは十分ではなく，憲法内在的な法益が別途特定される必要があろう。

75）長谷部（2013）239頁参照。併せて，最判昭和56年６月15日刑集35巻４号205頁（戸別訪問禁止事件）参照。

76）長谷部（2013）241頁参照。

77）いわゆる「囚われの聴衆」の場合（最判昭和63年12月20日判時1302号94頁〔商業宣伝放送等差止請求事件〕における伊藤正己裁判官の補足意見参照）とは異なり，電子メールの利用者は読みたくない電子メールを随意に放置，削除等することが可能である中で，仮に「迷惑メールたる表現物

第６章　迷惑メールと表現の自由・通信の自由　　163

を受け取り得ない状態」の確保が公権力の積極的な措置を通じて求められるとすれば，特定電子メールの発信者の主観的権利としての表現の自由が侵害される可能性が高い。

78）なお，拒否された特定の相手方に対して電子メールや SNS によるメッセージを連続して送信する行為を「つきまとい等」として規制するものとして，ストーカー行為等の規制等に関する法律（平成12年法律81号）2条1項5号・同条2項・3条参照。

79）なお，インターネット接続役務提供者等が，個々の取扱い対象の電子メールから「迷惑メール」を抽出し，その送受信を制限するための措置を講じる行為は，狭義の「秘密」の保護との関係で問題となり得る（海野（2015a）30-31頁参照。併せて，**7.5**参照）。もっとも，実務上は，原則として違法な行為に該当しないと考えられている（インターネットの安定的運用に関する協議会（2015）20-23頁参照）。この点に関する管見につき，海野（2015a）308-309頁参照。

80）迷惑メール対策推進協議会（2016）12頁参照。

81）小山（2016）32-33頁参照。同書は，基本権の競合が解消されない場合，問題となる事案に対してより強い関連性を有する基本権が指標となり，その関連性に関する判断は規制の目的にも左右されるという旨を説いている。

82）特定電子メール規制の通信の自由への適合性（合憲性）が判断される際には，競合する表現の自由の内実についても考慮され得る。また，このとき発信者の表現の自由の保障が完全に排除される（特定電子メールの発信が表現の自由の保護領域外におかれる）わけではなく，優先的に考慮される通信の自由の客観法的要請を踏まえ，当該保障が正当に制約されることとなると解される。

83）阪口（2017）418頁。

84）阪口（2017）416頁。

85）平野（2002）66頁参照。実際，制定当初の特定電子メール法はオプトアウト方式を採用していたが，それは「送信者の表現の自由や営業の自由も考慮し，必要最小限の規制であるべきとの考え」（川久保＝杉本（2002）27頁）に根ざしていた。しかし，オプトアウト方式では受信拒否請求の通知として電子メールアドレスを発信者に知らせることが必要となり，悪質な発信者への当該通知がかえって迷惑メールを助長するという問題が顕在化していたことなどを踏まえ，平成20年の法律改正（特定電子メールの送信の適正化等に関する法律の一部を改正する法律〔平成20年法律54号〕）によりオプトイン方式を基本とする枠組みに移行された。神谷（2008）22-23頁参照。

86）「自己又は他人の営業につき広告又は宣伝を行うための手段」として送信される標的型メールは特定電子メールとなり得るが，かかる電子メールは実際には少ないであろう。

87）なお，標的型メールの多くは発信者に関する情報を偽って送信されるが，かかる場合を含め，特定電子メール法11条の規定（**第5章**注51）参照）が適用される余地はあると解される。また，同法6条の規定（**6.2.2**参照）に加え，刑法や不正アクセス行為の禁止等に関する法律（平成11年法律128号）等が適用される余地もある。

88）日本産業協会「迷惑メールの統計」。http://www.nissankyo.or.jp/mail/graph/graph.html（2018年3月3日最終閲覧）参照。

89）特定電子メール法2条2号にいう「国内にある電気通信設備への送信」とは「海外から国内に対し送信される電子メール」に対する規律を念頭においたものである。神谷（2008）27頁参照。

90）もっとも，特定電子メール法7条の規定に基づき「国内に所在する送信委託者に送信の委託を中止等させる措置命令を行う」などの対策は可能である。神谷（2008）28頁参照。

91）例えば，ロンドンアクションプラン（London Action Plan: LAP）や経済協力開発機構（Organisation for Economic Co-operation and Development: OECD）等の国際機関を通じた多国

間の枠組み，日本・スイス経済連携協定（Agreement on Free Trade and Economic Partnership between Japan and the Swiss Confederation）82条2項b号で規定されている迷惑メール対策に関する協力のような二国間の枠組みがその典型である。また，迷惑メール対策に限らず，日米サイバー対話等，サイバーセキュリティないしサイバー空間のガバナンスのあり方に関する国際会議等を通じた連携・協力も重要となる。

92）佐藤（2011）299頁。

93）岡田（1987）19頁・58頁参照。この学説は，「公序」としての経済活動（営業）の制限について，自由の制約ではなく自由の実現と解するものであるが，かかる論理について通説は批判的である。例えば，高橋〔和〕（2017）262頁，渡辺ほか（2016）276頁〔松本和彦執筆〕参照。確かに，営業の自由の主観的側面を一切捨象してこれをもっぱら「公序」と捉えることは妥当とは言いがたいが，当該自由が営業の主体の主観的権利だけでなく，その相手方である消費者の保護に対する客観法的要請を内包していることは否定しがたいように思われる。

94）今村（1972）91頁，浦部（2016）238-239頁参照。これに対しては，「営業活動の自由」から切り離された「営業することの自由」（あるいはその逆）は観念しにくいとする批判が提示されている。佐藤（2011）300頁参照。併せて，伊藤（1995）360頁参照。

95）奥平（1993）221頁参照。

96）佐藤（2011）300頁，高橋〔和〕（2017）265頁，阪本（1995）226頁，渋谷（2017）295頁，市川（2014）171頁，渡辺ほか（2016）275頁〔松本和彦執筆〕参照。併せて，最大判昭和47年11月22日刑集26巻9号586頁（小売市場距離制限事件）参照。

97）石川（2008）150頁参照。

98）赤坂（2011）139頁参照。

99）野中ほか（2012）472頁〔高見勝利執筆〕参照。

100）海野（2010b）196-197頁参照。

101）石川（2008）148頁参照。

102）海野（2010c）198-206頁参照。

103）海野（2010a）94頁・123頁参照。

104）前掲最大判昭和47年11月22日（小売市場距離制限事件）。

105）最判平成18年11月27日判時1958号61頁（消費者契約法事件）。

106）かかる積極的な要請を営利的表現の自由から導く学説もあるが（例えば，阪本（1995）74頁，渋谷（2017）376頁参照），表現の自由の保障の核心は表現者の表出行為の保障にあり，受領者（としての消費者）の保護については受領を不当に妨害されないという意味での消極的（防御権的）なものにとどまると解される（**2.3.4**・**3.5.1**・**6.4.1**参照）。

第6章　迷惑メールと表現の自由・通信の自由　　165

第7章

通信の秘密との関係におけるインターネット接続役務提供者による送信防止措置

7.1 序説

　プロバイダ責任制限法は，電気通信事業法上の「電気通信役務」の概念（5.3.1参照）を土台としつつ，不特定の者によって受信されることを目的とする電気通信の送信（特定電気通信）のための電気通信設備（特定電気通信設備）を用いて他人の通信を媒介し，その他当該設備を他人の通信の用に供する者としての「特定電気通信役務提供者」の概念を創設している。そして，特定電気通信役務提供者による情報の送信防止措置（遮断行為）をめぐる民事責任のあり方について，特例的に規定している。この特定電気通信役務提供者については，他人の依頼に応じて公開型のウェブサイトのホスティングを行うホスティング役務提供者，設備支配型電子掲示板管理者[1]等に加え，流通情報の伝送行為を担うインターネット接続役務提供者も含まれるものと解されている[2]。例示したこれらの者は，いずれも通信管理主体である。なお，厳密には，非通信管理主体も特定電気通信役務提供者に含まれ得るが（7.4.3参照），本章では考察の便宜上，原則として大半を占める通信管理主体としての特定電気通信役務提供者を念頭におく。

　プロバイダ責任制限法3条1項は，送信防止措置の不実施に関し，特定電気通信を通じた情報の流通による権利の侵害に伴い被害者に発生した損害に対する不作為責任が免じられる場合を定めている。また，同条2項は，送信防止措置の実施に関し，当該情報の発信者に発生した損害に対する作為責任が免じられる場合を定めている（14.1参照）。後者の作為責任が免じられる場合として基本的に（同項1号において）想定されているのが，発信者の送信行為が民法上の不法行為に該当しないときであって，送信防止措置の実施が当該発信者との関係で（プロバイダ責任制限法の規定がなければ）不法行為に該当する可能性のある場合[3]である[4]。典型的には，特定電気通信役務提供者が，ネットワーク上での流通が他人の権利の侵害に該当しない情報について，送信防止措置を講じなければ当該他人との関

166

係で不法行為責任を負うと誤信して当該措置を講じた場合[5]である[6]。

　もとより，プロバイダ責任制限法の制定以前から，特定電気通信役務提供者（に相当する者）による送信防止措置の実施については，法律上許容される余地があるものと一般に捉えられていたと考えられる。民法720条の規定に基づく正当防衛等として，不法行為責任から解放される可能性があるからである[7]。しかし，具体的にどのような場合に送信防止措置の実施が正当防衛等に該当するのかは判然としていなかった。その背景には，送信防止措置の実施と憲法上の秘密保護要請との関係に関する議論が未成熟であったという事情があると考えられる。本来，通信管理主体たる特定電気通信役務提供者は，憲法の次元で情報不接触原則に服する以上，まずは民法を含む法律がなぜ送信防止措置を許容し得るのかということが明らかにされなければならないはずである。特定の流通情報に標的を絞りつつその内容（権利の侵害）を認識しながら的確に送信防止措置を講じるためには，当該情報に（発信者を特定又は識別し得る形で）積極的にアクセスし，その内容を確認（知得）する必要があるところ，これは内容情報の積極的知得等として狭義の「秘密」の侵害となり得る行為の類型にほかならない（1.6.4参照）からである。

　一方，特定電気通信役務提供者が送信防止措置の実施という作為義務を負うのか否か，仮に負うとすればどのような根拠に基づきどのような場合に負うのかということも曖昧であった。下級審の裁判例においては，かねてより特定電気通信役務提供者（に相当する者）の「条理上の作為義務」が説かれているが[8]，その発生要件及び根拠は今日でもなお一義的に明らかなものにはなっていない（7.3.1参照）。また，最高裁判所の判例において，送信防止措置の実施に関する作為義務を肯定したものは存在しない。このような状況に対しては，契約約款のモデル条項の作成等を通じた業界団体による自主的な取組みが先行していた[9]。

　プロバイダ責任制限法の制定は，これらの曖昧な部分を立法上解決すべく，特定電気通信役務提供者が送信防止措置の実施（作為）又は不実施（不作為）に伴う民事責任を負わない場合を具体的かつ明示的に規定することにより，当該責任のあり方を明確化する意義を有していた[10]。とりわけ，プロバイダ責任制限法3条2項の規定は，民法上容認されない可能性を有する態様の送信防止措置であっても一定の条件の下に不法行為責任から解放されることを明確化したという意味において，実質的に，特定電気通信役務提供者による送信防止措置を具体的なケースを限定しつつ特別に許容する（ないし許容されることを確認する）ことに近い

効果を内包していると言えよう[11]。なお，立法上，特定電気通信役務提供者による送信防止措置に関する作為義務を創設することについては，一律に規定することが可能か疑問であることなどを理由として，断念されている[12]。

このようなプロバイダ責任制限法の制定後においても，前述の秘密保護要請との関係については，議論が未成熟のままほぼ置き去りになっている。もっとも，既述のとおり，電子掲示板管理者等の非伝送系通信管理主体については，その役務提供の性質上，電子掲示板その他の自ら支配・管理する双方向型プラットフォーム上に送信された情報に対する管理権限ないし「編集権」を有するとされている（1.5参照）。この権利の内実は，当該主体の双方向型プラットフォームを通じた表現の自由又は通信管理権といった基本権にほかならず，役務の提供に必要となる範囲内での流通情報への接触を本質的に許容する（情報不接触原則を部分的に打破する）ものとなる（5.4参照）。それゆえ，非伝送系通信管理主体たる特定電気通信役務提供者による（情報加工編集行為の一環としての）送信防止措置と秘密保護要請との関係は比較的問題となりにくい。実際，非伝送系通信管理主体による公開予定内容情報の漏えいは「秘密」の侵害とは認められないし，非公開予定内容情報であってもその内部的利用については，個人を特定し得る状態で役務提供に必要な範囲を超えて継続的に行われない限り，当該侵害には該当しないと解される（1.6.3参照）。

しかし，インターネット接続役務提供者等の伝送系通信管理主体の場合，大手を振っての「編集権」の行使が予定されているわけではない。当該主体を伝送行為に徹する「コモンキャリア」と位置づける考え方（5.1参照）も提示されてきた中で，その送信防止措置と秘密保護要請とは正面から緊張関係に立ち得る。ところが，かかる憲法問題をめぐる議論については，「あまり検討がされていない」[13]ないし「まとまった文献は見当たらない」[14]と指摘されている。

以上を踏まえ，本章は，インターネット接続役務提供者（伝送系通信管理主体）による送信防止措置が法律上許容されていることと憲法上の秘密保護要請との関係について法的考察を加え，これを適切に説明することを目的とする。前述のとおり，プロバイダ責任制限法3条の規定が送信防止措置を一定の条件・範囲で特別に許容するのに近い効果を有していることを踏まえ，当該考察においては同法の規定の内容を踏まえた分析を行う。仮に当該規定に基づく措置が秘密保護要請に背馳するのであれば，プロバイダ責任制限法自体が違憲ということにもなりか

168

ねない。しかし，同法は「表現の自由等への配慮の必要性」を踏まえつつ「誰もがインターネットを安心して利用することができる」ようになることを指向しており[15]，少なくともその目的自体は違憲と断じ得ない。前述の緊張関係にもかかわらず，プロバイダ責任制限法が予定する送信防止措置が秘密保護要請に適合的であるとすれば，それはなぜだろうか。

かかる問題意識に基づき，まずはこの問題をめぐる従前の学説の主な考え方を整理し，それらを批判的に検討する。その過程において，プロバイダ責任制限法上の基本概念を整理しつつ，当該検討を深化させる。そのうえで，前章までの考察も踏まえながら，この問題に対する管見を提示する。

7.2 送信防止措置と秘密保護要請との関係をめぐる従前の主な学説の考え方

従前の学説においては，送信防止措置に関する免責措置は秘密保護要請に反しないということが暗黙の前提とされてきたと言えよう。その背景には，送信防止措置の対象となる特定電気通信は公開予定通信であって，その内容情報はオープンなものであるから，それを特定電気通信役務提供者が知得したとしても，「秘密」の侵害とならないと解する思想があったと考えられる。かかる考え方を支えてきたと思われる近年の主な憲法学説として，公然性通信除外説や秘密保護要請公権力限定拘束説（0.2参照）が挙げられる。

もっとも，従前の学説も，非伝送系通信管理主体たる電子掲示板管理者等の場合はともかく，伝送系通信管理主体たるインターネット接続役務提供者による公開予定内容情報に対する送信防止措置に対しては，前述の思想が妥当しないこと（すなわち，秘密保護要請への抵触の可能性が残されていること）は認識していたと思われる。なぜなら，インターネット接続役務提供者においては，秘密保護要請やそれを補充する「法律上の秘密」に拘束されつつ，情報不接触原則に全面的に服し，流通情報が公開予定内容情報であるか否かの個別判断を行うことが困難となることは明らかであるからである（1.6.3参照）。実際，免責対象としての特定電気通信役務提供者に該当する具体例として立法当時に想定されていたのは「編集権」を行使可能な電子掲示板管理者等であり[16]，「経由プロバイダ」[17]としてのインターネット接続役務提供者の該当性については，判例[18]でそれが肯定され

第7章　通信の秘密との関係におけるインターネット接続役務提供者による送信防止措置　　169

るまで争点となっていた。

　かくして，インターネット接続役務提供者による送信防止措置がなぜ秘密保護
要請に反しないのかということは不明瞭なままとなっている。この点に関して一
部の学説が編み出した見解が，プロバイダ責任制限法上の免責措置は送信防止措
置の技術的可能性を前提とするところ，伝送行為に徹するインターネット接続役
務提供者が当該措置を実施する可能性は乏しいと捉える考え方（以下，「送信防止
措置不可能説」という）である。これは，「通信の秘密侵害に当たる行為は法律上
許されない行為と考えられるため，一律に対処不可能とみなしうる」との思想に
基づき，「通信の秘密との関連が懸念されるような対処が必要な情報については，
対処不可能である」と解するものである[19]。換言すれば，インターネット接続
役務提供者による送信防止措置が「秘密」の侵害に該当し得るという前提に立ち
つつ，当該措置の実施可能性を否定する見解である。

　一方，送信防止措置が問題となる通信は，特定電気通信役務提供者と不特定多
数の者との間に将来成立しようとしていた通信であって，これを一通信当事者と
しての当該役務提供者が止めても「秘密」の侵害の問題は生じないと解する考え
方（以下，「通信当事者説」という）も提示されている[20]。この考え方によれば，特
定電気通信役務提供者は「発信者」でもあるということになる。次節において，
これらの考え方の妥当性について検討する。

7.3　送信防止措置と秘密保護要請との関係をめぐる主な学説の検討

7.3.1　送信防止措置不可能説の検討

　送信防止措置不可能説は，インターネット接続役務提供者による送信防止措置
が「秘密」の侵害可能性を惹起するとの懸念をもって，当然に「技術的に可能」
ではないものと捉えている。しかし，プロバイダ責任制限法3条1項の規定が想
定する技術的可能性は，法的な正当性を問わず，文字どおり送信防止措置の実施
が技術的・物理的に可能であるか否かを問題とするものである[21]。よって，仮
に法的に不可能であるとしても，技術的に送信防止措置を実施する余地がある限
り，秘密保護要請との関係はなお問題となり得る。

　また，そもそも送信防止措置が「法的に不可能」と断じることは困難である。
インターネット接続役務提供者が「伝送行為を通じた表現の自由」や通信管理権

を行使する余地は皆無ではないからである（4.5・5.4参照）。すなわち，これらの基本権の行使の一環として，情報加工編集行為の一類型となる送信防止措置（遮断行為）を正当に実施する余地は残されていると考えられる。

　さらに，もっぱら技術的にみても，特定の流通情報に対する送信防止措置は，パケット単位の情報の解析等により可能である（4.1参照）。しかも，当初情報の発信者にその撤回を促すことも送信防止措置に含まれ得るところ（7.4.5参照），かかる行為は必ずしも複雑な技術を要しない。

　加えて，仮に送信防止措置不可能説による場合，インターネット接続役務提供者は特定電気通信役務提供者に該当しながら，プロバイダ責任制限法3条等との関係では事実上「出番」がなく，同法4条の発信者情報の開示請求に関してのみ表舞台に立つこととなる。しかし，かかる解釈は，法律解釈論としての一貫性を欠く。

　もっとも，送信防止措置不可能説については，送信防止措置に関する民法ないし条理に基づく作為義務の存在を前提としつつ，当該義務への違反の発生はその作為が「法律上の秘密」の保護に対する要請に抵触しない場合に限られるという旨を記述的に説いたものと捉える余地もあろう。確かに，前述のとおり「条理上の作為義務」を説く下級審の裁判例は少なくないが，その発生要件及び根拠は不明瞭であり[22]，個別的な判断に委ねられているように見受けられる[23]。一部の学説においては，刑事法上の議論を踏まえつつ，条理上の作為義務の発生要件として，①違法な情報をアップロードするなどの権利侵害行為を誘発する一定の先行行為，②能力に照らした作為の実施可能性，③他の者では状況が改善できないという意味での排他的支配性などが指摘されている[24]。しかし，ここでいう先行行為の不可欠性及びその具体的な射程については不明瞭であるし，排他的支配性の有無についても個別的な検討が必要であるとされている[25]。同時に，これらの要件が（法令上の明文の規定の不存在にもかかわらず）「条理」を法的義務に転化させる根拠については明らかにされておらず，作為義務の創設をあえて断念したプロバイダ責任制限法の立法意思との関係も不明である。一方，「私権」ないし私人間の関係について定めた民法の規定から，公権力に準じた主体としての通信管理主体に対する一定の作為義務を導くことには無理があるし，少なくとも明示的にかかる作為義務を定めた規定は存在しない。また，プロバイダ責任制限法3条の規定についても，あくまで特定電気通信役務提供者が「自らの判断で適切

な対応を取るよう促されること」[26]への期待をその趣旨とするものであって，これに何らかの作為義務（削除義務）を課すものではない。よって，憲法上の要請を別論とすれば，送信防止措置に関する法律上又は条理上の作為義務は存在しない（ただし，法律上，特定電気通信役務提供者が任意に当該措置を実施する余地は残されている）と解される。ゆえに，送信防止措置不可能説が「民法ないし条理上の」作為義務の存在を前提とするものであるとすれば，その考え方は正鵠を射たものとは言いがたい。しかも，前述の記述的な説明のみでは，プロバイダ責任制限法3条1項の規定が送信防止措置の実施可能性を前提としており，その不実施（不作為）の場合にも特定電気通信役務提供者において一定の責任が発生し得ることの理由を適切に示すことは困難である。以上の各点に照らし，送信防止措置不可能説は合理的な解釈とは言えない。

7.3.2　通信当事者説の検討

通信当事者説は，物理的な送信という行為が誰と誰との間で行われているかに着目している。しかし，電子掲示板管理者等についてはともかく，インターネット接続役務提供者に関しては，この考え方は妥当しがたい。なぜなら，当該役務提供者による送信防止措置の対象となる通信は，「電子掲示板管理者等と不特定多数の者との間に将来成立しようとしていた通信」（他人間の通信）ではあっても，「インターネット接続役務提供者と不特定多数の者との間に将来成立しようとしていた通信」（自己と他人との間の通信）とは言いがたいからである。

また，他人間の通信の媒介（又は実質的な媒介）を行う特定電気通信役務提供者が「発信者」として位置づけられるという帰結がプロバイダ責任制限法の趣旨になじまないという旨の批判が，同法の立案関係者から示されていることにも留意が必要である[27]。かかる帰結は，同一の流通情報に関して，当初情報の送信者と特定電気通信役務提供者とがともに「発信者」として位置づけられるという奇妙さを導くことになる。

7.4 プロバイダ責任制限法上の基本概念の整理と通信当事者説の問題点

7.4.1 特定電気通信の典型事例

以上のとおり，インターネット接続役務提供者による送信防止措置（に関する免責措置）と秘密保護要請との関係をめぐる従前の主な説明はいずれも成功していない。ただし，通信当事者説に関しては追加的な検討を要する。その背景には，送信防止措置の具体的な内容はもとより，その前提となる特定電気通信，特定電気通信役務提供者，発信者といったプロバイダ責任制限法上の基本的な概念が曖昧さを残しているという事情がある。そこで本節では，これらの概念を整理しつつ，通信当事者説の問題点についてさらに考察を加える。

かかる整理を単純化させるために，送信防止措置が講じられ得る特定電気通信の典型的な事例として，以下のケース（以下，「典型事例」という）を想定する。すなわち，発信者 A が不特定多数の者（その集合体を B とする。$B = \sum_{k=1}^{n} B_k$〔B_1，B_2，……B_n〕となる）に受信されることを目的としつつ，インターネット接続役務提供者 X（実際には複数の役務提供者が該当し得るが，便宜上単一の者を念頭におく）の提供する通信役務を利用して，（情報伝達用の）ウェブサイトの機能を提供するサーバー(その支配・管理者はホスティング役務提供者であり，Y とする）に情報を送信し，当該サーバーに B が（インターネット接続役務提供者 X′ を介して）アクセスすることにより，A の発信した情報の内容を把握する場合である[28]。X と X′ とは同一の者であることもあれば，異なる者であることもあるが，いずれも伝送行為を通じて他人間の通信を媒介する通信管理主体である。また，Y は A と同一の者であることもあり得るが[29]，ここでは異なる者である場合を念頭におく。このとき，Y は（媒介は行わないものの）A と B との間のやり取りとなる他人間の通信について（特定電気通信設備の供用とともに）実質的な媒介を行い，「秘密」たる情報を直接取り扱う通信管理主体となる。

なお，B が Y のサーバーに記録されている A の当初情報にアクセスするためには，一般にまず B が（X′ を介して）Y に送信要求を行い，それに応じる Y が（X′ を介して）情報を送信する結果，B がこれを最終的に受信するというプロセスが必要となる。しかし，この流れはやや煩瑣であるため，本章では便宜上，これを「Y → X′ → B」の情報の流れとして概括的に捉えることとする。以上を前提

としつつ，プロバイダ責任制限法上の基本概念等について検討する。

7.4.2　特定電気通信

特定電気通信とは，「不特定の者によって受信されることを目的とする電気通信」の送信のうち，放送以外のものを指す（プロバイダ責任制限法2条1号）。前述の典型事例では，Yがウェブホスティングを行う場合のほか，公開型の電子掲示板，SNS等の双方向型プラットフォームを管理・運営する場合にも，特定電気通信が実現する[30]。もっとも，電子メール等の「一対一の通信」は，たとえ多数の者に宛てて同時的に発信される場合であっても特定電気通信に含まれないと解されている[31]。なお，特定電気通信の用に供される電気通信設備を特定電気通信設備という（同条2号）。

しかし，ウェブサイトの閲覧等において成立しているのも，同時同報的な「一対多の通信」ではなく，「一対一の通信」の連鎖ないし集合である。すなわち，Aの発信した情報はXの伝送行為によりYに送り届けられ，Yが当該情報を（X′を介して）Bに向けて送信する。このとき，情報の流れ自体は概して「A→X→Y→X′→B」となるが，この流れを支える通信は，厳密には少なくとも，「AとXとの間の通信」（便宜上，「A→X」と表記する。以下同様）及び「X→Y」，そしてそれらから一定の時間を経て行われる「Y→X′」及び「X′→B」といった「一対一の通信」の集合により構成される。ウェブサイトの閲覧も電子メール等の大量送信もともに「一対一の通信」から構成されていながら，前者が特定電気通信に該当し，後者がこれに該当しないのはなぜだろうか。

この問題は，「通信」の基本的な捉え方に関わる。すなわち，複数の者が段階的に関係する特定電気通信において，コミュニケーション過程を形成する一つの「通信」を観念する方法としては，発信者が予定すると認められる着信者に情報が届けられるまでの一連の過程を単一の通信と捉える考え方（以下，「単一通信説」という）と，当該過程において部分的に行われる送信，伝送等の行為を個々の独立した通信と捉える考え方（以下，「個別通信説」という）とがあり得る。単一通信説によれば，Aが予定する着信者は外形的にみてBであることが明らかであるから，「A→X→Y→X′→B」の一連の過程が（一貫性を有する）一つの通信となる。これに対し，個別通信説によれば，「A→X」，「X→Y」等がそれぞれ完結した個々の通信ということになり，通信当事者説もこれに依拠していると考え

174

られる。

　もっとも，単一通信説においても，「A→X」や「X→Y」等も一連の通信を構成する保護されるべき「通信」であることは否定されない[32]。しかし，着信者が情報を受信可能となるまでの間に成立するこのような情報の送受信（以下，「途中の通信」という）は，それ単体では，「部分的な通信」ないし「不完全な通信」[33]ということになる。それゆえ，単一通信説と個別通信説との差異は，途中の通信を「通信」と位置づけるか否かではなく，これを発信者が予定する通信の要素と捉えるか，それとも別個の独立した通信と捉えるか（さらには，途中の通信においてXやYを発着信者〔通信当事者〕と位置づけるか否か）の相違に帰着する。

　憲法上の「通信」の捉え方としては，単一通信説の方が親和的である。なぜなら，秘密保護要請は「通信」の健全な制度的利用環境の確保を予定するところ（1.3参照），Aが行う通信の所期の目的は，「A→X」等の「不完全な通信」の成立が確保されるのみでは足りず，Bにより現に情報が受信され，又は受信され得る状態におかれて初めて達成されるからである。この場合，A及びBを基準としつつ，両者の間に介在する者（X・X′及びY）については，Aの予定する通信の媒介（伝送行為を伴う場合：X・X′）又は実質的な媒介（伝送行為を伴わない場合：Y）を行う通信管理主体と位置づけられる。

　一方，法律解釈論としては，送信・伝送・受信の各行為が独立した通信と捉えられていること（0.2参照）に照らすと，個別通信説が妥当しそうである。ところが，特定電気通信の観念は，これにそのまま整合するものではない。なぜなら，送信という行為に関して「不特定の者によって受信されることを目的とする」という限定があり，当該目的はAの当初情報がBにより受信可能となるまで最終的に達成されないからである[34]。例えば「A→X」については，これを独立した通信と捉える限り，AもXも特定の通信当事者となるから，特定電気通信に該当しない[35]。しかも，その場合，「A→X」の先の「X→Y」に至っては，Xが発信者となる。かかる論理の下では，（典型的な通信管理主体であるはずの）Xが他人の通信を媒介していると解することさえも困難となろう[36]。すなわち，Xは流通情報の内容には原則として接触しないはずの立場におかれながら，プロバイダ責任制限法3条1項但書の規定に基づき当該内容について発信者としての責任をも負い得ることとなり，同法の趣旨に背馳する帰結をもたらす。したがって，特定電気通信の捉え方についても，さしずめ単一通信説が親和的である。

第7章　通信の秘密との関係におけるインターネット接続役務提供者による送信防止措置　　175

単一通信説による限り，ウェブサイトの閲覧等に関しては，発信者とそれが予定する不特定の着信者との間における一連の情報の流通過程全体が特定電気通信に該当する。一方，電子メールに関しては，一つの通信において予定される着信者は発信者が宛先（最終的な送信先）として指定した特定の者であり，当該宛先が大量に及ぶものについてはかかる通信が同時的ないし反復的に行われるにすぎないことから，特定電気通信には該当しない。なお，単一通信説の下でも，Yに相当する者の受信前後においてコミュニケーションとしての一貫性を欠く情報のやり取りについては，二つの異なる通信が並行的に行われたものとみなさざるを得ず，「一連の情報の流通過程」とは言えない。かかるやり取りに該当するか否かの判断基準は，Yによる実質的な媒介の成立要件（1.5参照）に符合する。

7.4.3　特定電気通信役務提供者

特定電気通信の概念を前提とする特定電気通信役務提供者の観念については，既述のとおり，電気通信事業法上の電気通信役務の概念をその土台としており，特定電気通信設備を用いて他人の通信を媒介し，その他当該設備を他人の通信の用に供する者を指す（プロバイダ責任制限法2条3号）。その多くは，「秘密」たる情報を直接取り扱いつつ，他人間の通信の媒介又は実質的な媒介を行う通信管理主体となる。ただし，他人間の通信を名実ともに媒介することなく，もっぱら特定電気通信設備の供用を行いつつ，「秘密」たる情報を直接取り扱わない者（非通信管理主体）[37]も特定電気通信役務提供者に該当し得る。他方，通信管理主体であっても，（専業の）固定電話役務提供者のように，特定電気通信設備を用いていない場合には，特定電気通信役務提供者には該当しない。

もとより，媒介とは，伝送行為を通じて他人間の通信を取り次ぐことであるから（5.3.1参照），「他人間」には存在しない「自己と他人との通信」の完結に寄与してもこれに該当しない[38]。しかし，「他人の通信」自体には自己と他人との通信も含まれることから，自らの電気通信設備を自己以外の者との通信の用に供することは，供用に該当する[39]。したがって，Xはたとえ媒介を行わない者として位置づけられたとしても，特定電気通信設備の供用により，なお特定電気通信役務提供者としての地位を維持し得る。

これを前提としたとき，仮に個別通信説による場合には，Xは「A→X」及び「X→Y」の独立した通信における通信当事者となり，他人間の通信の媒介を

行っているわけではないことになる。このとき，前述のとおり「A → X」はそれ単体では特定電気通信ではないから，それを支える X の設備は特定電気通信設備とは言えない。ところが，「X → Y」については，Y が不特定の B への情報の頒布を予定しているため，それを支える X の設備を特定電気通信設備と捉える余地がある。よって，X は「A → X」に関しては特定電気通信役務提供者ではないが，「X → Y」に関しては（特定電気通信設備を供用する）特定電気通信役務提供者となる，という複雑な帰結が導かれ得る。かかる個別通信説の帰結を受容するよりも，特定電気通信の観念が単一通信説と親和的であることに着目し，X は「A → B」の媒介に従事する者の一人として，当初情報の流通過程の全体において特定電気通信役務提供者に該当すると解する方がより合理的かつ明快であろう。

　また，プロバイダ責任制限法 3 条 2 項の規定は，特定電気通信役務提供者と発信者との間における一定のやり取り（同項 2 号にいう「照会」等）を想定しているが，これは可及的速やかに，かつ過度な負担とならない範囲で実施されることが予定されていると考えられる。それゆえ，特定電気通信役務提供者とされる X, Y の双方について，発信者 A に関する情報を直接的に有すること，ひいては A との接点を有することが前提とされていると言える。ところが，個別通信説によると，Y は「X → Y」及び「Y → X′」の通信当事者にすぎず，「A → B」の実質的な媒介とは無縁であって，理論上，A と何らの接点も有しないという「矛盾」を抱えることになる。かかる問題は，「A → B」を一貫性のある単一の通信と観念したうえで，実質的な媒介の成立要件（1.5参照）を踏まえつつ，Y をそれ（実質的な媒介）に携わる者と位置づけることにより解消されよう[40]。

　以上の考察を総合すると，特定電気通信及び特定電気通信役務提供者の観念は，単一通信説を基軸として形成されていると言える。換言すれば，プロバイダ責任制限法は「民法の特別法」としての性質を有するだけでなく，事実上の「電気通信事業法の特別法」として，特定電気通信（役務提供者）に関して個別通信説の思想をほぼ封じるものとなっている[41]。判例も，「最終的に不特定の者によって受信されることを目的とする情報の流通過程の一部を構成する電気通信を電気通信設備を用いて媒介する者」（圏点は著者による）は特定電気通信役務提供者に該当すると説いている。これは，単一通信説的な考え方に依拠しつつ，X が特定電気通信役務提供者となることを明らかにしたものである[42]。したがって，X を

発信者と捉える解釈（個別通信説）及び当該解釈に依拠する通信当事者説は，プロバイダ責任制限法の基本概念に整合せず，妥当ではないと考えられる。

　もっとも，単一通信説も「部分的な通信」を承認しているのであるから，Xは「A→B」を媒介する者としてだけでなく，同時に「A→Y」の媒介に従事する者としても位置づけられ得る[43]。判例は，問題となるインターネット接続役務提供者について「発信者とコンテンツプロバイダとの間の通信を媒介する」者と説いており[44]，もっぱら後者の理解によっているように見受けられる。しかし，単一通信説の思想を貫くのであれば，Aの行う特定電気通信はBが当初情報を受信可能となるまで完結しないのであるから，本来は前者の理解を前面に出すべきであろう。その意味において，判例は単一通信説的な立場に立ちつつも，個別通信説的な思想も若干加味した説示を行っていると言える。

　一方，既に示唆したとおり，立法者は当初，XではなくYを特定電気通信役務提供者として想定していたようである（7.2参照）。その背景には，個別通信説的な思想が見え隠れする。すなわち，Xは「A→Y」という「一対一の通信」を媒介する「経由プロバイダ」にすぎず，特定電気通信役務提供者には該当しないという思想である[45]。それゆえ，立法者は，特定電気通信の観念については単一通信説に，特定電気通信役務提供者の観念については個別通信説的な思想に，それぞれ依拠するという「矛盾」を抱えていたと言える。しかし，判例上インターネット接続役務提供者が特定電気通信役務提供者に含まれるという解釈が確立されたことにより，プロバイダ責任制限法の思想は一貫して単一通信説を基軸とすることが明確になったと考えられる。同時に，インターネット経由での他人間の通信の実質的な媒介を行う者（Y）と媒介を行う者（X）との双方が含まれることにより，特定電気通信役務提供者の射程は，特定電気通信に関与する「インターネット上の通信管理主体」の射程におおむね符合することとなったとも言えよう[46]。

7.4.4　発信者

　発信者については，「特定電気通信役務提供者の用いる特定電気通信設備の記録媒体（当該記録媒体に記録された情報が不特定の者に送信されるものに限る。）に情報を記録し，又は当該特定電気通信設備の送信装置（当該送信装置に入力された情報が不特定の者に送信されるものに限る。）に情報を入力した者」を指す（プロバイダ責

任制限法2条4号)。すなわち、インターネット経由で不特定多数の者に向けて情報を送信した者ないし当該情報を「流通過程に置いた者」[47]がこれに該当する。それゆえ、Xのサーバーに情報を記録・入力した者もYのサーバーに情報を記録・入力した者もともに発信者ということになる。前者はAということになろうが、後者についてはAともXとも解し得る。しかし、単一通信説による限り、AはBに向けて情報を発したのであるから、その経路のサーバー(Xが支配するもの及びYが支配するもの)への情報の入力はすべてAによるものと捉えられる。

7.4.5 送信防止措置

送信防止措置とは「特定電気通信による情報の送信を防止する措置」(プロバイダ責任制限法3条2項)のことであるが、その具体的な内実は必ずしも明らかではない。当初情報を削除する行為を中心に捉える見解が有力であるが[48]、もっぱら削除行為に限定されるものではないと解される。なぜなら、プロバイダ責任制限法は「特定電気通信による情報の流通によって権利の侵害があった場合」を問題とし、当該「侵害」は当初情報が不特定の者により受信され得る状態におかれることを前提として発生するところ、かかる状態の出現を未然に防ぐことが送信防止措置の本質となるからである。それゆえ、特定電気通信役務提供者においては、当初情報について、発信者に撤回させたり、その内容を部分的又は全面的に修正したりすることなどにより、問題を抱えたまま不特定の者により受信されることのない状態におけば、必ずしもそれを自ら削除しなくとも、送信防止措置を講じたものと言い得る。

これを典型事例に当てはめると、当初情報はYのサーバーに到達した段階で「公開の状態」ないし「不特定多数の者がアクセスし得る状態」におかれるのであるから、基本的には、当該段階以前の流れを遮断する行為が主たる送信防止措置ということになる。このとき、当該措置の対象となる通信は、単一通信説に基づけば「A→B」として包括的に観念され得るが、仮に個別通信説による場合には基本的に「X→Y」ということになろう。

もっとも、明文の規定上、情報がウェブサイト上で「公開の状態」となった後に送信防止措置が行われる可能性は排除されていない。よって、例えば当該情報がBを構成する一人であるB₁により受信された後(通信の完了後)にX′が「X′→B(B₂その他)」の流れを遮断することも、送信防止措置に該当し得る。このこ

とは，「秘密」が個々の通信の完了後も（保護対象として）持続すること（1.4参照）にも整合的である。したがって，通信当事者説については，もっぱら「将来成立しようとしていた通信」に対する送信防止措置に着目し，事後的な送信防止措置と秘密保護要請との関係を十分に考慮していないという観点からも，妥当ではない[49]。

なお，ネットワークを支配・管理しておらず，他人間の通信の媒介や実質的な媒介に携わらない（「秘密」たる情報を直接取り扱わない）非通信管理主体が個々の流通情報に対して送信防止措置を講じることは，大半の場合，技術的に困難である。もっとも，自己と他人との通信に関与する非通信管理主体については，送信防止措置（に相当する措置）を講じる余地があるが，通信当事者としての行為となるため，狭義の「秘密」の侵害の可能性は問題とならない。その限りにおいて，秘密保護要請との関係で問題となる送信防止措置については，原則として通信管理主体たる特定電気通信役務提供者が講じるものとなる。したがって，送信防止措置とは，基本的に，通信管理主体となる特定電気通信役務提供者により，特定電気通信の実施の過程又は実施完了後において，問題含みの情報をその問題を抱えたまま不特定多数の者により（追加的に）受信されないようにするための行為として観念される。

7.5　送信防止措置と秘密保護要請との関係に関する考察

前節までの考察により，送信防止措置不可能説はもとより，通信当事者説についても，プロバイダ責任制限法の趣旨になじまず，インターネット接続役務提供者による送信防止措置と秘密保護要請との関係を適切に説明するものではないことが明らかとなった。それでは，当該関係をどのように捉えるべきか。この点に関しては，これまでに論じてきた通信の自由の趣旨等を踏まえ，以下のような観点から複合的に理解する必要があろう。

第一に，通信管理主体においては，秘密保護要請の一環として，ネットワーク上の「情報の自由な流通」を最大限に確保するため，公開目的ネットワークを中心として，問題情報排除措置の実施に努めることが求められる（1.2.1参照）。その一環として行われ得る送信防止措置に伴う流通情報の積極的知得については，それが当該措置に必要な限度で行われたものと認められる限り，憲法上の要請に

基づく行為にほかならず，「秘密」の侵害とは言えない。それゆえ，プロバイダ責任制限法3条の規定は，かかる措置の自主的な実施を促すものとして，（送信防止措置の実施の態様が比例原則等を逸脱するような水準に及ぶ場合まで免責するものでない限り）憲法適合的な立法措置と位置づけられる[50]。

　第二に，憲法上，インターネット接続役務提供者も「伝送行為を通じた表現の自由」又は通信管理権を行使する余地があり，これらの基本権の行使の一環として，狭義の「秘密」の保護の必要性にかかわらず，任意の送信防止措置が憲法上許容され得る場合があると考えられる[51]。それは，各人の利用する通信基盤の総体的な健全性の確保，ひいては国民全体の通信の自由の保障・保護に資すると認められる場合であり，それを確認又は具体化するのがプロバイダ責任制限法上の送信防止措置に関する規定である（4.5・5.4参照）。

　第三に，秘密保護要請の裏返しとなる通信管理主体原則免責（5.4参照）を具体化するため，実際に特定電気通信役務提供者による送信防止措置が許容され得る場合が明確化されたものと考えられる。通信管理主体原則免責は，秘密保護要請とともに，秘密不可侵の法規範から導かれる憲法上の客観法的要請であり，その具体的な内実に関しても立法による内容形成が予定されているところ，かかる立法の一端がプロバイダ責任制限法3条の規定にほかならない。

　以上を総合すると，時代の構造的な要請に即した通信制度の適切な設営が求められる中で（1.3参照），その一環として，特定電気通信役務提供者が通信管理主体原則免責に支えられつつ自主的に問題情報排除措置（送信防止措置）を講じ得るような立法上の枠組みが，プロバイダ責任制限法の制定を通じて構築されたものと捉え得る[52]。すなわち，狭義の「秘密」の保護とネットワーク秩序の確保（問題情報排除措置の実施努力を通じた広義の「秘密」の保護）という異なる憲法上の要請がしばしば相互に緊張関係におかれる中で，インターネット利用の今日的実態を踏まえ，立法権が後者の要請にやや重点をおく形での追加的な「基本権（通信の自由）の内容形成」を図ったものと捉え得る。それゆえ，かかる立法措置については，要件を明確化せずに必要以上の削除義務を課すなど立法裁量の濫用等となり得る格別の事情[53]を伴うものでない限り，利用者全体の通信の自由・秘密を適切に保護するものと認められる[54]。

7.6 小括

　公然性を有する通信を体現する特定電気通信の概念は，憲法上の「通信」の概念と同様に，単一通信説の思想を基軸として形成されている。それを前提とする特定電気通信役務提供者の観念は，インターネット接続役務提供者や電子掲示板管理者等を包摂する「インターネット上の通信管理主体」の射程におおむね符合する。もっとも，単一通信説とそれに対峙する個別通信説との重要かつ実体的な相違は，情報の流通過程における「途中の通信」の捉え方にほぼ収斂する。

　通信管理主体は，秘密保護要請や通信平等保障要請に拘束される代わりに，通信管理主体原則免責の利益を享受する。これは，当初情報の内容に対する法的責任が問われないというものであるが，送信防止措置を通じてこの内容を積極的に知得することに対する「秘密」の侵害の可能性は別問題である。そこで，電子掲示板管理者等の非伝送系通信管理主体については別論として，インターネット接続役務提供者を中心とする伝送系通信管理主体による送信防止措置を許容する立法措置と秘密保護要請との関係が理論的な問題となる。

　かかる関係を説明するうえで，他人間の通信を媒介し，又は実質的に媒介する特定電気通信役務提供者を「発信者」と位置づける通信当事者説は，正鵠を射たものとは言いがたい。また，送信防止措置の技術的不可能性を理由として当該関係の整合性を説く送信防止措置不可能説についても，今日のインターネット接続役務の実態や送信防止措置の内実等にかんがみ合理性を欠く。

　以上を踏まえ，インターネット接続役務提供者による送信防止措置を許容する立法措置と秘密保護要請との関係については，以下の各観点から複合的に説明され得る。すなわち，①通信管理主体においては，憲法上の責務として必要最小限度の問題情報排除措置に努めることが求められることから，その一環として比例原則等を充足する態様で実施される送信防止措置は基本的に「秘密」の侵害とは認められない，②通信基盤の総体的な健全性の確保に資すると認められる限り，「伝送行為を通じた表現の自由」（ないしネットワークを用いた表現の自由）や通信管理権の行使としての送信防止措置の実施が許容され得る，③秘密保護要請の裏返しとなるのが通信管理主体原則免責であり，その趣旨を立法により内容形成したもの（の一端）が送信防止措置の容認される具体的な場合の明確化にほかならない，といった各点である。これらを総合すると，プロバイダ責任制限法３条の規

182

定に基づく枠組みは，各人の通信の自由・秘密を実効的に保護するために必要となる憲法適合的な通信制度の設営の産物と捉え得る。

したがって，この規定は，㋐通信管理主体が問題情報排除措置を円滑に実施し得る制度的環境の構築を通じて秘密保護要請（通信の自由）を具体化する側面，㋑通信管理主体のネットワークを用いた表現の自由又は通信管理権（編集権）の行使可能性を確認又は具体化する側面，㋒秘密保護要請と表裏一体となる通信管理主体原則免責の内容を具体化する側面，を併有すると言える。そして，これらの各側面が，立法を通じて包括的に既存の通信制度に組み込まれる（追加的な内容形成が行われる[55]）こととなったものと考えられる。

1 ）なお，設備非支配型電子掲示板管理者については，電子掲示板上でやり取りされる「秘密」たる情報を直接取り扱う限り，他人間の通信の実質的な媒介に携わる通信管理主体に該当する。しかし，媒介に従事しておらず，かつ特定電気通信設備の供用を行っているとも認められない限り（**1.2.2**参照），特定電気通信役務提供者には該当しないと解される。供用という行為が認定されるためには，少なくとも，有体物としての電気通信設備が「電気通信が可能な状態に構成」されたうえで（総務省（2016b）5 頁参照），それを継続的に支配・管理する状態が発現していると認められることが必要となろう（**5.3.1**参照）。電気通信を行い得る電気通信設備に対する一定の物理的な支配・管理能力が安定的に及ばない限り，当該設備を電気通信の可能な状態で適切に維持することは難しく，他人（第三者）の実効的な支配・管理を招来する余地を残すからである。設備非支配型電子掲示板管理者は，電子掲示板へのオンライン上のアクセス権限を取得するにとどまる限りにおいては，サーバー等の設備を通じて提供されるプログラム（電子掲示板の機能を提供するためのプログラム）を部分的に利用する権限を有するにすぎず，それ自体をもって当該設備を支配・管理しているとは認めがたい。有体物としての設備の不具合等が生じても，設備非支配型電子掲示板管理者においてその物理的な復旧等を行うことは一般に困難であるということは，このような考え方を裏づけるものとなろう。

2 ）総務省（2014a）21頁，プロバイダ責任制限法ガイドライン等検討協議会（2014）3 頁参照。

3 ）発信者の発信行為（流通情報）が他人の権利を侵害せずに不法行為に該当しない場合に特定電気通信役務提供者により講じられた送信防止措置について，これが（プロバイダ責任制限法の規定がなければ）民法上の不法行為に該当するか否かについては議論の余地がある。一般私人間の名誉毀損を取り扱った判例は，たとえ摘示された事実が真実であることが証明されなくとも，「行為者においてその事実を真実と信ずるについて相当の理由があるとき」には不法行為は成立しないと説いている（最判昭和41年 6 月23日民集20巻 5 号1118頁参照。併せて，最大判昭和44年 6 月25日刑集23巻 7 号975頁〔夕刊和歌山時事事件〕参照）。この趣旨にかんがみれば，当該送信防止措置も「流通情報が他人の権利を侵害すると信ずるについて相当の理由があるとき」であれば，（プロバイダ責任制限法の規定を待たずに）民法上不法行為に該当しないと解する余地がある（その延長線上には，不法行為責任のみならず債務不履行責任〔民法415条参照〕も問われないという帰結も導かれ得る）。仮にかかる解釈による場合には，プロバイダ責任制限法 3 条 2 項の規定は，発信者の発信行為が不法行為に該当しないときにおける特定電気通信役務提供者の責任の阻却ないし減少を確認

するものと捉えられることとなろう。しかし，発信者とその「信頼」の向かい先となる特定電気通信役務提供者との関係は，単なる一般私人間の関係ではないため（1.4参照），前述の判例の考え方がそのまま妥当するものではないと考えられる。通信管理主体たる特定電気通信役務提供者は，公権力に準じた主体として秘密保護要請及び通信平等保障要請に拘束される中で，原則として各トラフィックを平等に取り扱いつつ適切に伝送等することが求められる。よって，法律の次元において，特定電気通信役務提供者がもっぱら自らの確信のみを根拠として「問題のない情報」に対する送信防止措置を誤って講じることは，過失により他人（発信者）の通信の自由に関する法益を害するものとして，プロバイダ責任制限法の規定がなければ，（たとえ当該確信について相当の理由があっても）不法行為に該当し得るものと考えられる。一方，発信者の発信行為（流通情報）が他人の権利を侵害して不法行為に該当するときにおける送信防止措置については，一般的には，発信者に対する役務提供の拒否をし得る正当な理由としての他人の権利・利益の侵害が認められる以上，不法行為は基本的に成立しないと解されているように思われる。実際，プロバイダ責任制限法3条1項の規定と異なり，同条2項1号の規定は「他人の権利が侵害されたとき」を前提としておらず，他人の権利を侵害する情報が発信された場合における送信防止措置の実施に対する免責の必要性を基本的に想定していないとも考えられる。しかし，かかる送信防止措置が（プロバイダ責任制限法の規定がないと仮定して）民法上すべからく不法行為に該当しないのかということについても，必ずしも自明ではない。なぜなら，通信管理主体たる特定電気通信役務提供者が秘密保護要請に拘束される限り，情報不接触原則に服するため，発信者の発信した情報の内容・性質にかかわらず，その内容・性質を「先取り」して送信防止措置を実施すること自体が，なお発信者の通信の自由に関する法益を不当に害する（不法行為に該当する）ものと捉える余地が残されているからである。したがって，法律の次元における議論としては，発信者の発信行為（流通情報）が他人の権利を侵害せずに不法行為に該当しない場合であれ，逆に当該発信行為が不法行為に該当する場合であれ，特定電気通信役務提供者により講じられた送信防止措置について一定の場合に明示的に免責する措置は，（通信管理主体原則免責の趣旨を具体化する形で設けられた）プロバイダ責任制限法3条2項の規定により特別に設定されたものと解することが合理的である。

4）発信者と契約関係にある特定電気通信役務提供者との間では，民法上，不法行為責任とは別に，債務不履行責任も発生し得る。ただし，他人の権利を侵害する情報の流通に対する送信防止措置については，債務不履行責任は成立しないと解されている。民法90条の規定の趣旨に照らし，契約上の義務は，他人の権利・利益を侵害する情報の送信には及ばないと考えられるからである（曽我部ほか（2016）151頁〔栗田昌裕執筆〕参照）。

5）総務省（2014a）34頁参照。

6）なお，プロバイダ責任制限法3条2項2号の規定は，被害者（自己の権利を侵害されたとする者）からの送信防止措置に関する申出（要請）を受け，発信者にそれに同意するか否かを照会しつつ7日経過後も不同意の申出がない場合における当該措置の実施に関する免責を定めている。これは，被害者が誤信していた場合など，「問題のない情報」に対する送信防止措置をも許容し得るものであり，同項1号の規定に基づく免責とともに，民法上は不法行為に該当する可能性を含む行為について，プロバイダ責任制限法が特別に（創設的に）免責したものと解される。

7）このことは，プロバイダ責任制限法3条1項の規定が送信防止措置の許容される場合があることを暗に前提とするものと解されることからも裏づけられよう。

8）「条理上の（作為）義務」ないし（情報の）削除義務を説いたプロバイダ責任制限法制定前の主な裁判例として，東京地判平成9年5月26日判時1610号22頁（ニフティサーブ〔現代思想フォーラ

184

ム〕事件），東京地判平成11年 9 月24日判時1707号139頁（東京都立大学事件），東京高判平成13年
9 月 5 日判時1786号80頁（ニフティサーブ〔現代思想フォーラム〕事件）参照。また，同法制定後
の裁判例であるが同法制定前に発生した事案を扱ったものとして，例えば，東京地判平成14年 6 月
26日判時1810号78頁，東京高判平成14年12月25日判時1816号52頁（ 2 ちゃんねる・動物病院事件）
参照。なお，同法制定後の裁判例として，例えば，東京高判平成17年 3 月 3 日判時1893号126頁
（ 2 ちゃんねる・小学館事件）参照。

9 ）総務省（2014a） 4 頁参照。

10）このとき，プロバイダ責任制限法 3 条 1 項は，民法上許容され得る送信防止措置を講じないこ
との不作為について，権利を侵害される他人との関係において責任を免じる（制限する）規定と捉
えられることになる。また，同条 2 項は，当該措置を（誤って）講じた場合について，発信者との
関係において不法行為責任が問われない場合を特定ないし具体化する規定と捉えられることになろ
う。

11）もっとも，特定電気通信における送信防止措置という一定の局面にその免責の対象が限定され
ているため，例えば電気通信事業法25条の規定に基づく基礎的電気通信役務や指定電気通信役務の
提供拒否事由たる「正当な理由」に符合し，又はこれを実質的に包含するような免責の法理とはな
っていない。

12）大村（2012）18頁参照。併せて，西土（2015）316頁参照。

13）小向（2015）168頁。

14）髙嶋（2015）833頁。

15）郵政省（2000） 2 頁・ 4 頁参照。

16）総務省（2014a）18頁・21頁参照。

17）「アクセスプロバイダ」とも称される。

18）最判平成22年 4 月 8 日民集64巻 3 号676頁（発信者情報開示請求事件）参照。もっとも，この判
例は，仮に「経由プロバイダ」を特定電気通信役務提供者と解しないと，発信者情報の開示請求等
について定めるプロバイダ責任制限法 4 条の「趣旨が没却される」ということをその主な理由とし
ており，かかる解釈が同法 3 条の「趣旨に反するものでないことは明らかである」と説くにとどま
る。

19）小向（2015）168頁。

20）髙嶋（2015）833頁参照。

21）例えば，「問題とされる情報の送信を防止するためには他の関係ない大量の情報の送信を停止し
なければならないような場合」等が技術的に可能ではない場合として想定されている。総務省
（2014a）29頁参照。

22）既述の裁判例（注 8 ）参照）に加え，プロバイダ責任制限法の規定や電子掲示板における「可
及的に早期に書き込みを削除することによって損害の拡大を防止する必要性」に照らし，「名誉等
を侵害する書き込みがなされたことを知り，または知り得た時」には，その書き込みを削除する義
務が特定電気通信役務提供者に発生すると説く判例もある（東京地判平成16年 5 月18日判タ1160号
147頁〔milkcafe 事件〕）。しかし，プロバイダ責任制限法の規定が何ら作為義務を課していないこ
ととの関係については言及されていない。

23）東京地判平成20年10月 1 日判時2034号60頁（産能ユニオン会議室事件）参照。この裁判例は，
電子掲示板管理者がいかなる場合に「条理上の義務」を負うのかということについて，「掲示板の
目的や管理体制，被害者が採り得る救済手段の有無及び名誉毀損の態様や程度等を総合して，個別

具体的に判断すべきである」と説いている。

24) 長瀬（2012）99頁参照。

25) 長瀬（2012）98頁参照。

26) 総務省（2014a）34頁参照。

27) 大村（2012）15頁参照。同様に，「発信者」の概念の拡張に対する批判として，岡村（2012）122-123頁参照。

28) 厳密には，Ｂの中にはＸやＹも含まれ得るが，一般にＡはＸやＹに向けて情報を伝達するという認識は希薄であると考えられることから，この点については措く。

29) その場合にはＹが発信者に（も）なることから，別途の考慮が必要となる。

30) 総務省（2014a）19頁参照。

31) 総務省（2014a）18頁参照。

32) 単一通信説によれば，不完全な通信としての「Ａ→Ｘ」において，Ｘは着信者とは区別された「仮の受信者」として位置づけられる。

33) 海野（2015a）94頁。

34) 学説においても，このような「目的」による限定については，「厳密には一対一の通信が多数なされている状態だとしても，全体として見れば不特定人が受信する結果となるものも含む趣旨」を含意するとする指摘がある。町村（2011）166頁参照。

35) もっとも，個別通信説に単一通信説的な思想を注入しつつ，「Ａ→Ｘ」は「Ａ→Ｂ」の前提となる独立した通信と解すれば，Ｘが着信者としての地位を保ったまま，「Ａ→Ｘ」を不特定の者向けの特定電気通信と位置づけることも可能になるかもしれない。しかし，①Ａは一般にＸを着信者と認識していないこと，②Ｘと不特定のＢとの間には直接の法的関係がないため，「Ａ→Ｘ」を独立した通信と観念しつつ，Ｘへの送信をもってＢへの送信の前提と位置づけることには本質的に無理が生じること，などに照らすと，かかる解釈を採ることは困難である。むしろ単一通信説のように，「Ａ→Ｘ」を部分的な通信と捉え，Ｘを仮の受信者と位置づける方が合理的であろう。

36) この理はＹについても同様に当てはまる。

37) 例えば，公共的なインターネット利用の場としてのインターネットカフェ（端末設備の供用）を他人のホスティング役務を利用しつつ提供する者等が考えられる（東京地判平成19年11月29日判タ1297号287頁，東京高判平成20年5月28日判タ1297号283頁参照）。ただし，インターネットカフェでは特定電気通信以外の通信も同時に取り扱われ得る。

38) 多賀谷ほか編著（2008）28頁参照。

39) 多賀谷ほか編著（2008）28頁参照。

40) 「実質的な媒介」を電気通信役務及び特定電気通信役務の構成要素（媒介及び供用）に追加する立法論も考えられる（**第1章**注35）参照）。

41) もっとも，電気通信事業法においても，検閲の禁止や「法律上の秘密」の保護との関係において，「電気通信事業者の取扱中に係る通信」（電気通信事業法3条・4条）という観念が形成され，これが「電気通信事業を営む者の取扱中に係る通信」（同法164条3項）にも援用されている（**1.2.2**参照）。これらの通信は，発信者とその予定する着信者との間における一連の情報の流通過程を包摂し得る。したがって，同法上も，少なくとも秘密保護要請との関係では，単一通信説的な思想が基軸となっている。

42) 前掲最判平成22年4月8日（発信者情報開示請求事件）参照。このような判例の説示に対しては，通信当事者説（個別通信説）の立場から，途中の通信（「Ａ→Ｙ」，「Ｙ→Ｂ」等）を捨象してその

全体を「情報の流通過程」と位置づけるのには無理があるとする批判が提示されている。髙嶋
(2015) 840-841頁参照。しかし，単一通信説の立場を貫き，途中の通信を「不完全な通信」と位置
づけつつ，（X及び）Yを「仮の受信者」と捉えれば，かかる批判は妥当しないであろう。併せて，
単一通信説の立場に立ちつつ，途中の通信を「独立の通信として意味を持つものではなく，発信か
ら受信までの一連の通信過程があって始めて意味をもつもの」と説く裁判例として，東京地判平成
19年11月29日判例集未登載（平成19年（ワ）4528号）参照。

43) 単一通信説による限り，「A→Y」の媒介は「Y→B」を成立させる前提となるため，Xにおい
ては，たとえ「Y→B」に直接関与しなくとも，その特定電気通信役務提供者としての位置づけは
失われない（注46）参照）。

44) 前掲最判平成22年4月8日（発信者情報開示請求事件）参照。この判例のいう「コンテンツプ
ロバイダ」は設備支配型電子掲示板管理者（「特定電気通信設備を管理運営する」者）を指してい
る。しかし，本来，コンテンツプロバイダ（情報提供者）とは電磁的な当初情報の発信者を指すも
のと考えられるため，かかる用法は適切ではない。丸橋（2012）157頁参照。

45) 個別通信説を厳密に当てはめれば，Xは「A→X」及び「X→Y」の通信当事者として位置づ
けられる。しかし，個別通信説的な考え方を基本としつつも，Xはもっぱら第三者たる通信管理主
体にすぎないという前提に立てば，「A→Y」及び「Y→B」を個別の通信と捉えることにより，
Xは「A→Y」の媒介に従事する第三者と位置づける余地がある。

46) なお，単一通信説は，「A→B」の完了時点について，Bに属する各人が実際に受信した時点と
捉えるわけではない。Bが受信可能な状態おかれた時点で当該通信は完了するところ，それは情報
がYのウェブサイトに掲載された時点（Yのサーバーに情報が届いた時点）となる。すなわち，
「A→Y」の部分と「Y→B」の部分との間にはおのずから時間的格差が生じ得るが，「A→B」自
体は「A→Y」という途中の通信の遂行段階で完了する（Bが実際に情報を受信するか否かを問わ
ない）。このとき，「Y→B」の部分について，「A→Y」の部分と不可分のもの（情報のやり取り
としての一貫性・一体性を有するもの）と捉えるか否かについては議論の余地がないわけではない
が，Aの所期の目的及び送受信対象の情報の同一性に照らせば，たとえ一定の時間的格差が生じ
ようとも，一連の不可分のものと捉えるのが妥当であろう（1.5参照）。ただし，「A→B」を構成
する基幹的な要素となるのは「A→Y」の部分であり，「Y→B」の部分は付随的・事後的な要素
として位置づけられる。その意味において，Bを構成する誰もが当初情報を実際に受信しない場合
には，その時点では「Y→B」が例外的に成立しないが，かかる場合であっても「A→B」は完結
したものと捉え得る。このときに限り，Yが「（将来的な）実質的な媒介者」及び「事実上の着信
者」の双方の役割を兼ねることとなる。

47) 総務省（2014a）22頁。

48) 髙嶋（2015）827頁，小向（2015）168頁参照。

49) なお，Aの当初情報をXがYのサーバーに送り届けた時点で，当該情報は着信者Bの一部
（B_1とする）に知られ得るところ，仮にXやX′がB_1から任意に当該情報の提供を受けたものと擬
制すれば，XやX′が事後的な送信防止措置を講じてB（B_2その他）からの送信要求に応じなくて
も，「秘密」たる情報の積極的知得に当たらないと解する余地も生じ得る。しかし，かかる考え方
のみでは，Yの受信前の段階における送信防止措置と秘密保護要請との関係については未整理の課
題として残る。

50) 秘密保護要請に拘束されない非通信管理主体たる特定電気通信役務提供者にはこの理は妥当し
ないが，前述のとおり，かかる者が送信防止措置を講じる技術的可能性は限定的である。

51）ただし，基本権の行使に伴う法的責任については，当初情報に対する情報内容責任とは区別されることから，なお問題となり得る（**14.5.3**参照）。

52）海野（2015a）208-213頁・266-268頁参照。

53）「追加的な内容形成」のための具体的な条件として，**第1章**注66）参照。

54）このほか，特定電子メール規制の場合と同様に，ネットワーク保護利益の確保（すなわち，権利侵害となる流通情報の放置がネットワーク全体に過大な負荷をかけ得ることに対する考慮）の観点（**6.4.2**参照）から，送信防止措置の憲法適合性を裏づける余地もあろう。

55）「伝送行為を通じた表現の自由」については，立法措置の有無にかかわらず行使する余地がある。したがって，プロバイダ責任制限法は，表現の自由に関する「内容形成」を行うものではなく，当該自由の保障に資する（当該自由の行使可能性を確認する）ものとして位置づけられる。これに対し，各人の通信の自由や通信管理主体の通信管理権については，立法による内容形成への依存が予定されている（**4.5・5.4**参照）。プロバイダ責任制限法もこれらの基本権の「内容形成」を行う側面を有するものと考えられる。

第8章

通信の秘密との関係における通信記録の保管のあり方

8.1 序説

　今日の社会においては，国民生活における「通信」の利用度合いが高まる一方，電磁的な情報のストレージ（保管）の大容量化・低廉化が進行している。その背景には，各種のサーバー等の設備の設置及び運用に特化して設けられるデータセンターの増加・発展という事情もある。このような状況の中で，個々の通信に関する記録（以下，「通信記録」という）ないし蓄積情報の保管のあり方が問われるようになっている。この通信記録の内実となる情報には，内容情報はもとより，構成要素情報としての通信履歴も含まれる。

　通信記録の保管のあり方について考える場合，議論の前提として，以下の各点を踏まえることが必要となろう。第一に，通信管理主体による通信記録の保管及びそれに対する公権力のアクセス又は関与のあり方については，憲法問題となり得る。すなわち，個々の通信記録は狭義の「秘密」を構成する情報の集積であるところ，「秘密」は通信の完了と同時に消滅するわけではないのであるから（1.4参照），その保管又はアクセス等のあり方についても秘密保護要請の内実の問題となる。なお，ここでいう保管とは，通信管理主体が任意に行う「保存」のほか，犯罪捜査等に必要となる通信記録（通信履歴）を一定の期間消去しないことについて公権力の要請に応じて行われる「保全」（刑事訴訟法〔昭和23年法律131号〕197条3項乃至同条5項参照）をも包含する概念である。

　第二に，電磁的な情報は容易に複製が可能であることを背景として，通信当事者以外の通信記録の保管の主体（以下，「保管主体」という）は必ずしも通信管理主体に限られない。例えば，もっぱらネットワーク上のセキュリティ対策を講じる事業者がセキュリティ脅威情報の収集，分析等のために保管することもあれば，オンラインストレージ役務提供者が利用者の求めに応じて預託された情報を保管することもあろう。これらの保管主体については，別段の通信役務の提供により

189

（他人間の通信の媒介又は実質的な媒介に従事しつつ）「秘密」たる情報を直接取り扱わない限り，通信管理主体とは認められない。それゆえ，多様化する保管主体の属性に応じて，通信記録の保護の程度を規範的に区別すべきか否かということが重要な論点となり得る。

第三に，通信管理主体による通信記録の保管行為の態様に関しては，通信役務の提供に不可欠となる伝送行為を補助ないし補完するために行われる場合と，通信役務の提供とは直接関係しない事業運営上その他の都合により行われる場合とに大別される。例えば，電子メール役務を提供する伝送系通信管理主体がその伝送行為の過程で内容情報を消失しないよう一時的にサーバー等にそれを保管しておく場合は前者の典型であり，当該主体がその情報の伝送完了後において利用者からの各種請求や課金等に備えて事後的に保管しておく場合は後者の典型である。これら双方の場合において，保管された情報の保護の程度に規範的な相違があると捉えることが合理的であるか否かということについても検討の余地があろう。

秘密保護要請との関係における通信記録の保管のあり方をめぐる問題に関しては，これまでの議論の蓄積が乏しい[1]。しかし，米国においてはそのあり方を規律する法律が長年にわたり施行され，その解釈論や立法論をめぐって活発な議論が行われてきた。もとより，米国法上の議論においては，「秘密」との関係は直接問題とならない。しかし，一般に通信記録の保管のあり方については，保管主体がそれを不当に漏えいする可能性や公権力がそれに憲法の予定する正当な手続き（以下，「正当手続」という）を伴わずにアクセスする可能性にいかに対応するかということが議論の重要な焦点となるところ，それは「秘密」の保護法益の一端を占める（通信当事者の）プライバシーの問題となる。米国法上の議論はこのプライバシーの保護との関係を主に問題とするものであり，一定の参照価値を有すると思われる。そこで，本章では，関係する米国の主な議論を手がかりとしつつ，秘密保護要請の内実としての通信記録の保管のあり方及びそれを踏まえた制度的措置に対する示唆を導くことを目的とする。

8.2　修正4条の趣旨

米国法上の通信記録の保管のあり方をめぐる主な議論については，米国憲法修正4条の規定（以下，単に「修正4条」という）[2]に基づき保護される権利・利益と

の関わりをその出発点としている。同条は、「身体、住居、書類及び所持品について、不合理な捜索（searches）及び拘束・押収（seizures）を受けることのない人民の権利は、侵されない。いかなる令状も、宣誓又は確約によって裏づけられる相当な理由（probable cause）に基づき、かつ、捜索されるべき場所及び拘束・押収されるべき人又は物を具体的に表示するものでなければ、発せられてはならない」と規定する。この規定の趣旨を的確に理解することは、関係する議論を参照するうえで不可欠となるため、まずはこの点を整理する[3]。

修正4条の具体的な保護法益に関しては、伝統的には、公権力による不当な物理的侵入行為（trespass）を伴う妨害行為に対する保護（以下、「不法侵入法理」という）を定めたものとして、捜索や拘束・押収における令状主義に関する手続的保障を中心に解されていた[4]。しかし、少なくとも1967年の Katz 事件判決[5]以来、「プライバシーの合理的な期待（reasonable expectation of privacy）」に関する実体的権利をも保護するものと解されるようになり、「通信」の領域をその典型とするように、不当な物理的侵入行為が発生しなくとも、当該期待が認められる限り、修正4条の保護は及び得るというのが今日の判例法理[6]になっている[7]。

Katz 事件判決においては、Harlan 判事の同意意見の一環として、修正4条の保護する「プライバシーの合理的な期待」については、個人がプライバシーの期待を現に有していること（プライバシーの主観的期待）及びその期待が社会にとって合理的と認められること（プライバシーの客観的期待）の当否をめぐる基準に照らして判断されるという考え方（以下、「Katz 基準」という）が示された[8]。同時に、修正4条に基づく保護は「場所」ではなく「人」を対象としており、各人がプライベートなものとして保護しようとするものである限り、公にアクセス可能な領域においても及ぶとされた[9]。かかる考え方によれば、公権力による通信監視等に対しても修正4条に基づく保護が及び得るということになる[10]。

ただし、当人の支配を離れて第三者に開示された有体物又は情報に対しては、各人は「プライバシーの合理的な期待」を失う（当該第三者により情報が公権力等に提供されるリスクを負う）とする考え方（以下、学説上の呼称に倣い、「第三者法理（third-party doctrine）」という）が一般的となっている[11]。これは、公権力が銀行に対して裁判所の「相当な理由」を伴う令状に基づく手続き（以下、「令状手続」という）を経ずに特定の個人の取引記録を提出させた際に、当該記録は当人が「任意に銀行に伝達し、通常の業務過程において銀行員に知得（exposed）される

もの」であると位置づけた1976年の Miller 事件判決[12]がその土台となっている。そして，1979年の Smith 事件判決[13]において，電話の利用者が自らの通話先の電話番号（通話番号）を任意に電気通信事業者に伝達し，それが当該事業者の通常の業務過程において知得される限り，その利用者は通話番号が警察等に露呈するリスクを負い，それに対してプライバシーの期待を有しないとされたことにより[14]，第三者法理の理論的な礎が強化された。

　第三者法理は，今日に至るまで多くの裁判例において援用され続けている。例えば，発信された電子メールもいったん着信者が受信すれば，発信者の「プライバシーの合理的な期待」が失われると説く裁判例は少なくない[15]。もっとも，かかる帰結に対しては，第三者法理を支持する有力な学説から，修正4条に基づく情報の保護はそれが実際に保管等される態様に左右されるのであって，当該情報の内容・性質それ自体に依存するものではないという旨の批判が提示されている。これによれば，たとえ着信者による受信の時点で発信者が当初情報たる電子メール（以下，「オリジナルメール」という）に関する「プライバシーの合理的な期待」を失うとしても，（当該時点に至るまでの過程で）オリジナルメールの複製物（以下，「複製メール」という）が複数作成される場合には，個々の複製メールについては区別して考える必要があるという[16]。よって，着信者が受信した複製メールに関して発信者が「プライバシーの合理的な期待」を失うからといって，インターネット接続役務提供者のサーバー等に保管された同一内容の複製メールについてまで，公権力が当該役務提供者から令状手続を経ずに取得することが許容されるわけではないとされる[17]。このような学説の理解からは，少なくとも非公開予定内容情報に対しては，第三者法理は実質的に及ばないということになる[18]。

　Katz 基準に基づく「プライバシーの合理的な期待」の保護及び第三者法理の考え方は，修正4条から導かれる令状主義の考え方にも関係する。すなわち，修正4条の下では，捜索や押収（以下，「捜索等」という）の主体については連邦政府又は州政府に限られ，一般私人は含まれないとされる[19]。しかし，必ずしもこれらの公権力が行うあらゆる捜索等に対して常に令状の取得が義務づけられるわけではなく，究極的には，捜索等の「合理性」に照らしてその合憲性が判断されると解されている[20]。それゆえ，令状がなければ不合理な捜索等となり得る行為に対してのみ，令状手続が求められることとなる[21]。その延長線上には，少なくとも第三者の支配・管理下におかれた情報の提出を義務づける行為につい

ては，「プライバシーの合理的な期待」を侵すものではなく，令状手続を経ずに行われ得るという見解も導かれる[22]。

　以上のようなやや複雑な枠組みが電気通信の領域における規律としてどのように具体化されるのかということについては，立法による明確化が必要であった。前述のとおり，電子メールをその典型とするデータ通信に関する内容情報については，通常，発信者の端末設備に保管されたまま，その送信先となる通信管理主体の支配・管理するサーバー等の設備にも同時に（一定の期間その複製物が）保管されつつ，最終的に受信した着信者の端末設備にも保管される。そのため，それに対する「プライバシーの合理的な期待」がどこまで保護されるのかは難問となる[23]。

　このような問題に対する立法的解決の必要性を踏まえ，1986年に連邦議会により制定されたのが電子通信プライバシー法（Electronic Communications Privacy Act of 1986: ECPA）[24]である。この法律は，通信傍受に関して定めた1編（Title I）[25]の通信傍受法（Wiretap Act）[26]，通信記録の保管・開示等のあり方に関して定めた2編（Title II）[27]の通信記録保管法（Stored Communications Act: SCA）[28]，政府機関による通話番号等記録装置（pen register）及び逆探知装置（trap and trace device）[29]の設置・使用手続に関して定めた3編（Title III）[30]の規定を中心に構成されている。また，電子通信プライバシー法の内容については，法執行向け通信支援法（Communications Assistance to Law Enforcement Act: CALEA）[31]，米国愛国者法（USA PATRIOT Act of 2001）[32]，外国諜報監視法（Foreign Intelligence Surveillance Act: FISA）[33]改正法（FISA Amendments Act of 2008）[34]等により大幅に修正されている[35]。これらのうち，本章では通信記録保管法の部分について参照する。

8.3　通信記録保管法に基づく通信記録の保護

8.3.1　立法の背景

　修正4条の趣旨を受け，通信記録保管法は，「米国市民のプライバシーの期待と法執行機関の正当なニーズとの適切なバランス」を確保する観点から，1986年当時の情報通信技術の状況等を踏まえて制定された。そこでは，伝統的な通信形態（郵便，固定電話等）と現代的な通信形態（電子メール等）とのプライバシーの保護に関する格差の縮小が念頭におかれ，電気通信事業者等の設備に電子的に保管

された通信記録の秘匿性に対しても利用者は正当な利益を有するという連邦議会の意思が反映された[36]。換言すれば，第三者法理の観点を踏まえて修正4条の趣旨を捉えた場合，電子メール等の通信記録（通信履歴）に対する捜索等が令状手続によらずに可能となり得るところ，これに令状主義の思想を含めた上乗せ的な保護を与えようとしたのが通信記録保管法である[37]。

8.3.2 通信記録保管法上の基本的な枠組み
——電子通信役務と遠隔情報処理役務

通信記録保管法の趣旨を理解するうえで重要となるのが，同法が採用する「電子通信役務（electronic communication service）」と「遠隔情報処理役務（remote computing service）」との区別である。電子通信役務とは，「利用者に対して有線音声通信（wire communication）又は電子通信の送信又は受信を可能とするあらゆる役務」のことである[38]。一方，遠隔情報処理役務とは，「大衆（the public）に対する電子通信システムを通じた（情報の）電磁的な保管（storage）又は処理（processing）の役務」の提供と観念されている[39]。

立法当時，電子通信に関する通信記録は一般に伝送行為を担う電子通信役務提供者により保管されていたが，これに加えてデータの保管を専門的に扱う事業者等が増えつつあった。かかる状況を踏まえ，電子通信役務提供者の事業の現場から離れた（off-site）場所で当該事業者等が実際に保管する通信記録についても法的保護の対象に含めつつ，その保護の程度については電子通信役務提供者の保管する通信記録よりも低いものとする方向性が指向された[40]。このような思想に基づき，データの保管を専門的に扱う役務を包括する観念として，遠隔情報処理役務の観念が創設された[41]。

電子通信役務の観念の基軸となる「電子通信」とは，「州際又は外国との通商に影響を与えるあらゆる符号，信号，記録，画像，音響，データその他情報（intelligence）の全部又は一部の有線，電波，電磁気，光電子又は光学のシステムによる伝達（transfer）」を意味し，有線音声通信（固定電話による通話）[42]，口頭での会話，発信音のみの無線呼出し（ポケットベル）によって行われる通信や可動式追跡装置（tracking device）[43]からの通信等については除外されている[44]。もっとも，電子通信の射程外となるこれらの通信のうち，有線音声通信については，電子通信役務における送受信の対象には含まれる。それゆえ，電子通信役務の観

194

念を理解するうえで，電子通信と有線音声通信とを厳密に区別する実益はさほど大きくなく，電子通信役務を通じて実現される通信については，我が国の「電気通信」の観念（電気通信事業法2条1号。0.2参照）に近似する。

電子通信役務提供者については，電気通信の領域における情報の「伝達」の主軸となる伝送行為を担う者をその中心とする[45]。具体的には，音声伝送（固定電話・携帯電話）役務提供者のほか，電子メール役務提供者，インターネット接続役務提供者その他のデータ伝送役務提供者が電子通信役務提供者に該当する[46]。インターネット接続役務提供者を電子通信役務提供者と解する考え方の背景には，インターネット上において「電子通信の送信又は受信を可能とする」とは基本的に「インターネットへのアクセスを可能とする」ことを意味すると捉える思想がある[47]。

一方，例えばウェブサイトの開設者については，基本的にはインターネット接続役務を利用する「電子通信役務の利用者」にすぎず，電子通信役務提供者には該当しないとされる[48]。自らとその利用者との取引（自己と他人との間の通信）の場を提供するネット通販サイト，航空券予約発券サイト等の管理・運営者についても，たとえ当該サイトが利用者との間で電子メール等を通じたコミュニケーションを行う機能を備えていたとしても，電子通信役務提供者とは言えないと解されている[49]。

もっとも，開設されるウェブサイトがその利用者に対して他の利用者（第三者）への情報の送信ないしコミュニケーションの機能を提供する場合には，情報の「伝達」に従事する者として，例外的に電子通信役務提供者に該当するという考え方（以下，「他人間通信促進時電子通信役務説」という）が一般的である[50]。これによれば，参加者限定型の電子掲示板等の双方向型プラットフォームの管理・運営者は，たとえ伝送行為を行わなくとも電子通信役務提供者に含まれることとなる（13.2.4参照）。

一方，遠隔情報処理役務の観念に関しては，その定義に示される「保管」及び「処理」の意義が問題となる。まず，「保管」に関しては，裁判例上，立法時の連邦議会の報告書が「医師や病院が医療記録を医療現場とは別の場所にあるデータバンクに保存している」事実を例示しつつ観念していることにかんがみ[51]，「仮想的な書類整理棚」のようなイメージと説かれている[52]。それゆえ，将来的に検索される可能性を含みつつ，利用者の各種情報を自前のサーバー等に保管する

第8章　通信の秘密との関係における通信記録の保管のあり方　195

役務は，遠隔情報処理役務に該当する。よって，オンラインストレージ役務提供者（0.1参照）は遠隔情報処理役務提供者の典型となろう。一方，「処理」に関しては，これを字義どおりに解せば多様な行為の形態が含まれ得るが，立法の経緯を踏まえつつ，一定のアウトソーシング機能を含意すると解する考え方[53]が学説上有力となっている[54]。連邦政府で通信記録保管法を所管する司法省（Department of Justice: DoJ）も，「利用者に対し将来の取得・検索（retrieval）に備えてデータを保管するサーバーは，遠隔情報処理役務を提供する」と説いている[55]。かかる考え方に基づけば，例えばネットオークションや航空会社等のウェブサイトの管理・運営者がその利用者から送信される情報をオークション手続，航空券発券手続等において取り扱っていたとしても，一定の任務がアウトソース（外部委託）されているわけではないことから，ここでいう「処理」には該当しないこととなる[56]。かかる観点から，遠隔情報処理役務とは，電気通信事業者等（電子通信役務提供者）の施設から離れた場所に位置する設備に保管され，又は当該設備を用いて処理される情報の取扱いに関する役務を指すと解されている[57]。

8.3.3 電子通信役務提供者と遠隔情報処理役務提供者との区別の固定性

以上の解釈を前提としつつ，電子通信役務提供者と遠隔情報処理役務提供者との区別のあり方に関しては，問題となる主体が提供する役務の主たる機能等に応じて当該主体に固定的となるという考え方（以下，「属性固定説」という）と，当該主体が提供する個々の役務の態様に応じてその都度きめ細かく判断されるという考え方（以下，「役務別属性区別説」という）との相違が議論の焦点の一つとなっている[58]。かかる相違は必ずしも二項対立的なものではないが，一般的には，単一の役務提供者が電子通信役務提供者及び遠隔情報処理役務提供者の双方に該当し得ると解する役務別属性区別説に基づく考え方が有力である[59]。米国政府も，問題となる主体の主たる事業又は機能に関わりなく，その提供する通信（役務）の性質に照らして電子通信役務提供者への該当性を判断すべきであるという旨を説いている[60]。

一方，電子通信役務提供者が，一定の設備に長期的に電子通信に関する情報を保管し，あたかもオンラインストレージ役務提供者のごとくふるまっても，電子通信役務提供者としての性質に変わりはないと解する属性固定説に基づく考え方も裁判例上示されている[61]。かかる考え方によれば，電子通信役務提供者とい

う属性については，当該役務提供者の主たる機能により固定的に決せられ，個々の役務の提供の具体的な態様に応じて変わるものではないということになり得る。

近年の学説においては，今日の情報通信技術の多機能性も踏まえ，電子通信役務提供者と遠隔情報処理役務提供者との厳密な区別は困難であるという旨も指摘されている[62]。その延長線上においては，通信記録の保管のあり方についてはもっぱら提供される個々の役務の機能に着目して検討すればよく，両者の制度上の区別自体を撤廃すべきであると説く考え方も提示されている[63]。

属性固定説と役務別属性区別説との相違が特に有意となるのが，電子メールに関する通信記録の保管行為のあり方であろう。例えば，サーバー等の設備を設置しつつインターネット経由でウェブブラウザを通じてアクセスされる電子メール（ウェブメール）を送受信するための機能を提供するウェブメール役務提供者[64]に関しては，役務別属性区別説の考え方によれば，着信者が電子メールを受信するまでの間の当該メールの保管行為は電子通信役務提供者としての行為となるが，その受信完了後にサーバー等にそれを保管する行為は遠隔情報処理役務提供者としての行為として位置づけられ得る[65]。なぜなら，着信者による受信完了前においては，ウェブメール役務提供者による保管は異なる利用者間の電子通信の送受信を可能とする役務の提供を目的とするものと認められるが，当該行為の完了後においては，一般に当該通信の内容の唯一の保管先が当該役務提供者のサーバー等となる（よって，通信当事者からの委託に基づく保管とみなし得る）からである。一方，属性固定説の考え方によれば，ウェブメール役務提供者が電子通信の送受信を可能とする役務を提供している以上，着信者による受信時点の前後を問わず，個々の電子メールを保管する当該役務提供者については，もっぱら電子通信役務提供者として位置づけられ得る[66]。この場合，着信者による受信完了後における当面の間の電子メールの保管については，後述する「バックアップ保護を目的とする電子的保管（electronic storage）」ということになろう[67]。

8.3.4　「電子的保管」の概念

電子通信役務提供者と遠隔情報処理役務提供者との区別，ひいてはそれらの通信記録の保管のあり方に関する規律を理解するうえで不可欠となるのが，「電子的保管」の概念である。そこで，この概念の内実についても整理しておきたい。

通信記録保管法は，電子的保管の概念について，①「電子的伝送に付随する有

線音声通信又は電子通信のあらゆる暫定的（temporary）・中間的（intermediate）保管」及び（and）②「当該通信のバックアップ保護（backup protection）を目的とする電子通信役務による当該通信のあらゆる保管」と定義している[68]。米国において，この定義の解釈をめぐっては，電子通信役務提供者と遠隔情報処理役務提供者との区別とも関連して，大別して以下の各見解が対立している。

多数説は，電子的保管の射程を狭義に解し，伝送途上の一時的な保管及び伝送途上にある通信に関して電子通信役務提供者によりシステムの完全性（integrity）を確保する目的で行われるバックアップ保護のための保管に限られると解する考え方（以下，「電子的保管狭義説」という）を採っている[69]。かかる解釈は，暫定的・中間的保管の意義及びバックアップ保護の意義の双方の観点から，電子的保管の射程を限定的に捉えている。ただし，ある情報が電子的保管の状態にある電子通信に関する情報（以下，「電子的保管情報」という）ではないことは，それが通信記録保管法の保護を受けないということをただちに意味するものではない。遠隔情報処理役務提供者により保持又は保存されている情報（以下，「保存情報」という）としての保護を受ける可能性を残しているからである。

電子的保管狭義説の考え方を前提としつつ，「暫定的・中間的保管」の観点に着目すると，伝送行為の完了後における保管行為については，これに含まれる余地がないこととなる[70]。この点を敷衍すると，例えば電子メールが着信者の利用するインターネット接続役務提供者のサーバー等により受信されたにとどまる状態（着信者は未受信の状態）にある場合には，電子的保管の状態となり得る。かかる場合における保管は，着信者により最終的に受信されるまでの間の暫定的な保管となり得るからである。これに対し，着信者による受信完了後においては，たとえ複製メールをインターネット接続役務提供者が保管していたとしても，伝送行為の過程における保管ではなく，当該行為に付随するものとも認められないことから，暫定的・中間的保管には該当しない[71]。

同時に，「バックアップ保護」の観点に着目すると，前述の「システムの完全性」の確保の趣旨に関して，電子的保管狭義説の立場に立つある裁判例が，「伝送完了前のシステム障害発生時に通信を保護するもの」と説いていることが注目に値する[72]。これによれば，例えばあるウェブメールの内容情報を着信者の受信後にウェブメール役務提供者がそのサーバー等に保管したとしても，それはバックアップ保護を目的とする保管（以下，「バックアップ保護目的の保管」という）に

は該当しない[73]。

　したがって，電子的保管狭義説に基づく電子的保管とは，伝送行為に付随する暫定的・中間的保管と当該行為の過程におけるバックアップ保護目的の保管との双方を包含するが，伝送行為完了後の保管についてはこれに含まれない[74]。これは，実質的に，電子通信役務提供者による個々の通信の取扱中かその完了後かで「保管」の意義を区別する考え方にほかならない。

　一方，少数説は，電子的保管の概念をより広く捉え，伝送行為及び着信者による受信行為が完了しているか否かを問わず，電子的保管が認められる可能性があると解する考え方（以下，「電子的保管広義説」という）に立っている。これによれば，たとえ着信者による電子メールの受信後にインターネット接続役務提供者がそれを保管した場合であっても，それが当該着信者において再びそのメールを端末設備にダウンロードする必要性に備えて行われる限り，利用者のためのバックアップ保護目的の保管として，電子的保管の状態に該当するという[75]。これは，㋐バックアップの概念については，着信者による受信の前後を問わずに妥当し得ること[76]，㋑バックアップの目的については，電子通信役務提供者の通信システムの保護のみならず利用者の都合についても含まれること，㋒伝送行為の過程におけるバックアップ保護目的の保管については，暫定的・中間的保管と位置づけることが可能であるから，これとは別に法律がバックアップ保護目的の保管を規定している意義を問う必要があること[77]，をその理由としている。ただし，(a)問題となるメッセージが「通常の過程で期限切れ（expired in the normal course）」となった場合，(b)（一般的な遠隔情報処理役務提供者の場合のように）情報の保管先が当該情報の唯一の保管場所となった場合には，予備的に行われることを含意したバックアップの概念になじまないことを踏まえ，その保管はバックアップ保護目的の保管とは認められない[78]ともされる。

　電子的保管広義説の考え方については，通信の完了時点を問わずに電子的保管の状態を観念することから，電子通信役務提供者の射程を広範に解することに結びつく。その限りにおいて，電子的保管広義説は属性固定説の考え方に親和的である[79]。しかし，電子的保管広義説の考え方に対しては，一般にインターネット接続役務提供者は個々の利用者がその電子メールを個人の端末設備に保管しているか否かについては関知しておらず，また電子メールのメッセージが「期限切れ」となる時期も不明確であることから[80]，利用者のためのバックアップ保護

第8章　通信の秘密との関係における通信記録の保管のあり方　　199

目的の保管への該当性に関して截然と判別できないとする有力な批判がある[81]。
また，電子通信役務提供者による伝送完了後の一定期間にわたる保管をも電子的
保管の射程に含めると，暫定的・中間的保管を当該射程に含める意義が乏しくな
るとする批判[82]も提示されている[83]。

8.3.5 具体的な規律事項

以上の内容を踏まえつつ，通信記録保管法の定める具体的な内容を概観する。
この法律は，主に以下の各事項を規律している。

第一に，電子的保管情報たる通信記録の不当な取得を抑止している。電子的保
管情報に関しては，意図的（intentionally）に許諾（authorization）を得ずに，又は
許諾の範囲を超えて，電子通信役務の提供される設備にアクセスしてこれを取得，
改変，若しくは正当なアクセスを妨害する行為が原則として処罰される[84]。当
該行為の主体はすべての者である。このような電子的保管情報の取得等が例外的
に許容されるのは，①有線音声通信役務又は電子通信役務の提供者の権限に基づ
き行われる場合，②有線音声通信役務又は電子通信役務による通信の一方の利用
者（発信者）又は当該利用者が意図する名宛人（着信者）の許諾に基づき行われる
場合，③法令に基づき一定の例外（政府機関による通信記録の提供[85]又は保全[86]の義
務づけ，通信傍受[87]）が認められている場合である。前記①の趣旨に照らし，電
子通信役務提供者等においては，通信当事者の許諾に基づかなくとも，その正当
な権限の行使として行う限り，通信記録の知得等が認められる（ただし，漏えいに
ついては原則として認められない）。なお，原則としてアクセスが禁止される対象と
なる設備については，「電子通信役務の提供される設備」に限られ，一般私人の
端末設備はこれに含まれない[88]。

第二に，大衆に対して役務を提供する者が任意に通信記録たる情報を漏えい
（開示）することが許容される場合を限定している。すなわち，電子通信役務提
供者が電子通信の内容情報（contents）たる電子的保管情報を故意（knowingly）
に他人に漏えいする行為については，原則として禁止されている[89]。ここでい
う内容情報とは，「通信の中身（substance），趣旨（purport）又は意味（meaning）
に関する情報」と定義されている[90]。一部の裁判例によれば，これは当事者が
やり取りすることを意図する情報に限られる[91]。この考え方による場合，内容
情報については，主観的な基準に基づきそれ以外の情報（構成要素情報）と区別

される[92]。

　一方，遠隔情報処理役務提供者が当該役務における伝送又は保存の対象となる内容情報を故意に他人に漏えいする行為についても，原則として禁止されている。ただし，この規律については，(ｱ)伝送・保存が利用者に代わって行われ，かつ当該利用者からの電子的な伝送を通じて内容情報が受信される場合（又は当該利用者からの電子的な伝送により受信された情報の処理を通じて内容情報が生成される場合），かつ(ｲ)役務提供者が情報の保管又は処理の役務以外の役務を提供する目的では当該内容情報にアクセスすることが許諾されていないときにおいては，伝送・保存がもっぱら利用者に対する当該保管又は処理の役務の提供を目的として行われる場合，に限られる[93]。遠隔情報処理役務提供者において内容情報の漏えいが禁止される場合が，利用者に対してもっぱら情報の保管・処理の目的での役務提供が行われる場合に限定されているという特徴（以下，「漏えい禁止の保管・処理目的限定」という）は，電子通信役務提供者と遠隔情報処理役務提供者との実体的な区別を考えるうえでも重要である（13.2.2参照）。

　このような電子通信役務提供者又は遠隔情報処理役務提供者による内容情報の漏えい行為が例外的に許容される場合として，(a)その内容がその名宛人（予定された着信者）又はその代理人に対して開示される場合，(b)電子通信プライバシー法所定の例外措置となる場合[94]，(c)発信者又はその名宛人の有効な同意（consent）がある場合（遠隔情報処理役務提供者においては，その利用者の有効な同意がある場合），(d)内容情報が何らかの事情により役務提供者により把握され，かつ当該情報が犯罪の遂行に関係しそうなものと認められるときにおいて，それが法執行機関に開示される場合[95]等[96]が挙げられている[97]。

　他方，内容情報以外の通信記録に関する情報については，これを故意に政府機関に対して漏えいする行為が，電子通信役務提供者及び遠隔情報処理役務提供者の双方に対して共通に原則として禁止されている（一般私人に対する漏えいは禁止されていない）。ただし，政府機関が役務提供者に対して通信記録の提供を義務づけ得る場合（後述）や利用者の有効な同意がある場合等[98]については別論である[99]。

　第三に，政府機関が役務提供者に対して通信記録の提供を義務づけ得る場合を規定している。すなわち，政府機関は，電子通信役務提供者又は遠隔情報処理役務提供者に対し，一定の場合において通信記録の提出を義務づけることができるが，その場合の通信記録に関しては，内容情報とそれ以外の情報とでその取扱い

第8章　通信の秘密との関係における通信記録の保管のあり方　　201

が区別されている。

　まず，内容情報に関しては，電子通信役務提供者が保管主体である場合と遠隔情報処理役務提供者が保管主体である場合とがさらに区別される。電子通信役務提供者により保管される内容情報たる電子的保管情報については，それが保管開始後180日以内であれば，修正4条の予定する令状手続のうち通常のもの（以下，「通常令状手続」という）での提供を義務づけることが可能であり，それが保管開始後180日を超えていれば，通常令状手続（この場合，利用者への事前の通知は不要となる）のほか，裁判所命令（court order）又は行政提出命令書（administrative subpoena）等による簡易な手続き（以下，「簡易命令手続」という）での提供の義務づけ（この場合，利用者への事前の通知が必要となる）が可能である[100]。通常令状手続は，政府機関により内容情報が傍受される場合の厳格な傍受命令による手続き（以下，「傍受命令手続」という）（**11.2**参照）よりは緩やかな手続きであるが[101]，簡易命令手続よりはハードルが高い[102]。一方，遠隔情報処理役務提供者の保存情報たる内容情報については，その保持・保存期間に関わりなく，電子的保管開始後180日超の内容情報の場合と同様の手続きで提供を義務づけることが可能である[103]。

　次に，内容情報以外の利用者に関する情報については，その提供主体が電子通信役務提供者か遠隔情報処理役務提供者かの区別やその保管期間にかかわらず，一律的に簡易命令手続による提供の義務づけが可能である。また，これに伴う利用者に対する通知は不要となっている[104]。

　簡易命令手続においては，通信記録の提供を義務づける枠組みとして，(A)行政提出命令書又は大陪審提出命令書（grand jury subpoena）若しくは公判提出命令書（trial subpoena），(B)利用者への事前通知を伴う行政提出命令書又は公判提出命令書，(C)裁判所命令，(D)利用者への事前通知を伴う裁判所命令の4種類の方法が予定されている[105]。これらのうち，裁判所命令に関しては，政府機関が問題となる通信の内容情報又はその他の記録ないし情報が現に進行中の犯罪捜査と関係し，かつ重要であると信ずるに足りる合理的根拠があることを表す「具体的かつ明確に示される事実（specific and articulable facts）」が提示される場合にのみ発出される[106]。ここでいう「具体的かつ明確に示される事実」については，修正4条にいう「相当な理由」よりも，捜索との関連性の程度が低い（情報の取得に対する裁判所の審査のハードルが低い。ただし，逆探知装置の設置・使用に際して必

要となる「所要の情報が入手できそうであってそれが進行中の犯罪捜査と関係する」とい
う基準〔12.3.1参照〕よりはハードルが高い）ものと解されている[107]。

　第四に，政府機関が役務提供者に対して通信記録の保全を義務づけ得る場合を
規定している。すなわち，政府機関の要請に基づき，（通信記録の提供を義務づける
ための）裁判所命令等が発出されるまでの間，有線音声通信役務，電子通信役務
及び遠隔情報処理役務の各提供者はその占有する通信記録その他の証拠を保全す
るために必要となるあらゆる措置を講じなければならない。保全期間は原則とし
て90日間であるが，政府機関の要請に基づきさらに90日間を限度として延長され
得る[108]。また，通信記録の提供を義務づける政府機関においては，その取得す
る各種提出命令書又は裁判所命令において，通信記録の保全の観点から，提供義
務づけの対象となる電子通信の内容情報のバックアップ用複製物の作成の義務づ
けを含めることが可能であるという旨も規定されている[109]。しかし，その作成
は前述の「証拠を保全するために必要となるあらゆる措置」に含まれ得るため，
この規定は実務においてほとんど用いられていない[110]。

　以上の規律については，いくつかの留意点がある。まず，「一般大衆にとって
容易にアクセス可能（readily accessible to the general public）」な形で設計された電
子通信システムを通じた電子通信の傍受又は当該通信へのアクセスについては，
電子通信プライバシー法（通信記録保管法）への違反とはならない[111]。一部の裁
判例も，「（問題となる）電子通信が一般大衆によって容易にアクセス可能となる
ものではないという要件は，通信記録保管法に基づく救済において重要かつ必須
となる」と説いている[112]。その背景には，誰でも容易にアクセス可能な双方向
型プラットフォーム等へのアクセスについては，その管理・運営者により許諾さ
れたものとみなし得ることから，もとより違法となる余地がなく，電子通信プラ
イバシー法はかかるプラットフォーム等の発展を妨げるものではないという思想
がある[113]。

　また，通信記録の保管主体が電子通信役務提供者にも遠隔情報処理役務提供者
にも該当しない場合には，基本的に通信記録保管法に基づく保護の射程外となる。
それゆえ，これらいずれの役務提供者にも該当しない一般私人においては，例え
ば電子通信の内容情報を（政府機関に）漏えい等したとしても，ただちに通信記
録保管法に基づく処罰を受けることにはならない[114]。同時に，既に言及したと
おり，一般私人たる着信者に受信された電子メールがその端末設備に保管されて

第8章　通信の秘密との関係における通信記録の保管のあり方　　203

いたとしても，それは「電子通信役務の提供される設備」ではないことから，
（政府機関による）当該設備へのアクセスを通じた情報の取得が通信記録保管法上
禁止されるわけではない[115]。

8.4 通信記録保管法の採用する区別とその援用の可能性

　以上の通信記録保管法の規律事項を踏まえ，以下においては，我が国の法の下
における通信記録の保管のあり方について考察を加える。通信記録保管法は，通
信記録の保管及びそれに対する公権力によるアクセスのあり方に関して，以下に
要約するとおり，いくつかの重要な区別を行っている。かかる区別については，
我が国の通信制度の下でも，個々の通信記録に対する法的保護の具体的なあり方
を考えるうえで，参照価値が高いと思われる。

⑴　保管主体による通信記録たる情報の漏えいの許容可能性及び公権力による
　当該主体に対する当該情報の提供の義務づけに関し，その内実が内容情報で
　ある場合とそれ以外の情報（構成要素情報）である場合との区別

⑵　内容情報以外の情報をその内実とする通信記録の保管主体による当該情報
　の漏えいの許容可能性に関し，その相手方が政府機関の場合と一般私人の場
　合との区別

⑶　一般私人等による通信記録へのアクセス制限に関し，通信記録の保管され
　る設備が電子通信役務の提供用の設備の場合とそれ以外の設備（端末設備等）
　である場合との区別

⑷　内容情報をその内実とする通信記録の保管主体に対する公権力による当該
　情報の提供の義務づけに関し，当該主体が電子通信役務提供者の場合と遠隔
　情報処理役務提供者の場合との区別

⑸　前記⑷の区別において保管主体が電子通信役務提供者の場合に関し，通
　信記録が電子的保管の状態にある場合とそれ以外の保管状態にある場合との
　区別

⑹　前記⑸の区別における電子的保管情報の保管期間に関し，180日以内であ
　る場合とそれを超える場合との区別

前記(1)の区別については，保管されている「秘密」たる情報のうち，内容情報と構成要素情報とでその保護のあり方に規範的な差異を設ける考え方（内容情報限定保護説）に結びつくが，これは憲法21条2項後段の規定の解釈論としては正鵠を射たものではない（**0.2・1.4**参照）。また，前記(2)の区別に関して，通信管理主体による「秘密」たる情報の漏えいは原則として禁止されると解されるところ（**1.6.4**参照），その漏えい先が公権力か一般私人かで規範的に区別されるものでないという点については，主な学説の共通理解となっている[116]。そこで，前記(1)及び(2)の区別については措く。

一方，前記(3)の区別については，秘密不可侵との関係において，通信記録の保管された利用者の端末設備を通信管理主体の支配・管理する通信設備と同列に捉えるべきか否かという重要な問題を内包する。しかし，この点に関する考察は次章に譲り（**9.3**参照），本章では措く。以上を踏まえ，秘密不可侵の法規範との関わりにおける前記(4)乃至(6)の区別の有意性に関して，以下に順次考察を加える。

8.5 通信記録の保管主体に関する区別の有意性

クラウド技術の発展等を背景としつつ，通信記録としての情報の保管の態様が多様化・高度化している現状にかんがみると，前記(4)の電子通信役務提供者と遠隔情報処理役務提供者との区別の有意性については失われているようにもみえる。とりわけ，ある電子的保管情報について，それと同一内容の保存情報との間にプライバシーの利益に関する著しい差異を認めることは困難かもしれない。かかる観点からは，いずれも「通信」を介してやり取りされた結果としての通信記録の一環である以上，例えばそれがインターネット接続役務提供者のサーバーに暫定的に保管されている場合であれ，オンラインストレージ役務提供者のデータセンターに長期的に保存されている場合であれ，同様の法的保護が妥当すると割り切ることにも一定の合理性が認められそうである。また，ネットワークを介して提供される役務が多様化している今日においては，電子通信役務提供者が個々の通信における伝送行為を担いつつ，同時に当該通信に関する情報の長期的な保管を行うことも想定される。そのような場合には，同一の主体が電子通信役務提供者にも遠隔情報処理役務提供者にも該当し得る。しかも，電子通信役務提供者

の概念については，インターネット接続役務提供者のほか，電子掲示板管理者等の双方向型プラットフォームの管理・運営者も含むことから，かかる多様な主体を広範に内包する当該概念自体の有意性を疑問視する向きもあるかもしれない。

それでは，秘密保護要請との関係上，前記(4)の区別は無意味なのであろうか。ここで注目すべきであるのが，電子通信役務提供者となる音声伝送役務提供者，インターネット接続役務提供者，電子掲示板管理者等の役務提供に関する特徴である。これらのうち，音声伝送役務提供者やインターネット接続役務提供者については，通常，ネットワークを通じた伝送行為を担いつつ他人間の通信を媒介する者にほかならず，典型的な伝送系通信管理主体となる。

また，前述の他人間通信促進時電子通信役務説は，電子掲示板その他の双方向型プラットフォームの管理・運営者全般を電子通信役務提供者とする帰結を導く（8.3.2参照）。かかる帰結は，伝送行為に従事せずに実質的な媒介を行う者を非伝送系通信管理主体として通信管理主体の射程に含める思想（1.5参照）に近似する[117]。換言すれば，実質的な媒介の成立要件は，結果的に，米国法上の電子通信役務提供者の射程と秘密不可侵の名宛人としての通信管理主体の射程とを，その核心部分においてほぼ適合させるような役割を果たしている。それゆえ，電子通信役務提供者の観念は，通信管理主体の概念に酷似していると言うことができる[118]。

他方，遠隔情報処理役務提供者については，その利用者から送信される情報を「保管」又は「処理」するにとどまる限り，当該利用者の通信の相手方（通信当事者）にはなり得ても，他人間の通信の媒介又は実質的な媒介に携わる者とは認められない。むしろ，「処理」を通じた情報加工編集行為に従事する場合には，その後に行われる情報の送信に関して，新たな発信者として位置づけられ得る。それゆえ，遠隔情報処理役務提供者に相当する者は，もっぱら遠隔情報処理役務に相当する役務を提供する限りにおいては，通信管理主体となるものではない。

したがって，電子通信役務提供者と遠隔情報処理役務提供者との区別については，憲法21条2項後段の規定の名宛人となるか否かの区別（通信管理主体と非通信管理主体との区別）におおむね符合すると考えられる[119]。このとき，電子通信役務提供者にほぼ相当する通信管理主体の保管する情報については，遠隔情報処理役務提供者（電子通信役務提供者を兼ねる場合を除く。以下同様。）に相当する非通信管理主体の保管する情報に比べ，その取扱い及びそれに対する公権力のアクセス

に関して規範的により強度な厳格さが求められると考えられる。非通信管理主体は，憲法規範の名宛人ではない以上，その保管する情報の取扱いに対してもより広い裁量（営業の自由等の行使の余地）を有すると解されるからである[120]。

このような非対称性は，「通信」の利用に当たり，通信管理主体への依存は基本的に不可欠であるが，非通信管理主体への依存についてはその限りではないという事情によって裏づけられよう。すなわち，利用者 A がその相手方の利用者 B にメッセージを送り届ける一般的な通信を想定した場合，A にとって，自らの行おうとする通信の完結のためには伝送系通信管理主体への依存が不可欠となる。当該主体が担う伝送行為は，A と B との間の他人間の通信を媒介することにその本質的な役割があり，かかる媒介の過程及びその終了後において「秘密」たる情報がいたずらに漏えいすることとなれば，利用者（A 及び B）にとっての重大な脅威となる。また，A がネットワーク上で不特定多数の者との間でのメッセージのやり取りを行おうとする場合，その利用するオンライン上のプラットフォームが電子掲示板であれ SNS 等であれ，伝送系通信管理主体とは別に，他人間の通信の実質的な媒介を行う非伝送系通信管理主体への依存が一般に必要となる[121]。

ところが，利用者 A が B に向けて発信した情報を非通信管理主体たる専業のオンラインストレージ役務提供者等にネットワーク経由で預託してその長期的な保管を委任する場合，それは個々の通信の完結のために不可欠となるものではなく，あくまで A が任意に選択した行為にすぎない。しかも，この場合のオンラインストレージ役務提供者等は，基本的に A から発信されるメッセージの着信者として観念される。それゆえ，たとえ当該オンラインストレージ役務提供者等が A から預かった情報を第三者に漏えいしたとしても，そのリスクは A が自らの意思で負ったものと捉え得る。私人間のプライバシー侵害の問題については別論として，「通信」の成立に必須ではないかかる行為からの保護をも憲法21条2項後段の規定が当然に予定しているとは解しがたい。

もとより，インターネット接続役務提供者や電子掲示板管理者については，他人間の通信の媒介又は実質的な媒介に従事しつつ，狭義の「秘密」たる情報を直接取り扱うことにより，利用者にとっての潜在的な脅威（情報権力）となり得る。そして，このような媒介又は実質的な媒介に際して利用者の「信頼」（1.4参照）に応じることが予定されているからこそ，憲法上その「秘密」を通信の完了の前

後を問わずに保護する義務を負う。それゆえ，これらの通信管理主体が保管する個々の通信に関する情報の公権力への提供については，公共の福祉に基づく格別の正当化事由が認められる場合や通信当事者の有効な同意を得た場合等を除き，原則として禁止される（1.6.4参照）。

これに対して，他人間の通信の媒介や実質的な媒介に従事していないオンラインストレージ役務提供者等の非通信管理主体においては，その保存する情報の公権力への提供に関して，狭義の「秘密」の保護という観点からの憲法上の義務を直接負うものではない。よって，公権力が非通信管理主体に対して当該提供を求め得る場合に関しては，通信管理主体に対する場合よりもやや緩やかに認定する余地があると考えられる。ゆえに，この点に関わる具体的な法規律のあり方については，比較的広範な立法裁量の余地が認められ得る。

以上のような区別については憲法上の与件と捉える余地があり，秘密保護要請に基づく通信記録の保管のあり方を考えるうえでも，これを踏まえることが必要となろう。もっとも，電子通信役務提供者や遠隔情報処理役務提供者ないしこれらに相当する者の具体的な射程に関しては，より詳細な分析を要する（13.2参照）。しかし，少なくとも，公権力による通信記録へのアクセスに関し，通信記録保管法に基づく保管主体の区別に関する基本的な思想については，我が国の法の下でも決して閑却できるものではないと言える。

一方，通信管理主体であるか否かの認定に関しては，一般論としては，原則としてその提供される役務ないしその機能ごとに判断され，ある役務の提供に関して通信管理主体であると認められることがその提供者の固定的な属性となるものではないと考えられる。なぜなら，ネットワーク上で多様な役務が提供されている今日において，仮にある通信役務の提供をもって同一の主体による他の異なる役務の提供に関しても当然に「通信管理主体としての行為」（以下，「通信管理主体行為」という）となるものと解すると，秘密保護要請や通信平等保障要請の名宛人として行われると認められる通信管理主体行為の射程が際限なく拡大し得るからである[122]。その意味において，役務別属性区別説の考え方は一般論として有意である。

しかし，通信記録たる情報の保管行為については，保管対象の情報の同質性に対する考慮が必要となろう。例えば，通信管理主体としてのインターネット接続役務提供者が伝送行為に伴い一時的にサーバー等に保管していた情報を着信者に

よる受信完了後も相当な期間保管する場合，当該保管については，その客体が同一の役務の提供に関する同一の情報であることから，当該受信完了の前後を問わず通信管理主体行為となり得ると考えられる。その限りにおいて，属性固定説的な考え方に接近する。これは，「秘密」が個々の通信の完了後に消滅するわけではないこと（1.4参照）の論理的な帰結でもある。

8.6　通信記録の保管状態に関する区別（電子的保管の概念）の有意性

前記(5)のように電子的保管の状態の有無に基づき法的保護のあり方を区別することは，主として，伝送系通信管理主体の行う通信記録の保管行為の客体について，電子的保管情報に相当する情報とそれ以外の情報とを区別する必要性を問うものとなる。電子的保管情報の保管を行い得る者として観念されているのは，伝送行為を担う電子通信役務提供者が中心であるところ[123]，これは伝送系通信管理主体の内実にほぼ符合するからである。はたして，伝送系通信管理主体の行う通信記録の保管に関してかかる区別を行うことは，秘密保護要請との関わりにおいて有意となるのであろうか。

この点に関しては，電子的保管の概念自体が必ずしも一義的に明らかなものではないことから，当該概念の意義に関する考え方に即した検討が必要となろう。まず，電子的保管狭義説は，伝送行為の完了前の保管のみを電子的保管と捉えることから，伝送系通信管理主体による取扱中の「秘密」たる情報の一時的な保管と通信（伝送行為）が完了した後の事後的な当該情報の保管とで，その保護の程度に規範的な差異を設ける考え方に結びつく。しかし，「秘密」の要保護性は通信の完了後も持続することに照らすと，これは秘密保護要請の趣旨に本質的に整合しない。

また，電子的保管狭義説の根底には，①電子メール等の内容情報に対しては，少なくとも伝送行為の過程でそれが保管された場合には，伝統的な郵便物の内容情報と同程度のプライバシーの保護（通常令状手続の確保）が与えられるべきである，②いったん着信者により受信された内容情報については，立法当時の技術[124]に照らす限り，発信者は「プライバシーの合理的な期待」を失うのであるから，それが電子通信役務提供者により保管されていたとしても，公権力による取得に際して通常令状手続を要求する電子的保管情報と位置づける必要はない，

第8章　通信の秘密との関係における通信記録の保管のあり方　　209

といった思想がある[125]。これは，プライバシーの合理的な期待の観念や第三者法理を前提とする考え方にほかならない。しかし，そもそも「秘密」はプライバシーと同義ではなく（1.4参照），「秘密」に対して「プライバシーの合理的な期待」の観念や第三者法理がそのまま妥当するわけではない[126]。すなわち，「秘密」は，「通信」の相手方や一般私人たる「第三者」との関係に関わりなく，公権力及び通信管理主体との関係において憲法上の保護対象となる。これらにかんがみると，電子的保管狭義説の考え方をそのまま援用することは，秘密保護要請の解釈論と相容れないと考えられる。

　一方，電子的保管広義説の考え方による場合には，着信者による受信行為の前後を問わず，電子的保管の状態が観念され得る。このとき，電子的保管情報の保管行為をそれ以外の保管行為と区別する意義は，実質的に，通信役務の適切な提供に必要と認められる範囲内の行為であるか否かという点に収斂されよう。なぜなら，個々の通信の完了前に行われる伝送行為に付随する暫定的・中間的保管のみならず，その完了後において「期限切れ」となるまでの間のバックアップ保護目的の保管についても，通信役務の適切な提供に必要となる行為と捉え得るからである[127]。それゆえ，伝送系通信管理主体が通信役務の適切な提供に必要となる範囲でこれを保管している場合には，電子的保管に相当する状態と観念し得る。このとき，我が国の法の下で，このような通信役務の提供ないし個々の通信の成立に必要と認められる範囲内での保管行為（以下，「必要的保管行為」という）とそれ以外の任意に行われる保管行為（以下，「任意的保管行為」という）とを区別する意義が問題となる。

　個々の通信に関する広範な情報を包含する狭義の「秘密」の包括性（1.4参照）にかんがみれば，通信管理主体の保管目的にかかわらず，通信記録たる情報は憲法上広く保護されることとなる。その限りにおいては，必要的保管行為と任意的保管行為とを区別する実益は大きくないようにもみえる。とりわけ，通信管理主体が保管下の「秘密」たる情報を公権力その他の第三者に開示（漏えい）する行為については，別段の正当化事由がない限り，保管目的とは関わりなく基本的に禁止される（1.6.4参照）。しかしながら，秘密保護要請を伝送系通信管理主体に対する行為規範として捉えた場合，必要的保管行為の下にある情報については，その知得等が許容される可能性が高まるという点において，任意的保管行為の下にある情報との一定の区別を図る余地がある。すなわち，必要的保管行為の過程

210

において一定の範囲で行われる知得については，個々の通信の実現に必要となる消極的知得として，基本的に「秘密」の侵害とは認められないと解される[128]。これに対し，任意的保管行為の下にある情報の知得，窃用等は，個人を識別し得ない形で行われるものではない限り，積極的知得（を伴うもの）として「秘密」の侵害に直結すると考えられる。したがって，電子的保管広義説の考え方に基づく前記(5)の区別については，保管された通信記録に対する公権力によるアクセスの可能性という観点からは有意性が乏しいが，伝送系通信管理主体に対する行為規範という観点（特に，「秘密」の侵害との関係において，必要的保管行為に基づく知得と任意的保管行為に基づく知得とを区別する観点）からは一定の有意性が認められる。

8.7 「180日基準」の有意性

前記(6)の区別のとおり，通信記録保管法上，電子的保管情報については，保管開始後180日以内であるか否か（以下，「180日基準」という）に応じてその保護の水準が異なる。これは，立法当時において，電子通信役務提供者がその通信記録を保管するのは数か月間（「システムの完全性」を確保する観点からは3か月程度[129]）であることが一般的であったところ[130]，例外的に180日を超えて保管され続けた情報については，受信すべき者が不在の電子メール等，保護に値しないものとみなされていたという事情に基づく。

しかしながら，情報の保管の技術及びそれに要するコストが大きく変貌した今日においては，より長期的な保管が一般化している。特に，ウェブメール役務提供者においては，180日以上にわたって電子メールの記録をそのサーバー等に保管することが一般的である。このような状況を踏まえると，秘密保護要請との関係においては，通信記録の保管のあり方を左右する基準として，180日基準が有意となるとは考えがたい。

8.8 小括

米国法の関係規律及びそれをめぐる議論を参照すると，通信記録の保管のあり方に関して，以下のような帰結が導かれる。第一に，保管されている通信記録たる情報の内容が同一であっても，秘密保護要請との関係上，保管主体が通信管理

主体であるか否かに応じて，当該情報に対する憲法上の保護（及び許容され得る公権力のアクセス）のあり方は変わり得る。それゆえ，公権力が通信管理主体の保管する通信記録の提出又は保全を求める場合には，非通信管理主体に対して同様の求めを行う場合に比べ，より厳格な手続きが要請される。このことは，通信記録の保管及びそれに対する公権力のアクセスのあり方の規律に関する立法裁量の余地にも影響を及ぼすと思われる。

　したがって，秘密保護要請の名宛人としての通信管理主体の射程を的確に画定することは，通信記録の保管のあり方を決する観点からも重要となる。その画定作業に当たり，電子通信役務提供者と遠隔情報処理役務提供者との規範的な区別は，通信管理主体か否かの分水嶺にほぼ対応するものと考えられ，参考となる。

　第二に，伝送系通信管理主体による通信記録たる情報の保管目的について，それが必要的保管行為の場合であるか否かに応じて，当該情報の知得等が許容される範囲が異なり得る。少なくとも通信記録の保管及びその過程での情報の知得が通信役務の適切な提供に必要と認められるものではない限り，憲法が予定する「通信」の実現に寄与するわけではないことから，基本的に秘密保護要請に基づく行為とは認めがたい。よって，そのような場合には，情報不接触原則に照らし，「秘密」の侵害となる可能性が高まると考えられる。

　通信記録の保管及びそれに対する公権力のアクセス又は関与のあり方に関しては，例えば，立法による通信管理主体に対する一定の期間にわたる通信記録の保管の義務づけや保管された当該記録の削除の義務づけを認める余地があるか否か，仮にこれらが肯定され得る場合には保管・削除義務の対象となる通信記録の範囲はどこまでかといった論点も考えられる。これらについては，今後の検討課題としたい。

1）その背景にある要因としては，警察の犯罪捜査等に対する規律をめぐる議論において，情報の取得時の行為に焦点がおかれ，取得後の行為についてはあまり関心が払われてこなかったとされる事情（山本〔龍〕（2017a）52頁・68-69頁参照）の影響も考えられる。

2）U.S. CONST. amend. IV.

3）修正4条の保護法益を主要な論点とする米国の主な判例の流れの概観として，海野（2014a）34-46頁参照。

4）*See* Olmstead v. United States, 277 U.S. 438, 466 (1928).

5）Katz v. United States, 389 U.S. 347 (1967).

6）Katz事件判決の考え方に基づけば，物理的侵入行為を伴わない捜索等が修正4条により保護さ

れる「プライバシーの合理的な期待」に対する侵害と認められるためには，捜索等の客体が当該期待を有するものと認められ，かつ当該捜索等が相当な理由に基づく令状によらない場合その他不合理であると認められる場合であることが必要となる。

7) *See* Kroll (2014), at 7A; Bard (2016), at 736.

8) *See Katz*, 389 U.S. at 361. ただし，Katz 基準は不法侵入法理に置き換わるものではなく，付加されるものとされている。*See* United States v. Jones, 565 U.S. 400, 407 (2012).

9) *See Katz*, 389 U.S. at 351. なお，この考え方は，（不法侵入法理に根ざす）財産的利益の保護という修正 4 条の側面を否定するものではないと解される。*See* Florida v. Jardines, 133 S. Ct. 1409, 1414 (2013).

10) *See* Casey (2008), at 988.

11) 第三者法理を支える理由として，①一般に第三者を介したやり取りについては，当該第三者の助力を得なければ本来オープンな場で行われることとなっていたはずの行為を秘匿（プライベート化）する「置換効果（substitution effect）」を有するところ，第三者法理は当該効果を解除してそのやり取りを再びオープンな場に戻すものであり，第三者を介して秘匿され得る犯罪の温床等を露呈させる効果を有すること，②第三者法理は，公権力による情報の取得に関する修正 4 条の要請が適用される範囲を当該情報の取得の場所（第三者の手元に渡る前の場所）に統一する（限定する）効果を有すること，③第三者に対する情報の提供は，「プライバシーの合理的な期待」の放棄に関する同意とみなし得ること，などが指摘されている。*See* Kerr (2009), at 573-576, 581-582, 588.

12) United States v. Miller, 425 U.S. 435, 442 (1976).

13) Smith v. Maryland, 442 U.S. 735 (1979).

14) *See id.* at 743-744.

15) *See, e.g.,* Guest v. Leis, 255 F.3d 325, 335-336 (6th Cir. 2001); United States v. Lifshitz, 369 F.3d 173, 190 (2d Cir. 2004). かかる論理によれば，例えばインターネット接続役務の利用者は，当該役務の提供者に提供した自らの契約者情報（住所，氏名，電話番号等）に対して「プライバシーの合理的な期待」を有しないこととなる。*See* United States v. Perrine, 518 F.3d 1196, 1204 (10th Cir. 2008); United States v. Bynum, 604 F.3d 161, 164 (4th Cir. 2010). 同様に，郵便の利用者は，封筒に記された住所等に対して当該期待を有しないとされる。*See* United States v. Huie, 593 F.2d 14, 15 (5th Cir. 1979).

16) *See* Kerr (2010a), at 1041-1042.

17) *See* Kerr (2010b).

18) *See* Kerr (2010a), at 1038; 他方，下級審の裁判例上，封書の内容情報に修正 4 条の保護が及ぶと解されている中で（United States v. Jacobsen, 466 U.S. 109, 114 (1984)），電子メール等の内容情報についても同様の扱いとなるべきとする観点から，（非公開予定）内容情報に第三者法理は及ばない，通信事業者が一定の範囲で内容情報にアクセスし得る可能性は当該情報に対する利用者の「プライバシーの合理的な期待」を排するものにはならない（令状主義の原則が妥当する）という旨が示唆されている。*See* United States v. Warshak, 631 F.3d 266, 285-286 (6th Cir. 2010); Price (2016), at 282-283. また，伝送行為を担う電気通信事業者に送信（開示）された情報に対しては，①当該事業者は発信者と着信者との間の利害関係から中立的である，②公権力が電気通信事業者から容易に当該情報を取得し得る可能性はコミュニケーションに対する萎縮効果を与える，といったことに照らし，第三者法理が及ばないという旨を説く学説もある。*See* Bedi (2014), at 1873.

19) *See Jacobsen*, 466 U.S. at 113; Walter v. United States, 447 U.S. 649, 656 (1980).

第 8 章　通信の秘密との関係における通信記録の保管のあり方　　213

20）*See* Brigham City v. Stuart, 547 U.S. 398, 403（2006）; Vernonia School District 47J v. Wayne Acton, 515 U.S. 646, 652（1995）; Kamin（2004）, at 89.

21）*See* Wilson（2013）, at 265.

22）*See* Kerr（2004）, at 1211-1212; *In re* Subpoena Duces Tecum（United States v. Bailey）, 228 F.3d 341（4th Cir. 2000）. 後者の裁判例においては、「相当な理由」が求められるのは令状が発せられる場合であって、行政提出命令書（**8.3.5参照**）等に基づく捜索等については一般的な「合理性」に関する基準に基づくという旨が説かれている。

23）*See* H.R. REP. No. 99-647, at 22（1986）.

24）Pub. L. No. 99-508, 100 Stat. 1848.

25）18 U.S.C. §§ 2510-2522（2016）.

26）これは、1968年に制定された犯罪取締り及び街路安全包括法（The Omnibus Crime Control and Safe Streets Act of 1968; Pub. L. No. 90-351, 82 Stat. 197）3編（Title III）の内容を受け継ぐものである。同法はコモンキャリアによって伝送される音声通信しか保護していなかったが、データ通信等の保護についても電子通信プライバシー法の射程に含められることとなった。

27）18 U.S.C. §§ 2701-2712（2016）.

28）「保管された通信の法律」が直訳であるが、本書ではその趣旨を踏まえて「通信記録保管法」と称する。

29）音声伝送役務（有線音声通信）のみならず、データ伝送役務（電子通信）の提供における逆探知のための装置も含まれる。*See* 18 U.S.C. § 3127（4）（2016）.

30）18 U.S.C. §§ 3121-3127（2016）.

31）Pub. L. No. 103-414, 108 Stat. 4279（codified at 47 U.S.C. §§ 1001-1010）.

32）Pub. L. No. 107-56, 115 Stat. 272.

33）Pub. L. No. 95-511, 92 Stat. 1783.

34）Pub. L. No. 110-261, 122 Stat. 2436（codified at 50 U.S.C. §§ 1801 et seq.）.

35）電子通信プライバシー法と外国課報監視法改正法との相互関係について、以下を参照：Liu（2013）, at 2-3.

36）Theofel v. Farey-Jones, 359 F.3d 1066, 1072-1073（9th Cir. 2004）.

37）*See* Kerr（2004）, at 1212-1213.

38）18 U.S.C. § 2510（15）（2016）.

39）18 U.S.C. § 2711（2）（2016）.

40）*See* Electronic Communications Privacy Act: Hearings Before the Subcommittee on Courts, Civil Liberties, and the Administration of Justice of the Committee on the Judiciary, 99th Cong. on H.R. 3378, at 474-480（1985）.

41）それゆえ、遠隔情報処理役務提供者においては、原則としてその「保管」や「処理」の過程で電子通信の内容情報の積極的な知得、覗き見等を行わないことが立法時には念頭におかれていた。*See* Robison（2010）, at 1231-1232.

42）「電子通信」の定義規定はややわかりにくいが、その主因は「有線による音響（sounds）の伝達」がこの観念に含まれるとされているにもかかわらず、「有線音声通信（wire communication）」がその射程から除外されていることにあると思われる。ここでいう"wire communication"とは、法律上、基本的に有線、ケーブル等を用いて行われる「音声の伝達（aural transfer）」を表すものとされている（18 U.S.C. § 2510（1）（2016））。立法時の連邦議会の記録によれば、これは有線通

信全般を指すのではなく，「いずれかの地点において人間の声を伴う通信の伝達」，すなわち有線による音声通信（固定電話による通話）を基軸とする通信を指す。ただし，電波を用いた音声通信（の部分）については，"wire communication" に含まれない（「電波を用いた音声通信」の例として，立法当時はコードレス電話による通話が想定されていたが，現在では携帯電話による通話も含まれる）。そして，有線音声通信が「電子通信」の射程から除外されているにもかかわらず，当該射程に「有線による音響の伝達」が含まれているのは，発信点から着信点までの間で，部分的にのみ有線回線が用いられつつ音響等が伝送されることがあるからであるとされる（S. REP. No. 99-541, at 12）。したがって，「電子通信」に含まれる「有線による音響の伝達」とは，基幹網（中継網）等において部分的に有線回線を用いて行われる音楽（データ）の伝送等を指し，固定電話（回線交換網）を用いた通話はこれに含まれないと解される。

43) *See* 18 U.S.C. § 3117 (b) (2016).

44) 18 U.S.C. § 2510 (12) (2016).

45) *See* Ward (2011), at 571-572; Quon v. Arch Wireless Operating Co., 529 F.3d 892, 902 (9th Cir. 2008).

46) *See* DoJ (2009), at 117; *In re* Doubleclick Inc. Privacy Litigation, 154 F. Supp. 2d 497, 508 (S.D.N.Y. 2001) [hereinafter *Doubleclick*].

47) *See id.* at 508-509; United States v. Steiger, 318 F.3d 1039, 1049 (11th Cir. 2003); *In re* JetBlue Airways Corp. Privacy Litigation, 379 F. Supp. 2d 299, 307 (S.D.N.Y. 2005) [hereinafter *JetBlue*].

48) *See Doubleclick*, 154 F. Supp. 2d at 509.

49) *See JetBlue*, 379 F. Supp. 2d at 307; Crowley v. CyberSource Corp., 166 F. Supp. 2d 1263, 1270 (N.D. Cal. 2001).

50) *See* DoJ (2009), at 119; Becker v. Toca, Civil Action No. 07-7202 Section "L"(3), LEXIS 89123, at 10 (E.D. La. 2008); Inventory Locator Service, LLC v. Partsbase, Inc., No. 02-2695 Ma/V, LEXIS 32680, at 75 (W.D. Tenn. 2005).

51) *See* S. REP. No. 99-541, at 3.

52) *See Quon*, 529 F.3d at 902.

53) *See* Kerr (2004), at 1230.

54) 利用者から託された情報に対して適切な保管のために必要となる範囲で行われる「処理」については，ここでいうアウトソーシング機能の一環として位置づけられる。しかし，当該範囲の内実は必ずしも一義的に明らかとなっていない。

55) *See* DoJ (2009), at 119.

56) *See* Kerr (2004), at 1230-1231. なお，検索役務提供者が利用者の検索条件に関する情報（検索用語）を保管する場合，これが遠隔情報処理役務提供者に該当するか否かについては議論の余地がある。有力な学説は，利用者から情報の保管を委託されているわけではなく，検索の要求に応答しているだけで何らかの任務を遂行しているわけでもないことから，遠隔情報処理役務提供者に該当しないと説いている。*See* Kerr (2014), at 396.

57) *See* DoJ (2009), at 119; S. REP. No. 99-541, at 3, 10-11 (1986).

58) *See* Hinz (2012), at 502.

59) *See* Flagg v. City of Detroit, 252 F.R.D. 346, 362 (E.D. Mich. 2008); *In re* Application for a Search Warrant, for Contents of Electronic Mail and for an Order Directing a Provider of Electronic Communication Services to Not Disclose the Existence of the Search Warrant, 665 F.

Supp. 2d 1210, 1214（D. Or. 2009）.

60） *See* DoJ（2009）, at 117, 120.

61） *See Quon*, 529 F.3d at 902.

62） *See* Medina（2013）, at 278.

63） *See* Hinz（2012）, at 515; Medina（2013）, at 293.

64） 当該機能が無料で提供される場合が多いことから,「フリーメール役務提供者」とも称される。

65） *See* United States v. Weaver, 636 F. Supp. 2d 769, 772（C.D. Ill. 2009）; Crispin v. Christian Audigier, Inc., 717 F. Supp. 2d 965, 987（C.D. Cal. 2010）. この場合, 着信者の受信完了前において も遠隔情報処理役務提供者となるのか否かについては不明確である。*See* Hinz（2012）, at 516.

66） *See Theofel*, 359 F.3d at 1075-1076. もっとも, 着信者による受信時点以降において保管された 電子メールが「通常の過程で期限切れ」となるまでの間が想定されている（**8.3.5**参照）。

67） *See Quon*, 529 F.3d at 902-903.

68） 18 U.S.C. § 2510（17）（2016）.

69） *See* DoJ（2009）, at 123-124.

70） *See* DoJ（2009）, at 123.

71） かかる解釈の背景には, 電子通信とは一定の伝達行為（伝送行為を中心とするもの）であり, 保管行為に関しては少なくとも明示的には含まれていないことから, 伝送行為に付随して行われる と認められる保管ではない限り, 当該保管は電子的保管ではないと捉える思想があるように思われ る。

72） *See* Fraser v. Nationwide Mutual Insurance Co., 135 F. Supp. 2d 623, 636（E.D. Pa. 2001）.

73） *See* Bansal v. Russ, 513 F. Supp. 2d 264, 276（E.D. Pa. 2007）. ただし, その場合, 当該ウェブメ ール役務提供者は遠隔情報処理役務提供者に該当し得る。その限りにおいて, その保管する情報に 対して通信記録保管法に基づく一定の保護が及び得る。*See* H.R. REP. No. 99-647, at 65.

74） *See* Medina（2013）, at 302.

75） *See Theofel*, 359 F.3d at 1075-1077; Cardinal Health 414, Inc. v. Adams, 582 F. Supp. 2d 967, 976, n.2（M.D. Tenn. 2008）.

76） *See* Jennings v. Jennings, 389 S.C. 190, 206（S.C. App. 2010）.

77） この点に関しては, 通信記録保管法上の電子的保管の定義において, その部分概念となる「暫 定的・中間的保管」と「バックアップ保護目的の保管」とが "and" で結ばれていることを踏まえ, バックアップ保護目的の保管はすべて伝送途上の暫定的・中間的保管である必要があると説く批判 が提示されている。*See* Jennings v. Jennings, 401 S.C. 1, 10（S.C. 2012）; Medina（2013）, at 303.

78） *See Theofel*, 359 F.3d at 1070. なお, 「通常の過程で期限切れ」の観念については, 電子的保管 狭義説の立場からも, 伝送行為の過程（完了前）における電子的保管の期間を表す概念として用い られている。*See* Anzaldua v. Northeast Ambulance and Fire Protection District, 793 F.3d 822, 842（8th Cir. 2015）.

79） もっとも, 電子的保管広義説によりつつ役務別属性区別説に依拠する余地はあるため, 電子的 保管広義説と属性固定説とは当然に符合するものではない。

80） *See* Hinz（2012）, at 504.

81） *See* DoJ（2009）, at 125.

82） *See* Medina（2013）, at 302.

83） なお, 「バックアップ保護」の目的を「暫定的・中間的保管」の補強材料になるものと捉えたう

えで,「バックアップ保護目的の保管」とは実際の伝送行為とは別の業務運営目的での保管を想定するものと解する有力な学説も提示されている。*See* Kerr (2004), at 1217.

84) 18 U.S.C. § 2701 (2016).

85) 18 U.S.C. § 2703 (2016).

86) 18 U.S.C. § 2704 (2016).

87) 18 U.S.C. § 2518 (2016).

88) *See Crowley*, 166 F. Supp. 2d at 1271-1272; *Steiger*, 318 F.3d at 1049.

89) 18 U.S.C. § 2702 (a)(1) (2016).

90) 18 U.S.C. § 2510 (8) (2016).

91) *See* United States v. Reed, 575 F.3d 900, 916 (9th Cir. 2009); *In re* iPhone Application Litigation, 844 F. Supp. 2d 1040, 1061 (N.D. Cal. 2012) [hereinafter *iPhone*].

92) 検索役務利用者の検索条件(検索用語)や閲覧先ウェブサイトの URL 等がここでいう内容情報に含まれるのかが不明であるとする指摘もあるが(*see* Kerr (2010a), at 1030. 堤(2017)39頁参照),少なくとも前者については当該利用者が検索役務提供者に送信する中身であるから,内容情報に該当すると解される。後者についてはやや微妙であるが,インターネット接続役務の利用者はアクセス先の URL 等に関する情報をインターネット接続役務提供者に伝達するという認識を有しないことが一般的であると思われ,基本的には構成要素情報と位置づけられると考えられる。

93) 18 U.S.C. § 2702 (a)(2) (2016).

94) 具体的には,法執行機関により知得された通信記録の情報に関する他の法執行機関との共有,利用,開示等の例外的認容(18 U.S.C. § 2517 (2016)),電子通信役務提供者等による通信傍受,通信の利用,開示等の例外的認容(18 U.S.C. § 2511 (2)(a) (2016)),政府機関による通信記録の提供の義務づけ(18 U.S.C. § 2703 (2016))に基づく場合が挙げられている。

95) これは,実質的に,公権力を名宛人とする修正4条の規律にほぼ相当する規律を,私人たる役務提供者にまで拡大適用することを意図した立法措置であると評されている。*See* Robison (2010), at 1228.

96) これらのほか,(e)役務提供者の従業員又は当該提供者が許諾を与えた者若しくは通信の伝送のために用いられる設備の管理者に対して開示される場合,(f)役務の提供の実施(rendition)又は役務提供者の権利・財産の保護に際して付随的に必要となり得る場合,(g)行方不明及び搾取された児童保護のための国立センターに対して一定の条件の下で開示される場合,(h)善意の役務提供者が人の生命や重大な身体的障害の危険を伴う緊急事態において速やかに当該事態に関わる通信の開示が必要と確信する場合,が定められている。

97) 18 U.S.C. § 2702 (b) (2016).

98) これらのほか,注96)に示す(f)乃至(h)の場合が掲げられている。

99) 18 U.S.C. § 2702 (c) (2016).

100) 18 U.S.C. § 2703 (a) (2016). もっとも,電子通信役務提供者により保管される内容情報については,その保管期間にかかわらず令状主義の原則に服するのが修正4条の要請であって,通信記録保管法は簡易命令手続に基づくその取得を認める限りにおいて違憲となるという旨を説く裁判例もある。*See Warshak*, 631 F.3d at 288.

101) *See* Steve Jackson Games, Inc. v. United States Secret Service, 36 F.3d 457, 463 (5th Cir. 1994).

102) *See* United States v. Ellis, No. 13-CR-00818 PJH, LEXIS 136217, at 23 (N.D. Cal. 2017). なお,

通信記録保管法上，電子通信役務提供者が保管する電子的保管情報以外の状態にある内容情報につ
いて，その提供が義務づけられる場合に関しては明文の規定が設けられていない。かかる内容情報
については，遠隔情報処理役務提供者として保管するものと認められない限り，同法による保護の
対象外となると解される（ただし，修正4条に基づく保護については別論である）。*See* DoJ (2009),
at 123.

103) 18 U.S.C. § 2703 (b) (2016).

104) 18 U.S.C. § 2703 (c) (2016).

105) これらのうち，(A)については，電子通信役務提供者又は遠隔情報処理役務提供者に対して利用
者に関する基本的な情報（氏名，住所・アドレス，通話時間，役務利用時間，電気通信番号，役務
料金支払手段等）の提供を義務づける場合に限られる（18 U.S.C. § 2703 (c)(2) (2016)）。(B)につ
いては，(A)の対象となる情報に関しても用いられ得るほか，180日を超えて電子的保管の状態にあ
る内容情報，保存情報たる内容情報の提供を義務づける場合に限られる（18 U.S.C. § 2703 (a)(b)
(2016)）。(C)については，(A)の対象となる情報に関しても用いられ得るほか，電子通信役務提供者
又は遠隔情報処理役務提供者が保管する利用者の通信記録その他の情報（内容情報を除く）の提供
を義務づける場合に限られる（18 U.S.C. § 2703 (c)(1) (2016)）。(D)については，(B)又は(C)の対
象となる情報の提供を義務づける場合に限られる（18 U.S.C. § 2703 (a)(b) (2016)）。

106) 18 U.S.C. § 2703 (d) (2016). ただし，提供義務づけの対象となる通信記録（情報）の特定性に
ついては明示的に規定されておらず，これが修正4条の趣旨との関係で問題となるとする指摘もあ
る。*See* Kerr (2014), at 402.

107) *See In re* Application of the United States of America for an Order Directing a Provider of
Electronic Communication Service to Disclose Records to the Government, 620 F. 3d 304, 313-
315 (3d Cir. 2010); United States v. Espudo, 954 F. Supp. 2d 1029, 1033 (S.D. Cal. 2013).

108) 18 U.S.C. § 2703 (f) (2016).

109) 18 U.S.C. § 2704 (a) (2016).

110) *See* Kerr (2003), at 828, n.118.

111) *See* 18 U.S.C. § 2511 (2)(g)(i) (2016).

112) *See* Snow v. DirecTV, Inc., 450 F.3d 1314, 1321 (11th Cir. 2006).

113) *See* S. REP. No. 99-541, at 35-36; H.R. REP. No. 99-647, at 41, 62-63. したがって，例えば電子
掲示板管理者が電子通信役務提供者として保管する情報の電子通信プライバシー法に基づく保護に
関しては，パスワード等により一定のアクセス統御が行われる電子掲示板を当該管理者が管理・運
営していることがその前提となる。

114) *See* Wesley College v. Pitts, 974 F. Supp. 375, 389 (D. Del. 1997).

115) *See iPhone*, 844 F. Supp. 2d at 1058. この裁判例によれば，仮に一般私人の端末設備が通信記
録保管法上の「電子通信役務の提供される設備」であるとすると，(イ)電子通信役務提供者が当該
設備への正当なアクセス権限を有し，第三者のアクセスを許容し得ることとなる，(ロ)当該設備に
ダウンロードされるアプリケーションの開発者も「利用者」として当該設備へのアクセスを許諾し
得ることになる，といった理論的な不整合が生じるという。なお，修正4条に基づく保護について
は別論である（**9.2.2**参照）。

116) 芦部 (2000) 545頁，佐藤 (2011) 322頁参照。

117) ただし，非伝送系通信管理主体の中には，実質的な媒介に携わらずに，もっぱら通信設備の供
用を行いつつ「秘密」たる情報を直接取り扱い得る立場におかれた者が含まれ得る。かかる者は情

報の「伝達」を行っておらず，電子通信役務提供者とは認められない。よって，電子通信役務提供者の観念がすべての非伝送系通信管理主体を包含するわけではない。

118）ただし，電子通信役務提供者の射程については，少なくとも以下の各点において，通信管理主体の射程と完全に一致するものではない。第一に，電子通信役務提供者の射程は，電子通信又は有線音声通信の完結に寄与する者に限定され，郵便等の非電磁的な通信の完結に寄与する者についてはこれに含まれない。しかし，通信管理主体の概念は，一定の通信設備の使用する者であることを前提とするものの，取扱い対象の通信が電磁的な通信か非電磁的な通信かを問うものではない。第二に，電子通信役務提供者については，電子通信の送受信を可能とする役務（通信設備の供用を含む）を提供していればこれに該当し得る。しかし，通信管理主体となるうえでは，役務提供において「秘密」たる情報を直接把握し得る立場におかれていると認められるか否かが別途問われ得る。

119）ただし，非通信管理主体がすべて遠隔情報処理役務提供者であるわけではない。

120）もっとも，非通信管理主体については，多様な主体を含む（遠隔情報処理役務提供者に相当する者とそれ以外の者とを包含する）と考えられるところ，それらを一律に捉えてよいか否かは別途の検討が必要である（**13.3.3**参照）。

121）Aが自ら実質的な媒介の機能を担う場合を除く。

122）海野（2015a）173頁参照。

123）なぜなら，「暫定的・中間的保管」は伝送行為に付随するものと観念されているからである。もっとも，電子掲示板管理者等（非伝送系通信管理主体）による電子的保管についても，議論の余地はあるものの，「バックアップ保護目的の保管」の一環として観念され得る（**13.2.4**参照）。

124）電子通信プライバシー法の立法当時，ウェブメール役務提供者のサーバー等に利用者のウェブメールの内容情報が保管されることは基本的に想定されていなかった。

125）*See* Medina（2013）, at 301.

126）なお，第三者法理の考え方に一定の合理性を認めつつ，我が国でもこの考え方が浸透している可能性を示唆する学説として，中山（2015）143頁・146頁参照。

127）それゆえ，秘密保護要請との関係上は，保管される情報が「秘密」たる情報である限り，それが暫定的・中間的保管かバックアップ保護目的の保管かの厳密な区別を行う有意性は大きくないと考えられる。

128）もっとも，必要的保管行為の過程の知得であれば当然に憲法上許容されるわけではない。当該知得が許容されるか否かを決するうえでは，知得が行われる状況やその態様についても考慮することが必要になる。

129）*See* S. REP. No. 99-541, at 3.

130）*See* H.R. REP. No. 99-647, at 68.

第8章　通信の秘密との関係における通信記録の保管のあり方　　219

第9章

通信の秘密との関係における通信用端末設備及び
その内包する情報の不可侵性

9.1 序説

　憲法上の「通信」の成立に物理的に不可欠となるのが，電気通信設備や郵便・信書便設備といった通信設備である。とりわけ，電気通信設備については，ネットワーク構造の高度化，複雑化等に伴い，その構成要素が多様化しているが，その法的位置づけ及び具体的な射程については必ずしも自明ではない。もっとも，当該射程に関して，電気通信事業者の伝送行為に不可欠となる伝送路設備及びその関連設備（電気通信回線設備）については，通常，当該事業者等が支配・管理しており，通信設備であることに疑いはない。問題となり得るのが，通信当事者が所有又は占有しつつ直接利用する端末設備である。これは，電気通信設備の一端として位置づけられるのだろうか。

　この点に関し，法律の次元における「電気通信設備」の概念が「電気通信を行うための機械，器具，線路その他の電気的設備」と定義され，当該設備を支配・管理する者（以下，「設備支配者」という）の属性とは中立的に捉えられていること（電気通信事業法2条2号）が注目される。この定義は，「通信資材を相互に結合して，電気通信が可能な状態に構成され，かつ，電気通信を行う主体が支配・管理している状態にあるもの」を指すと解されている[1]。「電気通信」には，送信・伝送・受信のそれぞれの行為が含まれることから（同条1号・0.2参照），ここでいう「電気通信を行う主体」については，伝送行為を担う電気通信事業者のみならず，発着信に伴う送受信行為を行う通信当事者も含まれる。それゆえ，例えば自営の端末機器についても，「利用者が設置した時点で電気通信設備となる」とされている[2]。実際，法律上，端末設備は「電気通信回線設備の一端に接続される電気通信設備」（同法52条1項）とされており，これが通信設備に含まれることが明確にされている。

　既述のとおり，「通信」は，発信者から送信された情報が予定された着信者に

より最終的に受信され，又は受信され得る状態におかれることにより完結する（1.3参照）。このとき，着信者による受信が物理的に可能となるためには，一般に個々の端末設備及びその伝送路設備への接続が必要となる。この点に関しては，発信時における発信者側の端末設備についても同様に妥当する。したがって，法律上の整理から示唆されるとおり，通信当事者の利用する端末設備については，個々の通信の成立に不可欠となる通信設備の一部を構成する。

このような捉え方を前提とすると，憲法21条2項後段の規定との関係において次に問題となるのが，以下のような論点であろう。第一に，通信当事者の利用する「通信設備としての端末設備」については，そもそも誰が支配・管理していると言えるのか。第二に，「秘密」は「通信」の完結後も保護されるところ，端末設備及びそれを通じてアクセスされ得る情報（以下，「端末内包情報」という）については，秘密保護要請との関係において保護されるのか。第三に，仮に端末設備及び端末内包情報が憲法上一定の保護を受けるのであれば，公権力による端末内包情報に対する任意のアクセス[3]は，どのような条件の下で認められ得るのか。

周知のとおり，端末設備は，インターネット等に接続されたパーソナルコンピュータ（PC）や携帯電話端末の例に見るまでもなく，情報の送受信を支える機能のみならず，通信記録たる情報の保管庫としての役割も果たしている。かかる情報の中には，各人のプライバシーに深く関わる秘匿性の高いものも含まれ得る。仮にそれが端末設備の不具合等により通信当事者の意に反して外部に頻繁に「流出」することとなれば，いくら伝送路設備等の安全性が確保されていたとしても，「秘密」の保護は事実上骨抜きとなり得る。それゆえ，秘密不可侵の法規範の内実には，伝送路設備等を支配・管理する通信管理主体に対する行為規範だけでなく，端末内包情報及びそれを抱える端末設備の保護に対する要請も含まれていると解される。ゆえに，かかる保護の具体的なあり方を明らかにすることは，秘密保護要請の一端を理解するうえで重要となる。

ところが，秘密保護要請を踏まえた端末設備及び端末内包情報の保護のあり方に関する議論は，従前の学説・判例において極めて乏しい。むしろ，当該要請は利用者のプライバシーの保護をその主旨とするものであって，少なくとも端末設備その他の通信設備それ自体の保護とは直接関係しないという認識が支配的であった感もある（1.1参照）。一方，米国においては，やや異なる角度から，端末設備及び端末内包情報が有する固有の性質の考察に資すると思われる興味深い議論

が展開されている。そこで本章は，憲法21条2項後段の規定の趣旨との関わりにおける端末設備及び端末内包情報の保護のあり方に焦点を当て，関連する米国法上の議論を参照しつつ，これを明らかにすることを目的とする。

9.2 米国法上の携帯電話端末及び携帯端末内包情報の捜索等をめぐる主な議論

9.2.1 逮捕に伴う捜索等をめぐる従前の主な判例法理

米国の学説・判例において，端末設備の位置づけに焦点が当てられたのが，修正4条に基づく公権力による捜索等の客体としての携帯電話端末及び当該端末を通じてアクセス可能なデジタル化された情報（以下，「携帯端末内包情報」という）が米国憲法上どのように保護されるのかという問題をめぐる議論である。これは，一次的には被疑者の「逮捕に伴う捜索（search incident to arrest）」のあり方をめぐる刑事手続上の問題である。この議論を取り上げる我が国の学説も，刑事手続のあり方の観点からこれを参照することが多い[4]。しかし，この議論は，携帯電話端末を手がかりとしつつ，今日の（通信設備としての）端末設備が本質的に有する重要な特徴を浮き彫りにしている。そこで，本章ではこの観点からの分析を加える。もっとも，このことを的確に理解するためには，修正4条との関係を踏まえた「逮捕に伴う捜索」のあり方をめぐる判例法理の主な流れを理解する必要があるところ，まずはこの点に関して以下に概観する。

学説・判例において，修正4条に基づく個別の捜索等の合憲性については，究極的にはそれが合理的か不合理かにより判断されるという旨が説かれている[5]。すなわち，捜索等が合理的であると認められるためには，原則として令状手続によることが必要となる[6]。しかし，令状手続を経ずに（すなわち，「無令状」で）行われる捜索等が常に不合理となるわけではなく，一定の「令状主義の例外」に該当する場合にはその合理性が認められ得る[7]。このような観点から，1914年のWeeks事件判決[8]の傍論において，英米法における令状主義の例外としての「逮捕に伴う無令状での捜索」が確認されて以来[9]，かかる捜索の具体的な射程に関して長年にわたる議論が行われてきた。

この「逮捕に伴う無令状での捜索」の趣旨を具体的に方向づけたのは，1969年のChimel事件判決[10]である。この判決においては，捜索従事者の安全の確保及

び被疑者自身による証拠の隠滅又は破棄の防止の必要性が，逮捕された被疑者自身及びその直接の支配の及ぶ範囲内における無令状での捜索等を合理的なものとするという旨が示された[11]。

次いで，1973年の Robinson 事件判決[12]においては，捜索等における「被疑者から凶器を取り上げる必要性」及び「被疑者に関する証拠を保全する必要性」を踏まえ，適法な勾留付き逮捕（custodial arrest）[13]の場合，これらの必要性が常に認められることから，それに伴い行われる被疑者の身辺の捜索等については，令状主義の例外に相当するのみならず，修正4条に基づき合理的であると認められるという旨が示された[14]。この判決は，適法な勾留付き逮捕に伴う捜索等の合理性は，後日裁判所によって（逮捕に関する相当な理由とは別に）「捜索従事者の安全の確保及び被疑者自身による証拠の隠滅又は破棄の防止の必要性」に関する相当な理由が認められるか否かの個別判断により左右されるものではないという前提によっていた[15]。その結果，被疑者による凶器の所持や証拠の隠滅の可能性が極めて低かったにもかかわらず，当該被疑者が着用する衣服のポケットに所持していた煙草の箱を逮捕に伴い開披する行為が合理的な捜索であると認められた[16]。

さらに，2009年の Gant 事件判決[17]においては，逮捕に伴う無令状での捜索等の正当化の根拠について，その客体が被疑者の逮捕時における自動車内であるときに焦点が当てられた。そして，「被逮捕者の身柄が確保されておらず，かつそれが捜索時に乗客席部分に届く距離にいる場合」に限り，当該自動車内の捜索等は合理的となるという旨が示された[18]。同時に，この判決は，逮捕事由となる犯罪に関する証拠が自動車内に発見されると信ずることが合理的である場合には，逮捕に伴う自動車内の捜索等が正当化され得るという旨も示唆している。ここに，もっぱら証拠収集を目的とした逮捕に伴う無令状での捜索等の可能性[19]が一定の範囲で肯定されることとなった[20]。

9.2.2　Riley 事件判決の概要

以上のような議論の流れを踏まえ，2014年に示された Riley 事件判決[21]は，逮捕に伴う被疑者の携帯電話端末及び携帯端末内包情報の捜索等に対してそれまでの判例法理がどのように適用されるかということを正面から検討し，端末設備及び端末内包情報の法的位置づけ及びそれらの保護のあり方に関して一定の方向性

第9章　通信の秘密との関係における通信用端末設備及びその内包する情報の不可侵性　　223

を示した。そこで，以下において，この判決の法廷意見の要点を概観する。

　まず，総論として，Robinson 事件判決において確認された「勾留付き逮捕に伴う捜索等の合理性」については，有体物を客体とする捜索等に関しては適切な利益衡量を図ったものと言えるが，携帯端末内包情報を客体とする捜索等に関してはその限りではないとされた。もとより，Robinson 事件判決は，Chimel 事件判決で説かれた「捜索従事者の安全の確保及び被疑者自身による証拠の隠滅又は破棄の防止の必要性」という二要件が「勾留付き逮捕時の捜索等」においては当然に認められるということを前提としている。しかし，携帯端末内包情報の捜索等に対してこれらの必要性はそのまま当てはまるものではないという[22]。また，Robinson 事件判決は，逮捕の事実それ自体によって被疑者のプライバシーに関する利益が著しく縮減するという理解によっている。ところが，携帯電話端末は被疑者に関する膨大な個人的データを内包しているため，他の物品の捜索等の場合と同視可能となるものではない（プライバシーを制約する度合いが極めて強ければ，捜索等に令状が必要となり得る）とされる。したがって，Robinson 事件判決の考え方をそのまま携帯端末内包情報の捜索等に援用することはできず，当該捜索等のためには（たとえ逮捕に伴う場合であっても）基本的に令状手続による必要があるという[23]。

　次に，逮捕に伴う無令状での捜索等の可能性との関係において，Robinson 事件判決で当該捜索等に関する「相当な理由の有無に関する個別判断」のアプローチが否定されたことを踏まえ，携帯端末内包情報という特定の類型に対する捜索等に関して，Chimel 事件判決で提示された「捜索従事者の安全の確保及び被疑者自身による証拠の隠滅又は破棄の防止の必要性」という要素の当てはまる余地があるか否かという点がより具体的に検討された。その中で，「捜索従事者の安全の確保」の必要性の観点からは，携帯端末内包情報に対する無令状での捜索等が正当化されるものではないとされた。その理由として，①捜索従事者を殺傷させたり被疑者の逃走を補助したりするための凶器となるリスクを抱える一般的な物品とは異なり，携帯端末内包情報はかかるリスクを内在させるものではないこと，②携帯端末内包情報の捜索等を通じた共謀者の動向の察知等の手法により捜索従事者の安全性が確保され得るという旨の政府の主張に関しては，これが実際の経験に基づくことに対する十分な証拠が示されていないこと，などが指摘された[24]。

一方，「被疑者自身による証拠の隠滅又は破棄の防止」の必要性の観点からも，同様に携帯端末内包情報に対する無令状での捜索等が正当化されるものではないとされた。その理由として，①携帯電話端末が押収されれば，被疑者自身が携帯端末内包情報の消去等による証拠の隠滅等を図る余地はなくなること，②ネットワーク上の遠隔操作や情報の暗号化等を通じた携帯端末内包情報に示される証拠の隠滅等の可能性が残るとしても，それは逮捕時における被疑者自身による証拠の隠滅等のおそれとは異なるうえに，かかる可能性が広く顕現すると確信し得る十分な理由は提示されていないこと，③たとえ前記②の可能性が顕現する状況でも，令状手続による通常の捜索等でも足り得ること，④前記②の可能性については，携帯電話端末に関して，その電源を切ったりそれを電磁波から隔離させるための容器に入れたりし，ネットワークに接続されない状態におくことを通じて，物理的に解消することが可能であること[25]，などがその主な理由である[26]。

　そのうえで，被疑者の「プライバシーの合理的な期待」の保護の観点から，捜索等の客体としての携帯電話端末がもたらし得るプライバシーの侵害に対する懸念は，煙草の箱や財布等とは比較にならないとされた。すなわち，㋐携帯電話端末は一般に質的にも量的にも膨大な情報を内包しており，その情報の保管容量の大きさも手伝って，電話のみならず，カメラ，アルバム，日記帳，地図，テレビ等の多様な機能を提供していること（情報の大量多様性），㋑前記㋐の性質から，携帯電話端末は他の独立した記録媒体ではおよそ困難な「私生活の再現」を可能とし得ること（情報の私生活再現可能性），㋒携帯端末内包情報については端末購入時点ないしそれ以前に遡っての追跡が可能であること（情報の遡及可能性），㋓携帯電話端末は一般に各人が持参することにより，利用者の所在地につきまとう性質のものであること（情報の利用者随伴性），などを根拠として，携帯電話端末ないし携帯端末内包情報は被疑者において通常所持される他の物品とは区別されると位置づけられた[27]。これは，修正4条との関係において，逮捕に伴う携帯端末内包情報の捜索等とその他の物品（所持品）の捜索等とを規範的に区別し，前者に対しては令状主義の要請を踏まえた「プライバシーの合理的な期待」の保護がより強固に及ぶことを明確化したものと捉え得る。

　加えて，携帯端末内包情報は，厳密には必ずしも携帯電話端末それ自体に保管されたもの（以下，「携帯端末保管情報」という）とは限らないという事実[28]が，問題となるプライバシーの利益の射程を複雑化させているという。すなわち，端末

内包情報には，インターネット経由のクラウド技術等によりアクセスされる遠隔のサーバー等[29]に保管された情報（以下，「遠隔保管情報」という）も含まれる。逮捕に伴う無令状での捜索等が可能となる客体の範囲は遠隔保管情報にまでは及び得ないと考えられる中で（この点については政府自身が認めているという），捜索等の対象として携帯端末保管情報と遠隔保管情報とを物理的に区別するための明確な解決策は示されていないとされる[30]。

　これらを踏まえ，以上の議論は決して携帯端末内包情報が捜索等の対象となり得ないということを意味するものではなく，当該捜索等のためには逮捕時といえども令状手続が必要になるという帰結を導くものとされる[31]。また，緊急事態等，無令状での捜索等を許容し得る格別の事由が認められる場合には，それに基づく携帯端末内包情報の捜索等が妨げられるものでもないという[32]。

9.2.3　Riley 事件判決の考え方に関する若干の考察

　Riley 事件判決は，被疑者のプライバシーの保護の観点から，逮捕に伴う捜索等の客体としての携帯端末内包情報（携帯電話端末）と一般の物品との間に明確な分水嶺を設けるものである。これは，いくつかの可能性と問題点とを抱えている。まず，可能性としては，携帯電話端末に限らず，電磁的な情報を保管するあらゆる媒体（設備）の内部に対する捜索等が「プライバシーの合理的な期待」に関する強固な保護を受け得るということが挙げられる[33]。このことは，Riley 事件判決が携帯電話端末を「ミニコンピュータ」として位置づけつつ，例えば通信機能を伴わないデジタルカメラ等，通信設備以外の電磁的な情報の保管媒体（以下，「その他の電磁的情報保管媒体」という）との明確な区別を図っていないことからも裏づけられる[34]。ただし，携帯電話端末及び携帯端末内包情報とその他の電磁的情報保管媒体及び当該媒体の保管する情報とを区別する可能性（あらゆる電磁的情報保管媒体を一律に捉えることが妥当とは言えない可能性）については，なお残されている。

　一方，問題点として，以下の各点を指摘することができる。第一に，携帯電話端末以外の物品の中にも，それが内包する情報に関して，大量多様性，私生活再現可能性，遡及可能性及び利用者随伴性を充足するものがあり得る。例えば，大量の個人的データが経時的に記載された手帳をその所持者が常時持参している場合，当該所持者のプライバシーを保護する観点からは，捜索等の客体としての当

226

該手帳の情報と携帯端末内包情報との規範的な区別が極めて困難となろう。

　第二に，すべての携帯電話端末における携帯端末内包情報が前述の各特徴を充足するとは限らない。例えば，購入したばかりの新しい携帯電話端末に関しては，物理的な情報の保管容量が大きくても，その利用者の情報や通信履歴がほとんど蓄積されていない可能性もある。また，利用者が自らのプライバシーに関わる重要な（秘匿性の高い）情報を保管せずに頻繁に削除（消去）していた場合には，携帯端末内包情報の大半がプライバシーとの関わりの薄い情報となり得る。さらに，携帯電話端末の利用者の中には，それを必ずしも常時持ち歩かない者もいると考えられる。

　これらの問題点を踏まえると，携帯端末内包情報の捜索等に関する他の物品の捜索等との規範的な区別については，①その必要性を否定するか，又は②その必要性を肯定しつつも Riley 事件判決が示した理由（当該必要性を肯定するための必要条件にすぎないと考えられる）とは別の理由（当該必要性を肯定するための十分条件）を提示することが不可欠となると言える。このうち，前記①の方向性については，携帯電話端末に各人のプライバシーに関わる大量の情報が内包されていることが多い今日の実態にかんがみると，正鵠を射たものとは言いがたい。他方，前記②の方向性については，端末内包情報に関する「秘密」の保護をめぐる議論とも連動し，さらなる検討の余地があるように思われる（9.3.3・9.3.4参照）。

　第三に，Riley 事件判決自体が認めているとおり，捜索等の客体としての携帯端末内包情報に関して，端末設備それ自体に保管された携帯端末保管情報（ネットワークへの接続なくして捜索可能なもの）と通信管理主体等の支配・管理するサーバー等に保管されている遠隔保管情報（ネットワークへの接続を介してのみアクセス・捜索可能なもの）との明確な区別が事実上放棄されている。もっとも，修正4条との関係において携帯端末保管情報と遠隔保管情報とを規範的に区別する必要性については別途の検討が必要となり得るし，Riley 事件判決ではこれが否定的に捉えられている[35]。しかし，Chimel 事件判決で示された「被疑者の直接の支配の及ぶ範囲」という基準に依拠する限りにおいては，当該範囲に携帯端末保管情報が入り，「直接の支配」が及ぶとは言えない遠隔保管情報についてはこれに含まれないと捉えることが合理的であろう。よって，携帯端末内包情報のうち，携帯端末保管情報に対する捜索等についてのみ，なお令状主義の例外に該当する余地があるという帰結が導かれ得る。このことは，プライバシーの保護との関わ

りにおいて，携帯端末保管情報と遠隔保管情報との規範的な区別が有意となる可能性を示唆する。

　第四に，第三の点にも関連して，携帯端末内包情報はそもそも誰が支配・管理しているのかという問題が正面から検討されず，携帯電話端末の占有者が利用者たる被疑者であるということをもって，そのプライバシーの保護に対する要請と結びついた令状主義の適用という帰結が導かれている。この帰結自体が妥当であるとしても，それを導くまでの議論の道筋においては，無令状での捜索等が例外的に認められる可能性に関する検討の一環として，遠隔保管情報を含む携帯端末内包情報は誰の支配・管理下にあり，当該情報への公権力によるアクセスに同意（承諾）を与える権限は誰が有しているのか（特に，遠隔保管情報については「被疑者の直接の支配の及ぶ範囲」を超えるにもかかわらず，被疑者自身がなお当該権限を有すると観念し得るのか）という点も考慮される余地があったように思われる。

　以上の問題点は，我が国において，秘密不可侵の法規範との関係における端末設備及び端末内包情報の法的保護のあり方を考察するに当たり，有用な視点となるように思われる。そこで，かかる視点を踏まえ，次節においてさらなる検討を行う。

9.3　端末設備及び端末内包情報の憲法上の保護のあり方に関する解釈論的考察

9.3.1　通信設備としての端末設備の位置づけ

　前節で概観した米国の議論及びその分析から，携帯電話端末その他の「通信設備としての端末設備」に関しては，個人のプライバシーに関わる大量かつ多様な情報を保管し得るものであり，公権力によるアクセスからの要保護性が高いということが読み取れる。しかしながら，保管される情報の多寡については，個々の端末設備の利用実態等に応じて異なるうえに，その他の電磁的情報保管媒体（の内包する情報量）との比較においてはますます相対的なものとなる。よって，保管される情報の量や幅（多様性）のみをもって当然に端末設備が「別格の扱い」となるわけではない。

　しかし，秘密不可侵を明示しない米国憲法とは異なり，我が国の憲法の下では，通信設備としての端末設備が規範的に「別格の扱い」となり得る。すなわち，

228

「通信」に不可欠となる（ネットワークに接続される）端末設備からの公権力による
端末内包情報の取得（積極的知得）が「秘密」の侵害に直結し得るという点に，
当該情報及びそれを内包する端末設備に対する高次の要保護性，ひいては「端末
設備の不可侵性」が認められる可能性がある。

　もとより，我が国の刑事手続上も，逮捕のための被疑者の捜索（刑事訴訟法220
条1項1号）や逮捕の現場における証拠物の捜索等（同項2号）が令状手続を経ず
に行われ得る（同条3項。併せて，憲法35条1項参照）。これらは，令状主義の例外
として広く解されている[36]。しかし，秘密保護要請との関係において「端末設
備の不可侵性」が妥当するのであれば，端末内包情報の無令状での捜索等につい
ては，たとえそれが逮捕の現場で行われるものであっても，原則として許容され
ないことになろう。このような観点から，通信設備としての端末設備の特徴及び
端末内包情報の取扱いのあり方を考えるうえでは，以下に論じる各特徴を考慮す
ることが必要となり得る。

9.3.2　端末設備と端末内包情報との一体性

　第一に，端末設備は，他の通信設備と同様に，その内部に個々の通信に関する
情報を収めることが機能的に予定されている。すなわち，端末設備を含む通信設
備は，やり取りの対象となる情報の伝送，送受信，保管等のために不可欠となる
設備であり，端末設備と端末内包情報とは構造的に切り離しがたい関係にある。
しかも，端末設備に関しては，当該設備それ自体に保管された情報（以下，「端末
保管情報」という）に加えて，遠隔保管情報へのアクセスの入口にもなり，その捜
索等を通じて入手可能となる情報の範囲が極めて広い。したがって，端末設備へ
のアクセスは，基本的に，それが内包する広範な情報の取得をも同時に意味する。
実際，Riley事件判決においても，「携帯電話端末の捜索（cell phone search）」[37]と
「携帯端末内包情報の捜索（searches of data on cell phones）」[38]とが明確に区別され
ているわけではなく，むしろ一体的に捉えられている。

　なお，憲法35条1項の規定との関係からは，仮に同条項にいう「住居，書類及
び所持品」を厳格に有体物に限定する趣旨と解する考え方[39]による場合には，
有体物たる端末設備の捜索と無体物たる端末内包情報の捜索とを規範的に区別す
る意義が生じるかもしれない。しかしながら，当該規定との関係に着目する限り
においても，両捜索を厳密に区別する実益は乏しい。その理由として，①「住居，

第9章　通信の秘密との関係における通信用端末設備及びその内包する情報の不可侵性　　229

書類及び所持品」という規定は捜索等の対象を厳密に有体物に限定する趣旨というよりも，例示的なものと解し得ること[40]，②端末内包情報の捜索は一般に（記録媒体としての）端末設備それ自体の点検を前提として行われること[41]，③仮に無体物としての端末内包情報の捜索に憲法35条１項の規定が直接適用されなくとも，憲法13条，21条２項後段及び31条の各規定の要請にかんがみ，当該捜索に令状主義の要請が実質的に及ぶと解し得ること[42]，などが指摘できる。

9.3.3 公権力による任意のアクセスが侵害し得る基本権の複合性

　第二に，通信設備としての端末設備は，それを支配・管理する者が複合的である。端末設備は，基本的に通信役務の提供・利用に際して機能することが予定されており，それはネットワークとの接続を通じて実現する。実際，移動体端末は通信管理主体に割り当てられる所要の周波数から遮断された場所（ネットワーク外）では十分に機能しない。そのため，端末設備は一般にネットワークを介して提供される各種の役務が各利用者において適切に利用可能となるように初期設計される。このとき，当該役務の大半は基本的に通信管理主体が司ることから，端末設備の設計に際しては多かれ少なかれ当該主体の意思が反映される。かかる意思には，通信役務の適切な提供を総合的に管理する観点から，個々の通信に関する一定の端末内包情報（特に端末保管情報）をネットワークに接続された端末設備から収集可能とするための仕様を組み込むことも含まれ得る。その場合，個々の利用者に加え，当該利用者の「信頼」の向かい先となる通信管理主体も（端末設備のネットワークへの接続を介して）端末内包情報に一定の範囲でアクセスし得ることになる。とりわけ，携帯電話端末においては，個々の通信管理主体ごとに通信役務の提供に際して用いられる技術的要素が異なる場合が多い。よって，端末設備の設計段階における通信管理主体の個別の意思が作用する度合いが概して強く，当該主体がアクセス可能な端末内包情報の範囲も比較的広くなる傾向にある。実際，遠隔保管情報を中心として，少なくとも部分的には，通信管理主体が端末内包情報の知得等のほか，それに対する情報加工編集行為も物理的に可能となることが一般的である。その限りにおいて，ネットワークの一部を構成する端末設備については，その設計段階から一定の範囲で，通信管理主体の支配・管理に服するという側面を有しており，当該設備と不可分の関係にある端末内包情報に対してもその支配・管理が部分的に及び得る[43]。

米国連邦政府においても，かつては端末設備及び端末内包情報に対する通信管理主体の支配・管理が及ぶ余地は乏しいという認識が一般的であった。しかし，携帯電話端末の高度化等が進んだ今日において，かかる認識は時代遅れであるという旨が説かれている[44]。その背景には，端末設備（特に携帯電話端末）に一定のソフトウェア等が（その初期設計の段階で）組み込まれることにより，従前よりも広範な端末内包情報の収集・取得が技術的に可能となっているという我が国にも共通する事情がある[45]。また，我が国においては，ネットワーク（電気通信回線設備）に接続される端末設備及びその利用について，法令上一定の制約が設けられている[46]。その制約は，かかる端末設備を電気通信事業者（通信管理主体）による支配・管理の下に（部分的に）服せしめるという効果を実質的にもたらしている。

　一方，利用者の端末設備は一般的に当該利用者の所有・占有下におかれており，通信管理主体が直接占有しているわけではない。また，利用者が端末内包情報に対する暗号化等の技術的措置を独自に講じることにより，公権力や通信管理主体による端末内包情報へのアクセスを一定の範囲で事実上遮断・防止する余地もある。これらの意味において，端末設備及び端末内包情報は利用者の支配・管理下におかれるという側面も併有している。実際，法令上の制約の範囲内かつ端末設備の設計・仕様が技術的に許容する範囲内において，利用者はあらゆる端末内包情報にアクセスし，それに対する情報加工編集行為を行うことが通常可能である。したがって，利用者の端末設備は，それと不可分の端末内包情報とともに，基本的に，通信管理主体による支配・管理とその許容する範囲内での利用者による支配・管理という複合的な統御の下におかれている。

　このように考えると，公権力が端末内包情報に対して任意のアクセスを行うことは，端末設備の利用者のプライバシー及び「秘密」を侵害する可能性を有する行為という意味合いに加え，（一定の範囲で）通信管理主体の支配・管理下におかれている通信設備及びそれと不可分の情報に対する不当探索を通じて，当該設備の支配・管理を妨害するおそれを内包した行為という意味合いを有すると言えよう。それゆえ，端末設備及び端末内包情報に対する公権力によるアクセスは，利用者の狭義の「秘密」やプライバシーを侵害する可能性と，通信管理主体の通信管理権（0.1参照）を侵害する可能性とを複合的に秘めている[47]。もっとも，このことは，伝送路設備及びその内部の流通情報に対する不当探索の場合も同様であ

第9章　通信の秘密との関係における通信用端末設備及びその内包する情報の不可侵性　　231

る。

　ここで，公権力によるアクセスの客体となる端末内包情報を一律的に捉えることがそもそも妥当であるか否かについて考察を加える。米国の判例法理による限り，端末内包情報のうち遠隔保管情報については，令状主義の例外に該当する余地が乏しい（強固に保護され得る）と考えられる。遠隔保管情報を内包する設備については，通信当事者以外の第三者の支配・管理下におかれており，通信当事者の「直接の支配の及ぶ範囲」（9.2.1参照）を超えているからである。とりわけ，当該設備が通信管理主体の通信設備である場合には，遠隔保管情報の取扱いに対して通信管理権が及び得る。このことは，利用者の「秘密」とともに通信管理主体の通信管理権を憲法上保障・保護する必要性が，端末設備及び端末内包情報に対する捜索等を（一般の物品に対する捜索等との比較において）特に厳格な令状主義の要請に服せしめるということを示唆する[48]。

　これに対し，端末保管情報の中には，通信管理主体の支配・管理がまったく及ばない（利用者のみがアクセス可能）と認められる情報もある。かかる情報に対する公権力による任意のアクセスについては，「秘密」やプライバシーの侵害の可能性をなお含んでいるとしても，少なくとも通信管理権の侵害に該当する余地は乏しい[49]。このように考えると，「秘密」の侵害となる可能性及び通信管理権の侵害となる可能性の相互関係が，端末内包情報を一律的に捉えることの可否をめぐる鍵を握っているということが推定される。

　そこで，「秘密」との関係も踏まえつつ，通信管理権との関係を併せて考慮すると，端末保管情報については，少なくとも以下の4種類に大別できる。すなわち，①個々の通信に関する情報であって，通信管理主体の支配・管理下の通信設備を通じたアクセスが可能な状態におかれているもの，②個々の通信に関する情報であるものの，通信管理主体の直接のアクセスが不可能な状態におかれているもの，③個々の通信に関する情報以外の情報であるものの，通信管理主体の支配・管理下の通信設備を通じたアクセスが可能な状態におかれているもの，④個々の通信に関する情報以外の情報であって，通信管理主体の直接のアクセスが不可能な状態におかれているもの，である。これらのうち，狭義の「秘密」の保護との関係で問題となるのは前記①及び②であり，前記③及び④についてはその限りではない。また，通信管理権との関係で問題となるのは前記①及び③であり，前記②及び④に対しては当該権利が基本的に及ばない。

232

一方，遠隔保管情報については，一般にその多くが通信管理主体の直接の支配・管理下にある通信設備に保管された情報であり，その限りにおいて通信管理権の及ぶものとなる。よって，かかる遠隔保管情報は，前記②及び④の端末保管情報と規範的に区別される余地がある。もっとも，遠隔保管情報が通信管理主体の通信設備に保管されている限り，その多くは同時に狭義の「秘密」たる情報となろう。その限りにおいて，当該情報は，前記③（及び④）の端末保管情報とも規範的に区別される余地がある。したがって，端末内包情報に関しては，すべて一律的に捉えることは妥当ではなく，それに対する公権力のアクセスが利用者の「秘密」及び通信管理主体の通信管理権の侵害となり得るか否かの観点から，端末保管情報と遠隔保管情報とを峻別することに対する一定の有意性が認められる[50]。

9.3.4　秘密保護要請との関係における通信設備としての端末設備

第三に，ネットワークに接続された端末設備は，個々の通信の完結に不可欠となる通信基盤の一端を占める。秘密保護要請は通信基盤の健全性の確保を求めており，その名宛人となる公権力及び通信管理主体においては，日頃から「通信設備の適切な管理」及びその制度的確保に努めることが求められる（1.3参照）。よって，端末設備を含む通信設備からの情報の漏えい等の最大限の防止（及びその制度的確保）に対する責務が公権力及び通信管理主体に課されていると解される。その帰結として，「端末設備及び端末内包情報の適切な管理」については，通信管理主体の享有する通信管理権の行使のあり方の問題となり得ると同時に，当該主体が公権力とともに負う憲法上の責務ないし義務の履行のあり方の問題にもなる。それゆえ，端末設備及び端末内包情報（さらには，その他の通信設備及びその内包する情報）の管理に対する主観的権利としての通信管理権を通信管理主体が自由に行使可能となる範囲については，前述の責務に対置される関係にある分，憲法内在的に縮減されていると解される。この関係は，「伝送行為を通じた表現の自由」の行使可能範囲が憲法内在的に限定的となること（4.5参照）と類似している。したがって，公権力による端末内包情報への任意のアクセスが実際に通信管理権の侵害と認められる余地も事実上限定的となる[51]。

前述のとおり，公権力による端末内包情報への任意のアクセスは，当該情報に関する秘密保護要請及び通信管理主体の通信管理権の保護に対する要請のいずれにも背馳し得る（9.3.3参照）。それゆえ，かかる任意のアクセスについては，た

とえ通信管理主体の同意が得られていたとしても，通信当事者の有効な同意も得られていない限り，基本的に禁止されると解される[52]。すなわち，情報不接触原則を伴う秘密不可侵の法規範は，公権力等が「秘密」たる情報を内包する他人の端末設備その他の通信設備にみだりに接触しないこと（通信設備の不可侵性）をも要請していると言える。

逆に，公権力による端末内包情報への任意のアクセスに際し，通信当事者の同意が得られながらも通信管理主体の同意が得られない場合についても，理論上は，原則として当該アクセスが禁止されると解される。ただし，以下の各場合には，通信当事者の同意のみにより任意のアクセスが可能となると考えられる。すなわち，①端末内包情報のうち通信管理主体による統御（通信管理権）が及ばないと認められるもののみを対象とし得る場合（かかる情報を的確に抽出し得ることが前提となる），②通信管理主体による統御（通信管理権）が及ぶ端末内包情報であっても，それに対する任意のアクセスが通信管理権の侵害に至らないと認められる範囲[53]にとどまる場合[54]，③公権力による情報の取得が通信管理主体の責務としての「通信設備の適切な管理」等に資すると認められる場合，である。

一般に，通信当事者の同意が得られた場合における公権力の端末内包情報へのアクセスは，通信当事者が占有する端末設備を介して行われる[55]。よって，当該アクセスに関しては，それ自体が通信管理主体のネットワークに対する支配・管理及びその運営に著しい支障をもたらす場合は少なく，前記②に該当する場合が多いと思われる。ゆえに，「通信当事者の同意が得られながらも通信管理主体の同意が得られない」ときにおいて，実際に公権力による任意のアクセスが禁止される場合は限定的となろう。

したがって，秘密保護要請は，通信管理主体と通信当事者との共同的な支配・管理下にある端末内包情報について，これを実質的に「通信当事者を主とする支配・管理下」にあるものに転換させるような法的効果をもたらしていると言える。すなわち，一般にある設備に内包される情報に対する公権力による任意のアクセスについては，設備支配者の有効な同意を得て正当に行われ得る[56]。ところが，「秘密」たる端末内包情報への任意のアクセスに関しては，設備支配者としての役割の一端を通信管理主体が担っているにもかかわらず，その同意のみでは不十分であって，一方の設備支配者であり「秘密」たる情報の保護に対する利益を有する通信当事者の有効な同意が不可欠となる[57]。

もっとも，前述のとおり，端末内包情報の中には，狭義の「秘密」とも通信管理権とも無関係の情報もあり得る。また，「秘密」たる端末内包情報の中にも，その知得が「秘密」の侵害に直結しない公開予定内容情報（**1.6.2**参照）が混在し得る。しかし，「秘密」の侵害等が問題とならない端末内包情報に対して公権力がアクセスしようとする場合，「秘密」たる端末内包情報ないし公開予定内容情報以外の端末内包情報との区別を瞬時かつ適切に行うことは事実上困難である。そのような中で，仮にかかるアクセスが認められるとすると，「秘密」以外の情報と同時に「秘密」たる情報も併せて不当探索される可能性，アクセスしても「秘密」の侵害とは認められない情報と同時にアクセス自体が「秘密」の侵害に結びつく情報も併せて取得される可能性が否定できず，「秘密」の保護に対する重大な脅威となる。それゆえ，秘密保護要請との関係上，公権力による端末内包情報へのアクセスについては，正当手続に基づく場合や全関係者の有効な同意が得られた場合を除き，包括的に禁止されることが原則となると解される。

　したがって，秘密不可侵の法規範の効果として，通信設備としての端末設備及び端末内包情報とその他の電磁的情報保管媒体及び当該媒体の保管する情報とは，それらに対する情報への公権力による任意のアクセス（からの法的保護）のあり方に関して，規範的に区別され得ることとなる。すなわち，設備支配者の有効な同意により公権力の任意のアクセスが可能となり得る後者の情報とは異なり，前者の情報に関しては，一方の設備支配者としての通信管理主体の同意にかかわらず，各通信当事者の有効な同意も得られない限り，かかるアクセスが基本的に禁止される。

　以上のような解釈には，「（携帯電話に関する）端末設備及び端末内包情報への公権力による捜索等に対しては原則として令状手続が必要となる」という Riley 事件判決の考え方との共通項を見いだすことができる。よって，この考え方は，我が国においては（憲法35条１項の要請との関係のみならず）憲法21条２項後段の規定の趣旨から直接導かれ得るものと言える。すなわち，端末設備及び端末内包情報に対する捜索等については，たとえ逮捕に伴い行われる場合であっても，秘密保護要請に照らし，原則として無令状では行うことができないと考えられる。

　もとより，米国憲法の下では，「利用者の『秘密』を包括的に保護する観点から公権力による端末内包情報の捜索等が基本的に禁止される」といった帰結は導かれる余地がない。それゆえ，逮捕に伴う無令状での端末設備及び端末内包情報

の捜索等が原則として禁止されると解するためには，Riley 事件判決が示したように，利用者のプライバシーの保護の必要性等を踏まえた別途の理由が必要となる。ところが，我が国の法の下では，公権力による個々の通信に関する端末内包情報へのアクセスの可能性に対しては，当該情報が基本的に「秘密」として位置づけられているがゆえに，それが実際に有するプライバシーとの関わりの程度等にかかわらず，令状主義の要請とは別に包括的かつ強固に防御されている。

それゆえ，個々の端末設備にどの程度の量の情報が実際に保管されているか，またそれらが個人の私生活を再現し得るほどのものか否かといったことは，秘密不可侵の法規範に基づく端末設備及び端末内包情報の保護のあり方に対しては，一次的な考慮要素となるものではない。すなわち，憲法上，端末内包情報に関する情報の大量多様性，私生活再現可能性等の要素の有無にかかわらず，通信設備としての端末設備及びそれと不可分の端末内包情報が，公権力による捜索等又は任意のアクセスの脅威から安定的に保護されている。同時に，通信設備の具体的な種類（技術的な分類）についても，秘密不可侵の法規範との関係においてただちに問題となるものではない。よって，携帯電話端末のみならず，インターネットに接続された PC[58]をはじめとする他の端末設備についても，あるいは端末設備以外の通信設備についても，それが通信設備として機能している限り，その内包する情報とともに，同様の憲法上の保護を受けると解される。

9.4 小括

秘密不可侵の法規範は，「通信」の主要な制度的利用環境の確保の一環として，端末設備を含む通信設備及びそれが内包する情報の双方の保護を公権力及び通信管理主体に対して要請していると解される。それゆえ，米国の判例において示された端末内包情報に関する特徴を考慮するまでもなく，当該情報については，それを擁する端末設備の種類にかかわらず，他の通信設備の内部の流通情報とともに，適切な保護（管理）及びその制度的な確保が憲法上予定されている。

同時に，公権力による端末内包情報へのアクセスについては，通信管理主体の通信管理権に対する制約にもなり得る。ただし，通信管理主体自身が秘密保護要請に拘束され，通信設備の管理については利用者の「秘密」の保護の観点から適切に行われることが憲法上要請されるため，通信管理権を任意に行使可能となる

236

範囲はもとより限定的である。また，「秘密」の侵害の場合と異なり，かかるアクセスによる情報の知得が通信管理権の侵害にただちに直結するわけではない。

このように，公権力による端末内包情報へのアクセスは，「秘密」やプライバシーの侵害の可能性及び通信管理権の侵害の可能性（又は通信設備の適切な管理の確保に関する客観法的要請に背反する可能性）を理論上はらむ。このことは，当該アクセスが，①強制処分たる捜索等の一環として行われる場合には厳格な令状主義の要請に服する，②任意のアクセスとして行われる場合には基本的に全関係者（各通信当事者及び通信管理主体）の有効な同意が必要となる，という命題を導くものとなる。

本章では，「通信」の利用者と通信管理主体との物理的な接点となる端末設備及び端末内包情報にその焦点を当てたが，前述の命題（法理）は，もっぱら通信管理主体の支配・管理する伝送路設備等とそれが内包する情報に対してもほぼ同様に妥当する。すなわち，公権力による伝送路設備及びその内部の情報への任意のアクセスについても，各通信当事者及び通信管理主体の有効な同意がない限り，「秘密」及び通信管理権の侵害となり得る。このことは，有体物としての設備を通信当事者が直接支配・管理していないにもかかわらず妥当する。その意味において，秘密保護要請は「通信設備の不可侵性」を裏づけるものである。

以上の考察より，秘密不可侵の法規範は，憲法の次元において，（通信管理主体による）通信設備の適切な管理の制度的な確保を要請しつつ，それに対する公権力の不当探索の可能性から国民各人を防御するべく，端末設備を含む通信設備をその他の電磁的情報保管媒体と規範的に区別する役割を果たしているという帰結が導かれる。換言すれば，「通信設備の不可侵性」により，当該設備及びそれが内包する情報に対する保護の度合いは相対的に強化されている。近年における「インターネット・オブ・シングス」や人体に装着可能なウェアラブル端末等の発展により，端末設備それ自体も多様化・高度化していく中で，かかる保護の必要性はますます高まっているように思われる。

1）多賀谷ほか編著（2008）27頁参照。
2）多賀谷ほか編著（2008）27頁参照。
3）本章にいう「任意のアクセス」とは，刑事手続上の強制処分（**12.5.1**参照）として行われる捜索等に至らない形でのアクセスを指す。
4）例えば，柳川（2015）531-545頁，山田（2015b）32-40頁参照。

5) *See* Amar (1994), at 759; Brigham City v. Stuart, 547 U.S. 398, 403 (2006).

6) *See* Vernonia School District 47J v. Acton, 515 U.S. 646, 653 (1995).

7) *See* Kentucky v. King, 563 U.S. 452, 459 (2011). また，特定の事業者に対する無令状での捜索を許容する法令が修正4条に適合的となる条件として，当該事業者が広範な規制を受けることになじむことに加え，①実体的な公共の利益，②当該捜索の必要性，③適用の確実性及び不変性の観点からみた当該法令の枠組みの令状手続に代替し得る米国憲法適合性，がいずれも認められることが指摘されている。*See* City of Los Angeles v. Patel, 135 S. Ct. 2443, 2456 (2015).

8) Weeks v. United States, 232 U.S. 383 (1914).

9) *See id.* at 392.

10) Chimel v. California, 395 U.S. 752 (1969).

11) *See id.* at 763.

12) United States v. Robinson, 414 U.S. 218 (1973).

13) Chimel 事件判決では「勾留付き逮捕」という表現は明示的に用いられていなかったが，当該判決は適法な勾留付き逮捕に際しての捜索を想定したものであるという旨が1981年の Belton 事件判決（New York v. Belton, 453 U.S. 454 (1981)）において示されている。*See Belton*, 453 U.S. at 457.

14) *See Robinson*, 414 U.S. at 234-235. このような説示の背景には，1968年の Terry 事件判決（Terry v. Ohio, 392 U.S. 1 (1968)）において，相当な理由を欠いても「合理的な嫌疑」がある場合には，警察官は相手を強制的に停止させ，職務質問することができ，その際，相手が武器を所持し危害を及ぼすおそれがあると合理的に信じ得る場合には，武器の捜検を行うことができるとされたことがある。*See Terry*, 392 U.S. at 24. Robinson 事件判決は，適法な勾留付き逮捕の場合について，「合理的な嫌疑」の有無にかかわらず，無条件に無令状での被逮捕者の身辺の捜索を認めたものと言える。Terry 事件判決と Robinson 事件判決との関係の詳細につき，緑（2002）77-78頁参照。

15) *See Robinson*, 414 U.S. at 235; Gustafson v. Florida, 414 U.S. 260, 265-266 (1973).

16) *See Robinson*, 414 U.S. at 236. なお，Robinson 事件判決においては，勾留付き逮捕に伴う捜索等の客体の射程について，被逮捕者の身体からどこまでの範囲がこれに含まれるのかということが明らかにされていない。しかし，その後の判例においては，被逮捕者に直接関連する私有物に限定されるという旨が示唆されている。*See* United States v. Chadwick, 433 U.S. 1, 15 (1977).

17) Arizona v. Gant, 556 U.S. 332 (2009).

18) *See id.* at 343. なお，自動車内の捜索等のあり方に関しては，前述の Belton 事件判決（注13参照）がその嚆矢となっている。当該判決においては，捜索従事者の安全の確保及び被疑者自身による証拠の隠滅又は破棄の防止の必要性が乏しかったにもかかわらず，逮捕に伴う自動車内の（無令状での）捜索等が合理的であると認められるという旨が説かれていた。また，捜索従事者は「逮捕と同時的な事象」として乗客席部分及び当該部分にある容器を捜索することが可能であるとされた。ここでいう「容器」については，「他の物体を内包するあらゆる物体」と定義されている。*See Belton*, 453 U.S. at 460-461. Gant 事件判決は，自動車内の広範な捜索等を許容し得る Belton 事件判決の考え方を否定し，被逮捕者の身柄が確保され，捜索従事者に対する安全上又は証拠保全上の危険が及ばないと認められる場合には，無令状での自動車内の捜索等は認められないという旨を示唆したと言える。

19) この証拠収集の必要性については，Chimel 事件判決において示された無令状での捜索等を可能とする要件とは別次元のものであり，携帯電話端末の捜索等のあり方をめぐる議論の争点の一つを

構成することとなった。

20）See Gant, 556 U.S. at 343.

21）Riley v. California, 134 S. Ct. 2473（2014）.

22）Riley 事件判決は，無令状での捜索を認めるための一般的な判断基準として，「捜索が各人のプライバシーを制約する度合い」及び「捜索が正当な政府（公共）の利益を促進するために必要となる度合い」の双方を評価（比較衡量）するという手法を示している。See id. at 2484. これは，携帯電話端末以外の物品の捜索においても，当該評価において当事者のプライバシーを制約する度合いが過度に高いと認められる場合（例えば，被逮捕者の住居内全体の網羅的な捜索。See id. at 2488）には，無令状での実施が認められないということを示唆する。なお，かかる利益衡量のアプローチについては，判断基準の不確定性等によりプライバシーの利益を公共の利益との比較において最小化するリスクを抱えているとする指摘も提示されている。See Harvard Law Review Association（2014）, at 258-259.

23）See Riley, 134 S. Ct. at 2484-2485. なお，フロリダ州最高裁判所の判例においても，捜索従事者が被疑者の携帯電話端末をその支配・管理下においた場合には，Chimel 事件判決において示された二要件が当てはまらず，逮捕に伴う携帯電話端末の捜索等にも令状の取得を要するという旨が説かれている。See Smallwood v. State of Florida, 113 So. 3d 724, 736（Fla. 2013）.

24）See Riley, 134 S. Ct. at 2485-2486.

25）これらの理由のほか，個別の事案において無令状での捜索等が不可欠となると認められる場合には，判例上確立されてきた「緊急事態における令状主義の例外」（see Mincey v. Arizona, 437 U.S. 385, 393-394（1978）; King, 563 U.S. at 460）によることが可能であることも指摘されている。See Riley, 134 S. Ct. at 2487-2488.

26）See id. at 2486-2487. これに加え，Gant 事件判決で示された証拠収集のための逮捕に伴う無令状での捜索等の可能性については，Chimel 事件判決の考え方に基づくものではなく，その射程はもっぱら自動車内の捜索等に限定されるという旨が説かれている。See id. at 2484. その根拠として，自動車の場合における「縮減されたプライバシーの期待」及び「高度の法執行のニーズ」という「固有の事情」が指摘されている。See id. at 2492.

27）See id. at 2489-2490.

28）この事実を踏まえ，Riley 事件判決においては，携帯電話端末が前述の Belton 事件判決で定義された「容器」に該当する可能性について，否定的に解されている。See id. at 2491. なお，オハイオ州最高裁判所の判例においても，携帯電話端末は有体物を内包するものではないという理由から，その「容器」への該当性が否定されている。See State of Ohio v. Smith, 124 Ohio St. 3d 163, 167-168（Ohio 2009）.

29）このような遠隔のサーバー等についても，ネットワークで接続されている限り，端末設備の一種である。それが利用者の端末設備と一体的に用いられ，認知すべき事項が存在する蓋然性も共通して認められる限り，当該設備に関する端末内包情報を保管するために使用されるものと位置づけ得る。なお，我が国の法律上も，差押えの対象が PC や携帯電話端末等を含む「電子計算機」である場合，それを用いて作成等された電磁的記録を「保管するために使用されていると認めるに足りる状況にある」（遠隔の）記録媒体について，これがネットワーク（電気通信回線）で当該電子計算機と接続されている限り，その差押え（遠隔アクセス）の対象となる（刑事訴訟法99条2項・218条2項）。すなわち，かかる処分に関しては，利用者の端末設備たる電子計算機及びそれとネットワークで接続された事業者の端末設備たる遠隔のサーバー等を同時にその対象として行われ得る

と解される。これは，利用者の端末設備と遠隔保管情報を保管するサーバー等との一体性を前提とした考え方である。

30）*See Riley*, 134 S. Ct. at 2491. なお，Riley 事件判決は，逮捕に伴う無令状での遠隔保管情報の捜索について，「法執行機関が被疑者のポケットから住居の鍵を見つけ，それをもって当該住居に侵入し，その捜索を行うことが許容されると主張するようなもの」と説いている。

31）ある学説は，Riley 事件判決について，令状主義の厳格な適用に関して携帯電話端末を住居と同視するものである（*see id.* at 2491）ということを前提としたうえで，今後，生体認証技術の発展等に伴い携帯端末内包情報へのアクセスに対する「自衛措置」が普及し，携帯電話端末の捜索等に対する令状主義の要請の必要性が相対的に低下すれば，その影響は住居の捜索等のあり方にも波及し得るという旨を説いている。*See* Dery and Meehan（2015），at 331.

32）*See Riley*, 134 S. Ct. at 2493-2494. なお，近時の判例においては，公権力により収集された個人的データがいつどのような形で分析されるかわからないことに伴う不安感を根拠の一つとしつつ，逮捕に伴う無令状での捜索として血液検査を行うことは認められないという旨が示されている。*See* Birchfield v. North Dakota, 136 S. Ct. 2160, 2178（2016）.

33）*See* Butler（2014），at 94; Yelton（2014），at 1031.

34）*See Riley*, 134 S. Ct. at 2489.

35）Riley 事件判決は，携帯端末保管情報と遠隔保管情報との間の区別について，基本的に「さほど重要ではない（makes little difference）」という旨を説いている。*See id.* at 2491. このような説示に照らし，当該判決は利用者が携帯端末保管情報に対しても遠隔保管情報に対しても同程度のプライバシーの期待を有すると解していると説く学説もある。*See* Yelton（2014），at 1031. 他方，一部の学説においては，第三者の支配・管理下におかれる遠隔保管情報に対して「プライバシーの合理的な期待」の強固な保護を認めることは，第三者法理（**8.2** 参照）に抵触し得るという旨が指摘されている。*See* Dery and Meehan（2015），at 332.

36）最大判昭和30年 4 月27日刑集 9 巻 5 号924頁（国税犯則取締法事件），最大判昭36年 6 月 7 日刑集15巻 6 号915頁，最決平成 8 年 1 月29日刑集50巻 1 号 1 頁（和光大学事件）参照。

37）*See Riley*, 134 S. Ct. at 2491.

38）*See id.* at 2485.

39）佐藤（1997）319頁，市川（2014）169頁・198頁参照。

40）憲法35条 1 項の規定において「住居」等が明示されているのは，それが「犯罪の証拠とされかねないさまざまな情報が集積されている空間・場所の代表例」であるからとしつつ，無体物たる情報の点検に対しても令状主義の要請が及ぶという旨を説く学説として，渋谷（2017）239頁参照。併せて，伊藤（1995）341-342頁参照。また，憲法35条 1 項の保障の対象に「私的領域に『侵入』されることのない権利」が含まれると説く判例として，最大判平成29年 3 月15日刑集71巻 3 号13頁（GPS 捜査事件）参照。情報とそれを擁する設備との一般的な不可分性を念頭におくと，かかる不可分性が認められる限り，無体物たる情報とそれを内包する有体物たる設備とは一体的に捉えることが可能である。したがって，捜索等の対象が情報であることをもって，ただちに憲法35条 1 項の規定が適用されなくなると解することは妥当ではないと考えられる。

41）なお，「電磁的記録に係る記録媒体」の捜索等について規定した刑事訴訟法110条の 2・222条 1 項，遠隔アクセスによる記録媒体等の捜索等について規定した同法99条 2 項・218条 2 項参照。

42）松井（2007）532頁，井上（1997）13頁参照。

43）例えば，携帯電話端末に SIM ロック（接続先のネットワークを限定するための技術的な措置）

を施す自由が通信管理主体に対して原則として認められていることは，通信設備としての当該端末の支配・管理に対する権利が通信管理主体に（も）あることを裏づける。なお，SIM ロックの解除のあり方をめぐっては，日米両国においてさまざまな議論があるが，その様相を米国の状況を中心に整理したものとして，海野（2015b）12-38頁参照。

44) *See* FCC（2013），at 9613.

45) *See id.* at 9615.

46) 具体的には，電気通信事業者がそのネットワーク（電気通信回線設備）に利用者の端末設備を接続するための請求を受けた場合，一定の技術基準に適合しない場合等を除き，当該請求を拒否できない（電気通信事業法52条1項）。これにより，端末設備の技術基準への適合性の確保が予定されている。当該技術基準については，①ネットワーク（電気通信回線設備）を損傷等しないこと，②他の利用者に迷惑を及ぼさないこと，③電気通信事業者のネットワークと利用者の端末設備との責任分界点を設けること，が基本となる（同条2項参照）。その実際の適用方法としては，電気通信事業者による端末設備の検査の実施（同法69条1項），当該検査の省略事由を充足する端末機器（電気通信事業者により公示されたもの，一定の認定機関による技術基準適合認定を受けたもの）の利用（電気通信事業法施行規則32条1項4号・同項5号参照）等がある。また，利用者が端末設備を接続する際の工事については，簡易なものを除いて利用者に委ねられておらず，原則として工事担任者資格者証の交付を受けている者が担当する（電気通信事業法71条1項）。さらに，端末設備に異常がある場合等においては，電気通信事業者が利用者に対して当該設備の接続が前述の技術基準に適合するか否かの検査を受けることを求めることができ，このとき利用者においては正当な理由がある場合等を除きその請求を拒否できない（同法69条2項）。このように，法令上も，ネットワークと端末設備との間には一定の責任分界点の設定が予定されつつも，端末設備の接続及びそれを通じた利用に関して各種制約が設けられており，その限りにおいて，端末設備には電気通信事業者（通信管理主体）の支配・管理が部分的に及んでいると言える。換言すれば，各電気通信事業者においては，自らのネットワークと違法な状態にある端末設備とを接続し，法令違反の状態を発生させることのないよう，通信設備の適切な管理に必要となると認められる範囲内で，個々の端末設備の利用実態を確認する責務を実質的に負っているものと解される。とりわけ，近年においては，サイバー攻撃の踏み台となる脆弱な端末設備（IoT 機器等）がネットワークに接続され，当該攻撃の発生源と化すことも少なくない。よって，端末設備の利用実態を確認する責務は，かかる事態を防止するうえで重要な意義を有している。

47) 任意のアクセスの態様によっては，端末設備に対する利用者の財産権を侵害する可能性もあるが，この点については本章では措く。

48) よって，当該捜索等については，逮捕に伴うものであっても原則として無令状では許容されないと解される。

49) ただし，通信管理主体が基本的にはアクセスできない端末保管情報であっても，個々の通信に際してそれを当該主体が伝送行為等の過程で知得することとなる場合には，（当該主体との関係において）その情報は「秘密」として保護され得る。

50) ただし，遠隔保管情報の中にも，(ア)非通信管理主体が支配・管理する設備に内包された情報，(イ)個々の通信に関する情報以外の情報が含まれ得る。前記(ア)の情報に対しては通信管理主体の通信管理権が及ばず，前記(イ)の情報は狭義の「秘密」として保護されない。よって，端末保管情報と遠隔保管情報との区別が，通信管理権の及ぶ客体をめぐる区別や通信管理主体との関係において保護される（狭義の）「秘密」であるか否かの区別にそのまま対応するわけではない。

51）もっとも，電気通信の領域において「適切な管理」が求められる通信設備については，伝送行為に不可欠となる電気通信回線設備であって，着信者による受信後の情報を持続的に内包する利用者側の端末設備についてはこの限りではないという考え方もあるかもしれない。これは，「秘密」はその伝送・交換等に際して保護され，着信者による受信完了後については別であるという思想に接合する。しかしながら，かかる思想が妥当ではないことは既述のとおりである（1.4参照）。したがって，憲法上「適切な管理」が求められる通信設備には，通信管理主体による支配・管理が及ぶと認められる範囲内において，端末保管情報等を内包する端末設備も含まれ得る。端末設備の脆弱性を突いたネットワークへの攻撃等を防止する観点からも，端末設備の適切な管理の重要性は大きいと考えられる。

52）なお，刑事手続上の問題として，通信当事者の同意が得られた場合において，端末設備及び端末内包情報を無令状で強制的に点検することが，米国で認められているようないわゆる「同意捜索（consent searches）」に該当し，憲法35条１項の規定との関係上許容され得るか否かということについては別途の検討を要する。無令状での同意捜索の主な問題点について，緑（2004）32-36頁参照。併せて，住居等に対する同意捜索を禁止する犯罪捜査規範（昭和32年国家公安委員会規則２号）108条参照。

53）具体的には，端末内包情報を擁する通信管理主体の通信設備に対する支配・管理及びその運営を著しく妨げないと認められる形でのアクセスが想定される。当該アクセスに対する通信当事者の同意が得られている場合等には，通信管理主体のネットワークに格別の物理的な支障が及んだり，当該ネットワーク上における情報の自由な流通が著しく阻害されたりするなどの事情が認められない限り，基本的にこれに該当し得るであろう。

54）かかる範囲は比較的広いと考えられるところ，これは，通信管理主体の同意のみによる任意のアクセスが「秘密」の侵害に直結し得ることとの重要な相違である。

55）仮に公権力が通信管理主体に無断で当該主体の支配・管理下の通信設備を介して端末内包情報への任意のアクセスを行えば，通信管理権の侵害が認められる可能性が高いが，かかるケースは通常想定されにくい。

56）判例は，警察官の職務質問に付随して任意手段として行われる所持品検査について，「所持人の承諾を得て，その限度においてこれを行うのが原則である」と説いている。ただし，「捜索に至らない程度の行為」である限り，強制にわたらないものであれば，たとえ所持人の承諾がなくても，「具体的状況のもとで相当と認められる限度においてのみ」所持品検査として許容され得るともされる。最判昭和53年６月20日刑集32巻４号670頁（バッグ所持品検査事件）参照。併せて，最判昭和53年９月７日刑集32巻６号1672頁（ポケット所持品検査事件）参照。後者の点に関しては，端末内包情報に「秘密」たる情報が含まれる以上，所持品検査と端末内包情報の検査とをまったく同列に捉えることは困難であろう。前述の判例の考え方を基本的に支持する学説として，例えば，野中ほか（2012）426頁〔高橋和之執筆〕参照。批判的見解として，例えば，渡辺ほか（2016）297頁〔松本和彦執筆〕参照。

57）なお，同意捜索をめぐる米国の連邦最高裁判所の判例においては，ある捜索等の対象が複数の者による共同の支配・管理下におかれている場合の一方の者（被疑者以外の者）が行った任意の同意の効力に関して，これを肯定的に捉える考え方が示されている。*See* United States v. Matlock, 415 U.S. 164, 169-171 (1974). もっとも，「第三者」の同意に基づく同意捜索の肯定は，当該捜索を「権利の放棄」と位置づけてきた伝統的な見方に整合しないという旨も指摘されている。*See* Abrams (1984), at 993. 一方，それに先立つカリフォルニア州最高裁判所の判例においては，複数

の者による共同の支配・管理に服する住居の捜索に対して，現場を離れて逮捕された一方の者が同意したものの，その同居人である他方の者が拒否した場合に関して，当該一方の者の同意の旨が当該他方の者に伝えられていなかったこと，捜索の緊急性も認められなかったこと，前者の同意は後者の反対にかかわらず捜索を認める趣旨のものではないことなどを主な理由として，前者の同意に基づく同意捜索は違法であるという旨が説かれている。*See* Tompkins v. The Superior Court of the City and County of San Francisco, 59 Cal. 2d 65, 68-69（Cal. 1963）。この判例は，捜索に対する一方の者の同意がそれに対する他方の者の拒否の劣後におかれることの根拠を十分に示したものとは言いがたいが，この判決の趣旨に照らし，一方の者による同意が他方の者のプライバシーを侵害する効果が認められる場合には，当該同意の有効性が否定され得ると説く学説が有力に提示されている。*See* LaFave（2012），at 207-208. かかる議論を参照すると，我が国において，一定の情報を内包するある設備に対する支配・管理者が複数（さしずめ二人）存在する場合で，当該情報への公権力のアクセスに対する一方の者による同意が他方の者の基本権又は基本権法益を侵害することとなるときには，当該同意の有効性は認められないと解することが可能であろう。

58）これは，法令上，デジタルデータ伝送用の端末設備である限り，「専用通信回線設備等端末」（端末設備等規則 2 条 2 項16号参照）又は「デジタルデータ伝送用設備に接続される端末設備」（同規則35条参照）に該当する。ただし，一定の電気通信番号を用いた音声伝送機能を有する場合には，「インターネットプロトコル電話端末」（同規則 2 条 2 項 7 号及び**第 3 章**注 1）参照）にも該当し得る。

第10章

通信の秘密との関係における携帯電話の
位置情報の法的性質

10.1 序説

近年の携帯電話のめざましい普及を背景として，携帯電話端末による音声伝送役務やデータ伝送役務の利用を通じた個々の通信が行われる際に基地局単位で収集される位置情報（以下，別段の断りのない限り，単に「位置情報」という）[1]の法的取扱いのあり方がしばしば問題となっている。位置情報が個々の通信の成立に際して収集される限り，（狭義の）「秘密」たる情報を構成し[2]，その公権力や通信管理主体による法的取扱い（保管行為を含む）のあり方が秘密保護要請の内実の問題となる。位置情報は，単に携帯電話を通じた個々の通信の成立に不可欠となるだけでなく，利用者が行方不明になった場合等における捜索や，逃走中の被疑者を逮捕するための犯罪捜査等の局面においても用いられ，今日の社会においてその重要性を増している。

公権力等による位置情報の法的取扱いのあり方については，秘密保護要請とは別に，通信におけるプライバシーの保障（憲法13条）や住居等の不可侵（同35条1項）等の観点からも憲法問題となり得る[3]。しかも，個々の通信に関する情報の取扱いという観点からは，位置情報に限らず他の関係する情報（構成要素情報）の取扱いにも通底し得る[4]。ところが，少なくとも秘密保護要請との関係からみたこの問題に関する学説上の議論は成熟していない。

これに対し，米国においては，政府機関が法律に基づき裁判所の令状や被疑者等の有効な同意なく位置情報を取得する行為と修正4条との関係をめぐる観点からの議論が豊富である。かかる議論は，位置情報に対して利用者の権利・利益がどの程度及ぶのかという基幹的な問題を浮き彫りにする。それゆえ，この議論及びそれから得られる示唆を整理・析出することは，位置情報の法的取扱いを考えるうえで有益であると考えられる。

以上を踏まえ，本章では，関連する米国法上の主な議論を参照しつつ，秘密保

護要請との関係における位置情報の法的性質及びその取扱いのあり方について，解釈論的考察を加えることを目的とする。前述のとおり，公権力による位置情報の取得行為との関係が問題となり得る憲法規範は多岐にわたるが，本書の目的に照らし，本章における考察の焦点は秘密保護要請との関係に当て，令状主義との関係をはじめとする刑事手続に関する検討は基本的に措く。

10.2　位置情報の意義及び機能

本章が問題とする位置情報については，伝送系通信管理主体たる電気通信事業者が，その支配・管理するネットワーク上において，利用者による電気通信役務の利用（個々の通信）に際して基地局を通じて一次的に収集するものである[5]。すなわち，位置情報の収集は，携帯電話端末を用いて行われる個々の通信を確立するために必要となる。移動体端末の所在地を特定する情報（以下，「端末所在地情報」という）としては，位置情報のほかに，複数のGPS衛星から発信される電波を受信する機能の組み込まれた端末設備が随時それを受信することにより得られる情報（以下，「GPS位置情報」という）もある[6]。これは，基本的に個々の通信を成立させるために取得されるものではなく[7]，GPS位置情報がなくとも通信自体はネットワークを通じて行われ得る[8]。すなわち，位置情報はネットワーク（電気通信回線設備）上で収集されるのに対し，GPS位置情報は原則として個々の端末設備を介して取得される。

個々の基地局はその網羅する範囲が異なり，それに応じて位置情報の精度も変わり得る。しかし，位置情報はいずれも個々の通信が行われた際に記録されるものであり，過去の一時点又は一定期間における場所ないし所在地に関する情報である。一方，GPS位置情報については，端末設備を介したリアルタイム的な取得が技術的に可能であり，その精度も比較的高いため，個人の現在地を追跡するための装置（追跡装置）としても用いられ得る。もっとも，必ずしもすべての携帯電話端末でGPS位置情報を受信し得るわけではない。また，端末の所有者・占有者が自らの意思でその受信機能を無効化する場合もあり得る。

前述のとおり，位置情報は多様な機能を果たしているが，各人の携帯電話の利用度合いが高まるのに相関して，より秘匿性の高い情報も副次的に取得され得る。例えば，買い物の場所，通院先，参加した政治的集会等に関する個人的データが

位置情報の収集を契機として把握される可能性がある。しかも，近年のスマートフォンの普及・発展を背景として，音声伝送時のみならず，インターネット接続を含む多様なデータ伝送時にも位置情報が収集されるようになり，その収集頻度が増大している。それゆえ，位置情報から分析され得る情報の範囲は拡大傾向にある。

もっとも，GPS 位置情報と比較した位置情報の精度の低さにかんがみ，公権力が電気通信事業者を通じて位置情報を取得・利用する場合，GPS 位置情報の収集（以下，「GPS 位置情報収集」という）ほどに当事者の私生活を明らかにするものではないとする考え方もあり得る。実際，米国の一部の裁判例においては，過去の一時点の位置情報と可動式追跡装置により収集・取得されるリアルタイム的な情報との相違を強調する考え方も提示されている[9]。

しかしながら，近年の米国の主な議論においては，位置情報に関して，その精度の技術的な向上に応じた適切な保護の必要性が説かれている[10]。これは，その設置・使用に際して簡易命令手続（8.3.5参照）を要する逆探知装置（12.3.1参照）により得られる情報にほぼ相当する機能を位置情報が有しているということを前提とする[11]。実際，昨今の技術水準の下で，一定の期間にわたり同一の端末設備に関する位置情報が集積され続ければ，「追跡」に類似する効果がもたらされ得る。かかる事情にかんがみれば，位置情報については，各人のプライバシー等に深く関わり得るとともに，継続的に把握されればされるほどその関わりの度合いが高まるものと言える。しかも，位置情報の精度に関しては，今後の技術革新に伴いさらに向上する可能性もある。それに比例して，プライバシー等に対する脅威となる側面は増大し得るであろう。

10.3　修正4条の解釈論における Katz 基準と第三者法理

修正 4 条の解釈論において支配的となった Katz 基準の考え方（8.2参照）については，その後の判例においても基本的に踏襲されている[12]。例えば，Smith 事件判決（8.2参照）においては，修正 4 条に基づく保護の可能性について，当該保護を求める者が政府の行為によって侵害されたプライバシーの正当（justifiable），合理的（reasonable）かつ適法（legitimate）な期待を主張し得るか否かに左右されるという旨が説かれている[13]。このような考え方からは，修正 4 条にいう捜索

等の客体には，「プライバシーの合理的な期待」が肯定されるものと否定される
ものとが混在しており，前者に対する捜索等に関しては令状手続を要するが，後
者に対する捜索等に関しては必ずしもその限りではない（不当な物理的侵入行為を
伴わない限り，令状手続を要さずに正当に行い得る）という帰結が導かれる[14]。

　ただし，既に指摘されているとおり，何がプライバシーの期待を「正当，合理
的かつ適法」なものとするかについては，必ずしも明らかにされていない[15]。
そのため，Smith 事件判決以降の米国の主な判例は，さしずめ Katz 基準に基づ
き，修正 4 条に基づく保護を求める者が何かをプライベートなものとして保護す
る意思を示しているか，またその者の期待がそのおかれた状況で客観的にみて正
当であると認められるか，といったメルクマールを基本としつつ，「プライバシ
ーの合理的な期待」の有無を判断してきた[16]。

　このような修正 4 条に基づく保護を受けるための基準の不完全さは，公権力の
行為が不法侵入法理にただちに背反しない場合において特に問題となる。そのよ
うな観点から注目を集めたのが，政府により約 1 か月間に及び令状で定められた
範囲を逸脱して行われた GPS 装置を用いた被疑者の自動車の追跡行為である。
この行為の性質が争点となった2012年の Jones 事件判決[17]においては，結論と
しては問題の追跡行為が修正 4 条にいう「不合理な捜索」に該当するとされた。
その結論に至るまでの過程においては，「単に電気信号の送信のみで不当な物理
的侵入行為を伴わない状況の下でも，なお Katz 基準に服する」[18]と説かれ，物
理的侵入行為の有無を問わず，GPS による通信を利用した電磁的な追跡行為に
対しても Katz 基準が有効であるという旨が示された。

　もっとも，この事件における議論の焦点は，GPS 装置を被疑者の自動車に設
置ないし装着する形で行われた GPS 位置情報の収集（以下，「装着型 GPS 位置情報
収集」という）の法的性質であり，政府は当該装着の段階で物理的侵入行為を行
っているため，これが「捜索」に該当すると解する（修正 4 条違反の帰結を導く）
ことが容易であったとも言える。それゆえ，GPS 装置の設置ないし装着を伴わ
ずに，移動体端末等に内蔵された GPS 機能を直接利用して行われる GPS 位置情
報の収集（以下，「非装着型 GPS 位置情報収集」という）に対しては，Jones 事件判
決の説示は必ずしも及ばない[19]とされる[20]。

　他方，Katz 基準とともに修正 4 条に関する判例法理をなしてきた第三者法理
（8.2参照）に関しても，依然として根強く支持されている。米国の有力な学説は，

第三者法理は被疑者が公権力の合理的な捜索に対して情報を隠蔽するための手段として「第三者」がいたずらに活用されることを防ぐ機能を有しており，今日でもなお有効であると説く[21]。

しかし，第三者法理の見直しの必要性もしばしば説かれている。例えば，Jones 事件判決における Sotomayor 判事の同意意見においては，第三者法理がデジタル時代に適合しないとされている[22]。また，学説においても同様の観点からの批判が提示されている[23]。その主な論拠として，①今日の社会においては，情報の流通に際して第三者への依存が不可欠となる場合が極めて多いこと，②第三者に対して任意に提供された情報という意味では，内容情報も該当し得るにもかかわらず，それは修正 4 条に基づく保護を受ける（第三者法理が及ばない）と解されていること（8.2参照），③同一の内容情報であっても，第三者を介した瞬間に修正 4 条の保護が外れ，対面等により第三者を介さなければ当該保護を受けることとなるのは不合理であること，④第三者への情報の提供についても，社会的な文脈に応じて多様なパターンがあること，⑤オンラインストレージ役務提供者等に中長期的な保存のために情報が預託される場合，利用者は一般的に当該役務提供者とその情報を「共有」することを意図していないこと，などが指摘されている[24]。

このような議論の流れの中で，個々の位置情報に関して，修正 4 条との関係において「プライバシーの合理的な期待」が失われると解すべきか否か，またそれを裏づける理由は何かということが，米国の下級審の裁判例においてたびたび争点となった。そこで，政府機関が令状手続によらずに位置情報を電気通信事業者から強制的に取得する行為（以下，「位置情報強制取得行為」という）と修正 4 条（Katz 基準，第三者法理）との関係をめぐる主な議論について，次節において概観する。

なお，この争点は，位置情報強制取得行為を許容する立法措置の修正 4 条への適合性をめぐる問題でもある。なぜなら，通信記録保管法に基づき，政府機関は，通常令状手続に基づく場合や利用者の同意を得た場合等のほか，簡易命令手続によっても，電子通信役務提供者又は遠隔情報処理役務提供者に対し，利用者に関する通信記録その他の情報（内容情報を除く）の提供を利用者への通知なく義務づけ得るところ（8.3.5参照），ここでいう情報には位置情報も含まれると解されている[25]からである。

10.4 米国法上の位置情報の取得をめぐる主な議論

10.4.1 事業記録論

　位置情報強制取得行為の位置づけに関しては，近年の米国の裁判例において複数の考え方が提示されている。それらのうち，従前の判例法理に比較的忠実な解釈と思われるのが，位置情報は利用者が電気通信事業者（伝送系通信管理主体）に対して任意に提供した「事業記録（business records）」にほかならず，「プライバシーの合理的な期待」を内包するものではない（当該期待は利用者により放棄されている）と解する考え方（以下，「事業記録論」という）である。これによれば，政府が通常令状手続によらずに位置情報を一方的に取得したとしても，修正4条との関係においてただちに問題となるものではないということになる[26]。これは，第三者法理の基本的な思想を踏まえつつ，位置情報に関して修正4条に基づく保護の可能性を実質的に排除する理論として捉え得る[27]。

　ここで問題となるのは，そもそも個々の通信に関して収集・取得される情報のうち，具体的にどこからどこまでが「事業記録」に含まれるのかということである。この点に関し，一部の裁判例は，「事業記録」を「記録の作成者が当事者の一人となるやり取り（transactions）の記録」と定義している[28]。これによれば，個々の通信の内容情報については発信者及び着信者の間で認識されることが予定された秘匿性の高いものであって，通信事業者に向けて発せられてはいないことから，「事業記録」に該当しない（「プライバシーの合理的な期待」が保護される）ということになる[29]。しかし，送受信先の電子メールアドレスや閲覧先ウェブサイトのIPアドレス[30]等については，個々の通信における伝送行為に際して不可欠となるため，電気通信事業者に対して提供されたものと解し得るという[31]。

　このような考え方は，位置情報は内容情報とは異なり通信当事者間での「共有」が予定された情報ではなく，発信者が電気通信事業者を相手方として提供（送信）したと認められる情報であり，その着信者は当該事業者自身にほかならないという思想（以下，「位置情報着信者事業者観」という）を前提としている。しかも，位置情報は電気通信事業者が伝送行為に必要となる情報として取得しており，内容情報の一部分となるわけではないということが，かかる考え方を支えている[32]。そして，位置情報が「事業記録」となる限りにおいて，電気通信事業者は（その通信管理権の行使可能範囲内で）原則として任意にそれを取り扱い得るこ

第10章　通信の秘密との関係における携帯電話の位置情報の法的性質　　249

ととなる。これは，通信記録保管法の規律をその典型とするように，内容情報と構成要素情報とでそれらの法的保護のあり方を区別する思想にも親和的である[33]。

　しかし，事業記録論に対しては，有力な批判が提示されている。その主なものは，携帯電話の利用者において，電気通信事業者による位置情報の収集・蓄積に対する認識は概して乏しく，当該情報が任意に提供されたものと捉えることは困難であるという批判である[34]。かかる立場からは，携帯電話（音声伝送役務）の利用者が電気通信事業者に対して任意に提供していると認められるのは，通話番号のみであるという[35]。また，たとえ位置情報が電気通信事業者に任意に提供されているとしても，それがいかなる目的にも利用され得ることにまで利用者が同意したものとみなすことはできないとされる[36]。

　かかる批判に対しては，事業記録論の立場から，一般に電気通信事業者がその利用者に示す契約約款やプライバシー指針等には位置情報の収集について明記されており，現に利用者はそれに同意しつつ個々の通信に際して位置情報を基地局に提供していることから，利用者の無知を理由にこれを否定することはできないとする反論が提示されている[37]。しかも，利用者は携帯電話の利用を強制されているわけではなく，電気通信事業者も位置情報の恒常的な取得を義務づけられているわけではないこと[38]，また法律が位置情報の追跡不能性を保障しているわけでもないこと[39]が，位置情報の提供の任意性を補強するという。よって，事業記録論からみた「任意に」とは，実際に提供される客体に対する当事者の認識を問うものではないということになる[40]。

10.4.2　条件付修正4条適用論

　位置情報に関しては，それが相当な期間にわたり継続的に取得される場合には，修正4条違反の可能性を惹起すると解する考え方（以下，「条件付修正4条適用論」という）も提示されている[41]。ここでいう「相当な期間」の具体的な範囲については明確ではないが，一部の裁判例によれば，60日間では該当し[42]，21日間では該当しない[43]とされる[44]。このような考え方については，位置情報に関して，単体ではプライバシーとの関わりが低い情報であっても，その継続的な収集によりある程度集積されると個人のプライバシーに大きく関わると捉える「モザイク理論（mosaic theory）」[45]の思想を具体化するものである[46]。

250

条件付修正 4 条適用論に対する最大の批判は，具体的にどの程度の期間にわた
り位置情報が継続的に収集・取得されれば修正 4 条に基づく保護を受けるのかが
不明瞭であるということに向けられている[47]。かかる立場からは，「プライバシ
ーの合理的な期待」の有無に関する判断のあり方については，技術革新の動向に
柔軟に対応し得る立法により明示的に措置されるべきであるとされる[48]。また，
仮に公権力による令状手続によらない位置情報の取得が修正 4 条との関係で問題
になる場合とならない場合とがあるとすれば，どのような態様の収集・取得であ
れば「プライバシーの合理的な期待」を害さずに済むのかが明らかにされなけれ
ばならないとする批判も提示されている[49]。

10.4.3　修正 4 条適用論

　公権力による位置情報の取得に対しては，その量や期間にかかわらず，修正 4
条に基づく保護を受けると解する考え方（以下，「修正 4 条適用論」という）も示さ
れている[50]。これによれば，携帯電話端末は（GPS 装置の装着される）自動車と異
なり，その占有者の所在地に随伴し続ける性格を有するため，位置情報が公権力
に露呈するということは，本来は私的な情報を公的な情報に転換させるに等しい
という。すなわち，位置情報が本質的に公的な情報ではない以上，当該利用者は
その情報に対して「プライバシーの合理的な期待」を有し，たとえ一回限りの位
置情報の収集に対しても修正 4 条に基づく保護が及ぶとされる。

　また，修正 4 条適用論は，第三者法理に基づく修正 4 条の不適用の可能性を否
定している。その理由として，既述のとおり，携帯電話の利用者がその位置情報
を電気通信事業者に示すのは，通話番号の場合と異なり任意のものとは認められ
ないという点が指摘されている[51]。同時に，「内容情報を位置情報とともに送信
した場合」と「内容情報の中に位置に関する情報を盛り込んで送信した場合」と
は同一の保護を受けるべきであって，内容情報が修正 4 条に基づく保護を受ける
限り，後者の場合のみならず前者の場合における位置情報についても修正 4 条に
基づく保護を受けると解すべきであるとする見解も示されている[52]。

　このような考え方に対しては，GPS 位置情報の場合との対比において，一般
に位置情報は相対的に正確性（精度）に劣ることから，修正 4 条に基づく保護の
程度についても弱いという旨の批判的見解が提示されている[53]。これに対し，
修正 4 条適用論に根ざす裁判例は，そのような情報の正確性については修正 4 条

との関係において問題とならないと説いている[54]。

10.5 事業記録論を参照する意義

前節で概観した各学説のうち，事業記録論は第三者法理に根ざすものであり，米国において有力な見解となっている。これは，位置情報の「事業記録」としての性質に焦点を当てたものとして注目され，秘密保護要請との関係においても参照する価値が高いと思われる。

もっとも，米国憲法は秘密不可侵に相当する明文の規定を欠くうえに，修正4条の規定は公権力の不合理な捜索等に対する規律をその主旨とする（電気通信事業者の行為を直接規律するものではない）ことから，その解釈論から導出された事業記録論を参照する意義に対する疑問も提起されるかもしれない。しかし，以下の各理由から，事業記録論の是非を検討することは有用であると考えられる。第一に，事業記録論によれば，公権力が「第三者」としての電気通信事業者を介して個々の通信の場所に関する情報を正当かつ容易に取得することが可能となるところ，我が国においては当該情報が「秘密」を構成する以上，事業記録論の考え方それ自体が秘密保護要請との関係を問うものとなり得る。第二に，修正4条の保護法益には「通信（記録）におけるプライバシーの合理的な期待」も含まれ得る中で[55]，秘密保護要請にも通信におけるプライバシーの保護という側面が認められるため，修正4条の解釈論と秘密不可侵の解釈論とは通底する部分が少なくない。第三に，事業記録論は本質的に事業者の「記録」たる情報の取扱いに対する権利に着目した議論であるため，「秘密」たる情報を直接取り扱う通信管理主体の通信管理権及びそれに対置される行為規範に関する議論に通底し得る。第四に，事業記録論は第三者への情報提供の任意性をその前提とするところ，「秘密」の侵害をめぐる解釈論においても通信当事者の有効な同意（「秘密」たる情報の開示等に対する任意の承諾）の有無が問題となり得るため（1.6.4参照），かかる任意性の内実を追究する観点からも両議論は親和性が高い。第五に，秘密不可侵の解釈論においては，伝統的な解釈を見直す議論も提示されているものの（0.2参照），事業記録論ないしそれに相当する視点からの議論の展開は乏しい。

10.6 事業記録論とその揺らぎ

事業記録論は，第三者たる「記録の作成者」に対して任意に提供された情報については，当該作成者が原則として自由に取り扱うことができるという，一見するとごく当然の事理を明確にしたものであるようにみえる。これによれば，位置情報の取扱いのあり方に関しては，①当該情報に関する「記録の作成者」が電気通信事業者であること，②当該情報が発信者から（当該事業者に対して）任意に提供されたものであること，がともに肯定される限り，基本的に当該事業者に委ねられるということになる。

これらのうち，前記①に関しては，位置情報は基本的に電気通信事業者の支配・管理する通信設備の一つである基地局で記録されることから[56]，その「記録の作成者」は当該事業者にほかならない。一方，前記②に関しては，前述のとおり議論の余地がある。しかし，少なくとも事業記録論の立場からは，位置情報の提供の任意性を否定することはできないとされる（10.4.1参照）。

したがって，修正4条に基づく保護のあり方を事業記録論（及びその前提となる第三者法理）の視点から捉える限り，事業記録にすぎない位置情報に対して各利用者の「プライバシーの合理的な期待」は及ばないという帰結が導かれ得る[57]。かかる考え方は，電気通信事業者による位置情報の任意の利用を正当化するための理論として，一定の説得力を有していると言えそうである。

ところが，前述のとおり，第三者法理の考え方に対しては米国の学説においてさまざまな批判が提示されている（10.3参照）。判例上も，Riley事件判決（9.2.2参照）が，第三者法理及びその延長線上の事業記録論に対する間接的な問題提起とも解し得る見解を示している。この判例は，位置情報の性質に直接言及しておらず，事業記録論の基本的な考え方を正面から否定するものでもないが，以下の各点において，その土台を揺るがしているという旨が指摘されている[58]。

第一に，携帯端末内包情報については，利用者の直接のコントロールが及ばない遠隔保管情報も含め，個人の私生活の詳細な姿を明らかにし得るとされたことである。実際，携帯端末内包情報の中には，住居内部の捜索では発見しがたい私生活の再現を可能とし得る情報が広範に含まれ，それに対する「プライバシーの合理的な期待」を否定することは困難となろう[59]。

第二に，個々の情報に対する「プライバシーの合理的な期待」の有無について

第10章　通信の秘密との関係における携帯電話の位置情報の法的性質　　253

は，それが「プライベートな情報」か第三者に提供された情報を含む「オープンな情報」かの二分法により一義的に判断できるものではないという方向性が示されたことである[60]。これは，判例上，被疑者の衣服のポケットの内部にあるものはすべてプライベートなものと捉え得るにもかかわらず，逮捕に伴う無令状での捜索が，当該ポケットの内部の煙草については許容され，携帯端末内包情報についてはその限りではないとされたことにより裏づけられる。このことは，同一の第三者に対して任意に提供された情報であっても，一律にオープンな扱いとなるわけではなく，その情報の性質等に応じて，「プライバシーの合理的な期待」が認められるものとそれ以外のものとが混在し得るということを意味する。とりわけ，位置情報については，必然的に「プライベートな場所」に関する情報と「オープンな場所」に関する情報との双方を含み得るため，前述の二分法を否定する有力な論拠となる。

　また，近年のニュージャージー州最高裁判所の判例は，法執行当局が位置情報を入手するためには相当な理由に基づく裁判所の令状が必要であると判示した[61]。その理由として，位置情報はネットワーク（携帯電話端末を用いた通信役務）の利用に際して把握されるため，携帯電話を一切利用しないという選択肢を除けば，利用者は当該情報の生成・提供に関して一般に選択権を有しないという旨が指摘されている[62]。これは，発信者による位置情報の提供の任意性を否定する見解として，注目に値する[63]。これらの判例を通じて，事業記録論は一定の揺らぎを示しつつある[64]。

10.7　事業記録論の援用可能性

　事業記録論の考え方を我が国における位置情報の取扱いの問題として捉えた場合，位置情報は個々の通信における内容情報の着信者に向けて発せられたものとは認めがたいことから，位置情報着信者事業者観が妥当する余地が大きい。しかも，位置情報は電気通信事業者の支配・管理する通信設備（基地局）で収集され，当該設備及びその内包する情報の取扱いに対しては通信管理権が及ぶ（**9.3.3**参照）ということに照らすと，事業記録論の考え方は電気通信事業者の基本権の保障という観点にも親和的であるかにみえる。

　しかしながら，事業記録論の考え方は，「電気通信事業者は利用者の位置情報

254

を原則として任意に取り扱うことができる」[65]という帰結を導くものであるから，位置情報が「秘密」として保護されるという秘密保護要請に基づく命題に抵触する可能性（以下，「秘密抵触性」という）が高い。このとき，仮に内容情報限定保護説（0.2参照）の立場に立ち，「秘密」として保護される情報は内容情報に限定されると解する場合には，位置情報が内容情報ではない以上，秘密抵触性は問題とならなくなるであろう。ところが，内容情報限定保護説が正鵠を射たものとは言いがたいということは，既述のとおりである（1.4参照）。

　また，仮に秘密保護要請公権力限定説（0.2参照）に依拠し，電気通信事業者が保護すべき「秘密」は「法律上の秘密」に限られるものと解する場合には，憲法は個々の電気通信事業者の行動を直接拘束しないということになるから，少なくとも当該事業者による位置情報の取扱いとの関係上は秘密抵触性（憲法問題）が生じなくなる（「法律上の秘密」の保護との関係では問題が残り得る[66]）。しかし，かかる解釈も「秘密」を実効的に保護するうえで問題がある（1.2.2参照）。しかも，たとえ秘密保護要請公権力限定説による場合であっても，「秘密」として保護される位置情報に関しては，「プライバシーの合理的な期待」の有無等を問うまでもなく，公権力による積極的知得は原則として禁止される（1.6.4参照）。よって，公権力への位置情報の提供を広く許容し得る事業記録論の秘密抵触性は残る。

　以上を踏まえると，事業記録論の考え方を憲法21条2項後段の規定の解釈論に援用しようとする場合，①構成要素情報については（内容情報の着信者ではなく）もっぱら通信管理主体に対して提供されるものであって，「秘密」として保護されない，又は②通信管理主体は秘密保護要請に直接拘束されるものではない，といった解釈を通じて，秘密抵触性を理論上「解消」する必要性が生じ得ると言える。これは，(ア)内容情報とともに構成要素情報についても包括的に「秘密」となると解してきた通説の立場，(イ)通信管理主体（通信業務従事者）も秘密保護要請に拘束されると解してきた伝統的な学説の立場，をそれぞれ覆す可能性を秘めている。しかし，繰り返し述べたとおり，これらの点に関しては，いずれも前記(ア)・(イ)の立場に立った考え方が妥当であると考えられる。それゆえ，少なくとも秘密不可侵の法規範との関係において，事業記録論の考え方をそのまま当てはめることは困難である。このことは，事業記録論に固有の理論的な問題点があるということを示唆するが，それは具体的にどこにあるのであろうか。この点に関して，以下に考察を加える。

第10章　通信の秘密との関係における携帯電話の位置情報の法的性質　　255

10.8 事業記録論の問題点

10.8.1 「第三者」の射程

　事業記録論の固有の問題点は，「秘密」としての位置情報の取扱いに対して事業記録論の考え方をそのまま当てはめた場合に浮き彫りとなる。それらは，以下の各点に集約される。

　まず，事業記録論は，第三者法理に根ざしつつ，第三者たる「記録の作成者」を当該記録の任意の取扱いを行い得る者と位置づけているが，当該第三者の具体的な範囲を問題としていない。すなわち，事業記録論における「記録の作成者」については，その理論上，公権力，電気通信事業者その他の通信管理主体，一般私人のいずれもが同列に該当し得るものとして観念されている。このことは，第三者法理が，やり取りの当事者以外のすべての者を包括的に「第三者」の範囲に含めていることに符合する。

　このように「第三者」の射程を広範に捉えることは，個々の情報に対する「プライバシーの合理的な期待」の有無を判断するうえで一定の明快さを有する。すなわち，ある情報が電気通信事業者に対して提供された場合であれ，一般私人に対して提供された場合であれ，当人はその情報に対する「プライバシーの合理的な期待」を一律に失うことになる。しかし，かかる考え方は，情報の提供を受ける「第三者」の中に含まれ得る「情報の提供者たる当人と特定の関係で結ばれた第三者」と「その他の第三者（一般私人）」との間の相違に対する考慮を欠いている。換言すれば，いったんある「第三者」に任意に提供された情報が，当該第三者の性質を問わず，おしなべて公衆に提供された情報と実質的にほぼ同視されることとなっている[67]。当人が「特定の関係で結ばれた第三者」のみと内々に情報を共有したいと考える場合と，「その他の第三者」と広く情報を共有したいと考える場合とでは，当該情報に対する「プライバシーの合理的な期待」の内実は大きく異なるはずである。すなわち，秘匿性の確保を予定する前者の場合の方が，後者の場合よりも当該「期待」は格段に大きいものと解することが合理的であろう。

　このような考え方を秘密保護要請との関係における位置情報の取扱いのあり方に援用すると，位置情報の取扱いに関して「通信」の利用者の「信頼」（1.4参照）の向かい先となる公権力や通信管理主体と「その他の第三者」とでは，位置情報

の取得及びその任意の取扱いが許容される範囲が異なるという帰結が導かれ得る。位置情報については，携帯電話端末を用いた通信役務の各利用者において，原則として通信管理主体のみが当該役務の提供に際して必要となる範囲内で収集（知得）することを想定し，その適正な取扱いを「信頼」しつつ提供するものと認められる。また，公権力が（例外的に）位置情報を取得することについても，利用者の「信頼」の範囲内に収まり得る正当手続に基づく場合又は当該利用者の事前かつ明示の有効な同意を得た場合に限られることが予定されていると考えられる。

したがって，通信役務の利用者においては，その利用の過程で位置情報を通信管理主体に提供することとなったとしても，当該情報を非通信管理主体に自ら積極的に開示した場合とは異なり，「秘密」の保護に対する利益を失うわけではない[68]。公権力及び通信管理主体においては，秘密保護要請の名宛人として，「秘密」たる位置情報を適切に保護する義務を負い，当該情報をもっぱら「事業記録」として任意に取り扱うことが基本的に許容されない（位置情報の記録される通信設備に対する通信管理権の保護領域は実質的に縮減される）と解される。

10.8.2　提供された情報の性質

一方，事業記録論は，「事業記録」を構成する情報の具体的な性質を問題としていない。すなわち，事業記録論によれば，本質的に秘匿性の高い事項を含み得る個々の通信に関する情報の記録が，純然たる「事業記録」になり得る銀行の取引記録等と同列に扱われている。換言すれば，位置情報の性質や機能については問題とされず，それが「記録の作成者」に提供されると同時に，一律に「プライバシーの合理的な期待」を有しないものとして捉えられることとなる。

既に示したとおり，位置情報は，各人の私生活やプライバシーとの関わりが本質的に深く，その把握が個人の属性と紐づけられる形で継続的に行われる場合には，その生活スタイルや行動の履歴を総合的に明らかにするおそれを秘めている。また，たとえ位置情報の収集が一回限りにとどまっても，当該情報が固有の意味を有する場所を示すものである場合等においては，個人の私生活の重要な局面における行動が推知されるなど，プライバシーに関する利益が著しく害されるおそれもある（この点にかんがみると，条件付修正4条適用論の考え方は必ずしも正鵠を射たものとは言えない）。それゆえ，そのようなおそれを内包した位置情報については，

第10章　通信の秘密との関係における携帯電話の位置情報の法的性質　　257

憲法13条の規定に基づく個人の尊重の原理を確保する観点も踏まえ，かかるおそれの乏しい他の構成要素情報よりも手厚く保護される必要があると考えられる。

　それでは，「秘密」として包括的に保護されるさまざまな構成要素情報のうち，憲法上特に手厚く保護されるものとそれ以外の情報との規範的な分水嶺は，どのような点に見いだすことができるのであろうか。この点に関しては，電子的保管情報（8.3.4参照）とその修正4条に基づく保護の有無との関係を説く米国のある学説において，問題となる情報が，①不特定多数の者が（物理的に）アクセスできない形で保管された情報であるか否か，②内容情報であるか否か，③当人の私生活をさらけ出すような私的（intimate）な性質のものであるか否か，④特定の者にのみ共有されることが予定されたものであるか否か，等の基準が提示されていることに注目したい[69]。もっとも，これらの基準のうち，前記②は内容情報と構成要素情報との規範的な区別を指向しているところ，これが構成要素情報を細分化するための基準とならないことはもとより，この区別の有用性自体が疑問である（0.2・1.4参照）。また，前記①及び④については，公開予定内容情報であるか否かという基準におおむね収斂され得ると思われる。しかし，構成要素情報は基本的に公開が予定されていないことから，当該基準は構成要素情報を細分化するものとしては有意性を欠く。それゆえ，前記③の基準が最も参考になり得ると考えられる。

　ここで，ある情報が個人の私生活に関わる私的な性質のものと認められるためには，その情報により当該個人が特定又は識別され得ることがその前提となろう。すなわち，構成要素情報が個人を特定又は識別し得るものであれば，その開示が私生活の様相の露呈に結びつく可能性が高く，その秘匿性ないしプライバシーとの関わりが大きくなる。もっとも，個人を特定又は識別し得る情報のすべてが当該個人の私生活に関わるものとは限らないが，当該情報がその私生活に関わるか否か，またどの程度関わるかということに関する区別は相対的であり，規範的に厳密な分水嶺を設けることは困難である。それゆえ，さまざまな「秘密」たる構成要素情報のうち，個人を特定又は識別し得ると認められる情報（特に，個人を特定し得る情報）については，それ以外の情報に比べ，憲法上より慎重な取扱いが要求され，およそ純然たる「事業記録」とはなり得ないと解することが合理的である。

　そして，その具体的な効果は，狭義の「秘密」の侵害が認められる範囲の相違

に現れる。すなわち，（内容情報及び）構成要素情報に関しては，既述のとおり，伝送系通信管理主体が個人を特定し得る状態で積極的知得や窃用を行うこと，また当該主体が個人を識別し得る状態で通信役務の提供とは無関係の目的で積極的知得や窃用を行うことは，いずれも原則として「秘密」の侵害に該当することとなる。これに対し，当該主体が個人を特定も識別もできない状態で積極的知得や内部的利用を行っても，他人への漏えいを行わない限り，利用者の「信頼」に背馳するわけではなく，「秘密」の侵害となるものではないと解される（1.6.3参照）。

　ここで，位置情報については，それ単体では必ずしも個人の特定又は識別が可能なものではない。しかし，例えば契約者情報（0.1参照）と結合して収集された場合には，それらが可能となり得る。また，確実な個人の特定又は識別に至らなくとも，それが継続的に収集・保管される中で，特定の個人がある程度推定可能となることも考えられるところ，かかる場合には個人が識別された状態に準じるものとみなし得る。これらの場合，そのような位置情報の公権力等への提供が，当該個人の生活スタイル等を明らかにするおそれを顕在化させ，その権利・利益を著しく害する（「信頼」に反する）こととなる可能性も否定できない。よって，位置情報は，一面においては「事業記録」的な性質を有するとしても，それが利用者個人と紐づけられた形で（当該個人を特定又は識別し得る形で）収集・保管される限り，「秘密」たる情報の中でもとりわけ手厚く保護されるべき部類の情報となる。したがって，かかる形で収集・保管される位置情報に関しては，公権力等に対する漏えいはもとより，電気通信事業者自身による通信役務の提供に必要となる範囲を超えた積極的知得や窃用等についても，秘密保護要請の下で原則として禁止されるものと解される[70]。

　位置情報のいま一つの特徴として，端末設備としてのサーバー等に保管されつつ利用者自らアクセス・消去可能な電子メールの送受信記録等とは異なり，原則として通信管理主体の支配・管理する通信設備において半ば自動的に保管されるという事実が挙げられる。すなわち，位置情報に対しては，通常，利用者による直接の統御が物理的に及ばない。それゆえ，仮にこれが単なる「事業記録」として「秘密」の保護領域から外れることとなったり，「秘密」であっても手厚い保護を受けないものと位置づけられたりする場合，利用者においてはいつどのようにそれが当人と紐づけられた形で窃用等されるかわからないという不安感とたえず裏腹になり得る。このような位置情報の特徴も，それが利用者個人を特定又は

第10章　通信の秘密との関係における携帯電話の位置情報の法的性質　　259

識別可能な形で収集・保管される場合に憲法上手厚く保護されるということを裏づけるものとなろう。

10.8.3 任意性の内実

　他方，事業記録論は，情報の第三者への提供の「任意性」の具体的な内容を明らかにしていない。すなわち，第三者に一定の情報が提供される場合，どのような提供の態様をもってそれが任意に行われたものと認めるのかが定かではない。特に，位置情報については，携帯電話端末を用いた通信役務の利用に付随して提供される一種の「副産物」であると捉える見解も米国では提示されている中で[71]，その提供の任意性を肯定すべきか否かに関しては議論の余地が大きい。また，たとえ位置情報の提供が契約約款等において承認されており，当該提供に一定の任意性が肯定され得るとしても，それは通信管理主体自身による通信役務の提供上必要と認められる範囲内での当該情報の収集・利用に関してであって，公権力による犯罪捜査における利用も含め，当該範囲を超える利用等に関しては必ずしもその限りではない。

　個々の通信に対して位置情報が実際に果たす役割に照らすと，前述のニュージャージー州最高裁判所の判例も指摘するとおり，当該情報の提供に関する利用者の「選択権」は事実上乏しいと思われる。例えば，我が国の法令上，携帯電話を用いた音声伝送役務に関して，位置情報又はGPS位置情報（発信場所）を緊急通報受理機関に送信する機能（位置情報等通知機能）を電気通信回線設備に設けることが義務づけられている[72]。このような緊急通報時の必要性等に基づく位置情報の強制的な把握は，「位置情報を電気通信事業者に取得させない」ことに対する利用者の自由を実質的に奪うものとなり得る。このことは，必ずしも立法政策の問題のみにとどまるものではない。なぜなら，携帯電話端末からの緊急通報の役務が公権力により制度的に確保されるべき「基本的な通信役務」（1.3参照）として位置づけられ得る限り，緊急通報の役務の円滑な提供ないしその実効性の確保のために必要と認められる範囲での位置情報の的確な把握が通信の自由を保護するために不可欠となり，憲法上の要請として捉えられる余地も生じるからである。

　今日の我が国においては，携帯電話の加入契約数や移動系のブロードバンド（3.9‐4世代携帯電話及び広帯域移動無線アクセス）の契約数が単純計算で「一人一

台」を優に超えているという事実[73]等にかんがみると，緊急通報のみならず，携帯電話端末を用いた音声伝送役務及び主要なデータ伝送役務（インターネット接続役務を含む）の標準的な態様での利用全般について，これを「基本的な通信役務」として認めることが可能であるように思われる。このとき，個々の通信に際して通信管理主体が位置情報を収集することが，「基本的な通信役務」としての携帯電話端末を用いた主要な通信役務の利用に際しての技術的な必要条件（適切なネットワーク接続の前提）となり得る。よって，利用者においては，携帯電話の利用それ自体を断念しない限り，位置情報の収集を拒否する余地は物理的に乏しい。ゆえに，かかる「基本的な通信役務」の利用に付随すると認められる位置情報の提供については，その任意性を肯定することが困難となり得る。このように考えると，ここでいう任意性については，第三者に対する情報の提供が，国民生活に不可欠となる行為（「基本的な通信役務」の利用はその一端をなす）の必要条件として付随的に行われると認められる場合以外の場合に行われるときに，初めて肯定され得るものと言えよう。

10.9　小括

　米国法上の議論として有力な事業記録論の思想を我が国の通信管理主体の行為に対してそのまま援用する場合には，位置情報を含む構成要素情報（の大半）に対する任意の取扱いが原則として許容されることとなる。しかし，本章で考察した事業記録論の各問題点を踏まえると，かかる帰結は妥当ではない。むしろ，秘密保護要請を踏まえ，位置情報が通信管理主体による任意の取扱いを予定する事業記録として位置づけられる可能性に対し，これを理論的に克服する必要性が浮き彫りになる。すなわち，位置情報の取扱いに関して，これを通信管理主体が拘束される秘密保護要請の問題と捉える解釈を通じて，憲法の次元における当該情報の適切な保護が求められる。これは，位置情報が個人を特定又は識別し得る状態で収集される場合に特に顕著となる。このような位置情報の法的保護のあり方は，国民各人が安心して「通信」を利用できる制度的環境の実現に資することとなろう。

　具体的には，位置情報に関して，伝送系通信管理主体がみだりにそれを漏えいすることはもとより，個人を特定し得る形で積極的知得や窃用を行い，又は通信

役務の提供に必要と認められる範囲を超えて個人を識別し得る形で積極的知得や窃用を行うことも，「秘密」の侵害となり得ると解される（1.6.3参照）。その結果，憲法上，公権力が令状手続によらずに伝送系通信管理主体から位置情報を正当に取得し得る場合については限定的となる。このような解釈は，位置情報固有の問題にとどまらず，既述の通信記録全般の保管のあり方（8.1・8.6参照），端末内包情報に対する公権力によるアクセスのあり方（9.3参照）等にも通底し得る要素を含んでいると言えよう。

　ただし，位置情報については，利用者のプライバシーに深く関わる一方で，緊急時等における利用可能性に一定の道筋を開くことが求められ得る。しかも，かかる要請が時代の変化とともに構造的に強まる可能性もある。同時に，端末所在地情報が公権力により取得されようとする場合，携帯電話端末以外の機器が用いられる可能性もある中で，技術革新等に支えられつつ当該機器の事実上の範囲が拡張傾向にある[74]。このような事情を踏まえると，今後，位置情報を含む端末所在地情報全般に関して，当該情報の利用の具体的な局面等に応じて，その法的取扱いのあり方をよりきめ細かく検討することが必要になるかもしれない。

1）位置に関する情報の具体的な内実に関する我が国の政府の整理として，総務省（2014b）6-8頁参照。
2）総務省（2014b）6頁・10頁参照。
3）その他の憲法規範との関係（例えば，憲法21条1項の規定に基づく集会の自由や同22条1項の規定に基づく移転の自由に対する萎縮効果等）も問題となり得る。
4）なお，通信管理主体が収集した位置情報を公権力が取得する行為について，「通信傍受に近い類型」と評する学説もある。大久保（2013）162頁参照。
5）基地局において収集される携帯電話端末の所在地に関する情報については，以下の2種類に大別される。第一に，個々の通信の円滑化を図る目的により，端末の電源が入っている限り，当該端末から（エリアの移動時等において最寄りの）基地局に向けて自動的・定期的に発信される情報（基地局の識別番号，端末の識別番号等）が基地局の設備（ネットワーク）により受信されることにより収集される「位置登録情報」である。これは，個々の通信の際に用いられるものではなく，その前提として収集される。第二に，個々の通信の際に基地局単位で収集される「狭義の位置情報」であり，本書では原則としてこれを位置情報と称する。基地局において位置登録情報や狭義の位置情報が収集される際には，端末の占有者と当該基地局（電気通信事業者）との間の通信（自動的通信。2.4参照）が行われるということに留意が必要である。位置登録情報は，狭義の位置情報とは異なり，狭義の「秘密」たる情報ではないが，周辺関連情報（1.6.5参照）に該当し得る。
6）このほか，無線LAN（Wi-Fi）のアクセスポイントと移動体端末との間の通信を位置情報の測位に応用した「Wi-Fi位置情報」もあるが，本書では措く。
7）もっとも，電気通信事業者が携帯電話端末におけるGPS位置情報提供機能を利用してその所在

地を特定するための各種アプリケーションの提供・運用主体（以下，「GPS 位置情報アプリ提供主体」という）となる場合には，当該アプリケーションを実効的に機能させるために GPS 位置情報の収集が不可欠となり得る。なお，GPS 衛星から発信された電波を一方的に直接受信する行為も，観念上，「通信」（の部分行為）である。当該行為は，一方性及び直接性の観点から，放送において送信されたコンテンツを視聴者が受信する行為に近似する（ただし，放送の場合と異なり，受信者は国民全体としての「公衆」とは言いがたい）。

8 ）なお，電気通信事業者が自らの設備において保有する GPS 衛星の軌道データを携帯電話のデータ伝送機能を通じてネットワーク経由で携帯電話端末に送信することにより，GPS 位置情報の取得（直接受信）の場合よりも短時間で当該端末の所在地の特定を可能とする「A-GPS」（A は "assisited" の略称）技術も実用化されている。

9 ）See *In re* Application of the United States of America for an Order Directing a Provider of Electronic Communication Service to Disclose Records to the Government, 620 F.3d 304, 312-313 (3d Cir. 2010) [hereinafter *Records*]; State of North Carolina v. Perry, 776 S.E.2d 528, 534 (N.C. Ct. App. 2015).

10）*See* Barron (2015), at 447; Babst (2015), at 376; *In re* Application of the United States of America for Historical Cell Site Data, 724 F.3d 600, 609 (5th Cir. 2013) [hereinafter *Data*]; 47 C. F.R. § 20.18 (h) (1) (2017).

11）*See In re* Application of the United States of America for an Order Directing a Provider of Electronic Communication Service to Disclose Records to the Government, 534 F. Supp. 2d 585, 609 (W.D. Pa. 2008); State of New Jersey v. Earls, 214 N.J. 564, 586 (N.J. 2013).

12）*See, e.g.*, Kyllo v. United States, 533 U.S. 27, 33 (2001).

13）*See* Smith v. Maryland, 442 U.S. 735, 740 (1979).

14）米国における位置情報の法的取扱いをめぐる議論は，捜索等の客体としての当該情報が「プライバシーの合理的な期待」が肯定されるものに該当するか否かという点にその主な焦点が当てられてきた。

15）*See* Kerr (2011), at 490; O'Connor v. Ortega, 480 U.S. 709, 715 (1987); Oliver v. United States, 466 U.S. 170, 177 (1984).

16）*See, e.g.*, United States v. Knotts, 460 U.S. 276, 281 (1983).

17）United States v. Jones, 565 U.S. 400 (2012).

18）*See Jones*, 565 U.S. at 411.

19）Riley 事件判決（Riley v. California, 134 S. Ct. 2473 (2014)〔**9.2.2**参照〕）が非装着型 GPS 位置情報収集にも修正 4 条に基づく保護を及ぼそうとしていると解する余地もあるが，この判例の射程は「プライバシーの合理的な期待」が縮減するとされる「逮捕に伴う捜索等」の局面にとどまっている。

20）柳川（2015）544頁，山本〔和〕（2015）68頁参照。

21）*See* Kerr (2009), at 573.

22）*See Jones*, 565 U.S. at 417.

23）*See, e.g.*, Hawkins (2014), at 273.

24）*See, e.g.*, Kroll (2014), at 18A-19A. この学説は，第三者法理は裁判所が修正 4 条に基づく保護を否定する際の Katz 基準に代替する論拠として用いられているとも指摘している。*See also* Price (2016), at 268, 296.

第 10 章　通信の秘密との関係における携帯電話の位置情報の法的性質　　263

25) *See* United States v. Graham, 846 F. Supp. 2d 384, 396（D. Md. 2012).

26) *See* United States v. Graham, 824 F.3d 421, 427, 435（4th Cir. 2016).

27) 事業記録論の萌芽は，第三者法理を定着させた Smith 事件判決（**8.2**参照）に窺える。なぜなら，同判決は，公権力による通話番号等記録装置の使用については，Katz 事件における通話聴取機器とは異なり内容情報を取得するものではないということを，令状手続が不要であることの根拠の一つに掲げているからである。*See Smith*, 442 U.S. at 741.

28) *See Data*, 724 F.3d at 611.

29) これは，（非公開予定）内容情報が第三者法理の例外となるという既述の考え方（**8.2**参照）に符合する。

30) IP アドレスに関する情報の記録が問題となり，それに対する政府のアクセスが修正 4 条に反するものではないという旨を説いた判例もある。*See In re* Application of the United States of America for an Order Pursuant to 18 U.S.C. § 2703（d）, 830 F. Supp. 2d 114, 132-133（E.D. Va. 2011).

31) *See* United States v. Forrester, 512 F.3d 500, 510-511（9th Cir. 2008). この判決においては，当該 IP アドレス等が修正 4 条に基づく保護の対象から外れると解されている。*See also* Kerr（2014）, at 400.

32) *See Data*, 724 F.3d at 612.

33) 事業記録論の根底には，追跡技術の高度化・多様化に伴い，プライバシーの保護に対する懸念が高まる中で，法がこれに適切に対応するうえでは，立法による対応が最適であるという思想がある。すなわち，修正 4 条との関わりにおいても，（第三者が収集した一定の情報について令状手続によらない取得を許容する）通信記録保管法に基づく規律を定めた連邦議会の判断が一次的に尊重されるべきであるという考え方である。*See id*. at 614-615.

34) *See Records*, 620 F.3d at 317-318; Price（2016）, at 293.

35) *See Records*, 620 F.3d at 317.

36) *See* Tracey v. State of Florida, 152 So. 3d 504, 522（Fla. 2014).

37) *See* United States v. Davis, 785 F.3d 498, 511（11th Cir. 2015）; *Graham*, 846 F. Supp. 2d at 401.

38) *See Data*, 724 F.3d at 613.

39) *See* United States v. Skinner, 690 F.3d 772, 777（6th Cir. 2012). ただし，この判決において問題となったのは，非装着型 GPS 位置情報収集であり，位置情報強制取得行為ではない。

40) *See Graham*, 824 F.3d at 430.

41) *See In re* Application of the United States of America for Historical Cell Site Data, 747 F. Supp. 2d 827, 829-830（S.D. Tex. 2010).

42) *See id*. at 829.

43) *See In re* Application of the United States of America for an Order Authorizing the Release of Historical Cell-Site Information, No. 11-MC-0113, LEXIS 15457, at 1（E.D.N.Y. 2011). ただし，この事案においては，単一の携帯電話の位置情報が21日間にわたり取得されたわけではなく，異なる複数の携帯電話の位置情報が合計21日間分取得されたという事実が考慮されている。

44) なお，Jones 事件判決の原審となった Maynard 事件判決においては，GPS 位置情報に関してであるが，1 か月間以上にわたる累積的（cumulative）な取得がプライバシーに対する重大な脅威となるとされている。*See* United States v. Maynard, 615 F.3d 544, 560-564（D.C. Cir. 2010).

45) モザイク理論については，国家安全保障に関する諜報情報の不開示を正当化するための理論と

して裁判例上用いられたのがその端緒であるとされる。*See* Pozen（2005）, at 638-639; Halkin v. Helms, 598 F.2d 1, 8（D.C. Cir. 1978）. 柳川（2016）33頁参照。GPS 位置情報に関してモザイク理論を提示したのは，前述の Maynard 事件判決（注44）参照）であるとされる。*See* Kerr（2012）, at 313, n.5. 併せて，尾崎（2017）104-105頁参照。

46) なお，我が国の学説においても，公権力により取得される位置情報に関して，「長期的・継続的に監視，集積，分析等」されると秘匿性の高い情報と化すといった，条件付修正4条適用論に近い考え方が示されている。羽渕（2016）342頁参照。

47) *See Graham*, 846 F. Supp. 2d at 389.

48) *See* Kerr（2012）, at 350. かかる批判の背景には，修正4条に基づく保護を受ける具体的な基準が不明瞭なまま，裁判所の判断による実質的な「法創造」が行われることへの懸念がある。

49) *See* Kroll（2014）, at 14A. なお，SNS でやり取りされる情報の取得を念頭に，単体ではささいな情報であってもそれが一定の規模で集積・分析される場合には修正4条の保護が及び得るとする観点から，条件付修正4条適用論（モザイク理論）を再評価する学説もある。*See* Bedi（2014）, at 1870-1871.

50) *See* United States v. Davis, 754 F.3d 1205, 1215-1216（11th Cir. 2014）.

51) *See id*. at 1217.

52) *See* Kroll（2014）, at 27A.

53) *See In re* Application of the United States of America for Orders Pursuant to Title 18, United States Code, Section 2703（d）, 509 F. Supp. 2d 76, 81（D. Mass. 2007）; *Data*, 724 F.3d at 609.

54) *See Davis*, 754 F.3d at 1216.

55) *See* United States v. Warshak, 631 F.3d 266, 288（6th Cir. 2010）.

56) もっとも，米国においては，基地局を管理する主体が電気通信事業者からの業務委託を受けた別の法人であることも少なくないが，当該法人は当該事業者の「手足」にすぎないものと位置づけ，両者を一体的に捉える余地もある。

57) *See* United States v. Carpenter, 819 F.3d 880, 888（6th Cir. 2016）.

58) *See* Duarte（2015）, at 1143. もっとも，Riley 事件判決では，第三者法理との関係に関する検討は事実上回避されている。

59) *See Riley*, 134 S. Ct. at 2491.

60) このような二分法の問題点は，従前の学説においても指摘されていた。例えば，以下を参照：Selbst（2013）, at 647-648.

61) *See Earls*, 214 N.J. at 584.

62) なお，連邦最高裁判所の判例においては，携帯電話が各人の自己表現その他日常生活における不可欠な媒体となっているという旨が示唆されている。*See* City of Ontario v. Quon, 560 U.S. 746, 760（2010）; *Riley*, 134 S. Ct. at 2484. 一部の学説においても，携帯電話の利用が国民生活に不可欠となっている中で，その不所持によるプライバシーの確保（自衛）を各人に期待することは非合理的であるという旨が説かれている。*See* Babst（2015）, at 390.

63) 事業記録論の考え方を事実上否定した連邦控訴裁判所の裁判例として，例えば以下を参照：United States v. Graham, 796 F.3d 332, 345（4th Cir. 2015）.

64) 連邦最高裁判所は，位置情報に対して利用者が「プライバシーの合理的な期待」を有するか否かを中心に，事業記録論の妥当性について現在審理中（Carpenter v. United States）である。

65) その取扱いに関する立法上の各種制約については別論とする。

66）なお，実務上，電気通信事業者においては，利用者の事前の同意又は裁判所の令状に従うことその他の違法性阻却事由がない限り，位置情報及び位置登録情報等を他人に提供できないものとされている。電気通信事業における個人情報保護に関するガイドライン（平成29年総務省告示152号）35条 2 項，総務省（2017b）113-114頁参照。一方，捜査機関による位置情報の取得を求められた電気通信事業者においては，裁判所の令状に従う限り，当該取得について対象者に通知することが不要とされている（同条 4 項参照）。

67）*See* Selbst（2013），at 658.

68）位置情報については，通常，電気通信事業者たる通信管理主体が収集する。その限りにおいて，非通信管理主体による位置情報の取得可能性について考慮する余地は乏しい。しかし，ここで狭義の位置情報（注 5 ）参照）以外の端末所在地情報として，例えば携帯電話端末で受信される GPS 位置情報について考えてみたい。一般に，狭義の位置情報については（狭義の）「秘密」に該当し，原則として漏えい等が禁止されると解されているが，GPS 位置情報については個々の通信に関する情報とは異なり，これに該当しないと捉えられている。このような解釈の妥当性に関する検討については別論として，位置情報の収集主体と GPS 位置情報の収集主体との比較は，事業記録論の援用可能範囲を限定する可能性を秘めている。すなわち，近年においては，電気通信事業者以外の GPS 位置情報アプリ提供主体（注 7 ）参照）が，携帯電話端末の利用者との通信を行う中で，その GPS 位置情報を取得することがあり得る。その場合，当該主体は着信者（通信当事者）として観念され得るのであって，別段の事情のない限り非通信管理主体となる。これらを踏まえると，端末所在地情報については，それを取得する主体の特徴に応じてその法的性質が異なることとなる。まず，電気通信事業者その他の通信管理主体において収集された位置情報については，それが個々の通信の構成要素情報と位置づけられる限り，他人間の通信の円滑な成立に付随して把握される「秘密」たる情報として，憲法上保護される。それゆえ，当該主体による任意の取扱いが制限される。これに対し，非通信管理主体としての GPS 位置情報アプリ提供主体が取得する GPS 位置情報についてはこの限りではなく（もっとも，広義の「秘密」に関わる周辺関連情報〔1.6.5参照〕と捉える余地はある），基本的に着信者となる当該主体の「事業記録」として任意に取り扱われ得るものとなろう。

69）*See* Serafino（2014），at 177-182.

70）もっとも，憲法上の要請に基づく場合や通信当事者の有効な同意が事前に得られた場合は別論である。

71）*See* Babst（2015），at 390.

72）事業用電気通信設備規則35条の20第 2 項及び事業用電気通信設備規則の細目を定める件（昭和60年郵政省告示228号） 4 条 2 項 3 号ロ参照。なお，通話用の移動電話端末には，緊急通報を発信する機能を備えることが義務づけられている。端末設備等規則28条の 2 参照。

73）総務省（2017b）293頁・297頁参照。

74）例えば，ウェアラブル端末，無人航空機（ドローン等）等による取得が考えられる。無人航空機による監視と修正 4 条に基づくプライバシーの保護との関係に関する考察として，例えば以下を参照：Talai（2014），at 751-766.

266

第11章

通信の秘密との関係における通信傍受と
通信記録の捜索との分水嶺

11.1　序説

　犯罪捜査のための通信傍受に関する法律（平成11年法律137号。以下，「通信傍受法」という）に基づいて行われる犯罪関連通信の傍受（通信傍受法3条1項）に対しては，違憲の可能性を説く学説が少なくない[1]。もとより，その当初の立法時には，「憲法の理想に逆行する監視社会をつくるおそれ」が指摘されてきた[2]。

　通信傍受法にいう通信傍受とは，「現に行われている他人間の通信について，その内容を知るため，当該通信の当事者のいずれの同意も得ないで，これを受けること」（通信傍受法2条2項）である。ここでいう通信については，ネットワークに有線を含み，又は交換設備がある電気通信が念頭におかれており（同法2条1項），音声通信（固定・携帯電話）のみならずそれ以外のデータ通信（電子メール等）も含まれる。

　犯罪捜査のための通信傍受の要件及びその実施の手続きに関しては，詳細な規定が設けられている（同法3条以下）。それは，対象犯罪等の限定（同法3条1項），傍受令状の請求可能な者の限定（同法4条1項）等の厳格な規律に代表される。これらの規律は，通信管理主体が保管する通信記録を内包する記録媒体等の一般的な捜索，差押え等（以下，「通信記録捜索」という）に関する規律（刑事訴訟法99条・99条の2・100条・102条・218条・222条参照）[3]よりも，公権力にとっての実施のハードルが格段に高い。その背景には，刑事手続上の要請に加えて，通信傍受が「秘密のコミュニケーションの過程に強制的に介入するもの」[4]であるがゆえに，「秘密」に対して特に重大な制約となるという共通認識とも言える思想があると考えられる[5]。

　しかし，情報通信技術の発展がめざましい今日の状況の中で，かかる思想に疑問を挟む余地はないのであろうか。すなわち，通信傍受は，通信記録捜索との比較において，本当に「秘密」に対する制約の度合い（以下，「秘密制約度」という）

267

がひときわ高く，その立法上の手続的な厳格さは，秘密保護要請との関係に照らして合理的ないし必然的なものと言えるのか。郵便・電話の時代における「通信」は，基本的に内容情報が記録されない音声伝送役務の利用により行われることが多く，「現に行われている」通信の傍受が捜査手段としての実効性を強く帯び得る状況にあった。また，データ伝送役務において通信記録が保管される場合であっても，かつては情報の保管容量等が限られていたため，通信記録捜索が秘密保護要請との関係で問題となる局面も限定的であった。ところが，今日の「通信」においては，音声伝送役務のみならずデータ伝送役務も頻繁に利用される中で，データセンターの発展や情報の保管費用の低廉化等を背景としつつ，通信記録として一時的又は中長期的に保管される情報の量も著しく増大している（8.1参照）。よって，捜査手段としての通信記録捜索の意義及び実効性も比例的に増している。それに伴い，通信傍受と通信記録捜索との規範的な区別のあり方が改めて問われ得ると考えられる。

　しかし，従前の学説において，刑事手続上の観点については別論として，秘密制約度の観点からみた通信傍受と通信記録捜索との規範的な差異に関する具体的な検討は十分に行われてこなかった[6]。一方，近年の米国においては，修正4条の解釈論の一環として，この点に関連する興味深い議論が提示されており，参照価値が高いと思われる。

　米国法においては，秘密不可侵に相当する明文の憲法規範が存在せず，通信傍受に関する法制度も我が国とは異なる部分を含む。そのため，米国法上の議論の参照価値を疑問視する向きもあるかもしれない。しかし，少なくとも以下に示す観点から，当該価値の高さが肯定されよう。第一に，修正4条が各人の「プライバシーの合理的な期待」を保護する中で，「秘密」の保護にも通信におけるプライバシーの保護という側面が認められるため，修正4条の解釈論と憲法21条2項後段の解釈論とは通底する部分が少なくない。第二に，米国法に基づく公権力による通信傍受は，米国憲法上保護される権利・利益に対する制約の問題となることが前提とされつつ，厳格な要件（通信記録捜索の場合よりも厳しい要件）の下で実施されるという点において，我が国の法に基づく通信傍受に対する規律との類似性が高い。

　以上を踏まえ，本章は，米国法の下で展開されている議論を参考にしつつ，秘密制約度の観点（憲法21条2項後段の規定の保護法益の観点）からみた通信傍受と通

信記録捜索との規範的な差異について，解釈論的考察を加えることを目的とする。なお，冒頭で言及した通信傍受の憲法適合性をめぐる議論の視点からは，憲法13条，31条，35条1項等の各規定との関係についても問題となり得るが，本書の目的に照らし，本章の焦点は秘密保護要請との関係に絞り，刑事手続上の問題については措く。

11.2 米国法上の通信傍受及び通信記録捜索をめぐる主な議論

修正4条の趣旨を電気通信の領域において具体化する観点を踏まえて制定された電子通信プライバシー法（8.2参照）は，通信傍受について，「電子機器，機械その他の装置の利用を通じたあらゆる有線音声通信，電子通信又は口頭のコミュニケーションの内容の聴覚的（aural）又はその他の方法による取得」を表す行為と定義している[7]。かかる行為は，主な判例等において，同時的（contemporaneous）な取得，すなわち現に行われている最中の通信の内容情報の取得（換言すれば，伝送行為の過程における取得。以下，「伝送中取得」という）と解されている[8]。この定義は，その対象が明示的に「他人間の通信」に限定されているわけではないことや，口頭での会話もその射程に含むことなどを別論とすれば，我が国における通信傍受の観念に近似する。

電子通信プライバシー法の下では，公権力（法執行機関）による犯罪捜査のための通信傍受と通信記録捜索とが明確に区別され，それぞれの行為に対して一定の規律が課されつつも，前者の方がより厳格な手続きに服することが予定されている。すなわち，意図的に行われる通信傍受やその試みが一般私人を含む万人に対して原則として禁止される中で[9]，極めて厳格な要件の下で発せられる裁判所命令による傍受命令手続[10]，対象犯罪の証拠とならない通信の傍受を極力排する最小化手続[11]，対象犯罪の特定（ただし，通信傍受法上の重大犯罪よりもその射程は広い）[12]等[13]が，通信傍受の際には要求される[14]。傍受命令は，個別の犯罪に関する内容情報が通信傍受により取得されると信ずるに足りる相当の理由があって，通常の捜査手法ではうまくいかない又はいきそうにないと合理的に認められる場合などの詳細な条件を充足しない限り，発出されない[15]。

他方，通信記録捜索に関しては，既述のとおり，電子的保管（8.3.4参照）の開始後180日以内にある通信（有線音声通信又は電子通信）の内容情報に対しては，通

常令状手続によらなければならない。これは，傍受命令手続に比べて相当に緩和されたものであり，最小化手続等とも無縁である[16]。しかも，180日を超えて保管された内容情報や構成要素情報（保管期間を問わない）については，通常令状手続よりもさらに簡略な簡易命令手続によって取得可能である（**8.3.5参照**）[17]。

　このような通信傍受及び通信記録捜索に関する規律の非対称性については，主に以下の理由に基づくものであるとされてきた。すなわち，①通信記録捜索が原則として単発的な行為であるのに対し，通信傍受は一定の期間にわたり継続的に行われ得ること，②過去の通信に関する情報の取得にとどまる通信記録捜索とは異なり，通信傍受は進行中の通信に関する情報のリアルタイム的な取得であること，である[18]。

　ところが，近年の米国法上の議論においては，技術革新を背景として，以下のような観点から，通信傍受と通信記録捜索との分水嶺の相対化が指摘されている。第一に，電子通信ないしデータ通信においては，一般に伝送行為がごく瞬時に完結することが多い。それゆえ，仮にその瞬時の間における伝送中取得のみが通信傍受に該当すると解すると，データ通信における通信傍受が成立する余地は非常に限定され得る[19]。実際，米国ではインターネット経由の通信に対する通信傍受の実績は非常に少ないという旨が指摘されている[20]。そのため，同一の内容情報に関する伝送中取得と着信者による受信完了後の事後的な取得とで，それらの行為からの保護の程度に関して規範的な格差を設けることの妥当性についても問われ得る。これらは，通信傍受の射程を伝送中取得に限定する限り，データ通信における通信傍受と通信記録捜索とを規範的に区別する意義が不分明になっているということを表す。

　第二に，第一の点にも関連し，データ通信に関して，その伝送途上の段階で暫定的・一時的に保管された通信記録（以下，「伝送途上暫定記録」という）については，その内容が通信傍受の対象となると解する考え方[21]と当該対象とならないと解する考え方[22]とが下級審の裁判例において混在している。前者の考え方に対しては，「同時的な取得」の観念に整合しないという批判がある一方[23]，(ｱ)データ通信におけるプライバシーの適切な保護に資する[24]，(ｲ)一般に伝送途上暫定記録の一時的な保管を不可欠とする電子メール等の伝送行為の実態に適合的である[25]，(ｳ)仮にこのように解しないと，プライバシーの利益が度外視されつつ，どの時点で情報が取得されたかということのみにより伝送行為完了前の同一の情

報の保護のあり方に関して重要な差異が設けられることとなる[26]，といった支持意見が有力である。その延長線上には，伝送途上暫定記録の取得も通信傍受に該当するという旨を立法化すべきであると説く学説も提示されている[27]。これは，一次的には米国法の解釈論及び立法論の問題にすぎないとも言えるが，我が国における通信傍受の射程を画する「現に行われている」通信という要素に関して，伝送途上暫定記録の取得が当該射程に入るのか否かという問題を浮き彫りにする。さらに，それが肯定されることを前提とした場合には，当該取得により行われる通信傍受と事後的な通信記録捜索とを規範的に区別する意義を問い直すものとなる。

　第三に，内容情報の暗号化等により通信傍受が物理的に困難な通信も増加している[28]。かかる通信の内容情報を公権力が把握するためには，通信記録捜索を通じて暗号の解読等を行うよりほかないところ，それが可能な場合には，当該捜索は通信傍受にほぼ匹敵する効果を有し得る。このとき，このような通信記録捜索と通信傍受との間に設けられた規範的な差異を合理的に説明することが困難となろう。

　なお，以上のような通信傍受と通信記録捜索との分水嶺の曖昧化に加え，通信傍受と「通信傍受類似の行為」との分水嶺についても議論されている。すなわち，今日の社会では，電子機器のキーボードの入力信号等の情報の取得・解析を通じて，他人が送信しようとする内容情報に相当する情報の事実上の知得が可能になっている。かかる知得を行うためのコードにより作動するソフトウェアないしその関連装置（キーロガー）は，個々の端末設備に組み込まれ得る。キーロガーを利用してのキーボードの入力信号等に関する情報の取得（以下，「キーロガー利用情報取得」という）[29]については，伝送途上の信号（内容情報）自体の取得ではなく，通信傍受には該当しない。しかも，発信行為の前段階において行われる直接の（通信記録たる情報の保管行為を介さない）取得であることから，通信記録捜索にも該当しない。よって，キーロガー利用情報取得は，電子通信プライバシー法に基づく規律を受けるものではない[30]。しかし，他人間の通信の内容情報と同一の情報又はそれに近似する情報をリアルタイムに近い形で事実上取得するという意味において，実質的に通信傍受に酷似する効果を有する[31]。したがって，仮にキーロガー利用情報取得の実施と通信傍受の実施との間に法規律の著しい非対称性が生ずれば，その正当性を適切に説明することが困難となり得る[32]。

11.3 秘密保護要請との関係における通信傍受と
通信記録捜索との区別の可能性

11.3.1 通信傍受及び通信記録捜索に関係する主な行為の態様

以上の米国の議論を参考にしつつ，我が国の通信傍受及び通信記録捜索に関係する公権力の行為の具体的な内実について考えると，他人間で行われる音声通信及びデータ通信を念頭におく限り，少なくとも以下のように大別できよう。すなわち，①伝送行為の過程においてリアルタイム的に行われる情報の取得（伝送中取得），②伝送途上暫定記録の情報の取得（以下，「暫定取得」という），③通信の完了後（伝送行為及び着信者による受信行為の完了後）においてもなお通信管理主体の保管下にある通信記録の情報の取得（以下，「事後取得」という），④通信の実施前（発信者による送信行為の開始前）において持続的に行われるキーロガー利用情報取得ないしこれに相当する態様の行為（以下，「事前取得」という）である。これらのうち，伝送中取得，暫定取得及び事後取得については，取得対象の情報の性質に応じて，内容情報に対するものと構成要素情報に対するものとにさらに大別される。

このとき，内容情報の伝送中取得は通信傍受に該当するが，当該情報の暫定取得についても，情報の保管が伝送途上で行われることに照らし，これに該当すると解することが可能である。もっとも，かかる暫定取得については，事実上通信の完了後に行われる蓋然性が高いことを踏まえ，通信記録捜索に該当すると解する余地もある。事後取得及び事前取得は通信傍受には該当しないが，事後取得は通信記録捜索に該当し得る。いずれにしても，これらが通信傍受に該当するのか，通信記録捜索に該当するのか，あるいはいずれにも該当しないのかということ（以下，「傍受・記録捜索該当性」という）に応じて，公権力にとっての情報の取得ないし情報へのアクセスに関するハードル，ひいては利用者の視点からみた当該情報の保護の程度が大きく異なるというのが日米両国にほぼ共通する立法の枠組みである。通信傍受と通信記録捜索との規範的な区別の必要性が相対化する中で，かかる枠組みは十分な合理性を有するものなのであろうか[33]。

ここで問題となるのが，秘密不可侵の法規範との関係において，これらの各行為は規範的に区別され得る（異なる秘密制約度を有すると認められる）か否かということである。仮にそれが肯定されるのであれば，暫定取得等の行為に関する傍

受・記録捜索該当性が一義的に明らかにされる必要があろう。そこで，以下にこの点に関する考察を加えることとする。

11.3.2 秘密保護要請に照らした情報の取得行為の態様の区別の意義

前述の公権力による情報の取得行為の各類型を規範的に区別する必要性について，秘密不可侵の法規範の多層的な保護法益に照らして検討する。通信傍受の対象は内容情報に限られることから，取得される情報については基本的に内容情報を念頭におく。ただし，事前取得については，通信傍受にも通信記録捜索にも該当しないことから，基本的に措く。

まず，狭義の「秘密」の保護の観点からは，伝送中取得，暫定取得及び事後取得のいずれも，発信者による発信後の取得であることに変わりはなく，通信当事者のプライバシーが害される程度もほぼ同様であると考えられる[34]。通信の完了前に行われる伝送中取得については，通信の完了後に行われ得る暫定取得及び事後取得と区別して捉える考え方もあり得ないわけではないが，「秘密」の要保護性は通信の完了と同時に消滅するものではないこと（1.4参照）に照らすと，妥当とは言いがたい。狭義の「秘密」の保護においては，情報が公権力等に知得されるか否かが基本的に問題となるのであって，その知得のタイミングに応じて「秘密」の侵害の程度が著しく異なるわけではない。

次に，通信手段を用いた表現の自由を含む通信の自由の保障・保護の観点からも，伝送中取得，暫定取得及び事後取得のいずれの行為に関しても，規範的な境界線を観念する必要性は認めがたい。なぜなら，これらの各行為は個々の通信の成立を妨げるものではないという点において共通するからである。すなわち，個々の通信が円滑に行われる限り，それを通じた表現行為や情報のやり取りは実現するし，着信者において表現物その他の情報の受領が不可能となるわけでもない[35]。

さらに，広義の「秘密」の保護の観点（1.4参照）からは，狭義の「秘密」たる情報が包括的かつ持続的に不当探索されない状態を含め，「通信」の健全な制度的利用環境が総合的に形成されることが求められる。かかる環境が害される程度については，伝送中取得，暫定取得及び事後取得といった情報の把握のタイミングに応じて大きく変わるものではないと考えられる。逆に，公権力において問題となる「秘密」たる情報を取得する合理的な理由が認められる限り，そのタイミ

ングにかかわらず，公共の福祉（憲法13条）の確保の必要性に基づき当該取得が正当化される余地がある[36]。

　なお，「通信」の主要な制度的利用環境の形成の必要性に照らせば，犯罪となるサイバー攻撃への対応（刑法〔明治40年法律45号〕234条の2等参照）等，各利用者が安全に安心して「通信」を利用するための環境を著しく妨げ得ると認められる犯罪（以下，「通信脅威犯罪」という）の捜査に対しては，憲法上，通信傍受及び通信記録捜索が正当に行われる余地が特に大きいと考えられる[37]。もっとも，その場合の通信傍受であっても，前述のとおり一定の手続的措置は必要であるし，一般的に何を捜査手段としての通信傍受の対象犯罪とすべきであるかということについては刑事法上の視点を踏まえた別途の慎重な検討を要する[38]。

　以上の考察から導かれるのは，憲法21条2項後段の規定との関係上，秘密保護要請に内在すると考えられるいずれの保護法益に照らしても，伝送中取得，暫定取得及び事後取得の間に規範的な差異を観念する必要性は乏しいということである。それゆえ，暫定取得の傍受・記録捜索該当性については，法律解釈論上の問題としては格別，秘密保護要請との関係においては，さほど重要な意義を有するものではないと言える。また，伝送中取得としての通信傍受と事後取得としての通信記録捜索との間に現に存する法律上の手続的差異については，他の憲法上の規定（特に，刑事手続上の要請）に基づくものと解するか，あるいはもっぱら立法政策によるものと位置づける道筋を追求することが合理的であろう。

11.4　通信傍受に固有の問題に関する検討

　以上の考察にかかわらず，通信傍受に固有とされ得る特徴に照らし，これと通信記録捜索との間に明確な境界線を引く意義はあるとする議論も提起されよう。かかる方向性を具体化する主張としては，主に以下の各点が考えられるところ，それぞれについて若干の考察を加える。

　第一に，通信傍受は問題となる犯罪と無関係な内容情報の取得の可能性を本質的に内包することから，捜索の場所，目的物等が令状により特定されている通信記録捜索と比べ，秘密制約度が高いとする典型的な主張である[39]。確かに，通信傍受は被疑者の氏名が不明のまま行われることもあり，傍受対象の通信が過度に広範に及ぶリスクを抱えている。それゆえ，刑事手続上一定の制度的な歯止め

が必要となる。しかし，既に指摘されているとおり，通信記録捜索においても令状における目的物の表示は概括的なものとならざるを得ず，結果的に多くの無関係の通信記録の捜索及びそれに基づく内容情報の点検等が行われ得る[40]。逆に，捜査対象となる犯罪が特定されている通信傍受の場合には，それと無関係の通信が傍受（取得）対象に入り込む可能性が相対的に低いとも考えられる。それゆえ，問題となる犯罪と無関係な内容情報が取得される可能性をもって，一概に通信傍受が通信記録捜索よりも秘密制約度が高いと断じることは困難である。

　第二に，内容情報の取得が行われる通信傍受については，一度実施されれば原状回復が困難となることから，対象が空間的に限定される中で常に記録媒体等の押収が行われるわけではない通信記録捜索と比べ，秘密制約度が高いとする主張である[41]。しかし，通信記録捜索においても，対象となる情報が点検されるに至ればその内容が基本的に捕捉（知得）され，原状回復が困難となるという点に変わりはない[42]。しかも，内容情報の取得が（通信記録捜索の対象となり得る）構成要素情報の取得に比べて秘密制約度が高いと断じることは本質的に困難である（0.2・1.4参照）。それゆえ，この点も通信傍受の秘密制約度の高さを裏づける決め手とはならない[43]。

　第三に，通信傍受は本質的に秘密裏に行われ，（傍受記録の作成後の通信当事者への通知は別論として）通信当事者の知らないうちに内容情報が取得されるという「不気味さ」を伴うことから，秘密制約度が高いとする主張があり得る[44]。しかし，通信記録捜索においても，かかる「不気味さ」は大きく変わるものではない。実際，刑事訴訟法上は，通信記録捜索の実施時において，被処分者たる通信管理主体に対する令状の提示が求められているものの（刑事訴訟法110条・222条），個々の通信当事者に対して強制処分が行われたことの通知が明示的に求められているわけではない[45]。また，狭義の「秘密」との関係においては，個々の通信に関する情報が通信当事者の意に反して不当探索されるか否かがその侵害の有無を決する重要な分水嶺となるのであって，知得の事実が一方的に通知されるか否かについては直接問題となるものではない。それゆえ，このような「不気味さ」により通信傍受と通信記録捜索との間における秘密制約度の差異を特定することも困難である。

　第四に，公権力において，通信傍受は通信管理主体の協力を得つつ内容情報を直接収集する行為であるのに対し，通信記録捜索は通信管理主体の保管する記録

媒体等を通じて内容情報等を間接的に取得する行為であるから，秘密制約度については前者の方が高いとする主張が考えられる。確かに，個々の通信記録を保管する通信管理主体を通信当事者と同列の一私人と捉える限り，この主張は一定の合理性を有するかもしれない。しかしながら，国民各人の「通信」の利用の局面において，通信管理主体は公権力に準じた立場におかれており，秘密保護要請の名宛人となると解される（1.2.2・1.4参照）。よって，公権力が内容情報を直接傍受するか，あるいは通信管理主体を介して取得するかということは，秘密保護要請との関係上は基本的に「公権力側」の内部的な問題にすぎず，秘密制約度に対して重大な影響を及ぼすものではないと考えられる[46]。

　第五に，通信記録捜索の場合，捜索に先立って通信管理主体又は通信当事者により通信記録が（部分的に）消去され得ることから，内容情報のリアルタイム的な取得が可能となる通信傍受に比べて，取得される情報の完全性を欠くという主張も考えられる。その前提として，通信記録捜索の対象となる保管された情報は，リアルタイム的に傍受される情報に比べ，秘匿性が低いという考え方があり得る[47]。しかし，犯罪捜査との関係における取得対象の情報の完全性については，秘密制約度の高低に直結するものではない。すなわち，たとえ通信記録捜索においては公権力にとって部分的にしか必要な情報が得られないとしても，当事者の日常生活における基本的な局面が相当程度明らかとなる可能性もなお残されている中で，通信傍受の場合には当該局面とはほぼ無関係となる瑣末な情報のみが把握される可能性も否定できず，一概にいずれか一方の秘密制約度が高いとは言えない[48]。また，通信記録捜索の対象となる情報が，通信傍受の対象となるリアルタイム的な情報よりも価値を有する場合もあり得ると考えられる。

　第六に，通常はその内容情報が記録されない音声通信（及びテキストメッセージの送受信等の一部のデータ通信）においては，聞き耳を立てる行為等を行わずに当該情報を（遠隔で）取得するためには実質的に通信傍受によるしかない（通信記録捜索が実効性を有しない）ことが一般的であるため，通信傍受の方が取得される情報の幅が広く，よってこれを通信記録捜索と区別すべきであるとする主張も考えられる。しかし，たとえ通信傍受によってしか取得し得ない内容情報があるとしても，それが他の内容情報と比べて一概に「秘密」としての要保護性が高いものと位置づけられるわけではない。すなわち，秘密保護要請から導かれる情報不接触原則は，「秘密」たる情報の包括的な保護を予定しており（1.4参照），音声通信

の内容情報のみが特に要保護性が高いとは言えない[49]。したがって，通信記録捜索では取得が容易ではない音声通信の内容情報を取得し得ることをもって，通信傍受の秘密制約度の方が高いと結論づけることは困難である。

第七に，通信傍受のリアルタイム的な性質を重視しつつ，本章冒頭で言及したような「監視社会」を構造的に生み出すものとして，これを通信記録捜索と峻別しようとする主張も考えられる。しかし，通信傍受は，日常生活における「通信」という特定の局面に関して一定の重大犯罪の捜査の目的に必要となる範囲内でのみ期間限定的に行われる。よって，それ自体が「監視社会」の形成にただちに結びつくとは言い切れない。また，通信記録捜索が生み出す可能性を秘めている「追跡社会」のインパクトと比較しても，通信傍受の秘密制約度の方が高いと断じることは困難であろう。

11.5　小括

以上の考察より，秘密保護要請との関係においては，公権力による伝送中取得（通信傍受），暫定取得及び事後取得（通信記録捜索）の間に規範的な差異を観念する必要性，ひいては通信傍受が通信記録捜索に比べて秘密制約度が高いという命題を裏づける合理的な理由は乏しいという帰結が導かれる。とりわけ，伝送途上暫定記録の保管を要することが一般的なデータ通信においては，通信傍受と通信記録捜索との峻別自体が相対化している部分が大きい。それゆえ，秘密制約度に着目する限り，現在の法律上，通信傍受に対してやや過度に厳格な手続的規律が課されていると言えよう。

もっとも，通信傍受は，公権力による内容情報の直接かつ広範な知得を許容するリスクを内包する。よって，憲法35条１項の規定に基づく令状主義における特定性の要件（捜索の場所，目的物等の特定の必要性）との関係等も踏まえ，立法上の一定の歯止めが不可欠であろう。それゆえ，少なくとも通信傍受に関して判例上示されている一定の要件[50]の充足を確保するための立法措置が必要となり得る。ところが，通信傍受法は，当該要件よりもさらに厳しい要件を課している。その背景には，本章冒頭で指摘した通信傍受の秘密制約度に関する「共通認識」があろう。

したがって，憲法21条２項後段の規定との関係上，通信傍受法上の厳格な要件

については，通信記録捜索に関する法律上の要件に近似する水準まで緩和する余地を残しているように思われる[51]。もっとも，かかる帰結はもっぱら秘密保護要請に照らして析出された一断面にすぎず[52]，通信傍受と通信記録捜索との間の手続的差異の妥当性を検証するためには，より多角的な考察が必要となる。同時に，立法論上は，通信傍受や通信記録捜索を通じて得られた情報を利用する段階の行為（情報取得後のプロファイリング等）に対する手続的規律のあり方についても検討が必要となろう。これらの点については，今後の検討課題としたい。

1) 例えば，鈴木（2000）29頁，市川（2014）170頁参照。
2) 第145回国会衆議院法務委員会会議録第16号（平成11年5月25日）における白取祐司参考人の発言参照。
3) もっとも，刑事訴訟法100条の規定（同法222条1項で準用）については，違憲の疑いを説く学説も有力である。例えば，法学協会（1953）624頁，佐藤（2011）322-323頁参照。
4) 戸波（1998）274頁。
5) 最決平成11年12月16日刑集53巻9号1327頁（電話傍受決定。特に，元原利文裁判官による反対意見）参照。
6) なお，憲法35条1項の規定に基づき捜索等の対象が特定される必要性（特定性の要件）との関係において，通信傍受と通信記録捜索との差異は本質的に乏しいという旨が示唆されている。井上（1997）23-61頁参照。
7) 18 U.S.C. § 2510 (4) (2016).
8) *See* Steve Jackson Games, Inc. v. United States Secret Service, 36 F.3d 457, 460 (5th Cir. 1994); United States v. Barrington, 648 F.3d 1178, 1202 (11th Cir. 2011); DoJ (2009), at 165. ただし，ここでいう「同時的」とは，「同時期に行われる」ということであって，「同時（simultaneous）の」を意味するものではない。*See* DoJ (2009), at 166.
9) *See* 18 U.S.C. § 2511 (1)(a) (2016); 47 U.S.C. § 605 (a) (2016). その主な例外として，公権力が傍受命令手続に基づき行う場合のほか，①通信の一方当事者の同意がある場合（18 U.S.C. § 2511 (2)(c)-(d) (2015)），②有線音声通信又は電子通信の役務提供者がその（通信設備等に対する）財産権等の保護を目的として行う場合（18 U.S.C. § 2511 (2)(a)(i) (2016)），③「一般大衆にとって容易にアクセス可能」と認められる電子通信に対して行われる場合（18 U.S.C. § 2511 (2)(g)(i) (2016)）等が挙げられる。
10) *See* 18 U.S.C. § 2518 (1) (2016).
11) かかる「最小化」の観点から，個々の通信傍受の期間は最長30日間とされている。*See* 18 U.S.C. § 2518 (5) (2016).
12) *See* 18 U.S.C. §§ 2516, 2518 (3)(a) (2016).
13) このほか，有線音声通信又は口頭での会話の傍受の場合には，裁判所に対する傍受命令の申請に際し，司法省の高官の承認が必要となる。*See* 18 U.S.C. § 2516 (1) (2016).
14) とりわけ，傍受命令手続に関しては，他の捜査手法ではうまくいかない旨又はうまくいきそうにないと合理的に認められる旨の情報等を提示したうえでの命令の申請が行われなければならない（18 U.S.C. § 2518 (1)(c) (2016)）。

15）See 18 U.S.C. § 2518 (3) (2016).

16）この点に関して，内容情報に対する通信記録捜索にも最小化手続を求めるべきであるとする立法論も提示されている。See Kerr (2014), at 414-415.

17）ただし，この場合，内容情報に関しては利用者への事前の通知が必要となる。

18）See Kerr (2004), at 1231.

19）Konop v. Hawaiian Airlines, Inc., 302 F.3d 868, 879, n.6 (9th Cir. 2002).

20）See Kerr (2014), at 394.

21）United States v. Councilman, 418 F.3d 67, 79 (1st Cir. 2005).

22）See Konop, 302 F.3d at 877-878.

23）See id.

24）See United States v. Councilman, 373 F.3d 197, 219 (1st Cir. 2004).

25）See Martin (2006), at 474; Oyama (2006), at 516.

26）See Oyama (2006), at 517.

27）See id. at 519; Martin (2006), at 476.

28）See Kerr (2014), at 394.

29）すなわち，キーロガー利用情報取得とは，キーロガーの直接的な利用又は端末設備開発者等と連携したうえでの利用を通じて，他人間の通信における内容情報にほぼ相当する情報をキーボードへの入力等と同時的に知得する行為を指す。

30）United States v. Ropp, 347 F. Supp. 2d 831, 837-838 (C.D. Cal. 2004).

31）See Bensur (2015), at 1205.

32）我が国においては，①私人による通信傍受の試みもその規律対象に含む米国の電子通信プライバシー法とは異なり，通信傍受法に基づく規律が公権力による犯罪捜査のための通信傍受に特化したものであること，②いわゆる強制処分法定主義（**12.5.1**参照）の下で，通信傍受法に基づく通信傍受以外の方法による強制処分としての内容情報のリアルタイム的な取得ないしこれに相当する行為（キーロガー利用情報取得もこれに含まれ得る）が法律上認められていないこと（刑事訴訟法197条1項但書・222条の2参照），などを背景として，このような問題は顕在化していないが，理論的には同様の可能性を内包する。なお，私人による（他人間の通信に対する）通信傍受は，有線電気通信法9条や電気通信事業法4条1項等の規定に違反し得ると解される。

33）もっとも，通信傍受も通信記録捜索も刑事手続上の強制処分であるところ，刑事手続それ自体の形成には一定の範囲で立法裁量の余地があるということには留意が必要である。憲法上の要請と立法裁量との関係については，学説上，当該裁量が許容される程度等に着目したさまざまな類型化が試みられてきたが（近年の立法裁量論の類型化をめぐる主な様相について，宮地 (2015) 185-187頁参照），一定の制度形成が予定される場合には相応の立法裁量の余地が認められ得るとする考え方が有力である（小山 (2016) 75頁参照）。判例は，選挙制度，相続制度，婚姻制度等に関して，一定の立法裁量の余地があることを認めつつ，同時に個人の尊厳の確保や平等保障要請といった憲法上の要請に照らした制度形成の司法的統制を図っている（最大判平成11年11月10日民集53巻8号1704頁〔衆議院議員総選挙無効請求事件〕，最大決平成25年9月4日民集67巻6号1320頁〔非嫡出子相続分規定事件〕，最大判平成27年12月16日民集69巻8号2427頁〔再婚禁止期間規定事件〕参照）。一部の学説においても，平等保障要請のほか，「立法者の基本決定との首尾一貫性」の観点から立法裁量の余地が縮減され得るとも指摘されている（小山 (2016) 175頁・184-185頁参照。ここでいう「首尾一貫性」に関する問題点〔立法者の基本決定を特定することの困難性，要求される首尾一

貫性の水準の不明確性等〕について，山本〔龍〕（2012）51-52頁参照。併せて，松本〔和〕（2015）460頁参照）。また，憲法上の立法委任条項の趣旨や立法により制約を受ける基本権の性質に応じて許容される立法裁量の程度が変わり得るという旨を指摘する学説もある（西原ほか（2015）101頁参照）。傍受・記録捜索該当性に基づく区別は，少なくとも個人の尊厳の確保に対する要請への背反や個々の通信に対する差別（通信平等保障要請への背反）にただちに結びつくものではないし，刑事訴訟法222条の2の規定に基づき定められた通信傍受法が刑事手続に関する「立法者の基本決定」の趣旨を逸脱するものとも認めがたい。このような観点を踏まえると，立法上，たとえ傍受・記録捜索該当性に応じた情報の保護に関して一定の規範的な差異が生じているとしても，ただちに合理的な立法裁量の範囲を超えるものとなるわけではない。しかしながら，通信傍受及び通信記録捜索の双方とも，「秘密」に関する基本権を制約する行為であることにかんがみると，憲法上の権利に対する制約のあり方という観点から，両者の規範的な差異の妥当性を検証することはなお有意義であると考えられる。換言すれば，かかる差異の設定が「基本権によって保護された領域の外周的な限界」（高橋〔洋〕（2016）74頁）の範囲内にあるとしても，これが基本権に対する制約の度合いに比例的なものであるか否かということは，「立法者の基本決定との首尾一貫性」をめぐる問題であるか否かはともかく，少なくとも立法裁量の合理性の問題となり得ると思われる。

34）情報セキュリティ大学院大学（2013）25頁参照。

35）表現行為に対する萎縮効果の観点からは，表出の「事前」の行為となる事前取得は「検閲」に近似する強い影響をもたらし得る。しかし，かかる観点からも，少なくとも伝送中取得，暫定取得及び事後取得の間には，規範的な分水嶺を設ける必要性を裏づけるほどの顕著な差異は認めがたい。

36）なお，事前取得は，発信前に作成中の情報ないし下書き的情報の包括的な取得を意味する。かかる情報については，通信の実施前のものである以上，「個々の通信に関する情報以外の情報」，すなわち狭義の「秘密」ではない情報として位置づけられる。しかし，その中には将来成立する通信に関する情報と同様の内容となるもの（周辺関連情報〔1.6.5参照〕）に加えて，それ以外の「実際の通信には含まれなかった情報」も広範に含まれ得る。その分，事前取得により当事者のプライバシーが害される程度は（伝送中取得等と比べ）相対的に高いと考えられる。ゆえに，事前取得は，広義の「秘密」の保護との関係で問題となり得るだけでなく，プライバシーの保障（憲法13条）との関係において，伝送中取得，暫定取得及び事後取得と規範的に区別される余地がある。すなわち，仮に事前取得が今後（新たな立法を通じて）強制処分として予定される場合には，通信傍受法に基づく手続き以上の厳格な手続きに服することが求められ得るであろう。

37）通信傍受が許容される憲法上の根拠として，憲法35条説，憲法31条説及び憲法21条2項説が提示され，有力な学説は，憲法35条説が妥当としつつも，他の二説と実質的には大差ないと説く（芦部（2000）550-552頁）。しかし，通信脅威犯罪の捜査の必要性に基づき正当に（必要最小限度において）行われる通信傍受については，もっぱら憲法21条2項後段の規定を根拠として許容される余地があると解される。ただし，通信脅威犯罪の踏み台として利用される「悪意なき者」の「秘密」を適切に保護するための格別の措置が求められ得る。

38）なお，組織的な殺人等，通信脅威犯罪とは異種の重大犯罪の捜査に際して行われる通信傍受についても，人命や社会の安全の確保等のために必要となると認められる一定の範囲内で，公共の福祉を確保する観点から正当化され得ると考えられる。

39）右崎（1999）23頁，鈴木（2008）137頁参照。

40）井上（1997）51-52頁参照。

41）川崎（1997）49頁参照。併せて，右崎（1999）23頁参照。

42）井上（1997）47頁参照。

43）通信傍受も傍受記録に基づいた傍受内容の事後的な点検が重要な意義を有するという実態に照らしても，通信記録捜索との区別の意義が相対化している部分が認められる。

44）川崎（1997）50頁参照。

45）米国法の下でも，通常令状手続により役務提供者に対する通信記録捜索が行われる場合には，利用者への通知が必要とされない（**8.3.5**参照）。なお，我が国の学説においては，通信管理主体の管理下にある郵便物等の差押えに関する刑事訴訟法100条3項の規定（差押え後における発信者又は着信者への通知の義務づけ）を通常の捜索等にも準用すべきであるとする主張も提示されている（井上（1997）126頁，稗田（1998）28頁参照）。

46）もっとも，法律上，過去の通信記録をどの程度の期間にわたり保管するかということは，刑事訴訟法197条3項に基づく通信履歴（構成要素情報）の保全要請が行われた場合等を別論とすれば，一次的には通信管理主体の判断に委ねられている（営業の自由等の問題となる。ただし，電気通信事業における個人情報保護に関するガイドライン10条・32条参照）。それゆえ，通信管理主体が当該記録に関する内容情報を適時の通信記録捜索が困難となるほどに短期間で破棄する場合には，通信傍受の効果ないし実益が相対的に高まり，それが秘密制約度の増大に結びつく可能性は残されている。

47）中山（2015）134頁参照。

48）また，通信傍受には法律上期間の上限が定められているため（通信傍受法5条・7条参照），取得される情報の経時的な範囲は限定的になるとも言える。

49）これに対しては，音声通信はデータ通信よりも基本的な通信の形態であり，その通信傍受は特に厳格に規律される必要があるとする反論も想定される。確かに，郵便・電話の時代における電気通信の主役は音声通信であったが，少なくともインターネット経由の通信が普及し，データ通信の比重が拡大傾向にある今日において，音声通信とデータ通信とを比較していずれか一方の「秘密」がより手厚く保護されると解し得る合理的な理由は乏しい。実際，憲法（及び通信傍受法）は音声通信とデータ通信とを明示的に区別していない。また，音声通信の領域においても，回線交換の仕組みを超えたIP電話の普及等に伴い，音声データのデジタル化による記録が技術的に容易となりつつある。このような傾向にかんがみると，今後，通信記録捜索により内容情報が取得可能となる事実上の範囲についても，音声通信も含めて拡大していくことが見込まれる。

50）当該要件とは，①重大な犯罪に係る被疑事件について，被疑者が罪を犯したと疑うに足りる十分な理由がある，②被疑事実に関連する通話（通信）の行われる蓋然性がある，③傍受以外の方法によってはその罪に関する重要かつ必要な証拠を得ることが著しく困難である，等の事情が認められる場合において，傍受の実施が「犯罪の捜査上真にやむを得ないと認められる」ことである。前掲最決平成11年12月16日（電話傍受決定）参照。

51）なお，やや異なる観点から通信傍受法上の要件を緩和する必要性を説く学説として，山本〔龍〕（2017a）96頁参照。

52）特に，憲法35条1項等の規定との関係については，別途の詳細な検討が必要となる。

第12章

情報通信技術を用いた新種捜査の法的位置づけ

12.1　序説

　米国では，米国憲法 1 条 1 節[1]の規定に基づき連邦議会に付与された立法権及び同 2 条 1 節[2]の規定に基づく大統領の強力な執行権に基づく措置が，修正 4 条に基づく人民の権利の保護と緊張関係に立つことが多い。実際，国家の安全保障の領域においては，これが歴史的に顕著であったと言えよう[3]。特に，2001年 9 月11日に発生した同時多発テロ事件以降，米国愛国者法の制定や外国諜報監視法（FISA）の改正及びそれらの立法措置に伴い強化された連邦政府による情報収集（通信監視）の枠組み[4]を中心としつつ，テロリズム対策の観点からの諜報関係の措置として，修正 4 条の要請する令状主義の原則を迂回するかのような公権力の行為[5]が本格的に行われるようになった[6]。

　ところが，2013年 6 月に国家安全保障局（National Security Agency: NSA）による包括的な通信監視の実態が大々的に報じられたことを契機として[7]，安全保障を目的とした措置と修正 4 条との関係が改めて問われることとなった結果，当該措置は一定の範囲で見直された。それは，従前の規律を改正する形で2015年 6 月に制定された米国自由法（USA FREEDOM Act of 2015）[8]に基づく立法措置等に反映された[9]。もっとも，かかる措置については，①米国愛国者法に基づき行われていた通話に関するメタデータ（構成要素情報）を内包する記録の包括的な取得に一定の範囲で制限をかけたものの，通信監視の取組みを完全に終了させたわけではない，②外国諜報監視法改正法の基本的な枠組みが維持され，それにより事実上さまざまな人が通信監視の対象となるおそれがなお残されている，③もっぱら行政命令[10]に基づき（議会及び裁判所の関与なしに）諜報情報を取得する既存の権限を温存させている，などの理由から，不十分な見直しにとどまるという旨の批判が提示されている[11]。

　一方，テロリズム対策以外の一般的な犯罪捜査の局面においても，修正 4 条と

の緊張関係は例外ではない。米国憲法が我が国の憲法ほど詳細な刑事手続のあり方に関する規律を有していないこともあり，修正4条の解釈論及び関連する判例は当該局面においても重要性を帯びる。しかし，少なくとも通信傍受，通信記録捜索等，通信ないしその利用に関わる犯罪捜査に関しては，法律上一定の手続的規定が設けられ（**8.3.5・11.2**参照），それに基づく運用が行われてきたことを背景として，かかる緊張関係は安全保障の分野ほどには注目を集めてこなかったように見受けられる。

　しかしながら，近年では，先端的な情報通信技術又はその関連技術を用いた新種の手段による犯罪捜査（以下，「新種捜査」という）の法的位置づけがしばしば問題となっている。その典型が，長年にわたり，「IMSI（International Mobile Subscriber Identity）キャッチャー」という電波の信号を受信する機器を利用しつつ，連邦捜査局（Federal Bureau of Investigation: FBI）その他の法執行機関が，犯罪捜査の手段として，被疑者等の携帯電話端末から発信される各種の情報を直接収集してきたという事実である[12]。これは，近年になって米国自由人権協会（American Civil Liberties Union: ACLU）の申立て等を契機として知られるようになった。このような公権力によるIMSIキャッチャーを通じた情報収集（以下，「IMSI情報収集」という）は，実質的に，通信事業者を介した間接的な位置情報の取得を回避しつつそれと同等の効果を得るものと捉えることができ，これが令状手続によらずに行われる限り，修正4条との関係で問題となる。

　現在の我が国では，IMSI情報収集に相当する態様の犯罪捜査が行われている形跡はない。各種の新種捜査に関しても，修正4条を事実上の「母法」[13]とするものと言い得る憲法35条1項にいう「捜索」と解する（厳格な令状主義に服せしめる）ことに対しては，「悪質，巧妙化する犯罪，殊に組織的に行われる犯罪に対する有効な捜査手法に，結局は使用・運用のレベルで煩雑な手続を課してしまうことになり，実際には，そのような捜査手段を使用しづらいものとしてしまう」[14]という認識が根強くあった。そのため，各種の新種捜査に対して必ずしも令状手続がとられてきたわけではなく，また防犯カメラやNシステムといった警察による情報収集・保存活動に「『法律上の根拠』を"serious"に求めない"判例理論"」[15]が支配してきた感もある。

　しかし，近年においては，GPS位置情報収集がプライバシーの侵害を伴うものとして裁判上問題となったことを契機として，議論の転回が見られつつある。

すなわち，令状手続を経ずに行われた装着型 GPS 位置情報収集（10.3参照）に関して，第一審では令状（検証許可状）によるべきものとされる一方[16]，第二審では「重大な違法があったとみることはできない」とされるなど判断が分かれていたが[17]，最高裁判所が無令状での GPS 位置情報収集は違法という旨の判示を行うことにより[18]，実務上一定の決着をみた[19]。この判示においては，問題となった GPS 位置情報収集は「特別の根拠規定がなければ許容されない強制の処分」であると同時に「令状がなければ行うことのできない処分」であるが，刑事訴訟法に基づく令状の発付によることには「疑義がある」のであって，憲法や刑事訴訟法の諸原則に適合する「立法的な措置が講じられることが望ましい」とされた[20]。

IMSI 情報収集と GPS 位置情報収集とは，収集可能な情報の範囲等が異なるため，両者を単純に同一視することは適当ではない。しかし，これらが令状手続によらずに行われる限り，被疑者等のプライバシー又は「秘密」その他基本権の保障・保護と犯罪捜査の必要性との利益衡量に関する問題を惹起するという点では共通する。同時に，これらのいずれも通信技術を用いた継続的かつ暗躍的な情報収集であるということも注目に値する。

以上の状況を踏まえ，本章は，「通信」を活用した新種捜査の典型としての IMSI 情報収集に焦点を当て，その米国法上の位置づけをめぐる主な議論を手がかりとしつつ，我が国で今後行われ得る同種の新種捜査の法的位置づけを考察することをその目的とする。かかる目的を達成するため，まずは米国における IMSI 情報収集の実態を概観し，その修正 4 条との関係及び法律上の位置づけをめぐる主な考え方を整理するとともに，近年の政策論的議論についても言及する。これらに照らし，IMSI 情報収集の米国法上の位置づけに関する管見を述べつつ，我が国の法の下で行われ得る（「通信」を活用した）新種捜査に関する立法論的な課題を摘示し，それらを総合した結論を得ることとする。

12.2 IMSI キャッチャーを通じた情報収集の概要

IMSI キャッチャーについては，その代表的な商品が「スティングレー（StingRay）」と称されており，米国では一般的にこの呼称で理解されている。これは，（通信役務の提供のために用いられる正規の基地局とは区別しにくい）偽装された基地局（以下，「偽装基地局」という）に組み込まれ，個々の携帯電話端末と基地局

との間で一般的にやり取りされるさまざまな情報をリアルタイム的に収集可能とする機器である。かかる情報には，当該端末の偽装基地局への接続時における信号強度やその所在する方向に関する情報[21]だけでなく，通話番号，送信要求したウェブサイトのIPアドレスの情報等のほか，少なくとも技術的には内容情報についても含まれ得る[22]。

米国連邦政府（司法省）によれば，携帯電話端末は，近隣の偽装基地局から発せられる信号に反応し，それをエリア内の交信可能な基地局であると「誤解」したうえで，正規の基地局に発信する場合と同様に，その偽装基地局に対して端末を特定可能となる各種の信号を発信するとされる。当該信号を受信した偽装基地局においては，携帯電話端末に割り当てられた加入者識別番号（IMSI）を認識する。特定の携帯電話端末の位置（所在地）を確認するためには，偽装基地局はその近隣に所在する複数の端末の加入者識別番号に関する情報を包括的に入手したうえで，対象の端末を特定し，当該端末からの信号の受信に集中する[23]。それゆえ，偽装基地局においては，エリア内の多数の携帯電話端末に関する各種の情報の無差別的な収集も（技術的には）可能である。

また，IMSIキャッチャーの組み込まれた偽装基地局は，相対的な信号の強度を手がかりとしつつ，携帯電話端末のおおまかな方向等を示すにすぎず，位置情報そのものを直接収集するものではないため，GPS位置情報収集とは異なるとされる。同時に，IMSI情報収集は通信傍受を目的として行われるものではなく，契約者情報（氏名，住所，電話番号等）を取得するものでもない[24]とされている[25]。

12.3　米国法上のIMSIキャッチャーを通じた情報収集の位置づけ

12.3.1　問題の所在とその前提

前節で概観したIMSI情報収集については，修正4条にいう「捜索」に該当し，それに対するプライバシーに関する利益の保護が予定されているのか。これは，IMSI情報収集の（修正4条との関係における）合憲性をめぐる問題である。また，現在の米国において，IMSI情報収集のあり方を直接規律する連邦法は存在しないところ，関連する犯罪捜査との対比を踏まえ，当該情報収集は法律上どのように位置づけられるのか。これは，IMSI情報収集の（法律の次元での）適法性に関

わる問題である。

　まず，これらの問題へのアプローチの前提として，公権力による個々の通信に関する情報の収集，取得等に関する法律上の主な枠組みのうち，IMSI 情報収集との関わりが特に深いものについて確認する。かかる枠組みとして，①電子通信プライバシー法 1 編の通信傍受に関する規律，②同法 3 編の通話番号等記録装置及び逆探知装置の設置・使用に関する規律が挙げられる（**8.2**参照）。これらの行為は，行為実施時点から起算して，過去に生成された情報（通信記録）の取得ではなく，いまだ存在していない情報の同時的な収集を目的とするという点において，IMSI 情報収集との共通性が高い。

　既述のとおり，前記①の傍受の客体は，内容情報に限定される（**11.2**参照）。一方，前記②にいう「通話番号等記録装置」とは，「有線音声通信又は電子通信の伝送装置・設備により伝送されるダイヤル（通信開始），ルーティング（経路選択），通信先アドレス又は信号の発信に関する情報を記録又は解読する装置・処理過程」を表し，その記録・解読の対象に内容情報は含まれない[26]。

　通信傍受については，通常令状手続よりも厳格な裁判所の傍受命令手続に基づくことが義務づけられている（**11.2**参照）。これに対し，通話番号等記録装置及び逆探知装置の設置・使用については，所要の情報が入手できそうであってそれが進行中の犯罪捜査と関係すると認められる限り，通常令状手続よりも簡便な簡易命令手続により実施可能となる[27]。

12.3.2　IMSI キャッチャーを通じた情報収集と修正 4 条との関係

　次に，修正 4 条との関係における IMSI 情報収集の合憲性をめぐる主な議論を整理する。米国の判例法理上，IMSI 情報収集が「捜索」に該当するかという問題については，収集される情報が Katz 基準（**8.2**参照）に照らして「プライバシーの合理的な期待」を有すると認められるか否かにより判断される。例えば，Smith 事件判決（**8.2**参照）においては，通信の利用者がその通話番号に「プライバシーの合理的な期待」を有するとは認められず，通話番号等記録装置の設置・使用は「捜索」に当たらない（令状主義の原則に服さない）という旨が説かれている[28]。GPS 位置情報収集のあり方が問題となった Jones 事件判決（**10.3**参照）においても，物理的な侵入行為を伴わない新種捜査が「捜索」に該当するか否かについては，Katz 基準に照らして判断されると示唆されている[29]。

このような考え方を踏まえ，2014年のウィスコンシン州最高裁判所の判決[30]においては，明確な判断が留保されつつも，IMSI 情報収集が修正 4 条にいう「捜索」に該当するという旨が説かれている[31]。そのうえで，相当な理由に基づく令状があれば，IMSI 情報収集は正当に行い得るとされている[32]。もっとも，この判決は，各人が携帯電話の基地局を通じて得られる情報に対して「プライバシーの合理的な期待」を有するというためには，第三者法理との関係を整理する必要があるとも指摘している[33]。この点については，少なくとも IMSI 情報収集に関しては，公権力により直接（第三者を介さずに）行われる限り，問題とならないと説く学説が提示されている[34]。

　他方，連邦政府の法執行機関において IMSI キャッチャーの利用が普及する淵源に関しても，Katz 事件判決の説示に求められる。すなわち，当該判決においては，「ある人が任意に公開したものは，たとえそれが当人の自宅・事務所内で行われたとしても，修正 4 条に基づく保護を受けない」[35]ということが前提とされつつ，一般に（公衆）電話ボックスからの通話については，公開の意思が認められず，修正 4 条に基づく保護に依存するため，その通話の内容を（電話ボックスに設置した）機器を通じて法執行機関が把握・記録することは，プライバシーに関する利益を侵害するとされた[36]。かかる論理からは，空中に放たれた電波（無線通信）を受信する形で行われる IMSI 情報収集については，空中が公共の空間である以上，修正 4 条との関係が問題とならないとする帰結が導かれ得る[37]。当該帰結は，犯罪捜査等の目的での無線通信の傍受を正当化し得る[38]。すなわち，連邦法上，傍受命令手続によらない通信傍受及びその試みは原則として違法とされている中で，「一般大衆にとって容易にアクセス可能」な電子通信の傍受はその例外であるところ（8.3.5・11.2参照），空中での電波の受信はこの例外に該当し得る。そして，IMSI 情報収集についても，（たとえそれが法律上「傍受」に該当しなくとも）その延長線上に位置づけられる余地がある。

　このような考え方は，前述のウィスコンシン州最高裁判所の判決の考え方と整合しないが，いずれの考え方も Katz 事件判決の説示に根ざす。それゆえ，IMSI 情報収集は，当該説示から導かれる帰結の不明瞭な部分を問い直す契機になったとも言える。すなわち，IMSI 情報収集に関して，連邦政府は Katz 事件判決の法廷意見を参照しつつ「プライバシーの合理的な期待」が問題とならないと解する一方，被疑者等は同判決の同意意見（Katz 基準）に照らして逆にその期待が問

題となると主張していたわけである。

　以上のような主張の対立の解消に向けた一里塚となった下級審の裁判例が，2013年の Rigmaiden 事件の決定[39]である。この事件においては，被疑者の携帯電話端末及びそのネットワークへの接続に必要となるモデム（エアカード）の所在地を特定するための機能を有する偽装基地局を利用した FBI による追跡捜査の実施について，修正4条との関係が問われた。本件の審理の過程で，問題となった追跡捜査の具体的な特徴が浮き彫りになったことにより，連邦政府（司法省）は最終的に，当該捜査は修正4条にいう「捜索」に該当すると首肯するに至った[40]。その結果，本決定においては，当該捜査が「捜索」であるという旨が認められた[41]。その後の下級審の主な裁判例においても，IMSI 情報収集が「捜索」として位置づけられている[42]。

　一方，IMSI 情報収集のあり方を直接問題とするものではないものの，Riley 事件判決（9.2.2参照）は，新たな議論の展開に向けた契機となる可能性を秘めている（10.6参照）。既述のとおり，この判決においては，逮捕に伴う被疑者の携帯電話端末及び携帯端末内包情報の捜索について，一般に携帯電話端末が各人の私生活に関する情報を多数含むことを踏まえ，被疑者の「プライバシーの合理的な（主観的）期待」の有無を個別に問うまでもなく，当該期待に関する利益を確保する観点から，原則として令状手続に服するという旨が示された[43]。かかる考え方によれば，IMSI 情報収集についても，収集対象の情報に個人的データが相当数含まれ得る以上，「捜索」に該当するという帰結が導かれ得る。それゆえ，Riley 事件判決は，伝統的な Katz 基準からの（部分的な）離脱，とりわけ「主観的期待」を問わない「客観的期待」に特化した基準への移行を指向するものと捉える学説[44]もある[45]。

12.3.3　IMSI キャッチャーを通じた情報収集の法律上の位置づけ

　次に，電子通信プライバシー法との関係における IMSI 情報収集の適法性をめぐる主な議論について簡潔に概観する。司法省は，IMSI 情報収集に関して，内容情報の傍受を目的とするものではないことから通信傍受には該当せず，通話番号等記録装置の設置・使用に相当する行為と位置づけてきた[46]。その場合，前述の Smith 事件判決の考え方（12.3.2参照）に照らせば，IMSI 情報収集は修正4条にいう「捜索」ではなく，令状主義の原則が及ばないということになろう[47]。

しかし、かかる帰結に対しては、IMSIキャッチャーを通じて収集され得る情報は（通話番号等記録装置の設置・使用を通じて得られる情報よりも）広範に及ぶことから、学説上異論が提示されている[48]。

また、近年の裁判例がIMSI情報収集を「捜索」と解する傾向にあることは前述のとおりであるが（12.3.2参照）、2012年の下級審のある裁判例においては、IMSI情報収集は通話番号等記録装置の設置・使用とは異なるという旨が示されている[49]。その理由として、通話番号等記録装置は特定の電話番号に紐づけられたうえで情報を記録するが、IMSIキャッチャーについてはその限りではない（より広範に各種の信号を受信する）という旨が説かれている。かかる考え方による限り、通話番号等記録装置の設置・使用を認める簡易命令手続に関する規定は、IMSI情報収集には適用されないこととなる。

このような議論の混沌の中で、司法省は、2015年9月にIMSI情報収集に関する指針（以下、「司法省指針」という）[50]を公表した。これは、IMSI情報収集について、原則として通常令状手続を要するものと整理しており、その法的位置づけに関する一応の到達点となっている[51]。もっとも、緊急事態の場合その他例外的な状況の下では、令状手続によらずにIMSI情報収集を行う余地があるともされるが[52]、ここでいう「例外的な状況」の具体的な事例は明らかにされていない。そのため、令状手続を原則とする執行のあり方が骨抜きとなるおそれも指摘されている[53]。

このような司法省指針も踏まえ、昨今のIMSI情報収集をめぐる主な学説においては、以下のような立法論・政策論的な方向性も提示されている。第一に、IMSI情報収集について、令状の取得をその条件とする旨を立法化すべきであるとする議論である。すなわち、司法省指針の内容は法的拘束力を欠くことから[54]、連邦議会においてこれを立法化するとともに、当該指針の「抜け穴」となっている「例外的な状況」についても所要の立法措置を講じるべきであるとされる[55]。

第二に、連邦通信委員会（Federal Communications Commission: FCC）が法令に基づく権限の範囲内で所要の政策的措置を講じるべきであるとする議論である。これによれば、FCCにおいて、法執行機関による通信監視機器の使用のあり方に関する規律（技術基準）への適合性を審査する権限[56]に基づき、IMSI情報収集の濫用防止のための調査等を行うべきであるとされる。同時に、無線通信に関す

る規律を定めた1934年通信法3編[57]の定める権限に基づき，移動体端末の暗号化やセキュリティ上の機能の向上など，IMSI情報収集に伴う脅威への対応策の実施を電気通信事業者等に促すなどの取組みを行うべきであるという[58]。しかし，この点に関しては，暗号化等による取組みにも限界があり，一般の利用者においては，携帯電話端末の電源を切らない限りIMSI情報収集による探知の回避は困難であるとも指摘されている[59]。

12.4　米国法上のIMSIキャッチャーを通じた情報収集の位置づけに関する若干の考察

IMSI情報収集は，前述の固有の特徴（12.2参照）に加え，①公権力が個々の通信に関する情報（構成要素情報）を直接かつ一方的に収集する，②対象となる携帯電話端末の占有者（携帯電話の利用者）において当該収集の事実を知り，それを回避することは物理的に困難である，③収集・分析対象の情報の中には，端末所在地情報（に相当する情報）のように利用者の私生活ないしプライバシーに関する利益に深く関わる性質のものが広範に含まれ得る（10.2・10.8.2参照），④収集される情報は過去のものではなく，行動監視的・リアルタイム的なものである[60]，などの側面を有する。したがって，対象者の「プライバシーの合理的な期待」（特に，客観的期待）を害し得るものと認められ，修正4条にいう「捜索」に該当すると解される。すなわち，㋐公権力による物理的な侵入行為の不存在，㋑誰もが容易にアクセス可能な公共の空間における電波の信号の受信という手法，㋒被疑者等におけるプライバシーの主観的期待の有無に関する不明確さ，などの要素にかかわらず，相当な理由に基づき合理的に行われなければならない（令状主義の原則に服する）と考えられる。

一方，IMSI情報収集の米国法上の具体的な位置づけに関しては，その収集・分析対象が内容情報に及ばない限り，通信傍受には該当しない。しかし，前述のとおり，当該対象については，通話番号にとどまらず，端末所在地情報（に相当する情報）や送信要求した多様なアプリケーションに関する情報等も含まれ得る。それゆえ，IMSI情報収集を単に通話番号等記録装置の設置・使用とみなす考え方も正鵠を射たものとは言えない。

すなわち，IMSI情報収集には，①物理的・技術的には内容情報も収集される

290

余地がある（司法省はそれを「自制」しているにすぎない），②特定の者の携帯電話端末のみならず，捜査対象の犯罪とは無関係な多数の一般市民の情報も広範かつ無差別的に収集され得る，③航空機等を移動式の偽装基地局として利用した場合など，固定的な場所を超えた可動的かつ広領域での情報収集も可能である，といった通話番号等記録装置の設置・使用とは異なる固有の特徴が認められる。これらの点にかんがみると，むしろ通信傍受に近似することを前提としつつ，修正4条の要請を充足しつつ行われるべき行為（通信傍受と通話番号等記録装置の設置・使用との中間的な行為で，前者により近いもの）として，法律上適切に規律されることが望ましいと思われる。このことは，被疑者等の「プライバシーの合理的な期待」を保護する観点だけでなく，犯罪とは無関係となる多数の携帯電話の利用者が安心して通信役務を利用するための制度的な環境を確保する観点からも，重要な措置となろう。

12.5　我が国の法の下で行われ得る新種捜査の位置づけ

12.5.1　米国法との相違を踏まえた米国の議論の参照意義

前節までに概観した米国法上の議論を我が国の法の下で行われ得る新種捜査の法的位置づけの検討に際して参照するうえでは，刑事手続ないし犯罪捜査の枠組みに関する米国法との主な相違を踏まえる必要があろう。かかる相違のうち特に重要なものが，我が国では，憲法35条1項の規定に基づく令状主義の要請に加え，「強制処分法定主義」の要請が法律上明示的に規定されているということである。すなわち，刑事訴訟法上，法執行機関（捜査当局）においては，令状手続によらずに「公務所又は公私の団体に照会して必要な事項の報告を求めること」（捜査関係事項照会）が可能であるが（刑事訴訟法197条2項），同法上の「強制の処分」（以下，単に「強制処分」という）については，法律に基づくことが義務づけられている（同条1項但書）[61]。判例は，ここでいう強制処分の観念について，「有形力の行使を伴う手段を意味するものではなく，個人の意思を制圧し，身体，住居，財産等に制約を加えて強制的に捜査目的を実現する行為など，特別の根拠規定がなければ許容することが相当でない手段」を意味するものと解している[62]。

もっとも，学説においては，強制処分の定義に関する理解及びそれに連動した強制処分法定主義と令状主義との関係をめぐって，さまざまな議論がある。本書

ではその詳細に立ち入る余裕はないが[63]，有力な学説は，「法定の厳格な要件・手続によって保護する必要があるほど重要な権利・利益に対する実質的な侵害ないし制約を伴う場合」が強制処分に該当すると解しつつ[64]，強制処分法定主義は刑事手続上当該処分が許容されるか否かを問い，令状主義はそれが許容される場合の手続きを規律するという旨を説いている[65]。もっとも，強制処分の概念を現に刑事訴訟法上規定のある伝統的な処分に限定して理解しつつ，強制処分法定主義の意義を実質的に令状主義へ収斂させる見解もある[66]。しかし，これは立法を通じた犯罪捜査の統制と裁判所による当該統制とを混同し，刑事訴訟法197条1項但書の意義を事実上没却するものとする有力な批判があり[67]，当該批判は基本的に妥当であると思われる[68]。いずれにしても，「捜索」をその典型とする強制処分については令状主義の要請も充足しなければならないと解するのが通説である[69]。

　強制処分の具体例としては，伝統的な捜索，差押え，検証等（刑事訴訟法218条乃至220条参照）が明示され，刑事訴訟法222条の2の及び通信傍受法の規定に基づく通信傍受もその一環として位置づけられている[70]。しかし，米国法とは異なり，通話番号等記録装置の設置・使用といった処分の形態は明示的に設けられていない。仮に我が国で強制処分として IMSI 情報収集が行われることとなっても，強制処分法定主義の下では行政裁量の余地は米国の場合ほど大きくないであろう。

　このような日米両国間の立法上の相違を踏まえつつ，米国法の下では IMSI 情報収集の適法性をめぐる議論が未成熟であることも併せて考慮すると，新種捜査の合憲性の問題はともかく，その適法性の問題については，前節までの米国の議論がさほど参考にならないようにもみえる。しかしながら，①憲法規範の要請として，「捜索」と認められる新種捜査については令状主義の原則が妥当する[71]，② IMSI 情報収集を含む新種捜査の法律上の位置づけが問題とな（り得）る，③新種捜査が各人のプライバシーをはじめとする憲法規範の次元で保護される権利・利益を害する可能性がある，といった日米両国間にみられる共通点にかんがみると，米国の議論を手がかりとして各種の新種捜査との関わりにおける一定の立法論的課題を導くことが可能であろう。

12.5.2　新種捜査に関する立法論的課題

　我が国での新種捜査に関する立法論的課題の内実を考えると，以下の各点を指摘することができる。第一に，IMSI 情報収集が「捜索」とされながらそれに関する立法措置が不在の米国とは異なり，我が国の法の下では，強制処分となる犯罪捜査が法律に基づかずに行われることは予定されていない。しかし，犯罪捜査において収集・取得される情報のうち，強制処分として得られる情報とそれ以外の情報との分水嶺については，必ずしも明確ではない[72]。前述の最高裁判所の判例等に照らせば，GPS 位置情報収集を含め，少なくとも個人のプライバシーや「秘密」といった基本権（又は基本権法益）に関わる情報ないし「私的領域」に属する情報を公権力が一方的に収集・取得する行為については，強制処分に該当し得ると考えられる。

　ところが，IMSI 情報収集のように，収集対象となる情報の種類・範囲が広範かつ多岐にわたり，当該情報の性質に応じて強制処分への該当性が変わり得るような犯罪捜査が包括的に行われる場合には，かかる捜査が強制処分に至らない範囲内（基本権ないし基本権法益に対する制約とは認められない範囲内又は当該制約の度合いが軽微なものにとどまると認められる範囲内）で行われることを前提として，それが令状手続に服さない捜査（非強制処分）として位置づけられる余地がある。このとき，かかる捜査において，個人のプライバシーや「秘密」に大きく関わると認められる情報が，捜査当局の故意又は過失により随伴的に把握されるリスクを必然的に伴う。したがって，立法論上，収集対象の情報量の観点から IMSI 情報収集に比肩し得る新種捜査が強制的に行われようとする場合には，各人のプライバシーや「秘密」に関わる基本権を本質的に制約する可能性があるものとして，当該捜査を憲法35条 1 項にいう「捜索」（強制処分）として位置づける必要があろう。そのうえで，判例からも示唆されるとおり，当該捜査の実施に対する根拠及び手続的規律が法律上明確に規定されることが求められると考えられる。

　第二に，仮に IMSI 情報収集又はこれに相当する新種捜査が（憲法適合的に）行われる場合，米国法上問題となっているのと同様に，その法律上の位置づけについては議論の余地がある。かかる位置づけの方向性に関しては，大別して，①通信傍受に準じた行為，②携帯電話端末の位置情報等を取得する場合における「検証」に準じた行為[73]，③通信記録捜索に準じた行為，といった考え方があり得るであろう。これらのうち，前記①の通信傍受については傍受令状という特別の

第 12 章　情報通信技術を用いた新種捜査の法的位置づけ　　293

令状が必要であり，対象犯罪も限定的である（通信傍受法3条参照）のに対し，前記②・③については通常の令状（検証許可状，捜索差押許可状）で足りる。それゆえ，それらいずれの考え方の道筋を採るかということは，立法論上の重要な問題となる。

前述のとおり，IMSI情報収集に相当する新種捜査については，米国法上，通信傍受と通話番号等記録装置の設置・使用との狭間（相対的に通信傍受寄り）に位置づけられる（12.4参照）。日米両国間における通信傍受と通信記録捜索との規範的な区別の類似性（11.1・11.2参照）にかんがみれば，我が国の法の下でも，これは通信傍受と位置情報の検証・通信記録捜索との中間に位置づけられよう。そして，当該新種捜査の行動監視的・リアルタイム的な性質等を踏まえれば，なかんずく通信傍受に近似すると思われる。ただし，内容情報には接触しないことを前提とする限り，取得対象となる情報の範囲に照らし，通信傍受と完全に同視し得るものではない。よって，現行の刑事訴訟法上の手続的規定を前提としつつ，IMSI情報収集に相当する新種捜査の実施可能性を見据えた場合には，通信傍受と位置情報の検証・通信記録捜索との中間的な領域に位置づけられる新たな強制処分の類型を立法上設けることが必要となろう（通信傍受に対する具体的な規律が刑事訴訟法とは別の法律において定められていることは，IMSI情報収集に相当する新種捜査に対する規律についても，同様に新たな立法が必要となるということを窺わせる）。

もっとも，既述のとおり，通信傍受と通信記録捜索との間に手続的規律の差異を設定する必要性については，秘密保護要請との関係に着目する限り，相対化していると考えられる。特に，通信傍受のリアルタイム的な性格や内容情報に特化した収集の態様は，必ずしもこれを厳格な手続的規律に服せしめることを正当化するものではない（11.3.2・11.4参照）。よって，前述の立法のうえでは，当該差異を縮減させたうえで，その狭間にIMSI情報収集に相当する新種捜査を新たに位置づけることも検討に値するように思われる。

第三に，IMSI情報収集において特に問題となり得る端末所在地情報（に相当する情報）については，我が国では捜査関係事項照会等を通じて取得する余地が残されているということもあり[74]，その法的位置づけ自体が米国法の場合よりも曖昧になっている。これは，既述のとおり，GPS位置情報収集の位置づけをめぐって我が国の学説・裁判例がかつて分かれていたこと（12.1参照）にも象徴される。すなわち，犯罪捜査の一環として直接又は（通信管理主体を介して）間接的

に収集・取得される端末所在地情報については，その内容やその収集・取得の態様とも関連して，(a)通信役務の提供に必要となる通信管理主体の「事業記録」の一環となる情報，(b)通信管理主体が保有する契約者情報に準じた情報，(c)構成要素情報（に相当する情報），(d)内容情報に準じた情報，といったさまざまな捉え方を採り得る[75]。このとき，それらのいずれの捉え方によるかに応じて，その収集・取得に関する法的位置づけも異なる可能性がある。とりわけ，前記(c)の構成要素情報や(d)の内容情報は狭義の「秘密」たる情報にほかならないことから，これを踏まえた的確な整理が必要となる。このことは，端末所在地情報の収集・取得に限らず，例えば自前の無人航空機（ドローン）にカメラを搭載して行われる情報収集[76]等，他の新種捜査による情報の収集・取得に関しても同様に妥当する可能性を秘めている。

　もっとも，このような新種捜査の態様はさらに多様化・複雑化していくことが予想される。それゆえ，そのすべてを同様に扱うことが適当であるか否かについては慎重な検討を要する。例えば，IMSI情報収集と前述の無人航空機を用いた情報収集とを比較した場合，後者は基本的に対象者のプライバシーの保障との関係で問題となり得るのに対し，前者はそれに加えて「秘密」の侵害となるおそれも重畳的に内包していることから，権利・利益の制約度合いがより高いものと捉える余地がある。

　また，IMSI情報収集と装着型GPS位置情報収集とを比較した場合，対象者のプライバシー又は「秘密」に対する侵害のリスクを抱えるという点では共通する。とりわけ，収集された情報が蓄積・分析されると，いずれにおいても特定の個人（の所在地）に関する経時的なプロファイリングが可能となる。しかし，両者は収集対象の情報の範囲が異なるため，法律上定められる強制処分のあり方について，一定の区別を図る余地がある。また，携帯電話の利用を前提とするIMSI情報収集については，携帯電話を用いた「通信」に対する萎縮効果をもたらし得るという固有の特徴を有する。しかも，「通信」が日常生活における各種の行動の手段にもなっている今日においては，IMSI情報収集により端末所在地情報（に相当する情報）を公権力に広範に把握されることに対する懸念は，各人の行動（特に，「通信」による連絡等を前提として行われる行動）に対する強力な萎縮効果にも結びつく[77]。それゆえ，（プライバシーのみならず）通信の自由その他の基本権に対する制約の観点からも，強制処分としての立法のあり方が多角的に検討される必要が

あると考えられる。

12.6　小括

　米国で個人のプライバシーに関する懸念を惹起している IMSI 情報収集は,「通信」を活用した新種捜査の代表例として, 我が国の法執行機関が実際にそれを採用する可能性にかかわらず, 新種捜査の法律上の位置づけを明確化する必要性を浮き彫りにする。とりわけ, 新種捜査において, 各人のプライバシーとの関わりの高い情報や狭義の「秘密」たる情報とそれら以外の情報とが一体的に収集される場合には, 強制処分法定主義や令状主義の要請との関係を踏まえつつ, これを法律上どのように位置づけるべきかが重要な問題となる。

　このとき, 既存の通信傍受や通信記録捜索等に関する制度的枠組みを適用する可能性も検討に値する。しかし, IMSI 情報収集のような広範な情報収集を可能とする新種捜査に関しては, 通信傍受とも通信記録捜索とも同一視し得ず, また GPS 位置情報収集とも異なる側面を有するということを踏まえ, 新たな強制処分としての立法措置を講じることが必要となろう。

　もっとも, たとえ IMSI 情報収集等に関する新たな強制処分の類型が法律に設けられ, その枠組みの中で当該情報収集その他の新種捜査が行われることとなったとしても, その法律において憲法規範に背馳する内容を定めることができないことは言うまでもない。それゆえ, 立法上予定される強制処分は, 各人のプライバシーや「秘密」をはじめとする基本権ないし基本権法益を侵害しないことが前提となる。よって, 新種捜査を通じて得られる利益の保護が, 制約される基本権との比較衡量も踏まえ, 公共の福祉の確保のために憲法上正当化されることが必要となる。

　米国では, 令状手続による IMSI 情報収集が米国憲法（修正 4 条）に反しないことが前提とされつつ, 司法省指針が示されている。これに対し, 我が国の場合, 新種捜査及びそれを根拠づける立法は, 捜索等に対する令状主義の要請を定める憲法35条 1 項の規定との関係のみならず, 憲法13条[78], 同21条 2 項後段, 同31条等の規定との関係においても正当化されるものでなければならない。特に, 秘密保護要請との関係については, 米国法型のプライバシーに関する利益の保護を指向した枠組みのみでは確保し切れない「通信」に固有の要素（**1.1・2.2参照**）

も考慮する必要がある。それゆえ，「秘密」を侵害し得る強制処分としての（「通信」を活用した）新種捜査に対する手続的規律の法定に当たっては，多角的な視点からの十分な検討が必要となる。

1) U.S. CONST. art. I, § 1.
2) U.S. CONST. art. II, § 1.
3) *See* United States v. United States District Court for the Eastern District of Michigan, 407 U.S. 297, 321（1972）.
4) かかる枠組みの主な内実としては，①米国愛国者法215条（50 U.S.C. § 1861（2016）），②同法505条（18 U.S.C. § 2709（2016）），③外国諜報監視法改正法702条（50 U.S.C. § 1881a（2016）），④行政命令12333号（Executive Order 12333），等に基づく措置がある。
5) 例えば，外国諜報監視法改正法702条は，緊急事態等における司法長官及び国家情報長官の共同許可により，個別の裁判所命令を介さずに，米国外に所在すると合理的に確信し得る米国人以外の者を標的とした最長 1 年間にわたる外国諜報情報の取得を認めている。*See* 50 U.S.C. § 1881a（2016）. *See also* Donohue（2015），at 139-142. なお，外国諜報監視法改正法に基づき外国諜報監視裁判所（FISA Court: FISC）の裁判所命令を通じて通信監視が行われる場合であっても，当該命令は監視対象者に提示されない一方的命令であることから（50 U.S.C. § 1805（a）（2016）），FISCは「秘密裁判所」とも称されている。
6) その詳細について，例えば，大林（2015）163-184頁，富井（2015）105-146頁参照。
7) 当時の関連する主な報道について，海野（2014a）19頁参照。
8) Pub. L. No. 114-23, 129 Stat. 268.
9) 当該立法措置において，「特定選別語句（specific selection term）」に基づく情報収集の実施等が定められた結果，従前の米国愛国者法215条に基づく包括的な通話メタデータ記録取得措置は見直されるとともに，当該取得の範囲及びデータ保存期間が限定され，通信監視活動及び FISC の透明性が従前よりも向上することとなった。
10) Executive Order 12333, § 2.3（c）.
11) *See, e.g.,* Cásarez（2016），at 825-826. かかる批判に対する反論として，以下を参照：Margulies（2015），at 1300-1303.
12) *See* Bard（2016），at 748.
13) 井上（2014）159頁参照。
14) 檀上（2005）204頁。併せて，法律による統制よりも技術的・物理的な手順の設定（アーキテクチャ）による規制の有用性を説く学説として，笹倉（2015）76-77頁参照。
15) 山本〔龍〕（2017a）239頁。併せて，大阪地判平成 6 年 4 月27日判時1515号116頁参照。
16) 大阪地決平成27年 6 月 5 日判時2288号138頁，大阪地判平成27年 7 月10日判時2288号144頁参照。併せて，名古屋高判平成28年 6 月29日判時2307号129頁参照。
17) 大阪高判平成28年 3 月 2 日判タ1429号148頁参照。
18) 最大判平成29年 3 月15日刑集71巻 3 号13頁（GPS 捜査事件）参照。この判例においては，GPS位置情報収集が「個人の行動を継続的，網羅的に把握することを必然的に伴う」という点が重視されている。かかる判例の趣旨からは，非装着型 GPS 位置情報収集も強制処分に該当するというのが論理的な帰結となると説く学説として，井上（2017）69頁参照。これを前提としつつ，多様な

GPS 位置情報収集に令状手続が要求されるに等しい点は令状審査の要求のコストに照らして問題となり得ると評する学説として，山田（2017）30頁参照。一方，GPS 装置の装着という要素も考慮しているこの判例の論理によれば，私的領域への物理的侵入を伴わない形で行われる情報収集が強制処分と認められる可能性は高くなく，その場合にはかかる情報収集の多くが任意捜査とみなされ，立法措置が要求されないこととなり得ると説く学説として，山本〔龍〕（2017b）154-155頁参照。

19) この判例が示される以前のものであるが，GPS 位置情報収集の強制処分への該当性に関する否定説として，例えば，清水（2013）178頁，太田（2016）72頁，大久保（2013）163頁参照。肯定説として，例えば，稲谷（2013）41頁，三島（2017）118-121頁，山本〔和〕（2015）66頁参照。

20) この説示は，GPS 位置情報収集に対する司法的統制の限界及び立法的統制の必要性を示唆しており，立法権と司法権との権限配分の観点からも興味深い。なお，この判例が示される以前，GPS 位置情報収集の法律上の根拠に関して，主な学説は，検証許可状等による実施の余地を肯定するもの（緑（2015）68頁，中谷（2016）58頁参照）と，新たな立法措置を要するとするもの（稲谷（2013）41頁，山本〔龍〕（2015b）64頁参照）とに二分されていた。

21) 法執行機関においては，この情報に基づき，三角測量等により端末の占有者の正確な位置を特定することが可能である。*See* Bard（2016），at 748.

22) *See* Hardman（2015），at 6.

23) *See* DoJ（2015），at 2.

24) *See id.*

25) 以上の説明は，司法省及びその所属機関（FBI を含む）に関して妥当し，必ずしも他の法執行機関の利用状況についても同様に妥当するとは限らない。

26) *See* 18 U.S.C. § 3127（3）（2016）. 当該装置・処理過程には，通信役務提供者又は利用者の支払請求を目的とするものなどは含まれない。なお，法律上，通話番号等記録装置を通じて取得される個々の通話を特定する情報に関しては，通信当事者の物理的な所在地に関する情報は含まれないことが予定されている。*See* 47 U.S.C. § 1002（a）(2)（2016）.

27) *See* 18 U.S.C. §§ 3122-3123（2016）. なお，法律上，通話番号等記録装置及び逆探知装置の使用に際して，記録対象となる通信当事者への通知は義務づけられていない。

28) *See* Smith v. Maryland, 442 U.S. 735, 742（1979）.

29) *See* United States v. Jones, 565 U.S. 400, 412-413（2012）.

30) State of Wisconsin v. Tate, 357 Wis. 2d 172（Wis. 2014）.

31) *See id.* at 189.

32) *See id.* at 193.

33) *See id.* at 188.

34) *See* Bard（2016），at 756-757; Danelo（2016），at 1366. 同時にこれらの学説は，仮に第三者法理が妥当する余地があったとしても，位置情報の提供は任意のものとは言えないという旨を説いている。なお，非装着型 GPS 位置情報収集については，端末設備に備わっている GPS 機能の自主的な利用により，位置情報を通信管理主体に提供していると捉える余地があることから，なお第三者法理との関係が問題となり得る。柳川（2016）34頁参照。

35) *See* Katz v. United States, 389 U.S. 347, 351（1967）. Katz 事件判決以降の判例においても，公衆が自由にアクセス可能となるオープンな場所には修正 4 条に基づく保護が及ばないという旨が説かれている。*See* Oliver v. United States, 466 U.S. 170, 179（1984）.

36）*See Katz*, 389 U.S. at 352-353.

37）*See* Hyder（2013），at 938-939.

38）*See* Norman（2016），at 161.

39）United States v. Rigmaiden, No. CR 08-814-PHX-DGC, LEXIS 65633（D. Ariz. 2013）.

40）*See* United States v. Rigmaiden, 844 F. Supp. 2d 982, 995-996（D. Ariz. 2012）.

41）*See Rigmaiden*, LEXIS 65633, at 43-44. また，政府がリアルタイムで携帯電話の位置情報を追跡する行為（非装着型 GPS 位置情報収集）を「捜索」とした裁判例として，以下を参照：Tracey v. State of Florida, 152 So. 3d 504, 526（Fla. 2014）. 一方，非装着型 GPS 位置情報収集が被疑者の自宅内での動きまでをもきめ細かく追跡するような態様で行われない限り，それは「捜索」に該当しないという旨を示唆した裁判例もある。*See* United States v. Riley, 858 F.3d 1012, 1018（6th Cir. 2017）.

42）*See* Prince Jones v. United States, 168 A.3d 703, 714-715（D.C. Cir. 2017）; United States v. Ellis, No. 13-CR-00818 PJH, LEXIS 136217, at 30-31（N.D. Cal. 2017）.

43）*See* Riley v. California, 134 S. Ct. 2473, 2493（2014）.

44）*See* Norman（2016），at 160.

45）ただし，（正規の基地局を通じて取得される）位置情報と IMSI 情報収集を通じて得られる端末所在地情報（に相当する情報）とでは，それらに対する「プライバシーの合理的な期待」ないしその程度が異なり得る。なぜなら，①前者は「過去の位置」を示す情報であるのに対し，後者は「リアルタイム的な位置」に関する情報である，②公権力においては，原則として，前者については電気通信事業者を介して間接的に取得するのに対し，後者については直接収集する，といった相違が認められるからである。

46）*See* DoJ（2015），at 2.

47）判例上，電波を利用して被疑者の所在地を特定するための追跡装置であるビーパー（beeper）の使用が「捜索」とされなかったこと（*see* United States v. Knotts, 460 U.S. 276, 281（1983））もこの考え方を裏づけている。

48）*See* Owsley（2014），at 186; Hemmer（2016），at 307; Norman（2016），at 162.

49）*In re* Application of the United States for an Order Authorizing the Installation and Use of a Pen Register and Trap and Trace Device, 890 F. Supp. 2d 747, 751-752（S.D. Tex. 2012）.

50）DoJ（2015）.

51）*See id.* at 3. ただし，IMSI 情報収集はなお通話番号等記録装置の設置・使用の一環と捉えられている。そのため，①通話番号等記録装置の設置・使用に際して法律上求められている情報（裁判所命令に盛り込まれる情報）を包含した令状の取得，又は②令状と通話番号等記録装置の設置・使用を認める裁判所命令との同時の取得，という 2 種類の実施方法があるとされる。

52）*See id.* at 3-4.

53）*See* Bard（2016），at 761. このような批判はもっともであるが，今日の連邦政府の文書において，IMSI 情報収集が修正 4 条にいう「捜索」と明確に位置づけられ，基本的に令状主義の原則に服するという旨が確認されたことの意義は大きいと思われる。

54）*See* DoJ（2015），at 2, n.2.

55）*See* Bard（2016），at 763.

56）*See* 47 C.F.R. § 15.511（2017）.

57）*See* 47 U.S.C. §§ 301-399b（2016）.

第 12 章　情報通信技術を用いた新種捜査の法的位置づけ　　299

58）*See* Norman（2016), at 173.

59）指宿（2015）2頁参照。

60）*See* Kim（2016), at 1041.

61）もっとも，強制処分法定主義については，単なる立法政策ではなく，憲法上の要請（特に，憲法13条・31条・41条）を具体化したものであって，憲法規範の次元において求められると解される法律の留保の原則（海野（2011）51-65頁参照）から導かれる論理的な帰結であると考えられる。すなわち，個人の尊重の原理を定めた憲法13条や，各人の生命・自由を揺るがす公権力の行為（実体・手続き）の法定性・適正性を求める憲法31条の規定の要請を踏まえ，基本権又は基本権法益に対する本質的な制約となる処分の類型及びその基幹的な手続きを立法（憲法41条の規定に基づく国会の判断）により明確化する（もっぱら行政裁量に委ねない）ことを具体的に示したものであり，単に強制処分に関して令状主義の要請を担保することにとどまらない機能を果たしていると言えよう。学説においても，強制処分法定主義を「憲法上の原則と理解する余地がある」とする指摘が提示されている。實原（2015）264頁参照。

62）最決昭和51年3月16日刑集30巻2号187頁参照。

63）主要な学説の概観として，例えば，井上（2014）2-32頁，實原（2015）248-253頁参照。

64）井上（2014）12頁参照。

65）井上（2014）28-29頁参照。

66）田宮（1971）258-259頁参照。この立場からは，「新しい強制処分」については（令状主義が妥当するものの）法律の根拠なしに実施し得ることとなる。

67）井上（2014）26頁・29頁参照。併せて，山本〔龍〕（2017a）240-245頁参照。

68）もっとも，この批判においては，立法を通じた「犯罪捜査の統制」と「その他行政の統制」との関係に関する詳細な検討は行われていない。当該関係については，強制処分法定主義と法律の留保の原則との関係に通底すると考えられるところ，後者の関係について扱った論考として，山田（2015a）230-231頁参照。管見は，法律の留保の原則について，基本権又は基本権法益に対する本質的な制約と認められる措置を含め，憲法規範に基づき行政権（又は司法権）に直接授権されている範囲を超えると認められる行為に関しては法律の根拠に基づくことを求めるもの（その意味において，当該原則は「憲法上の要請」と位置づけ得る。注61）参照）と捉えている（海野（2011）60-61頁参照）。かかる観点からは，刑事訴訟法上の強制処分の観念についても，基本権又は基本権法益に対する本質的な制約と認められる刑事手続上の処分として位置づけられることが合理的である。権利・利益に対する制約となるすべての行為を強制処分と解する見解もあるが（斎藤（2012）102頁参照），前述の法律の留保の原則に照らしても，広範にすぎると思われる。

69）強制処分法定主義と令状主義との関係の詳細について，例えば，辻本（2008）3-17頁参照。

70）判例は，通信傍受法の制定前においては，通信傍受を強制処分としての「検証」と位置づけ，検証許可状により行い得るという旨を説き（最決平成11年12月16日刑集53巻9号1327頁〔電話傍受決定〕参照），学説上の議論を惹起していた（その詳細について，井上（1997）91-104頁参照）。しかし，この点は今日では立法により解決済みの問題であると言える。

71）もっとも，憲法35条1項と修正4条とを比較すると，令状主義の原則に関して明文の規定上の顕著な相違があるが（井上（2014）75-76頁参照），ここでは措く。

72）例えば，「公道上において何人でも確認し得る車両データ」の収集・利用が（強制力を伴わない態様で行われる限り）強制処分に該当しないことを示唆した判例として，東京高判平成21年1月29日判タ1295号193頁参照。

73) 公権力が構成要素情報を収集・取得する行為の法的位置づけについては必ずしも明らかではないが，主な学説は，内容情報以外の情報の収集として「通信履歴や携帯電話の位置情報等の探知のみを目的として他人間の通信を対象とする場合には，検証許可状によって行う」と説いている（池田＝前田（2014）200頁参照）。実務上も，個々の通信の際に基地局で収集される携帯電話の位置情報の（公権力による）取得には検証許可状を要するとされている（前掲大阪高判平成28年3月2日，柳川（2016）40頁参照）。これは，X線による荷物の内容確認が刑事訴訟法上の「検証としての性質を有する強制処分」とされていること（最決平成21年9月28日刑集63巻7号868頁〔宅配便エックス線検査事件〕）にも整合的である。ただし，「検証のための捜索」は許されないと解されていること（井上（2014）395頁・404頁参照）に留意が必要である。

74) ただし，捜査関係事項照会を受けて通信管理主体が個々の通信に関する情報の提供を行うことは（秘密保護要請との関係で）許されないと説く学説も有力である（例えば，浦部（2016）208頁，毛利ほか（2017）266頁〔毛利透執筆〕参照）。なお，ここで問題となる端末所在地情報が狭義の「秘密」たる情報に該当するか否かについては別途の検討が必要であるが（端末の占有者と偽装基地局の設置者〔公権力〕との通信が行われていると捉えれば，公権力は着信者にすぎなくなる），その公権力による把握は，少なくとも広義の「秘密」との関係で問題となり得るであろう。

75) これらのうち，(a)の捉え方は秘密保護要請に整合しない（**10.7・10.8**参照）。

76) 収集した映像の解析に際して，個人を特定するためのバイオメトリックス認証技術等の利用も想定される。

77) 公権力による広範な行動監視が表現の自由や集会の自由に対してもたらす萎縮効果について，毛利（2016）59-60頁参照。

78) 憲法上の適正手続に対する要請は，憲法31条のみならず，個人の尊重の原理に根ざす同13条の問題でもあると解される。もっとも，有力な学説は，憲法31条についてもっぱら刑事手続を対象とした規定であると捉え，行政手続の適正性に関して憲法13条の問題となると説いている（佐藤（2011）192頁，高橋〔和〕（2017）155頁参照）。しかし，①憲法が「法律上の刑事手続と行政手続との区別」を当然に予定しているとは言い切れないこと，②憲法31条にいう「その他の刑罰」については，必ずしも厳密に刑事法上の刑罰に限られず，生命・自由の剥奪以外の科刑に相当すると認められる公権力による制裁を包含する概念として捉える余地が残されていること，にかんがみると，一定の行政手続を含めた適正手続の保障に関して，憲法13条及び同31条の両規定は一体的に捉えることが妥当であるように思われる。この管見に関する詳細について，海野（2011）521-522頁参照。なお，憲法13条の規定は，各人のプライバシーの保障も含意していると解されるところ（佐藤（2011）182-183頁参照。管見として，海野（2011）564-574頁参照），かかる観点からも，憲法13条との関係が問われ得る。

第13章

多様なインターネット上の役務提供者の
通信管理主体性

13.1 序説

　今日の社会において，インターネット接続役務を利用して提供される各種の役務は著しく多様化しており，それに応じてその提供に従事する者（以下，「インターネット上の役務提供者」という）の範囲も拡大しつつある。実際，インターネット上においては，インターネット接続役務提供者（1.2.1参照）のほかに，ウェブメール役務提供者（8.3.3参照），オンラインストレージ役務提供者（0.1・5.3.1参照），電子掲示板管理者（1.2.2参照），SNS役務提供者（0.1参照）等，さまざまな主体が各種の通信役務又は通信を利用した役務を提供している。また，ウェブブラウザとウェブサーバー等の間における情報の送受信のための通信手順（Hypertext Transfer Protocol: HTTP）を用いたこれらの従来型の役務（以下，「伝統的ウェブ役務」という）に加えて，近年では携帯電話端末の機能の高度化を背景としつつ，移動体端末用アプリケーション（モバイルアプリケーション）を用いて提供される各種の役務（以下，「モバイルアプリ役務」という）も広く利用され，これがインターネット上の役務及びその提供者の多様化に拍車をかけている。これらの役務に共通する特徴として，クラウド技術の利用なくしては適切な提供が困難となっているということが挙げられる。

　もとより，「通信」は記録保管性を有し，公権力の通信傍受や通信記録捜索においても，傍受記録や通信記録（伝送途上暫定記録〔11.2参照〕を含む）が重要な役割を果たす。それゆえ，インターネット上の役務提供者の各種行為の中でも，通信記録たる情報の保管行為と秘密保護要請との関係は特に問題となり得る（8.1・8.5参照）。実際，クラウド技術の発展と相まって，伝統的ウェブ役務及びモバイルアプリ役務においては，役務提供の完全性を確保するうえで，通信記録の保管が不可欠となるものが増えている。例えば，ウェブメール役務提供者においては，利用者が送受信した過去のウェブメールを時系列的に保管することが一般的であ

302

り，いつでもそれらを検索可能とする便宜を利用者に供与する観点から，この保管行為が役務提供に不可欠となっている。これが通信管理主体行為（8.5参照）であるか否かは，秘密保護要請及び通信平等保障要請に関する行為規範との関係において，その適用可能性を左右するものとなる。

　今日の多様なインターネット上の役務提供者の中には，通信管理主体に該当する者とそれ以外の非通信管理主体とが混在している。かかる状況の下で，「通信」に関する憲法規範に拘束される通信管理主体の射程を的確に画することの重要性については，繰り返し述べたとおりである（5.4・8.8参照）。しかし，インターネット上の役務及び役務提供者の多様化に伴い，ある役務提供者ないしその行為が通信管理主体ないし通信管理主体行為に該当すると認められること（以下，「通信管理主体性」という）をめぐる判断も微妙となり得る。具体的には，以下の各点が特に問題となろう。

　第一に，多様なインターネット上の役務提供者については，どこまでが通信管理主体として秘密不可侵の法規範に拘束されるのか。第二に，通信管理主体となると認められるインターネット上の役務提供者による情報の保管行為については，どこまでが通信管理主体行為と位置づけられるのか。第三に，非通信管理主体として位置づけられるインターネット上の役務提供者が利用者から託された情報を保管する場合，それが通信管理主体行為として認められる余地はないのか。

　これらの各点の解明に資する材料になると思われるのが，米国におけるインターネット上の役務提供者の行為の法的位置づけをめぐる活発な議論である。既述のとおり，米国においては，通信記録保管法に基づき，電子通信を介してやり取りされる情報の取扱い（特に保管行為）の主体に関して，①主に情報の伝送，交換等に携わることが予定された電子通信役務提供者，②情報の保管・処理に従事する遠隔情報処理役務提供者，③その他の者，がそれぞれ規範的に区別されることを前提としつつ，インターネット上の役務提供者（及びその行為）がそれらのいずれ（又は前記①及び②の双方）に位置づけられるのかという問題を主な焦点として，さまざまな議論が展開されてきた（8.3.2参照）。電子通信役務提供者は通信管理主体性を有する（者に相当する）のに対し，遠隔情報処理役務提供者はその限りではないということは，既に検討したとおりである（8.5参照）。

　これらの各主体の区別に関する基幹的な実益は，電磁的に保管された情報の開示（漏えい）に対する立法上の制約が，電子通信役務提供者及び遠隔情報処理役

第13章　多様なインターネット上の役務提供者の通信管理主体性　　303

務提供者に対して課されており，前者に対しては特に厳しい制約となっていることを受け，電子通信に関わる多様な役務提供者（及び公権力）が当該情報をどの程度保護することが義務づけられるかを截然と決することにある。この区別は，憲法上，電磁的に取り扱われる情報を「秘密」として保護する義務を負う「通信管理主体性を有するインターネット上の役務提供者」の範囲を画することに通底すると考えられる。

　以上を踏まえ，本章は，前述の各問題を踏まえた考察を加えつつ，多様なインターネット上の役務提供者の通信管理主体性を明らかにすることを目的とする。そのため，米国法上の関係する議論を参照しながら，主なインターネット上の役務提供者を類型化しつつ，その行為として特に争点となり得る流通情報の保管行為が通信管理主体行為として認められる範囲を中心に，具体的に検討する。

13.2　米国法上の具体的な役務提供者の位置づけをめぐる主な議論とその分析

13.2.1　分析の視点

　米国法上の議論においては，取扱い対象の情報の保護のあり方に関して電子通信役務提供者と遠隔情報処理役務提供者との間に規範的な径庭が存在する中で，個々のインターネット上の役務提供者の位置づけが問題となっている。これは，ある役務提供者が電子通信役務提供者と遠隔情報処理役務提供者とのいずれに該当するのかという二項対立的な議論というよりも，むしろ個々の役務提供に関する行為（特に保管行為）がいずれの役務提供者としての行為として位置づけられるのかという問題を中心に展開されてきた。インターネット上の役務提供者の多様性を踏まえると，具体的な行為の態様に応じた検討が求められるため，その主要な類型を整理することが有益となり得る。

　この点に関し，主要な議論の俎上に載ってきたのが電子掲示板管理者やSNS役務提供者の位置づけである。また，個々の保管行為に着目した観点からは，オンラインストレージ役務提供者や電子メール役務提供者等の行為についても重要な争点となってきた。そこで，主要なインターネット上の役務提供者の通信管理主体性の解明に資するべく，これらの役務提供者（又はその行為）の電子通信役務提供者又は遠隔情報処理役務提供者（としての行為）への該当性をめぐる米国

法上の議論について以下に概観する。併せて，その議論において示されている主要な論点に対して若干の考察を加える。

13.2.2　オンラインストレージ役務提供者

　伝統的ウェブ役務を通じた保管行為に従事する者の典型とも言えるオンラインストレージ役務提供者については，それがもっぱら利用者から預託された情報の電磁的な保管・処理を行う機能（以下，「預託情報保管・処理機能」という）を提供する限り，遠隔情報処理役務提供者に該当する（**8.3.2**参照）。ただし，預託情報保管・処理機能の提供のみに従事するオンラインストレージ役務提供者（以下，「伝統的専業オンラインストレージ役務提供者」という）は，通常「電子通信の送信又は受信を可能」とする役務を提供しておらず，電子通信役務提供者であるとは解されていない[1]。

　ところが，近年においては，ネットワーク上で多くの帯域幅を使用する映像，音楽等の多様なコンテンツやオンラインゲーム等の各種アプリケーションを一般利用者に供給（配信）し，又はそれらの流通を円滑なものとする機能を提供する役務をその事業基盤とする各種の事業者（以下，「プラットフォーム事業者」という）も，オンラインストレージ役務提供者の預託情報保管・処理機能に依存することが少なくない。そのため，一部のオンラインストレージ役務提供者は，預託情報保管・処理機能の提供にとどまらず，より広範な役務を提供している。その典型例が，利用者たるプラットフォーム事業者の求めに応じて，預託された情報の中から一定の情報（コンテンツ，アプリケーション等）を抽出し，それを第三者（当該プラットフォーム事業者の利用者）に送信する機能（以下，「コンテンツ等供給機能」という）を併せて提供する場合である。

　このとき，預託情報保管・処理機能に加えてコンテンツ等供給機能を併せて提供するオンラインストレージ役務提供者（以下，「発展的総合オンラインストレージ役務提供者」という）[2]も遠隔情報処理役務提供者としての規律に服するという解釈の妥当性については，慎重な検討が必要であろう。なぜなら，通信記録保管法は，遠隔情報処理役務提供者における「漏えい禁止の保管・処理目的限定」を設けているところ（**8.3.5**参照），発展的総合オンラインストレージ役務提供者の役務提供の多様性は当該限定の趣旨と整合しないからである。

　このような観点を踏まえると，あるオンラインストレージ役務提供者について，

それが保存情報の漏えいが原則として禁止される遠隔情報処理役務提供者に該当することを確認するためには，利用者との契約条件の具体的な内容を精査することが必要となると言える[3]。当該条件において「保管又は処理」以外の目的で保存情報にアクセスすることが認められているか否かということを踏まえつつ，預託情報保管・処理機能以外にコンテンツ等供給機能を典型とする付加的な機能の提供が予定されているか否かに応じて，当該遠隔情報処理役務提供者への該当性が判断される。少なくともこれらの要件が否定される限り，その該当性が肯定され得るであろう。

他方，発展的総合オンラインストレージ役務提供者については，伝統的専業オンラインストレージ役務提供者とは異なり，電子通信役務提供者と位置づけられる可能性もある。この点に関する米国の議論は乏しいが，コンテンツ等供給機能を「プラットフォーム事業者とその利用者との間の電子通信」を実現するものと捉えれば，当該機能の提供に関しては，通信設備を利用して「電子通信の送信又は受信を可能」とする電子通信役務提供者の行為と解する余地が生じる。しかし，この場合のプラットフォーム事業者は，その利用者と直接的に通信を行っているというよりも，発展的総合オンラインストレージ役務提供者を着信者とする情報のやり取りを行っており，当該利用者も当該役務提供者との情報のやり取りを別途行っているにすぎない（これら双方のやり取りは一貫性・一体性を欠く）と捉えることが素直であろう。その限りにおいて，かかる発展的総合オンラインストレージ役務提供者は電子通信役務提供者とは認められないと解される。

13.2.3　ウェブメール役務提供者

ウェブメール役務提供者は，一般にクラウド技術を用いてウェブメール役務を提供する。そこで，ウェブメール役務提供者の位置づけを検討する前提として，オンライン上のメールボックスを介して電子メールの機能を提供する伝統的な電子メール役務提供者の位置づけについて考察する。

電子メールによる電子通信の送受信を可能にする電子メール役務提供者が基本的に電子通信役務提供者に該当することについては，異論の余地が乏しい。ここで主な争点となってきたのが，着信者により最終的に受信（開封）された電子メール（以下，「開封済みメール」という）の電子メール役務提供者によるサーバー等への保管行為の位置づけである。これは，電子的保管の期間に関する「180日基

準」（8.7参照）に基づく内容情報の開示のあり方をめぐる区別（8.3.5参照）に照らし，保管の期間が180日以内である場合における電子的保管への該当性という形で問題となる。

　米国連邦政府（司法省）が採る電子的保管狭義説（8.3.4参照）によれば，電子的保管は，伝送行為に付随する「暫定的・中間的保管」又は当該行為の過程における「バックアップ保護目的の保管」に限定され，伝送行為の完了後の保管を含まない。それゆえ，着信者が最終的に受信する前の段階における電子メールの保管については電子通信役務提供者としての行為となり得るが，開封済みメールの保管についてはおよそ電子的保管として位置づけられず，電子通信役務提供者としての行為とは言えないとされる[4]。ただし，この考え方によっても，開封済みメールの保管行為を遠隔情報処理役務提供者としての行為と捉え得ることから[5]，その限りにおいて，当該メールは通信記録保管法に基づく一定の保護をなお受け得る。これは，同一の役務提供者による保管行為に関して，ある時点を境として，「電子通信役務提供者としての行為」から「遠隔情報処理役務提供者としての行為」への経時的な転換が発生するという思想（以下，「主体性転換観」という）を導くものであり，役務別属性区別説（8.3.3参照）に親和的である。

　これに対し，電子的保管広義説（8.3.4参照）を採るTheofel事件判決[6]の考え方によれば，電子メール役務提供者が，着信者において開封済みメールをその端末設備から紛失等した場合に備えつつ，当該メールの複製物を自らのサーバー等に当面保管する行為については，「バックアップ保護目的の保管」（電子的保管）として位置づけられる。このとき，当該保管は電子通信役務提供者としての行為となる[7]。

　もっとも，Theofel事件判決においては，電子メール役務提供者による開封済みメールの保管を電子的保管として位置づけ得るのは，問題となるメッセージが「通常の過程で期限切れ」となるまでであるとされている（8.3.4参照）。それゆえ，開封済みメールの長期的な保管主体については，その「期限切れ」以降の時点において，遠隔情報処理役務提供者として位置づけられ得る。このような考え方も，電子通信役務提供者から遠隔情報処理役務提供者への転換の時点に関しては米国連邦政府の考え方と大きく異なるものの，その帰結としては主体性転換観を表す。

　以上の伝統的な電子メール役務提供者の位置づけを踏まえつつ，続いてウェブメール役務提供者の位置づけについて考察する。ウェブメール役務提供者は基本

的に電子メール役務提供者の一種であることから，多くの学説はこれを電子通信役務提供者として位置づけている[8]。それゆえ，ウェブメール役務提供者による開封済みのウェブメール（以下，「開封済みウェブメール」という）の保管行為の位置づけについては，電子メール役務提供者による開封済みメールの保管行為の延長線上にある。

　この点に関し，Theofel 事件判決を踏まえて示された興味深い考え方が，Weaver 事件判決[9]の思想である。この判決においては，ウェブメール役務提供者のサーバー等における開封済みウェブメールの保管行為が電子的保管か否かが争点となり，これが否定された。その主な理由として，当該ウェブメールの保管について，①「暫定的・中間的保管」とは言えないこと，②一般に保管されたウェブメールがその内容の唯一の記録となる（着信者は通常，当該内容の閲覧の必要が生じるたびにウェブメール役務提供者のウェブサイト〔の機能を提供するサーバー等〕にアクセスする）ため「バックアップ保護目的の保管」とも言えないこと，が指摘された。これは，伝統的な電子メールについては，利用者が電子メール役務提供者のサーバーから自らの端末設備へとダウンロードすることが予定されており，この点においてインターネット接続を通じてあらゆる端末設備からの（保管先のサーバー等への）アクセスが可能なウェブメールとは異なるという前提に立つ[10]。すなわち，ウェブメール役務提供者による当該保管行為は利用者に対してもっぱら情報の保管又は処理の役務を提供するものにほかならず，その限りにおいて，当該役務提供者は電子通信役務提供者にはなり得ないという[11]。それは，伝統的な電子メール役務提供者により保管される電子メールとクラウド技術を活用したウェブメール役務提供者により保管されるウェブメールとは，同等のプライバシーの保護を受けるものではないという帰結を導くものでもあった[12]。かかる考え方によれば，着信者がウェブメールを受信した時点において，ウェブメール役務提供者の電子通信役務提供者としての役割は終了する[13]。そして，保管された（開封済みメール・ウェブメールに関する）情報が唯一の記録（唯一の保管先となる情報）であると認められるか否かということ（以下，「記録唯一性」という）が，電子的保管や電子通信役務提供者への該当性を左右することとなる[14]。

　これに対し，属性固定説（8.3.3参照）の思想を根底に据える Quon 事件判決（控訴審）[15]は，記録唯一性に拘泥することなく，提供される役務の総体的な性質に着目して電子通信役務提供者への該当性を判断する考え方（以下，「役務総体判

断観」という）を示した。すなわち，携帯電話の役務を提供する電気通信事業者によりそのサーバー等に長期的にアーカイブ化のうえ保管されたテキストメッセージについては，本来は遠隔情報処理役務提供者により保管されたものと捉える余地もある。しかし，当該事業者は電子通信において伝送行為を担うところ，かかる保管行為は伝送行為とは別の利用者に対する（遠隔情報処理）役務提供の一環として行われたものと捉えることは困難である。よって，当該保管行為も「バックアップ保護」を目的とする電子的保管として位置づけられ（その限りにおいて，電子的保管広義説の思想に接合する），当該事業者は電子通信役務提供者に該当するとされた[16]。

役務総体判断観に対しては，個々の時点における情報の取扱いを考慮せず，過度に単純化した考え方であるという旨の批判的見解が提示されている[17]。かかる立場から，役務別属性区別説・主体性転換観を踏まえて示された Flagg 事件判決[18]においては，データ伝送役務提供者によるアーカイブ化されたテキストメッセージの保管は基本的に遠隔情報処理役務提供者としての行為にほかならないとされている[19]。これは，保管された情報を利用者が(再)取得しようとする時点（以下，「再取得時点」という）において，保管行為を行うデータ伝送役務提供者はもはや利用者に対して電子通信役務を提供していない場合もあり得るという事実に着目するものである[20]。その意味において，情報の保管行為が開始された時点（以下，「開始時点」という）ではなく，それ以降の再取得時点における保管の役務の特性に応じた判断を行う必要性を浮き彫りにしている。

他方，ウェブメール役務提供者の多くは，もっぱら情報の保管・処理の目的で開封済みウェブメールを保管しているわけではなく，むしろ自らの役務の品質向上，広告配信等を主目的としてそれを行っている。それゆえ，漏えい禁止の保管・処理目的限定にかんがみ，当該限定に基づく規律対象となる遠隔情報処理役務提供者としてウェブメール役務提供者を位置づけることは困難であると説く学説も提示されている[21]。また，前述の Flagg 事件判決においては，テキストメッセージの伝送行為を担う事業者が利用者との契約上その求めに基づき保管（アーカイブ化）した情報に対して取得・検索の目的でアクセス可能となっている場合，その保管行為については，漏えい禁止の保管・処理目的限定に基づく規律対象となる遠隔情報処理役務提供者としての行為として位置づけられるものではないという旨も指摘されている[22]。かかる考え方によれば，たとえウェブメール

役務提供者により保管された情報が記録唯一性を有するとしても，その保管行為をただちに当該遠隔情報処理役務提供者としての行為と捉えることは妥当ではないということになろう。

　思うに，利用者の視点からみた場合，電子メール役務提供者の役務とウェブメール役務提供者の役務とは機能的に酷似しており，伝送対象となる情報に関する記録唯一性の有無をもって両者が使い分けられることはまれである。かかる実態を踏まえれば，電子メール役務提供者による開封済みメールの保管行為とウェブメール役務提供者による開封済みウェブメールの保管行為とは，基本的に同様の法的位置づけが行われることが合理的である。その意味において，もっぱら記録唯一性に基づき後者の保管行為のみを「電子通信役務提供者の行為」から切り離すことは妥当性を欠く。

　同時に，これらの保管行為に関して，（役務別属性区別説に親和的な）主体性転換観及び（属性固定説に親和的な）役務総体判断観のいずれの方向性を採ることが適当であるかということについては，別途の検討が必要となり得る。この点については，通信管理主体性に関する考察との関係において後述する（13.3.2参照）。その前提として，少なくとも着信者によるメール開封以前の段階においては，伝統的な電子メール役務提供者もウェブメール役務提供者もともに典型的な電子通信役務提供者としての性質を有するということに留意が必要である。

13.2.4　電子掲示板管理者

　インターネット上の役務提供者の法的位置づけをめぐって基幹的な議論の争点となってきたのが，電子掲示板管理者（参加者限定型の電子掲示板の管理者に限る。以下同様[23]）の行為の捉え方である。その背景には，電子掲示板管理者は電子メール役務提供者とは異なり，一般に情報の伝送行為に直接従事するわけではなく，外形的・構造的には電子掲示板の機能を提供するにすぎないことから，電子通信の送受信を可能とすると言えるか否かが不明瞭であるという事情があったと考えられる。

　電子掲示板管理者がその管理する電子掲示板への投稿情報を保管する行為の位置づけに関して重要な影響を与えることとなったのが，Konop 事件判決[24]であった。この判決においては，電子掲示板管理者による保管行為が電子通信役務提供者としての電子的保管として位置づけられた。しかし，かかる電子的保管の内

実が「暫定的・中間的保管」となるのか，それとも「バックアップ保護目的の保管」なのかということを含め，その具体的な理由については詳細に説明されなかった[25]。もっとも，その後の一部の裁判例[26]においては，他人間通信促進時電子通信役務説（8.3.2参照）に基づく説明（電子掲示板が異なる利用者間でのコミュニケーションを実現することをその理由とするもの）が行われている[27]。

　一方，Steve Jackson Games 事件判決[28]においては，電子掲示板管理者が遠隔情報処理役務提供者として位置づけられた[29]。ただし，その理由は必ずしも明確にされていない。もっとも，電子掲示板の機能を提供するサーバー等は一般に記録唯一性を有することから，この性質を重視する Weaver 事件判決（13.2.3参照）の考え方（投稿情報の保管先が記録唯一性を有する場合には，その保管主体は電子通信役務提供者とはならないという考え方）による場合には，電子掲示板管理者が遠隔情報処理役務提供者となるという帰結は合理的となるようにみえる。

　以上を踏まえると，電子掲示板管理者による投稿情報の保管行為については，理論的に以下の各考え方が成立する余地があると言えよう。すなわち，①投稿者（発信者）による電子掲示板への投稿完了後においても，なお「バックアップ保護目的の保管」等と位置づけられることから，電子通信役務提供者による電子的保管となると解する考え方[30]，②投稿者が電子通信システムを介して投稿情報の保管・処理を電子掲示板管理者に委託したものとみなし，遠隔情報処理役務提供者による保管行為となり得ると解する考え方[31]，③通信当事者ないし着信者としての行為にすぎず，役務提供者による通信記録の保管とは異なることから，通信記録保管法の保護が及ばないと解する考え方[32]，である。

　思うに，電子掲示板の利用については，構造上は投稿者の投稿情報が電子掲示板管理者を着信者として送信される形となっているが，実質的には複数の利用者間の通信を可能とするものと捉え得る。投稿者においても，もっぱら電子掲示板管理者に向けて情報を発信しているという意識は希薄であり，多数の閲覧者への情報の伝播を予定することが一般的であろう。それゆえ，電子掲示板管理者については，遠隔情報処理役務提供者でも着信者でもなく，電子通信役務提供者として観念することが合理的である。

　また，電子掲示板管理者による投稿情報の保管についても，前記①の考え方のように電子的保管として，あるいは少なくとも「電子通信役務提供者としての行為」として，位置づけることが可能であろう[33]。なぜなら，電子掲示板への投

稿情報については，いつ誰が実際にそれにアクセスするかが具体的に予見困難である以上，（投稿完了後）相当な期間にわたり保管（掲示）され続けることが電子掲示板の基本的な機能の提供において不可欠となると認められるからである。かかる帰結は，憲法解釈論に適合的な電子的保管広義説に親和的である（8.6参照）[34]。電子掲示板の記録唯一性に照らし，電子掲示板管理者を遠隔情報処理役務提供者として位置づける余地もまったくないわけではないが，当該管理者においては，伝統的専業オンラインストレージ役務提供者等と異なり，必要に応じて投稿情報に対する情報加工編集行為を行うことが（その役務提供において）予定されていると考えられる。その限りにおいて，電子掲示板管理者については，預託情報保管・処理機能を超えた付加的な機能を提供する者と観念することが妥当であり，これを遠隔情報処理役務提供者とみなすことは正鵠を射たものとは言いがたい。

13.2.5　SNS役務提供者

SNS役務提供者による利用者から発せられた情報の保管についても，これまでに述べた考え方を応用させつつ捉え得る。ただし，一般にSNSは，電子メールにほぼ相当する特定者間での情報のやり取りを実現する機能（以下，「電子メール機能」という）と，電子掲示板に近似する多数の者との同時的な情報の共有（投稿）を可能とする機能（以下，「投稿機能」という）とを併存させているため，それぞれの機能ごとに保管行為の位置づけを考える必要がある。

　この点に関して注目されるCrispin事件判決[35]は，Theofel事件判決及びWeaver事件判決の考え方を踏まえ，同一の主体が電子通信役務提供者及び遠隔情報処理役務提供者の双方に該当する可能性を示した。かかる場合において，その情報の保管行為がいずれの役務提供者としての行為となるのかについては，当該行為の態様に応じて決まるという旨が指摘されている[36]。

　そのうえで，SNS役務提供者による電子メール機能の提供に関しては，当初情報が着信者により受信される前の段階における当該情報の保管行為は電子メール役務提供者の場合と同様に電子通信役務提供者としての行為（「暫定的・中間的保管」としての電子的保管）となる一方，当該着信者により開封された情報を自らのサーバー等になお保管する行為は遠隔情報処理役務提供者としての行為として位置づけられると説いている[37]。これは，電子的保管狭義説に基づく主体性転

換観に接合する。

　一方，SNS 役務提供者による投稿機能（参加者限定型のものに限る。以下同様）の提供に関しては，電子通信役務提供者としての行為にも遠隔情報処理役務提供者としての行為にもなり得るとされつつ，一義的な結論が事実上保留されている。その前提として，SNS への投稿情報については，電子メールの場合と異なり，「開封」の手続きを踏むことなく閲覧（受信）され得るうえに，外形的には SNS のプラットフォームが着信点となりつつ記録唯一性を有するため，当該情報の保管行為を「暫定的・中間的保管」と位置づける余地はないと説かれている[38]。しかし，通信記録保管法の立法趣旨が参加者限定型の電子掲示板等（による情報のやり取り）を電子通信として保護することであったことを踏まえると，投稿機能の提供については，電子通信役務提供者としての行為となり得るとされる。その場合，投稿情報の保管行為は，それを消去しないという利用者又は電子通信役務提供者の意思に基づく「バックアップ保護目的の保管」と位置づけられるという[39]。ここには，電子的保管広義説の思想が垣間見られる。

　同時に，保管された情報の記録唯一性を踏まえ，投稿機能の提供はもっぱら保管・処理を目的とした遠隔情報処理役務提供者としての行為にもなり得るとされている[40]。もっとも，投稿情報が投稿者の予定する多数の者にアクセス可能となっている場合には，当該情報の「表示（display）」をも併せて目的としたものと捉える余地があり，漏えい禁止の保管・処理目的限定に符合しない可能性もある。しかし，投稿情報の閲覧を予定して SNS 役務提供者に対して当該情報の「保管・処理」を託す場合，その保管・処理の役務は（利用者による）情報の取得・検索のための仕組みを必要とし，当該取得・検索を効果的に行うためには何らかの形での情報の表示を要することから，かかる表示の必要性をもって遠隔情報処理役務提供者としての行為の性質を否定することは困難であるとされている[41]。これは，情報の「保管・処理」と「表示」との不可分性を前提とした考え方である。

　このような論理を導く際に参照されたのが，動画共有サイト運営者による投稿動画の保管行為（開示）のあり方が問題となった Viacom 事件判決[42]の考え方である。これは，当該運営者が各利用者のために動画の情報をウェブサイト上で保管していることを前提としつつ，これを（当該情報の唯一の保管先となる）遠隔情報処理役務提供者として位置づけるものである[43]。同時に，動画共有サイト運

第13章　多様なインターネット上の役務提供者の通信管理主体性　　313

営者が権利侵害の可能性のある動画にアクセスしそれを削除することが許されていることについては,「保管」の役務として予定される範囲内にあるものと説かれている[44]。このように「保管」の射程を広く画する限り,たとえ当該動画共有サイト運営者が保管された情報に対して一定の情報加工編集行為を施す場合であっても,漏えい禁止の保管・処理目的限定の射程内に収まり得るということになる。

以上のように,米国の議論においては,SNS役務提供者の法的位置づけに関して一義的な解釈が確立しているわけではない。しかし,SNSは一般にウェブメール役務及び電子掲示板の基本的な機能を進化・発展させたものと観念し得ることにかんがみると,別段の事情のない限り,電子メール機能の提供についてはウェブメール役務提供者の場合と同様に,投稿機能の提供については電子掲示板管理者の場合と同様に,それぞれ捉えることが合理的であろう。

一方,Viacom事件判決の考え方のように,「保管」の射程に関して情報加工編集行為(削除等)を含めて広く観念することは,社会通念に符合しないと考えられるうえに,電子通信役務提供者と遠隔情報処理役務提供者との分水嶺を相対化することに結びつき,正鵠を射たものとは言いがたい。Crispin事件判決に示される「保管・処理」と「表示」との不可分性についても同様であり,両者は規範的に区別されるべきものであろう。なぜなら,利用者の視点からみた場合,もっぱら保管・処理を目的として情報を預託する場合と表示を兼ねて預託する場合とでは,当該情報に対する「プライバシーの合理的な期待」の程度が著しく異なると考えられるからである。それゆえ,少なくとも「表示」を投稿機能に組み込んでいる標準的なSNSに関して,そのSNS役務提供者を遠隔情報処理役務提供者として捉えることは困難であろう。したがって,SNS役務提供者は,別段の事情のない限り,電子メール機能及び投稿機能のいずれの提供においても電子通信役務提供者として位置づけられ,その投稿情報等の保管行為に関しても,基本的に電子通信役務提供者としての行為と観念され得ると考えられる。

13.3 インターネット上の役務提供者の通信管理主体性

13.3.1 主要な類型に関する通信管理主体性

前節において分析した米国法上の主な議論を踏まえ,我が国におけるインター

ネット上の役務提供者の通信管理主体性について，さらに考察を加える。まず，本章の冒頭において提示した各問題のうち，第一の点，すなわちインターネット上の役務提供者のうち通信管理主体性が認められる者の範囲については，電子通信役務提供者の観念が通信管理主体の観念におおむね符合することに照らして考えることが可能であろう。通信管理主体の類型としては，他人間の通信の媒介を行う伝送系通信管理主体と，実質的な媒介を行う非伝送系通信管理主体とがあり（1.5参照），電子通信役務提供者の観念は両主体を包含する（8.5参照）。

それゆえ，基本的に電子通信役務提供者となる電子メール役務提供者，ウェブメール役務提供者，電子掲示板管理者，SNS役務提供者等については，いずれも通信管理主体の射程に含まれ得る。これらの者のうち，電子メール役務提供者，ウェブメール役務提供者及び電子メール機能を提供するSNS役務提供者については，（インターネット接続役務提供者とともに）発信者が着信者に向けて送信した情報を中継（ないし変換）している（伝送行為に従事している）ことから，他人の需要に応じて他人間の通信を媒介している者にほかならず，通信管理主体性が容易に認められる。これらは，伝送系通信管理主体の範疇に属する。

一方，電子掲示板管理者，もっぱら投稿機能を提供するSNS役務提供者等については，伝送行為には従事しないものの，実質的な媒介の成立要件（1.5参照）に照らし，異なる利用者間の直接的な情報のやり取りを仲立ちする者，すなわち他人間の通信の実質的な媒介に従事する者であると認められる。しかも，その過程で「秘密」たる情報を直接取り扱うことが予定される。ゆえに，通信管理主体性が認められ，非伝送系通信管理主体として位置づけられる。

このような帰結は，電子掲示板への情報の発信者からその閲覧者たる着信者までの通信を一体的に捉える単一通信説の考え方（7.4.2参照）を前提としているとも言える。それゆえ，電子通信役務提供者の射程を通信管理主体性の判断に当たっての参考とする考え方は，憲法上の「通信」の捉え方自体にも整合的である。

これらに対し，遠隔情報処理役務提供者となる伝統的専業オンラインストレージ役務提供者については，非通信管理主体にほかならない。実際，当該役務提供者は，他人たる利用者の需要に応じることを目的として預託情報保管・処理機能を提供しているものの，他人間の通信への関与を行ってはいない。もっとも，自己と他人との間の通信に対して設備の供用等を行っているとは言い得るが，これは通信管理主体性を肯定する要素とはならない。また，一般に通信設備の供用を

行うにとどまる者については，その過程で「秘密」たる情報を正当に把握し得る第三者的な立場におかれていると認められない限り[45]，通信管理主体性が認められない[46]。

13.3.2　インターネット上の役務提供者の「通信管理主体としての行為」の射程

　次に，第二の点，すなわち通信管理主体性を有するインターネット上の役務提供者の行為（特に保管行為）のうち，通信管理主体行為の範囲について考察する。これは，典型的には，例えば通信管理主体性の認められる電子メール役務提供者が開封済みメールを自らの設備に長期的に保管する行為はある時点から通信管理主体行為ではなくなるのか否か，といった形で問題となる。これに関して参考となるのは，米国連邦政府の採る電子的保管狭義説（及び役務別属性区別説）に根ざす主体性転換観とQuon事件判決の採る電子的保管広義説（及び属性固定説）に根ざす役務総体判断観との相違であろう。

　電子的保管狭義説を土台としつつ主体性転換観による限り，電子通信役務提供者に相当する者（通信管理主体）の行為であっても，ある時点（例えば，着信者による受信時点）を境として，遠隔情報処理役務提供者に相当する者又はそれ以外の者（非通信管理主体）としての行為に転換し得ることとなる。また，電子的保管広義説による場合でも，Theofel事件判決の考え方に基づく限り，社会通念等に照らして一定の期間（保管の「期限切れ」となるまでの期間）が経過した後においては，通信管理主体性の認められる者による情報の取扱いが非通信管理主体としての行為となり得る。一方，電子的保管広義説を土台としつつ役務総体判断観に依拠すれば，提供される主要な通信役務に照らして通信管理主体性を有する者による「通信」に関する情報の取扱いであると認められる限り，その時間軸に関わりなく原則として通信管理主体行為として位置づけられ得る。このような考え方の相違の背景には，記録唯一性（が認められないこと）は通信管理主体としての情報の保管行為の必要条件か否か，当該保管行為に関して通信管理主体性を判断すべき時点は開始時点か再取得時点か，といった論点が見え隠れする。

　思うに，秘密不可侵の法規範が，一次的には国民各人の狭義の「秘密」たる情報の取扱いに関する「信頼」を保護する中で，当該情報の「秘密」としての価値は，それが部外者に知られたり，あるいは通信管理主体の内部において不当に窃用等されたりしない状態が持続的に確保されることにより維持される。よって，

ある時点を経過すれば、「秘密」たる情報の中身が正当な理由なく漏えい、窃用等されてもよいということになるわけではない（1.4参照）。ゆえに、通信管理主体性の認められる電子メール役務提供者においては、その伝送完了後（着信者の受信完了後）に開封済みメールを自己の設備に当面保管していたとしても、利用者の「信頼」を持続的に保護する観点から、当該メールに関する「秘密」の保護の義務を継続的に負い続ける。すなわち、通信役務の提供において取り扱った利用者からの「通信」に関する情報を長期的に保管し続ける通信管理主体においては、開始時点と再取得時点とで憲法上要請される当該情報の取扱いのあり方が変転するものではない。このことは、電子メール役務提供者による開封済みメールの保管については、必要的保管行為（8.6参照）となる具体的な期間の範囲に関する問題は別論として、少なくとも電子メール役務の提供を円滑に行ううえで不可欠となる行為であるという事実により裏づけられる。

　翻って言えば、電子メール役務提供者の通信管理主体行為は、必要的保管行為をはじめ、通信役務の提供（提供完了後を含む）に必要となるものとして開始された行為でなければならず、当該提供とまったく無関係に行われたと認められる行為はその射程に入らないと解される[47]。その意味において、通信管理主体性の認められる役務提供者による通信管理主体行為の具体的な射程については、問題となる個々の行為が、利用者に対する通信役務の円滑な提供に不可欠と認められるか否か、また不可欠とまでは言えなくとも一般的に当該提供に付随するものと認められるか否か、といった判断基準に基づき画される必要がある。換言すれば、通信管理主体による個々の行為の開始時点における通信役務の提供との関連性ないし近接性が、当該行為の秘密保護要請への拘束可能性を決することとなると考えられる。

　他方、仮にもっぱら記録唯一性に基づき通信管理主体行為の射程を画そうとすると、同様の内容の開封済みメールであっても、それを電子メール役務提供者が取り扱う場合とウェブメール役務提供者が取り扱う場合とで、「秘密」としての保護のあり方が異なるということになり得る（13.2.2参照）。しかしながら、電子メール役務提供者もウェブメール役務提供者も、クラウド技術の利用の有無等に関わりなく、他人間の通信に寄与する度合いに関して著しい差異を見いだしがたい。それゆえ、「秘密」たる情報の（事後的な）取扱いに関して、当該情報の中身が同一である限り、両者は同様に通信管理主体としての義務・責務を負うのであ

って，物理的な記録保管用の設備の性質に基づきその規範的な区別が予定される
ものではないと考えられる。実際，記録唯一性を考慮すると，電子掲示板管理者
やSNS役務提供者による投稿情報の保管行為については，およそ通信管理主体
行為とは認められなくなり得る。したがって，秘密保護要請との関係において，
記録唯一性に基づき通信管理主体行為の範囲を画することは正鵠を射た考え方で
あるとは言えない。

　これらを踏まえると，通信管理主体行為への該当性をめぐる判断については，
個々の通信役務との関係に着目するという点では役務別属性区別説の思想を根底
に据えつつも，同一の者による同一の中身を有する情報の取扱いをめぐる判断に
関しては，通信役務の提供との関連性ないし近接性を考慮しつつ役務の総体的な
性質を踏まえて行われる必要があると言える。その限りにおいて，役務総体判断
観に接近することとなる。しかし，役務総体判断観は決して「万能薬」となるも
のではない。なぜなら，提供される役務の総体に照らせば通信管理主体性が認め
られない者の行為であっても，通信管理主体行為として認められる場合があり得
るし，逆に役務の総体に照らして通信管理主体性が認められる者の行為であって
も，通信管理主体行為として認められない場合もあり得るからである。例えば，
基本的には非通信管理主体であるソフトウェアの開発者が，対戦型アプリ提供主
体（1.5参照）となる場合におけるその提供行為は，実質的な媒介を行うものとし
て，通信管理主体行為と認められ得る。逆に，通信管理主体であるウェブメール
役務提供者が，その取り扱う通信に関する情報とは別に，利用者から預託された
情報を保管する行為それ自体については，ウェブメール役務の提供に不可欠ない
し付随的なものとは認められないことから，別段の事情が存在しない限り，通信
管理主体行為となるものではない。

　記録唯一性が通信管理主体性の判断のメルクマールとならない以上，通信管理
主体行為のうち，少なくとも狭義の「秘密」たる情報の保管行為に関しては，属
性固定説的な考え方が有意となり得る（8.5参照）。すなわち，通信管理主体性が
肯定されるインターネット上の役務提供者（電子メール役務提供者，電子掲示板管理
者等）がその（通信管理主体性認定の決め手となる）役務の提供時又はその前後に必
然的又は付随的に行うと認められる情報の必要的保管行為については，当該情報
の記録唯一性の有無にかかわらず，通信管理主体行為と位置づけられ得る。一方，
通信管理主体性が否定される伝統的専業オンラインストレージ役務提供者等が行

う預託された情報の保管行為それ自体については，原則として通信管理主体行為と位置づけられるものではない。その意味において，個々のインターネット上の役務提供者の「本務」となる役務の内容やその提供の態様に応じて判断される通信管理主体性の有無が，それによる取扱い対象の情報の保管行為の位置づけ（通信管理主体行為か否か）に対しても，当該行為と「本務」となる役務との相当な関連性ないし近接性が認められる限りにおいて，基本的に波及すると言える。

　以上の帰結の延長線上には，本章冒頭で提示した各問題のうちの第三の点，すなわち非通信管理主体による保管行為が通信管理主体行為と認められる余地に関する「解答」が導かれる。すなわち，前述のソフトウェアの開発者が同時に対戦型アプリ提供主体となる場合のように，一般的には非通信管理主体となる者が双方向型コミュニケーションを実現する機能の提供（他人間の通信の実質的な媒介）を行うものと認められる場合には，その提供行為は通信管理主体行為となり得る。このとき，当該提供に不可欠ないし付随的なものと認められる範囲内での（「秘密」たる）情報の保管行為についても，通信管理主体行為として認められよう。

13.3.3　遠隔情報処理役務提供者に相当する者の準通信管理主体性

　米国法の下では，インターネット上の役務提供者のうち電子通信役務の提供に直接携わらない者について，それが遠隔情報処理役務提供者に該当するか否かということが，通信記録保管法の適用を受けるか否かの分水嶺となる。ところが，憲法21条2項後段の規定との関係においては，かかる者が遠隔情報処理役務提供者に相当する者として位置づけられるか否かということを厳密に問う意義は乏しくなりそうである。なぜなら，問題となる役務提供者が遠隔情報処理役務提供者に相当する者であるか否かにかかわらず，それが電子通信役務提供者に相当する者でないことが明らかである限り，秘密保護要請との関係においては一般私人と同様の扱いとなり得るからである。しかしながら，我が国の通信制度の下で，遠隔情報処理役務提供者に相当する者とそれ以外の多数の一般私人とを規範的に区別する余地はまったくないのであろうか。

　遠隔情報処理役務提供者に相当する者は非通信管理主体でありながら，ネットワークを介して預託情報保管・処理機能を担う。当該機能を提供する中で保管・処理対象となる情報の内容は，通信管理主体が取り扱うもの（狭義の「秘密」たる情報）と同一のもの（周辺関連情報〔1.6.5参照〕）であることも少なくない。その

ため，かかる者においては，他の一般私人に比べ，狭義の「秘密」たる情報と同一内容の情報に対するアクセスの物理的な機会が格段に多い。

　そのような状況の中で，仮に遠隔情報処理役務提供者に相当する非通信管理主体がその保管・処理対象となる情報（特に，周辺関連情報）を不当に第三者に漏えい等すれば，当該情報を預託した利用者においては，「秘密」たる情報が通信管理主体により漏えいされたのに類似する損害を受け得る。仮にそのような事態が恒常的に発生することとなれば，当該利用者においては預託情報保管・処理機能の利用を手控えるようになり，ひいては「通信」ないしネットワークの利用そのものに対する一種の抵抗感ないし一定の不便さがもたらされ得るであろう。もっとも，立法の次元においては，個人情報の保護に関する法律（平成15年法律57号）に基づく規律[48]をはじめとする情報の取扱いに関する各種の法規律が存在し，それらが一定の範囲で「安全弁」として機能し得る。しかし，インターネット経由でやり取りされる情報について，通信管理主体による伝送行為の最中は「秘密」として憲法上の保護を受けながら，その伝送完了後においてもっぱら保管等を担う非通信管理主体による取扱いに関して同様の保護を一切受けないこととなると，同一の情報の取扱いに対する法的保護のあり方がその取扱者の属性に対応しつつ経時的に大きく変わり得る。その場合，憲法が予定する「通信」の制度的利用環境はやや不安定なものになる。したがって，遠隔情報処理役務提供者に相当する非通信管理主体による保管・処理対象となる一定の情報（周辺関連情報）の取扱いのあり方は，少なくとも広義の「秘密」に対して少なからぬ影響を及ぼし得ると言える。

　このように考えると，遠隔情報処理役務提供者に相当する非通信管理主体については，秘密不可侵の法規範に直接拘束されるわけではないものの，広義の「秘密」としての「通信」の主要な制度的利用環境の確保という観点からは，一定の範囲で他の一般私人との規範的な区別を図る余地のある主体（以下，このような非通信管理主体を「準通信管理主体」という）であると言えよう。準通信管理主体とその他一般私人との区別は，秘密保護要請の名宛人の範囲をめぐる議論に直接影響するものではないと思われるが，立法による通信制度の内容形成において特別な規律を課す必要性のある主体を浮き彫りにする。すなわち，立法論上，準通信管理主体による取扱い対象となる周辺関連情報について，その保管・処理の量や期間にかかわらず，不当に漏えいしない，利用者との契約の範囲を超えて目的外の

利用（プロファイリング等を含む）をしないなどの最小限度の法規律を設けることが，通信の自由・秘密を実効的に保護するために必要となり得るであろう。

13.4 小括

インターネット上の役務提供者は多様であり，秘密保護要請の名宛人となる可能性を画する「通信管理主体性」を画一的に把握することは困難であるが，一定の類型化を図ることが可能である。基本的には，伝統的専業オンラインストレージ役務提供者には通信管理主体性が認められない一方，ウェブメール役務提供者を含む電子メール役務提供者に加え，一般的な電子掲示板管理者，SNS役務提供者等については，それらが役務提供において「秘密」たる情報を正当に知り得る立場にあると認められる限り，通信管理主体性が肯定される。

このとき，特に問題となり得るのが情報の保管行為である。主観的権利としての「秘密」を実効的に保障する観点からは，狭義の「秘密」たる情報は持続的に保護されることが必要となる。それゆえ，同一の主体による同一の中身の「秘密」たる情報の保管行為が問題となる場合には，米国法上の議論から導かれる主体性転換観は本質的に相容れない。当該保管行為については，通信管理主体性が肯定される者の通信役務の提供に際して不可欠又は付随的なもの（「本務」たる通信役務との相当な関連性ないし近接性が肯定されるもの）と認められる限りにおいて，通信管理主体行為と捉え得る。

多様なインターネット上の役務提供者及びその行為の通信管理主体性を明らかにすることは，秘密保護要請に拘束される者の具体的な範囲を画定するうえで，極めて重要である。本章で提示した基本的な考え方については，考察対象外としたその他の役務提供者及び今後新たに登場するであろう各種の役務提供者に対しても基本的に応用し得ると考えられる[49]。

なお，以上の帰結は，準通信管理主体に対する一定の規律の可能性に加え，さらなる立法政策上の課題を示唆するものと言えよう。例えば，電気通信事業者（電気通信事業法2条5号）にも「電気通信事業を営む者」（同法164条3項）にも該当しない通信管理主体（事業を営まない設備非支配型電子掲示板管理者等）に対して，その通信役務の提供に関して「秘密」の保護を義務づけるための立法上の規律について，検討の余地がある（1.2.2参照）。また，かかる通信管理主体による通信

役務の提供の完了後（特に保管行為）における「秘密」の保護のあり方等を具体的に規律する可能性についても，同様に一考に価するように思われる[50]。

1）クラウド技術を用いつつインターネット接続，専用線の利用等を通じて情報のストレージ，オンデマンドによるアクセス等を実現する各種の「クラウド役務」全般について，原則として電子通信役務に該当するものではないと説く学説も提示されている。*See* Robison (2010), at 1209.

2）発展的総合オンラインストレージ役務提供者は，一般に大規模なデータセンター等の設備を設置ないし支配・管理していることが多く，その一環として，当該設備内の個々の情報（通信記録）の監視等を行う場合も少なくない。

3）*See id.* at 1214.

4）*See* DoJ (2009), at 123-124, 138.

5）当該役務提供者が大衆に対して役務を提供していることがその前提となる。*See id.* at 126.

6）*See* Theofel v. Farey-Jones, 359 F.3d 1066 (9th Cir. 2004).

7）*See id.* at 1075.

8）*See* Robison (2010), at 1210; Kattan (2011), at 638.

9）*See* United States v. Weaver, 636 F. Supp. 2d 769 (C.D. Ill. 2009).

10）*See id.* at 772.

11）*See id.* at 772-773.

12）*See* Kattan (2011), at 635. このような帰結に対しては，同じ内容の通信であれば，電子メール役務提供者による取扱いであれウェブメール役務提供者による取扱いであれ，同様の保護を受けることが合理的であるとする批判が提示されている。*See id.* at 652.

13）*See* Ward (2011), at 572-573.

14）なお，Theofel 事件判決においても，利用者がその情報を保管する唯一の場所が遠隔情報処理役務提供者の設備である場合には，その保管は「バックアップ保護目的の保管」とは言えないとされ，そのような旨が示唆されている。*See Theofel*, 359 F.3d at 1077.

15）*See* Quon v. Arch Wireless Operating Co., 529 F.3d 892 (9th Cir. 2008).

16）*See id.* at 902-903.

17）*See In re* Application of the United States of America for a Search Warrant, for Contents of Electronic Mail and for an Order Directing a Provider of Electronic Communication Services to Not Disclose the Existence of the Search Warrant, 665 F. Supp. 2d 1210, 1214 (D. Or. 2009).

18）Flagg v. City of Detroit, 252 F.R.D. 346 (E.D. Mich. 2008).

19）*See id.* at 362-363.

20）*See id.* at 363. 当該データ伝送役務提供者の保管するテキストメッセージは記録唯一性を有しており，その保管は「バックアップ保護目的の保管」とは言えないという旨が指摘されている。

21）*See* Kattan (2011), at 639-640. この学説は，ウェブメール役務提供者は電子通信役務提供者にも遠隔情報処理役務提供者にも該当しないという帰結を導いている。*See also* Vandelist (2014), at 1546.

22）*See Flagg*, 252 F.R.D. at 358-359. このような考え方に対しては，遠隔情報処理役務提供者の役務提供において，保管された情報を事後的に取得することが基本的に必要となり得るということを承認した連邦議会の立法意思に背馳するとする学説の批判が提示されている。*See* Robison (2010), at 1219.

23）電子通信プライバシー法においては，「一般大衆にとって容易にアクセス可能」な電子通信が保
護されていないため（**8.3.5**参照），便宜上かかる限定をおくが，通信管理主体性の判断に当たって
は，かかる限定に基づく区別の意義は乏しいと考えられる。公然性通信除外説の問題点（**1.2.1**参
照）にかんがみ，公開型の電子掲示板を用いた公開予定通信も参加者限定型の電子掲示板による非
公開予定通信も，ともに憲法上の「通信」となると解されるからである。

24）*See* Konop v. Hawaiian Airlines, Inc., 302 F. 3d 868（9th Cir. 2002）.

25）*See id.* at 879-880. この点に関しては，「バックアップ保護目的の保管」と解されていたという
見解が，その後の裁判例において示されている。*See* Crispin v. Christian Audigier, Inc., 717 F.
Supp. 2d 965, 989（C.D. Cal. 2010）.

26）*See* Inventory Locator Service, LLC v. Partsbase, Inc., No. 02-2695 Ma/V, LEXIS 32680, at 75
（W.D. Tenn. 2005）.

27）なお，電子掲示板管理者の行為の性質をめぐる米国の議論においては，設備支配型電子掲示板
管理者と設備非支配型電子掲示板管理者との区別は特に考慮されていない。

28）Steve Jackson Games, Inc. v. United States Secret Service, 816 F. Supp. 432, 442-443（W.D.
Tex. 1993）.

29）*See id.* at 442-443.

30）これは，電子的保管広義説の考え方をその前提とする。

31）これは，電子的保管狭義説の考え方をその前提とする。*See* DoJ（2009）, at 119, 124.

32）*See* Snow v. DirecTV, Inc., No. 2:04-cv-515-FtM-33SPC, LEXIS 48652, at 8-9（M.D. Fla. 2005）.

33）このとき，発信者から電子掲示板管理者に向けた情報の送信を「途中の通信」（**7.4.2**参照）の
ごとく捉えれば，当該保管を「暫定的・中間的保管」と位置づけ得ると考えられる。「バックアッ
プ保護目的の保管」と位置づけ得るか否かについては，役務提供条件として利用者に提示されてい
るデータのバックアップ指針等の内容にも左右され得る。

34）もっとも，電子的保管広義説に基づき電子的保管として認められるとしても，その有効な保管
期間（「期限切れ」となるまでの期間）についてはなお検討が必要である（**8.3.4**参照）。

35）*See Crispin*, 717 F. Supp. 2d 965.

36）*See id.* at 987.

37）*See id.*

38）*See id.* at 989. この裁判例においては，以下の裁判例の基本的な考え方が支持されている：*Snow*,
LEXIS 48652, at 8.

39）*See Crispin*, 717 F. Supp. 2d at 989. *See also Theofel*, 359 F.3d at 1077; Kattan（2011）, at 635.

40）*See Crispin*, 717 F. Supp. 2d at 990.

41）*See id.*

42）Viacom International Inc. v. YouTube, Inc., 253 F.R.D. 256（S.D.N.Y. 2008）.

43）*See id.* at 264.

44）*See id.* at 264, n.8.

45）この点については，利用者との契約条件（役務提供条件）等に照らして判断されよう。

46）なお，他人間の通信に対して供用する設備及びその内部の流通情報を常時監視する特別な役割
を担うなどにより，当該通信の実現に能動的に関与しつつ，役務提供に際して「秘密」たる情報を
消極的に知り得る立場にあると認められる場合には，通信管理主体性が肯定され得る。

第 13 章　多様なインターネット上の役務提供者の通信管理主体性　　323

47）ただし，ある通信管理主体における任意的保管行為（8.6参照）の下にある個々の通信に関する情報（例えば，他の通信管理主体により一次的に取り扱われた情報）であっても，公権力（及び当該他の通信管理主体）との関係上は，「秘密」として保護されると解される。

48）ただし，当該規律（特に，個人情報の保護に関する法律15条乃至39条参照）については，同法が定義する「個人情報」（同法2条1項）以外の情報に対しては及ばないという点に留意する必要がある。

49）例えば，電子メール，電子掲示板等の機能を内包するモバイルアプリ役務の提供者についても，それぞれ伝統的ウェブ役務を念頭においた電子メール役務提供者，電子掲示板管理者等の場合とほぼ同様に捉えることが可能であろう。

50）電気通信事業法4条2項は「電気通信事業に従事する者」に対してその退職後を含めて「電気通信事業者の取扱中に係る通信に関して知り得た他人の秘密」の保護を義務づけており，同法164条3項は一定の「電気通信事業を営む者の取扱中に係る通信に関して知り得た他人の秘密」についても同様の扱いとしている。しかし，（秘密不可侵の法規範を具体化するための）立法論的視点からは，電気通信事業法とは別の法律とするか否かは別論として，少なくとも「電気通信事業者にも電気通信事業を営む者にも該当しない通信管理主体の取扱中に係る通信に関して知り得た他人の秘密」の持続的な保護を「電気通信事業に従事する者に該当しない通信管理主体」にも義務づけるための措置を講じる可能性についても，検討の余地があろう。

第14章

通信管理主体の流通情報の取扱いに対する
法的責任

14.1 序説

　憲法上，秘密保護要請に拘束される通信管理主体においては，情報不接触原則に服する裏返しとして，情報内容責任は基本的に負わないという「通信管理主体原則免責」が妥当するものと考えられてきた（5.4・7.5参照）。秘密保護要請公権力限定説も提示されているものの，通信管理主体との関係において，秘密保護要請は憲法の次元で捉えられる必要があるため（0.2・1.2.2参照），当該要請と不可分の関係にある通信管理主体原則免責の内実も憲法上の要請となると考えられる。仮に秘密保護要請公権力限定説によった場合でも，通信管理主体は少なくとも「法律上の秘密」に拘束されているということになる。そのため，通信管理主体原則免責の帰結自体はおおむね学説の共通認識となっていると言えよう[1]。

　もっとも，インターネットの発展に伴い，各人が利用する「通信」の態様及びその実現に関与する通信管理主体の種類も多様化し（13.1参照），流通情報による名誉毀損等の被害者及び被害規模も増大する傾向にある。かかる状況への対応として，プロバイダ責任制限法3条の規定が，特定電気通信役務提供者（7.1・7.4.3参照）に対して，一定の問題含みの情報の流通に関する責任（民事上の責任）を限定的に免じている[2]。

　すなわち，特定電気通信役務提供者においては，流通情報の送信防止措置（7.4.5参照）が技術的に可能であることを前提としたとき，自らが情報の発信者（プロバイダ責任制限法2条4号参照）となる場合を除き，そのネットワーク上における流通による他人の権利の侵害（以下，単に「権利侵害」という）を知っていた場合及びそれを知り得ると合理的に認められる場合でない限り，当該措置の不実施に関する不作為責任を負わない（同法3条1項）。同時に，当該措置が情報の送信防止に必要な限度で実施され，権利侵害を確信する相当の理由が認められる場合等においては，その実施に関する作為責任を負うこともない（同条2項）[3]。

325

これらの規律は，もっぱら立法政策に基づく措置と捉える余地もないわけでは
ない[4]。しかし，当該規律は，インターネット経由の通信を支える通信管理主
体に対して自主的に送信防止措置を講じ得る枠組みを構築することにより，国民
が安全に安心して当該通信を利用できる環境に資することを指向しつつ，通信の
自由の客観法的要請を具体化するものと捉え得る（7.5参照）。同時に，インター
ネット接続役務提供者の「伝送行為を通じた表現の自由」や通信管理権の行使の
余地を確認ないし具体化するという側面も認められる（4.5・5.4参照）。

　一方，プロバイダ責任制限法3条の規定は，特定電気通信役務提供者において，
①自ら発信者（7.4.4参照）となる場合には情報内容責任を負い得るということ
（以下，「発信者免責否認」という），②送信防止措置の技術的可能性を前提としつつ，
権利侵害となる情報の流通を認識し得たと認められる場合にはその不作為責任
を[5]，権利侵害を確信する理由が認められない場合等にはその作為責任を[6]，
それぞれ負い得る（当該責任が成立し得る）ということ（以下，それぞれ「権利侵害
認識時不作為免責否認」・「権利侵害不確信時作為免責否認」という），を示唆する。実際，
下級審の裁判例においては，特定電気通信役務提供者（に相当する者）が問題と
なる流通情報の削除等の必要な措置を講じる「条理上の（作為）義務」があると
いう旨が説かれていることは既述のとおりである（7.1・7.3.1参照）[7]。これらの
各法理の憲法適合性を明らかにするためには，他人間の通信に対して通信管理主
体が負い得る憲法上の責任の内実を見据えた検討が必要である。

　前述のとおり，通信管理主体原則免責は憲法上の要請として，秘密保護要請と
表裏一体の関係にある[8]。秘密保護要請は情報不接触原則を内包するところ，流
通情報への不接触が原則となる以上，情報内容責任とも原則として無縁となると
解することが合理的であるからである。逆に，仮に通信管理主体が秘密保護要請
に拘束されないのであれば，通信管理主体原則免責も妥当しない一方，憲法上は，
私的自治の原則の範囲内で，「秘密」たる情報に接触して自由に取り扱うこと（恣
意的取扱い）も許容され得るはずである[9]。しかし，かかる取扱いは，国民各人
の通信の自由・秘密に対する重大な脅威となるため（1.2.2参照），憲法が予定す
るところとは解しがたい。

　以上を踏まえると，以下の各問題が浮き彫りになる。第一に，通信管理主体原
則免責の要請は，憲法上，通信管理主体に対して例外的にどのような責任を課す
余地を残しているのか。第二に，法律上の権利侵害認識時不作為免責否認・権利

侵害不確信時作為免責否認は権利侵害に対する認識や確信を基準として情報内容責任のあり方を決めるものであるところ，これはかかる認識・確信を条件としない通信管理主体原則免責の趣旨に適合的であると言えるのか。第三に，インターネット経由で行われる他人間の通信の関与者には，秘密保護要請の名宛人とならない非通信管理主体も含まれるところ，憲法上，当該主体の情報内容責任のあり方については（通信管理主体の責任との比較も念頭におきつつ）どのように捉えるべきか[10]。これらの問題は，憲法規範とプロバイダ責任制限法から導かれる具体的な法理との関係を問う内容を含むが，かかる観点からの議論はこれまで決して豊富ではない。

　そこで本章は，前述の各問題に主な焦点を当てつつ，通信管理主体を中心とする関与者において，流通情報に対する情報内容責任その他これに関係する責任を負う場合及び負わない場合について，憲法規範から導かれ得る要素を類型的に明らかにするとともに，関係するプロバイダ責任制限法の立法論的課題も併せて摘示することを目的とする。かかる目的を達成するため，米国におけるインターネット上の役務提供者等の情報内容責任のあり方について定めた通信品位法（3.3.1参照）の関係規定をめぐる解釈論を参照する。かかる解釈論を参照する主な理由としては，㋐米国では我が国のプロバイダ責任制限法に先駆けて立法を通じた情報内容責任の明確化に向けた対応が行われており，関連する議論の蓄積が充実していること，㋑情報内容責任のあり方は修正1条に基づく言論の自由の保障と密接な関わりを有するところ，憲法解釈論において修正1条の解釈論はしばしば参照されてきたこと（2.3・3.3参照），が挙げられる。また，後述するとおり，通信品位法に基づく運用においては，㋒権利侵害に対する認識等を基準とせずに包括的にインターネット上の役務提供者に対する免責が認められる傾向にあり，通信管理主体原則免責の考え方に親和的であること，㋓他人間の通信の媒介を行うインターネット接続役務提供者等と実質的な媒介を行う電子掲示板管理者等とが同等に免責されており，その限りにおいて，両者を包含する通信管理主体の射程と整合的であること，も指摘できる。

14.2　通信品位法230条の制定経緯

　米国法ないしコモンローの下では，他人の言論を伝達し，又は流通させる者の

類型として，発行者，頒布者（distributor）及びコモンキャリア（又は管路）という区別が慣習法的に用いられてきた[11]。この枠組みにおいては，新聞，雑誌等の発行主体となる発行者については，問題となる言論の内容に対して全面的にチェック，編集等を行い得ることから，当初情報を表出する言論者と同様の情報内容責任を負うものとされてきた[12]。一方，図書館，書店等の言論の頒布に従事する頒布者については，個々の言論の内容に対する編集等の権限が一般に弱いことから，当該内容を現に知っていたか又は知り得る合理的な理由が認められない限り，それに対する法的責任を負わないという考え方（以下，便宜上「頒布者法理」という）が確立されている[13]。この頒布者法理については，問題となる当初情報について何ら知識・認識を有しない頒布者にまでその責任を課すと，必然的に情報の流通自体が回避され，その結果として各人の各種情報へのアクセスが著しく妨げられ得るという悪循環を踏まえ，言論の自由と当該情報の被害者の利益とのバランスを図るものであるとされる[14]。これらに対し，通信事業に従事するコモンキャリア（5.2参照）については，伝送行為を適確に行う必要性[15]を踏まえ，自らのネットワーク上の流通情報に関しては，その内容に対する認識を問わず情報内容責任を負わないとされてきた[16]。

　このような実空間の基本的な枠組みをサイバー空間の言論活動に応用させる観点からの立法が実現するまでには，インターネット上における関与者の法的責任をめぐる下級審の裁判例における見解の対立があった。すなわち，1991年のCubby事件判決[17]では，あるオンライン上のフォーラムで公開されていた名誉毀損となる当初情報について，その管理・運営者においては，頒布者としてその内容を現に知っていたか，又は知り得る合理的な理由が認められない限り，情報内容責任を負わないという旨の判断が示された[18]。これに対し，1995年のStratton Oakmont事件判決[19]においては，ある電子掲示板上の名誉毀損となる当初情報に関して，当該掲示板の管理の態様や運営指針等も踏まえ，その管理・運営者において発行者としての情報内容責任（以下，「発行者責任」という）を負うという旨の判断が示された[20]。しかし，このような厳格な情報内容責任を第三者に課すことが米国憲法上許容され得るか否かということについては，有力な学説において重要な論点として指摘された[21]。かかる論点を解消することを目的としつつ，インターネットの発展や問題となる流通情報へのアクセスからの児童等の保護を指向して1996年に制定されたのが，通信品位法230条の規定であっ

328

た[22]。

14.3　通信品位法230条の規定の解釈論

14.3.1　通信品位法230条の趣旨

通信品位法230条の規定の内容は多岐にわたるが，その核心となる同条(c)(1)は，双方向型コンピュータ役務（interactive computer service）の提供者（以下，「双方向型役務提供者」という）又は利用者（user）を他の情報内容提供者（information content provider）により提供される情報の発行者又は言論者として扱ってはならないと規定する[23]。同条(c)(2)の規定は，双方向型役務提供者又は利用者を，以下の事由により責任があるとしてはならないとしつつ，その事由として，①問題となる（objectionable）と判断した情報（material）へのアクセス又は利用可能性を制限するために任意かつ誠実に講じられた措置，②当該情報へのアクセスを制限する技術的手段を可能とし，又は情報内容提供者等において当該手段が利用可能となるために講じられた措置，を挙げている[24]。

ここでいう双方向型コンピュータ役務とは，複数の利用者によるコンピュータ・サーバーへの電子的アクセスを提供し，又は当該アクセスを可能にする情報役務，システム又はソフトウェア提供者を指す[25]。双方向型役務提供者には，電子掲示板[26]や出会い系サイト[27]等を管理・運営する者，インターネット接続役務提供者等のほか，オンライン広告の提供者[28]やウェブサイトの管理・運営者[29]も含まれると解されている[30]。もっとも，双方向型役務提供者とその利用者とは同等に免責されており，前者に該当しなくとも後者に該当すれば免責され得るため，双方向型役務提供者の射程を厳密に画する意義はさほど大きくない。一方，情報内容提供者とは，インターネットその他の双方向型コンピュータ役務を通じて提供される情報の生成又は展開（development）について，全面的又は部分的に責任を負う自然人又は法人を指す[31]。

これらの規定の立法趣旨については，インターネット上での情報の自由な流通の促進（役務提供者等による過度な情報流通制限の回避）と，問題となる情報に対する任意の監視ないし自主規制的な機能（self-regulatory functions）の促進という各目的を同時に達成することであるとされる[32]。後者の目的については，Stratton Oakmont 事件判決の考え方からは双方向型役務提供者に発行者責任を課すこと

が妥当ということになり，その結果として当該役務提供者が「編集権」を積極的に行使しにくくなるという「自主規制への抑制的な効果」が生じ得るところ，これを克服するねらいがあるという[33]。その背景には，自主規制的な機能の促進が公権力の介入の最小化に結びつくという思想があった[34]。また，近年ではこれらに加えて，双方向型役務提供者等が実際には違法な情報ではないものをかかる情報と誤認するリスク[35]に伴う訴訟対応の負担（及びそれに伴う言論の萎縮効果）の軽減という側面も指摘されている[36]。

通信品位法230条の規定の具体的な効果としては，伝統的に発行者の編集権に基づくとされる各種の行為を双方向型役務提供者等が実施するに当たり，事実上，情報内容責任を追及する訴訟の提起が禁止されるという旨が指摘されている[37]。かかる行為の内実は，問題となる情報に対する公開，公開延期，削除，修正等の措置（以下，「情報公開・加工編集行為」という）である。このような効果が指向される背景には，他人間の通信への関与者に対して情報内容責任を課すことは実質的な言論に対する規制であると捉える思想が連邦議会にあったという旨[38]が指摘されている[39]。

14.3.2 通信品位法230条の趣旨をめぐる論争 —— 包括的免責論

通信品位法230条(c)の規定は，双方向型役務提供者又は利用者に対し，その作為・不作為にかかわらず，発行者責任及び言論者としての情報内容責任（以下，「言論者責任」という）を基本的に免じていると解されている。仮に当該規定がなければ，双方向型役務提供者等は流通情報に手を加えるとただちに情報内容責任を問われ，それを怠る限り当該責任を問われないというやや不合理なことになりかねないであろう[40]。ところが，当該規定はその明文上，頒布者としての情報内容責任（以下，「頒布者責任」という）のあり方については沈黙している。そのため，当該責任の扱いをめぐってさまざまな議論がある。

この点に関して先鞭をつけた下級審のZeran事件判決[41]は，頒布者責任は発行者責任の部分集合であり，通信品位法230条の規定により免じられ得るという旨を説いている[42]。すなわち，頒布者法理に基づく頒布者と発行者との区別は，広範な発行者のうち，頒布者が負う情報内容責任の度合いを弱める意味合いを有するにすぎないという[43]。

このことは，たとえ双方向型役務提供者等が個々の流通情報の問題を知ってい

たとしてもその情報内容責任が免じられ得る，ということを含意する。かかる扱いが正当化される理由としては，それにより，①インターネット上の言論の自由が公権力の規制を最小化する形で促進され得ること（以下，「言論の自由促進機能」という），②前述の自主規制的な機能を作用させやすくなること（以下，「自主規制促進機能」という），が指摘されている[44]。実際，仮に双方向型役務提供者が頒布者責任を負うと，名誉毀損等の問題の可能性を有する情報に関する通知（以下，「問題通知」という）を受けるたびに，速やかに当該情報の性質及びその流通の可否等を判断しなければならなくなるが，流通情報の量が膨大である中で，これは非現実的であるとされる[45]。さらに，たとえ当該役務提供者等が一定の責任を負うとしても，それは情報の「頒布」ないし公開に対する責任であって，その削除に対する責任ではないため，問題通知を受けた者としては，情報が実際に名誉毀損等に該当するか否かにかかわらず，勢いその情報を削除して公開・流通を阻止しがちとなる。それゆえ，問題通知に基づく頒布者責任が課され得ることは，インターネット上の言論に対して萎縮効果をもたらすという[46]。

このような Zeran 事件判決の趣旨は，双方向型役務提供者等に対し，第三者から提供された情報の内容に関する包括的な免責を認める考え方（以下，「包括的免責論」という）と解されており，多くの下級審や州裁判所の裁判例がおおむねこれに倣っている[47]。近年の連邦最高裁判所の判例[48]も，包括的免責論に沿った下級審の判決[49]に対する上告を棄却している。また，包括的免責論が通信品位法の立法趣旨を適切に実現するとして，これを支持する学説は少なくない[50]。

包括的免責論は，新聞，雑誌，放送等の事業に従事する各事業者のような情報内容責任を負い得る伝統的なメディアと双方向型役務提供者等とを区別しつつ，実空間とサイバー空間とを同一視しないという立法政策を明確に体現しているとされる[51]。また，多くの裁判例において，包括的免責論は双方向型役務提供者のみならずその利用者に対しても実際に適用されている[52]。その背景には，他人に由来する情報に関して情報内容責任を追及される可能性はその矛先が一般利用者であってもインターネット上の言論活動を萎縮させる，という考え方が見え隠れする。

14.3.3 包括的免責論への批判

一方，以下のような観点から，包括的免責論に対する批判も提示されている。

第一に，包括的免責論は情報内容責任との関係において発行者及び頒布者を不可分のものと位置づけているが，通信品位法230条が免じているのはあくまで発行者責任のみであるという批判である。すなわち，Zeran 事件判決が示すように，発行者責任と頒布者責任とが異なる次元にありながら，頒布者責任をも免じられるのであれば，立法自体がそれを明示するのが合理的であるとされる[53]。しかも，同判決に先立つ Cubby 事件判決や Stratton Oakmont 事件判決は発行者と頒布者とを区別するが，頒布者が同時に発行者でもあるとは指摘しておらず[54]，発行者に該当する者の中に異なる次元の責任の程度が存することの根拠は示されていないという[55]。かかる立場からは，包括的免責論は発行者責任と頒布者責任とを混同したものとして位置づけられる[56]。

第二に，頒布者責任をも免じる包括的免責論によると，双方向型役務提供者は問題となる情報を認識しても余計なコストをかけずに放置しがちとなり，自主規制促進機能を逆に減殺するという批判である[57]。立法の経緯等にかんがみても，通信品位法230条の規定は，発行者責任さえも免じない Stratton Oakmont 事件判決の「克服」を意図しても，頒布者責任を肯定する Cubby 事件判決の「克服」まで意図するものとは認められないとされる[58]。

第三に，包括的免責論は流通情報の被害者の利益を軽視する帰結をもたらすという批判である。インターネット上では，名誉毀損等の被害が甚大化し得る中で，当初情報の生成者（加害者）が不明となり得る。そのような場合，双方向型役務提供者が救済請求先のラストリゾートとなり得ることを踏まえると，被害者の保護の観点から，当該役務提供者に対して頒布者責任まで免じることは立法政策的に不合理であるという[59]。同時に，頒布者責任を課すとしても，流通情報に関して一定の認識があると認められる場合に限定される（その立証のためのハードルは低くない）のであるから，双方向型役務提供者等の保護においても妥当であるとされる[60]。すなわち，頒布者責任の余地を認めることは，被害者の保護と双方向型役務提供者等の保護との適切なバランスを確保し得るという[61]。

第四に，包括的免責論は，免じられる責任を発生させ得る行為の内実を情報公開・加工編集行為と捉え，当該行為には当初情報の修正も含まれると解しているところ，「修正」を装って問題となる情報が「生成」されるおそれが排除されないという批判である[62]。これは，情報公開・加工編集行為の中には情報の「生成・展開」に近似する行為が含まれ得るということ，ひいては双方向型役務提供

者と情報内容提供者との間の分水嶺の相対性を示唆する。

第五に，包括的免責論は，さまざまな双方向型プラットフォームの支配・管理者とその情報公開・加工編集行為を一律的に保護しているが，各者の当該行為の内実とそれが作用する度合いを考慮していないとする批判である。換言すれば，情報公開・加工編集行為の態様及び程度にかかわらず，それらの者の情報内容責任が共通に扱われ得るのかという疑問である[63]。特に，インターネット接続役務提供者に対しては，典型的なコモンキャリア（5.2参照）との相違を踏まえ，少なくとも頒布者責任を負わせるべきであるという旨の主張も提示されている[64]。

14.3.4　通信品位法230条の趣旨をめぐる新たな解釈

以上の批判も踏まえ，通信品位法230条 (c) の規定の趣旨について，新たな解釈を模索する議論もある。その主なものについては，以下の各考え方に集約されよう。

第一に，発行者責任が免じられるにとどまるという考え方（以下，「発行者免責論」という）である[65]。この考え方の背景には，コモンローは伝統的に発行者責任と頒布者責任との異質性を認識し，前者の方が情報に対する関与の度合いが高く責任の比重も大きいと捉えてきたという見方がある[66]。この発行者免責論によれば，情報公開・加工編集行為の任意の実施に対する責任は免じられるが，それ以外の責任（問題通知への対応等）については判例法等に委ねられているということになろう[67]。

第二に，問題通知を受けつつも情報を削除等しなかった場合には，頒布者責任は免じられないという旨の考え方（以下，「通知対応免責論」という）である[68]。これは，ある州裁判所の下級審の裁判例で提示され，一部の学説によっても支持されているが[69]，その上訴審では否定されている[70]。通知対応免責論の重要な問題点としては，仮に問題通知への対応の有無を免責の分水嶺とすると，実際には問題のない情報を含め，あらゆる情報が削除される方向に舵を切る（ひいては，インターネット上の言論に対して萎縮効果が及ぶ）可能性が指摘されている[71]。

第三に，問題となる情報の選択・流通に対して積極的な役割を果たしていないと認められる場合には，免責されると解する考え方（以下，「消極的役割免責論」という）である[72]。その延長線上には，情報の削除等の消極的な行為については免責の対象となるが，その新規掲載等の積極的な行為については免責の対象となら

ないとする考え方（以下,「削除免責論」という）が導かれる[73]。これに関連して,情報公開・加工編集行為のうち,流通情報へのアクセスを制限する行為と当該アクセスを提供する行為とは区別され,当該情報を最初にインターネット上に載せる行為は免責しないのが立法の意図であるという指摘もある[74]。もっとも,消極的役割免責論については,消極的な機能と積極的な機能との明確な区別の困難性がかねてより指摘され[75],一部の裁判例においても明示的に否定されている[76]。

　第四に,通信品位法230条(c)(1)の規定について,そもそも免責条項ではなく,免責の利益を享受し得る双方向型役務提供者等は問題となる情報が第三者から提供される限りその役務提供者等としての地位を失わないものと定義した規定と捉える考え方（以下,「定義規定論」という）も提示されている[77]。これによれば,実質的な免責条項は同条(c)(2)の規定のみということになる[78]。

　第五に,包括的免責論をやや緩和し,問題となる情報を生成・展開した第三者（発信者）から当該情報を提供されたときであって,その提供が双方向型役務提供者又は利用者の立場におかれた合理的な者がインターネット等を通じた公開を期して行われたものと認め得る場合に情報内容責任を免れるという考え方（以下,「第三者公開目的提供免責論」という）も有力に提示されている[79]。この考え方の背景には,当初情報について公開の予定がないことを知り得ると認められる場合においてまで免責することは,①発信者に対し,非公開のつもりで発信した情報をその意図しないところで公開されることに対する不安（萎縮効果）を与え,インターネットの発展を指向する立法目的に整合しない,②一般に公開を期した情報の方がその内容が慎重に吟味されることにかんがみると,双方向型役務提供者等における問題となる情報の削除に対するインセンティブを実質的に減殺し,かかる情報の流通の排除を指向する立法目的に整合しない,という思想がある[80]。しかし,学説においては,㋐第三者からの「提供」は過度に広範な概念であって,第三者が関わる大半の状況がこれに含まれ得る,㋑インターネット上での公開が予定されない限り,実際に公開が双方向型役務提供者等において行われることを予定しているか否かが問われない,という問題点が指摘されている[81]。

　第六に,言論の自由の重要性,ウェブサイトの目的,匿名性の確保,情報の削除の要求への対応等を総合的に判断して情報内容責任を決するべきであるとする考え方（以下,「総合的判断論」という）も提示されている[82]。総合的判断論は,規範的に情報内容責任のあり方を決することを事実上断念し,諸説の対立に根ざす

議論の混沌を解消することを指向したものであるとも言えよう。

14.3.5　情報内容提供者への該当性を決する「展開」の概念をめぐる解釈論

　通信品位法230条に基づく免責を受けるか否かの重要な分水嶺は，同条(f)(3)が定義する「情報内容提供者」であるか否かという点にも求められる。この情報内容提供者は，必ずしも他人に向けた情報の表出を行うとは限らないが，一定の情報の生成・展開に携わるという事情や言論者責任を負うことが予定されているという事実を踏まえると，実質的に「言論者」に近接する者であると解される。

　ここでいう「展開」の主体に該当するか否かは，情報内容提供者であるか否かの決め手となる。一般にウェブサイトの管理者等は，第三者の当初情報に関して言論者（情報内容提供者）にはならないとされるが[83]，当該情報に手を加えつつウェブサイト上で公開する行為については，言論者の行為ともコモンキャリアの行為とも異なり，特に問題となり得る。かかる問題を中心として，以下に示すとおり，「展開」の解釈をめぐっても多様な議論が展開されている。

　第一に，当初情報に一定の情報を付加するのみならず，その情報の違法性又はその可能性に対して実質的（materially）に寄与する行為（以下，「実質的寄与行為」という）を「展開」と解する考え方（以下，「実質的寄与説」という）である[84]。実質的寄与行為に事実上対峙する概念が，情報の投稿等を行うための「中立的なツールを利用者に提供する行為」であり[85]，かかる行為を行うにとどまる双方向型役務提供者は情報内容提供者にはならないという。

　この考え方は，削除免責論の立場から主張されているが，多くの下級審の裁判例で採用され[86]，有力となっている。実質的寄与行為の実施とは，違法性を有する可能性のある情報の表示に必要となる行為（利用者に対して付加的なコメントを募る行為を含む）を行うのみではなく，当該情報が違法性を帯び得ることについて一定の責任を有することを意味するとされる[87]。その背景には，通信品位法230条の規定の核心は発行者としての情報公開・加工編集行為に対する免責であるから，かかる行為の実施のみをもって当然にその責任を問うことは，当該規定の趣旨に背馳するという思想がある。実質的寄与説によれば，例えば公開が予定されない当初情報（非公開予定内容情報）を公開することにより権利侵害等をもたらした場合には，当該情報を「展開」したことになるという[88]。一方，単に当初情報に含まれる誤字等を（その違法性に関わらない範囲で）修正したり，わいせ

つな部分を削除したりする行為を行うにとどまる場合には，当該情報の「展開」
に従事しているとは言えないとされる[89]。

　第二に，第三者による違法となる投稿を意図的に促進する行為（以下，「促進行
為」という）を「展開」と解する考え方（以下，「促進説」という）である[90]。これ
に対しては，多くのウェブサイトが利用者からの投稿を許容しているのみならず，
それを促しているという実態を踏まえ，「展開」の射程のインフレ化（及び通信品
位法230条の目的実現が阻害されるおそれ）を招くとする批判が提示されている[91]。
また，仮に促進説による場合，促進行為への該当性を個別に判断する必要性が生
じるが，これは実質的寄与行為に関する判断よりもはるかに困難であるとい
う[92]。実際，多くの裁判例は，ウェブサイトの管理者がその利用者から提供さ
れた情報を選択的に表示するような促進行為とも言い得る行為に対して，情報内
容責任を基本的に否定している[93]。同時に，他人に情報の展開を促すことと自
分自身で情報の展開に努めることとは異なる行為であるとする指摘も示されてい
る[94]。

　第三に，第三者により生成された情報に対して，それを承認又は採用するため
のコメントを付加する行為を「展開」と解する考え方（以下，「承認説」という）
である。これに対しては，ウェブサイト管理者は当初情報に対して事後的にコメ
ントを行うことにより当該情報の「展開」に対する責任を負うものではないとす
る批判が示されている。かかる批判の立場からは，承認説も促進説と同様に，通
信品位法230条の目的達成を阻害し得るということになる[95]。

14.4　米国法上の議論に関する若干の考察

　インターネットの普及がめざましい状況の中で，通信品位法230条の立法趣旨
は先見的であったと同時に今日においても正鵠を射ており，その解釈論としての
包括的免責論はおおむね合理的かつ明快であると思われる。包括的免責論に対す
る批判の要素にも注目すべき指摘が含まれているが，包括的免責論それ自体を完
全に排斥し得る理論は提示されていないように見受けられる。例えば，通知対応
免責論によれば，問題通知を受ける者は「安全」な削除を必要以上にしがちとな
り，適法な情報をその流通過程から外す結果をもたらし得る。また，削除免責論
によれば，流通情報の削除への抵抗感が過剰に弱まるばかりか，各種情報の流通

過程への新規搭載が手控えられがちになり，情報の自由な流通が抑制される可能性が否定できない。

　一方，いずれの立場を採るにせよ，米国法上の議論をめぐっては，以下の点に留意すべきであると思われる。第一に，通信品位法230条の規定は，発行者，頒布者及びコモンキャリアの区別を前提として形成されているところ，当該区別自体が相対化しつつある。とりわけ，情報内容責任の観点からみた頒布者とコモンキャリアとの分水嶺は自明ではない[96]。なぜなら，頒布者は他人の言論を流通させる「管路」としての役割を果たしているという指摘[97]を踏まえると，個々の情報に対する統御力が事実上弱い頒布者については，コモンキャリアに近接した主体と捉える余地もあるからである。その場合，なぜ頒布者責任に関して（コモンキャリアの責任とは異なり）一定の知識・認識をその前提とするのかということに関する的確な説明が困難となり得る[98]。

　また，頒布者については，かかる統御力の弱さにかかわらず，伝統的に一定の編集権を有するものと観念され，その範囲内での情報内容責任が問われてきたのに対し，コモンキャリアの言論の自由や編集権なるものは，自ら情報を発信する場合を別論とすれば，ほとんど問題とされてこなかった。ところが，既述のとおり，近年の米国ではインターネット接続役務提供者をコモンキャリアとして捉える見解が示される一方（4.2・5.2参照），伝送行為言論性肯定説（4.3参照）とともに，限定的な範囲での編集権を行使し得ると解されつつある（5.3.2参照）。それゆえ，頒布者のみならず，コモンキャリアの編集権及びその行使の態様をどのように考えるかということが，対抗法益としての発信者（及び被害者）の権利との関係における情報内容責任のあり方を問ううえで看過できない。これは，発信者の言論の自由とコモンキャリアの言論の自由（4.3・5.4参照）とが緊張関係に立ち得ることからも裏づけられる。

　第二に，情報内容提供者への該当性及びその射程に関しては，それらを決するための実質的寄与説，促進又は承認説の採否が問題となるが，既に提示されている促進説や承認説への批判を踏まえると，実質的寄与説に基づき個別的に判断せざるを得ないと考えられる。ただし，情報内容提供者に該当しないことは，当然に言論者としての位置づけが外れるということを意味するものではない。なぜなら，判例では修正１条にいう「言論」にCATV事業者等による編集行為が含まれると解されてきたこと（編集言論説。2.3.2参照）に照らすと，双方向型役務提

第14章　通信管理主体の流通情報の取扱いに対する法的責任　　337

供者の情報公開・加工編集行為も「言論」となり得るからである。すなわち，当初情報の言論者とは言えなくとも，その削除等の行為に言論性が認められる限り，言論者としての地位は当然に失われるわけではなく，通信品位法によって特別に（流通情報の内容に関する）言論者責任が免じられ得るにすぎないものと考えられる。

14.5 米国法上の議論から示唆される通信管理主体の法的責任

14.5.1 包括的免責論等から導かれる示唆

まず，考察の前提として，米国法上の議論においては，包括的免責論及びその批判のいずれにおいても，通信管理主体等が行う情報公開・加工編集行為が問題となっているということを確認しておきたい。この情報公開・加工編集行為には，①公開予定内容情報たる当初情報を発信者の意思に基づきそのまま流通過程において公開する行為（純粋単純伝送行為〔4.4.2参照〕を含む），②発信者が特定の者との間でやり取りすることを予定した非公開予定内容情報たる当初情報をその流通過程において（発信者の意思に反して）任意に公開する行為，③当初情報の内容に対してその流通過程において部分的に手を加える行為，④当初情報の問題を認識しつつそれを流通過程から遮断・排除する行為，が含まれる。これらは，情報内容責任との関係から規範的に区別される余地がある。

すなわち，前記①は基本的に問題とならない行為であるが，削除免責論や第三者公開目的提供免責論に照らせば，②は事実上の表現者として情報内容責任を問われ，④は免責される可能性が高いということになろう。一方，前記③は包括的免責論に照らせば基本的に免責されるが，実質的寄与説等を踏まえつつ，手を加える程度が甚大で新たな「表現」と認められるような場合には，情報内容提供者として情報内容責任を負うということになろう。いずれにしても，「公開」に関わる前記①・②と「加工編集」に関わる③・④とは区別して捉える余地があり，我が国において情報内容責任の議論の主な焦点となるのは後者であると考えられる[99]。そこで，前記③・④の情報加工編集行為を中心として以下に考察を加える。

前述のとおり，包括的免責論は相当な合理性を有すると考えられるが，その批判に示されるようないくつかの問題点を抱えている。その根幹的な要因として，各人のインターネット上の言論の自由が修正1条により保障され，当該言論がインターネット接続役務提供者等を介して実現されている中で，我が国の法と異な

り，その役務提供行為を直接拘束し得る米国憲法上の法規範が欠如しているという事情の影響が考えられる。当該行為のあり方が米国憲法の次元で何ら拘束されないまま，立法により包括的な免責を一方的に認めることは，合理的な立法裁量の範囲を超えるという旨の批判を惹起し得るからである。かかる事情を踏まえると，米国法上の議論が我が国の法の下で本当に参考となるのか，なお疑問が提示されるかもしれない。

　しかし，米国法上の双方向型役務提供者の射程は広く，基本的に，「消極的に投稿を公表する場を提供するだけ」の関与者のほか，「投稿内容について編集権を有する」関与者の責任も広く免じることを指向している[100]。かかる方向性は，伝送系通信管理主体及び非伝送系通信管理主体の双方を特定電気通信役務提供者の射程に含めるプロバイダ責任制限法の思想に類似している。もっとも，特定電気通信役務提供者の概念が伝送系通信管理主体の一部（固定電話役務提供者等）を含まない（7.1・7.4.3参照）のと同様に，米国法上の双方向型役務提供者には，インターネット接続役務提供者を別として，コモンキャリアが含まれないため，通信管理主体全般の法的責任のあり方に関する帰結を導くうえではやや不十分さを残す。しかし，当該責任が問題となるのは主にインターネット上であることから，包括的免責論はなお参照価値が高いと思われる。しかも，発信者のインターネット上の言論・表現の自由が包括的免責論や通信管理主体原則免責の法理（に支えられつつ行われる役務提供者の正当な情報加工編集行為等）により実質的に「制約」され得るという点でも，日米両国の基本的な枠組みは同様である。それゆえ，米国法上の議論は，我が国の法解釈論にも一定の教訓を与え得るところ，その具体的な要素は主に以下の事項に集約されよう。

　第一に，実空間において情報の仲立ちに携わる伝統的なメディアとは異なる情報内容責任の扱いがサイバー空間における通信管理主体には求められるということ（以下，「通信管理主体の固有性」という）である。もっとも，我が国の場合，これは実空間かサイバー空間かの問題というよりも，むしろ憲法上の「通信」における情報の取扱いであるか否かの問題となろう。憲法は「表現」とは区別された「通信」について包括的に観念する中で（2.2・2.3.4参照），実空間における通信とサイバー空間における通信とを規範的に区別していないと解されるからである。

　第二に，インターネット上の通信管理主体に対しては，言論の自由促進機能及び自主規制促進機能が期待され，それらを踏まえて情報内容責任のあり方を決す

る必要があるということ（以下，「通信管理主体の機能性」という）である。この点に関し，包括的免責論は通信管理主体その他の関与者の情報加工編集行為を肯定的に捉えたうえで，自主規制促進機能を期待しつつ免責の範囲を広く解するのに対し，削除免責論は特定の態様（削除等の消極的行為）の情報加工編集行為のみ限定的に免責する方向性を模索したと言える。

第三に，インターネット上の通信管理主体には多様な者が混在する中で，その情報内容責任については一律的に捉える余地があるということ（以下，「通信管理主体の責任一律性」という）である。プロバイダ責任制限法も多様な「特定電気通信役務提供者」の情報内容責任を一律的に捉えているが，我が国の学説においては，役務提供の態様により多様な関与者を類型化し，それに応じてきめ細かく情報内容責任のあり方を決すべきであるとする批判も提示されている[101]。

これらの各要素は，秘密保護要請及びその裏返しの通信管理主体原則免責に適合的なのであろうか。以下において，順次考察を加える。

14.5.2　通信管理主体の固有性

インターネット上の各種主体は，①通信管理主体たる関与者，②非通信管理主体たる関与者，③通信役務の一般利用者に大別される。我が国の法の下での通信管理主体は，通信役務の提供に関して憲法規範に拘束されるという点において，もとより他の私人（伝統的なメディアを含む）と明確に区別された固有の存在である。すなわち，秘密保護要請に通信管理主体が（公権力とともに）拘束されると解される以上，その情報内容責任に関して，当該要請に拘束されない非通信管理主体たる関与者又は一般利用者のそれとまったく同等に捉えることは本質的に困難である。それゆえ，米国法のように前記①乃至③の者の情報内容責任をすべて同列に位置づけるのは合理的ではない。それに加え，今日のインターネット経由の通信の実態に照らせば，インターネット接続役務提供者は物理的に流通情報を一定の範囲で統御可能な中で，電子的データの次元で精緻な情報加工編集行為を実施し得る。その限りにおいて，伝統的な発行者よりも個々の情報に対する統御力が技術的に増し得ると言える[102]。

秘密保護要請への拘束の有無が情報内容責任のあり方を左右し得る以上，当該要請の具体的な内実を考慮することが不可欠となる。既述のとおり，その内実については，通信当事者のプライバシーの保護のみならず，「通信」の健全な制度

的利用環境の確保のために必要となると認められる各種の基幹的な要請がこれに含まれる。より具体的には，通信設備の適切な管理の確保，通信役務の提供におけるネットワークセキュリティの確保等が考えられ，通信管理主体においてはこれらの課題に適切に取り組むことが求められる（1.3参照）。これは，情報内容責任に関する米国の立法過程において，必ずしも十分な考慮が行われなかった部分である。

　同時に，秘密保護要請は，通信の自由が実現するための制度的利用環境として，ネットワーク上における「情報の自由な流通」が最大限に確保されることを要請している（1.3参照）。これは，通信品位法が追求した言論の自由促進機能に符合する。この「情報の自由な流通」を実現させるための土台となるネットワーク秩序を確保するうえでは，通信管理主体による必要最小限度の範囲内での問題情報排除措置が求められる（1.2.1参照）。問題情報排除措置は，通信品位法が追求した自主規制促進機能を体現する。したがって，通信品位法の目的として示された主要な機能は，我が国では（立法に依拠せずとも）憲法規範の次元において既に「織り込み済み」であるとも言える。

　このような憲法上の義務・責務を適切に履行するために講じられる行為の内実が情報加工編集行為に等しい場合には，当該行為に対して情報内容責任を改めて問うことは不合理である。このことは，その基本的な思想としては，通信品位法230条(c)(2)の規定が，問題となる情報の流通を制限する行為について原則として免責していることにも整合的であり，当該行為は問題情報排除措置にほぼ符合すると考えられる。

　一方，米国法の下では，インターネット接続役務提供者等の発行者責任や頒布者責任が議論の焦点となっており，仮にそれらがともに肯定される場合には，当該役務提供者等が出版社や書店等と対等に位置づけられ得る。しかし，我が国の法の下では，通信管理主体による憲法上の義務・責務の履行行為とそれ以外の者の行為とは，たとえ外形的に情報加工編集行為という形で類似していても，同列に位置づけられるものではない。

14.5.3　通信管理主体の機能性

　通信管理主体の固有性を踏まえつつ，インターネット経由の通信への関与者が負い得る法的責任の内実について考えると，基本権を行使する主体としての責任

と他人の基本権の保護に関する義務・責務を負う主体としての責任とに大別される。すなわち，他人間の通信の完結に寄与するに当たり，①自らの基本権を行使する場合には，その行使が他人の基本権法益を害するなど，公共の福祉に背馳すると認められるとき（以下，「基本権法益侵害等発生時」という）において，それに伴う責任を問われ得る，②通信管理主体として秘密保護要請に基づく作為義務・責務を履行するために必要となると認められる措置を講じる（又は講じない）場合には，情報内容責任が問題とならない代わりに，当該義務・責務の履行責任が問題となり得る，という命題が妥当し得る。そして，これら①及び②の双方の場合において，各関与者が，他人間でやり取りされる流通情報に関して情報加工編集行為を正当に実施する余地が生じる。

　かかる余地を通信管理主体による情報加工編集行為に限定して具体的に整理すると，理論的には以下の４種類が含まれる。すなわち，㋐自ら支配・管理する通信設備又は双方向型プラットフォーム等全体を表現媒体（固有の実体的メッセージの表出媒体）とした表現の自由の行使の一環として任意に実施される場合，㋑当該通信設備等に対する通信管理権の行使の一環として任意に実施される場合，㋒前記㋐又は㋑の行使がもっぱら自己又は他人の利益を目的としてではなく通信設備の総体的な健全性の確保という国民全体的な利益を目的として実施されるものと認められる場合，㋓秘密保護要請に基づく作為義務・責務（特に，問題情報排除措置の実施努力）の履行を目的として実施されるものと認められる場合，が考えられる。

　これらのうち，前記㋐及び㋑の場合は通信管理主体の基本権（編集権）の行使にほかならない。前記㋒の場合も通信管理主体の基本権の行使の一形態と位置づけられ得るが，単なる主観的権利の行使とは異質の態様であり，当該行使の目的自体が憲法適合的である。前記㋓の場合は憲法上の義務・責務の履行となるが，秘密保護要請の内実（「通信」の健全な制度的利用環境の確保に必要となる措置の実施）が前記㋒の「通信設備の総体的な健全性の確保」にほぼ符合するため，情報内容責任のあり方を決する観点からは，㋒の場合と明確に区別する実益が大きくない[103]。そこで，ここでは考察の便宜上，㋒の場合は㋓の場合と実質的にほぼ重なり合うものと捉え，㋒については措く。

　具体例としては，前記㋐については，自らのネットワーク上を名誉毀損となる表現物が流通していることを認識し，それを当該ネットワーク上で流通させな

342

いうメッセージを利用者全体に向けて示すために削除する場合が考えられる。前記(イ)については，自らが管理・運営する会員制の電子掲示板に非会員が不正に情報を投稿しようとしたことを認識し，当該掲示板の管理者として会員制の運営形態を維持する観点から，当該情報を削除する場合が挙げられる。前記(エ)については，セキュリティ脅威情報が流通していることを認識し，「通信設備の適切な管理」の観点からそれを削除すると認められる場合が典型的である。もっとも，(ア)と(イ)とは競合する場合もあり，いずれも基本権の行使であることに変わりはなく，情報内容責任との関係上は，両者を厳密に区別する実益はさほど大きくない。

このとき，前記(ア)の場合は通信管理主体自身が表現者となり，表現行為に対する責任を負う余地が生じる。しかし，そこで問題となる表現は，当初情報の表出行為ではなく，当該情報に関してただちに情報内容責任を問われるわけではない。当該表現とは，「自らのネットワーク又は双方向型プラットフォーム上では当該情報を流通させない」等の固有のメッセージの表出行為にほかならない(4.4.2参照)。かかるメッセージ自体に他人の基本権法益を著しく害する要素等があれば[104]，その責任（以下，「メッセージ内容責任」という）が別途問題となる。

一方，前記(イ)の場合は通信管理主体が表現者となるわけではなく，自らの経済的自由権の行使のあり方が問題となるにすぎない。それゆえ，メッセージ内容責任は問題とならない。しかし，通信管理権の行使に基づく情報加工編集行為が基本権法益侵害等発生時に至れば，前記(ア)の場合と同様にその責任（当初情報に関する情報内容責任とは異なる）が問題となる。また，当初情報に任意に本質的な修正等を施した結果，（当初情報の「原型」が崩れ）それが新たな情報を発信したに等しいと認められる場合（以下，「実質的新規情報発信時」という）には，実質的な発信者ないし二次的な表現者としての情報内容責任（以下，「二次的情報内容責任」という）を負い得る[105]。実質的新規情報発信時への該当性については，米国法上の実質的寄与説の考え方を参考にしつつ，情報加工編集行為の具体的な態様及びその成果物の内容を踏まえた個別的な判断に委ねざるを得ないように思われる。ただし，伝送系通信管理主体が通信管理権の行使により情報加工編集行為を行い得る場合は限定的であるから，これらは主に非伝送系通信管理主体において問題となろう。

他方，前記(エ)の場合においても，秘密保護要請に基づく作為義務・責務の不

履行又は不適切な履行（情報加工編集行為が基本権法益侵害等発生時に至るような場合等）に対してその履行責任を問われ得る。しかし，それは当初情報に関する情報内容責任とは異質のものである。

このように，前記(ア)・(イ)・(エ)のいずれの場合においても，通信管理主体が通信当事者の当初情報に対する情報内容責任を負う余地は極めて限定的である。この帰結は，双方向型役務提供者に対して発行者責任も頒布者責任も免じる包括的免責論の思想に整合的である。また，前記(イ)の場合に関して，実質的新規情報発信時に二次的情報内容責任が問題となり得るという帰結も，双方向型役務提供者と情報内容提供者との分水嶺により情報内容責任のあり方を区別する米国法の基本的な思想に親和的である。

14.5.4　通信管理主体の責任一律性

我が国の法の下で，通信管理主体の情報内容責任を一律的に捉えることは妥当であろうか。特に，伝送系通信管理主体と非伝送系通信管理主体とは「秘密」たる情報の取扱いに関して予定される行為の範囲等の観点から異なる要素もあり，狭義の「秘密」の侵害が認められる行為の内容もまったく同一ではない（1.6.3・1.6.4参照）。このような両主体の相違は，情報内容責任のあり方には直結しないのか。

既述のとおり，伝送系通信管理主体においては，原則として，恣意的取扱いによることなく伝送行為を着実に行うことが期待される（4.5参照）。しかしながら，「伝送行為を通じた表現の自由」や通信管理権が行使される余地は皆無ではなく，伝送系通信管理主体が情報加工編集行為を正当かつ任意に実施し得る場合もある。それは，当該行為が通信設備の総体的な健全性の確保を目的として行われ，そのことが国民各人の通信の自由の保障・保護に裨益し，「通信」の健全な制度的利用環境の確保に適合的となると認められる場合である（4.5・5.4参照）。かかる場合には，「伝送行為を通じた表現の自由」や通信管理権の全面的な行使が許容され得ると解される。ただし，当該行使により（通信の自由とは別の基本権に関する）基本権法益侵害等発生時に至る場合（かかる形での行使は基本的に許容されない）にはそのメッセージ内容責任等が問題となり，実質的新規情報発信時には二次的情報内容責任が問題となり得る。

もっとも，既に指摘したとおり，伝送系通信管理主体により正当に実施される

情報加工編集行為の内実は，秘密保護要請に基づく作為義務・責務の履行内容におおむね符合する。このとき，同様の行為について，例えば「伝送行為を通じた表現の自由」の行使として行われる場合はメッセージ内容責任を負い，憲法上の義務・責務の履行として行われる場合はその履行責任を負い得るといった帰結は，やや合理性を欠くようにもみえる。しかし，かかる場合において，伝送系通信管理主体が一定の責任を負い得ることに変わりはなく，メッセージ内容責任と作為義務・責務の履行責任とが競合し得るにすぎないと捉えることは十分に可能であろう。

　一方，非伝送系通信管理主体については，双方向型プラットフォームを管理・運営する限り，流通情報に対する情報加工編集行為が本質的に予定されている（1.5参照）。よって，その積極的な実施を通じて，自らのプラットフォーム全体を表現媒体とする表現の自由又は当該プラットフォームに関する通信管理権を行使する余地が大きい。このとき，①非伝送系通信管理主体は，自らの情報加工編集行為を通じた表現（編集）内容に関してメッセージ内容責任を負い，また通信管理権の行使内容についても責任（二次的情報内容責任等）を負い得る，②これらの責任は当初情報に関する情報内容責任とは異なる，という点に関しては，伝送系通信管理主体の場合と同様である。また，情報加工編集行為が秘密保護要請に基づき作為義務・責務の履行を目的として行われる場合，その履行責任が問われ得るという点についても，伝送系通信管理主体の場合と同様である。

　もっとも，非伝送系通信管理主体は（双方向型プラットフォーム等の管理権限により）伝送系通信管理主体よりも任意の行為として許容される情報加工編集行為の幅が広い分，責任を負う余地が大きいと言えるかもしれない。しかし，非伝送系通信管理主体においては，自ら通信設備を設置していないか，又は設置ないし支配・管理していたとしても比較的小規模なものであることが一般的である。それゆえ，非伝送系通信管理主体が自らの表現の自由又は通信管理権の行使として情報加工編集行為を行い得る範囲は事実上限られており，伝送系通信管理主体の場合に比べて一概にその責任の余地が大きいとは言えない。

　以上のように考えると，伝送系通信管理主体と非伝送系通信管理主体との間には，表現の自由や通信管理権を正当に行使し得る範囲等に一定の差異が見られるものの，(ア)（広狭の程度の相違はあり得るが）情報加工編集行為を正当に行い得るという点，(イ)その場合には基本的に，実質的新規情報発信時以外は（二次的）情報

内容責任を負わない一方，基本権法益侵害等発生時のメッセージ内容責任や義務・責務の履行責任等，当初情報の情報内容責任とは異質の一定の責任を負い得るという点，において共通する。したがって，情報内容責任のあり方の観点からは，伝送系通信管理主体と非伝送系通信管理主体とを一体的に捉えることが合理的である。このことも，通信管理主体の責任一律性を導く包括的免責論の考え方に符合する。

14.5.5　非通信管理主体の責任

　非通信管理主体たる関与者は，憲法上の要請に直接拘束されるわけではないことから，他人間の通信への関与に関する責任のあり方は通信管理主体の場合と異なり得る。当該関与においては，「秘密」たる情報の直接的な取扱いが予定されるわけではなく，支配・管理する設備も局所的なものであることが多いため，情報加工編集行為が行われ得る場合は限定的となる。かかる場合として想定されるのは，基本的に，自ら支配・管理する設備に対する財産権等の行使の一環として，当該設備の内部における情報について情報加工編集行為が任意に実施される場合である。この行為がもっぱら自己の利益を目的としてではなく，通信設備の総体的な健全性の確保を目的として適切に実施される場合もあり得るが，非通信管理主体に関しては秘密保護要請との直接の関係を考慮する必要性は乏しいことから，かかる場合を特に区別して扱う有意性は低いと考えられる。

　このような枠組みを前提とすると，非通信管理主体たる関与者においては，支配・管理する設備に対する財産権等の行使の一環としての情報加工編集行為が基本権法益侵害等発生時や実質的新規情報発信時に該当すると認められる場合を除き，情報内容責任その他の責任を負わないと解される。ただし，非通信管理主体たる関与者がインターネット上で情報加工編集行為を実施する場合には，実質的新規情報発信時に該当する可能性が高いであろう。その限りにおいて，（二次的）情報内容責任を負う確度が相対的に高まり得ると思われる。

14.6　プロバイダ責任制限法の立法論的課題

　以上の考察を踏まえてプロバイダ責任制限法と通信管理主体原則免責の要請との関係を考えると，以下の課題が浮き彫りになる。もっとも，当該課題は，基本

的には立法政策等の問題であり，同法が通信管理主体原則免責を含む憲法上の要請の具体化として不適切であるということをただちに意味するものではない。

　第一に，権利侵害認識時不作為免責否認が妥当する場合には，問題となる不作為に関して何らかの法的な作為義務・責務の存在が前提となるところ，その内容が必ずしも明らかにされていない[106]。既述のとおり，私人間の関係を規律する民法が公権力に準じた通信管理主体の送信防止措置に関する作為義務を課しているとは解しがたいし，下級審の裁判例上は「条理上の義務」の発生が示されているものの，その発生要件及びそれが法的義務となる根拠については不明瞭である（7.1・14.1参照）。プロバイダ責任制限法自体が実質的に「権利侵害となる情報の流通を認識したときには送信防止措置を講じる義務」等を課していると捉える余地もまったくないわけではないが[107]，少なくともかかる作為義務は明文上規定されていない（7.3.1参照）。しかし，この「義務・責務」については，通信管理主体原則免責と表裏一体的な秘密保護要請に基づくものと捉えれば，権利侵害認識時の不作為責任が問われることは，問題情報排除措置の実施努力という責務を土台として正当化され得ると考えられる[108]。既述のとおり，ここで問題となる責任は，憲法上の作為義務・責務の履行責任であって，情報内容責任とは異質のものである（14.5.3参照）。

　もっとも，プロバイダ責任制限法の運用の実務においては，電子掲示板管理者等の非伝送系通信管理主体はともかく，インターネット接続役務提供者（伝送系通信管理主体）による送信防止措置については，送信防止措置不可能説（7.2参照）が説くように，その実施可能性自体が懐疑的に捉えられるきらいもあった[109]。しかし，そのような捉え方が正鵠を射たものではないことについては既述のとおりである（7.3.1参照）。したがって，インターネット接続役務提供者による送信防止措置その他の情報加工編集行為に伴う責任についても，プロバイダ責任制限法3条の問題となると解すべきである。

　第二に，作為責任に関して権利侵害の確信を免責の主な基準としていることから，権利侵害を確信する理由ないし証拠が存しない限り，たとえ（当該確信が不十分なまま）通信設備の適切な管理等のために講じられたと認められる通信管理主体による措置であっても，一定の作為責任（情報内容責任）を課すことに結びつく[110]。これは，秘密保護要請（及び通信管理主体原則免責）に背馳し得る帰結である。それゆえ，立法上，通信設備の適切な管理やトラフィックの適切な管理等

第14章　通信管理主体の流通情報の取扱いに対する法的責任　　347

を目的としつつ，その目的の達成に不可欠となる範囲で講じられたものと認められる措置については，（たとえ健全なメッセージに対する送信防止措置であっても）例外的に免責されるという旨が明示されることが望ましいであろう。

　第三に，不作為責任に関して権利侵害となる情報の流通に対する認識を免責の基準としていることから，当該認識が肯定される限り，必ずしも問題情報排除措置に努める責務の不履行とまでは言えない通信管理主体の不作為にも一定の不作為責任（しかも，情報内容責任）を課すことに結びつく。これも，秘密保護要請に必ずしも整合的ではない帰結である。とりわけ，問題通知を受けた場合には，かかる認識が肯定されやすくなるため，不作為責任を回避するべく過剰な削除を「必要な限度」と称しつつ実施しがちになるおそれも生じる[111]。もっとも，このことは，憲法上必ずしも要請されていない責任を立法政策により追加的に設定したものと捉えることも可能であろう。

　第四に，発信者免責否認と権利侵害不確信時作為免責否認とが同等に免責の否認を導いていることを背景として，本来区別されるべき「伝送行為を通じた表現」及び「双方向型プラットフォーム等（の管理権限）を通じた表現」と「当初情報に関する表現」とが一体的に捉えられることにより，前者に関するメッセージ内容責任をもって後者に関する情報内容責任をも不用意に肯定することに結びつくおそれがある。プロバイダ責任制限法は，特定電気通信役務提供者が免じられる流通情報（当初情報）に対する情報内容責任に焦点を当てており，メッセージ内容責任については十分に考慮されていないと考えられる[112]。しかし，通信管理主体ならではの表現行為に伴うメッセージ内容責任のあり方についても，立法上適切に規律されることが望ましいように思われる。

14.7　小括

　憲法上の秘密保護要請に拘束される通信管理主体は，その拘束と表裏一体的に，通信管理主体原則免責の法理に服する。これは，米国法上の包括的免責論の思想に基本的に親和的な帰結である。ただし，当該主体においては，①ネットワーク又は双方向型プラットフォーム等全体を表現媒体とした表現の自由の行使に対するメッセージ内容責任，②通信管理権の行使に伴う基本権法益侵害等発生時の責任や実質的新規情報発信時の二次的情報内容責任，③秘密保護要請に基づく作為

義務・責務の履行責任，を負い得ると解される。これらの責任は，自ら当初情報の発信者となる場合に負い得る情報内容責任とは異質のものである。

　もっとも，伝送系通信管理主体は「伝送行為を通じた表現の自由」や通信管理権を正当に行使し得る機会が（憲法内在的に）限定的である分，非伝送系通信管理主体に比べて前記①・②の責任を負う機会も実質的に限定され得る。しかし，一般に取り扱う「秘密」たる情報の量が多く，支配・管理する通信設備も概して大規模であることを踏まえると，情報内容責任の本質的なあり方に関しては非伝送系通信管理主体の場合と同様に捉えて差し支えなかろう。一方，非通信管理主体たる関与者においては，通信管理主体と同様に，前記②に相当する責任（支配・管理下の設備に対する財産権等の行使に伴う責任）を負い得るが，前記①の責任については問題となる余地が事実上乏しく，前記③の責任については基本的に問題とならない。

　このような枠組みに照らすと，一定の条件の下で特定電気通信役務提供者の免責を認めるプロバイダ責任制限法は，通信管理主体原則免責の要請をおおむね適切に具体化する側面を有するものと位置づけられるが，若干の課題を抱えている。その主なものとしては，㋐解釈論上，（電子掲示板管理者等のみならず）インターネット接続役務提供者による情報加工編集行為（送信防止措置）に伴う責任についてもプロバイダ責任制限法3条の問題となり得るという旨が確認されるべきであること，㋑立法論上，流通情報に関する権利侵害を確信する理由が十分に認められない場合であっても，秘密保護要請に根ざす通信設備の適切な管理等のために講じられたものと認められる措置である限り，その作為責任が免じられる旨が明らかにされるべきであること，㋒立法論上，当初情報（流通情報）の情報内容責任とは区別されたメッセージ内容責任（伝送行為や双方向型プラットフォームの管理権限等を通じた表現に伴う責任）等のあり方についても具体化されることが望ましいこと，といった点に集約される。

1）秘密保護要請公権力限定説の立場に立つ学説も，通信管理主体原則免責の旨を説いている（曽我部ほか（2016）47頁〔曽我部真裕執筆〕参照）。

2）プロバイダ責任制限法が制定される以前の下級審の裁判例等における主な関連議論の様相について，例えば，籾岡（2006）197-206頁，小向（2015）150-155頁，松井（2014）332-334頁参照。

3）これらは，情報内容責任を負わない場合を規定する方法によることが適当であるという思想に基づき定められたものである。郵政省（2000）19頁参照。

4）かかる立場からは，民法709条の規定に基づく責任が認められ得る場合において，さらに責任要

第14章　通信管理主体の流通情報の取扱いに対する法的責任　　349

件を加重するものと解される傾向にある。松本〔恒〕（2002b）62-63頁参照。この点に関し，**7.1**参照。

5 ）総務省（2014a）27頁・31頁参照。

6 ）総務省（2014a）34頁参照。

7 ）しかし，「条理上の（作為）義務」の発生要件及び具体的な根拠については十分に明らかにされていない（**7.1**・**7.3.1**参照）。

8 ）ただし，免責の内容については立法による具体化が求められ得る（**7.5**参照）。「法律ないし判例でプロバイダーの責任を免除することが要請されている」とする指摘として，小倉（2007）316頁参照。

9 ）仮に情報内容責任が問われるのであれば，「情報を選別して遮断することも許容されなければならない」と説く学説として，小向（2015）175頁参照。

10）本章では主に通信管理主体の情報内容責任のあり方を問題とするが，一般的には「媒介者」の責任が問題とされる（例えば，小向（2015）141頁，西土（2015）304-305頁参照）。ここでいう媒介者は，通信管理主体のほか，他人間の通信への関与者とは言いがたい検索役務提供者等を含めて広く観念されることが多い（電気通信事業法上の「媒介」と同義に観念されていない）。しかし，秘密不可侵の法規範が通信管理主体原則免責を導いており，当該法規範の名宛人となるうえで重要となるのは，他人間の通信に対する通信当事者以外の者による第三者的な関与である。よって，本章はかかる関与を行うと認められる通信管理主体に主な焦点を当てて考察を加える。

11）*See* Barrett v. Rosenthal, 112 Cal. App. 4th 749, 761 (Cal. App. 1st Dist. 2003); Patel (2002), at 656; Ferris (2010), at 124.

12）*See* Dixson v. Newsweek, Inc., 562 F.2d 626, 631 (10th Cir. 1977); RESTATEMENT (SECOND) OF TORTS § 578 (1977).

13）*See* Lewis v. Time Inc., 83 F.R.D. 455, 463 (E.D. Cal. 1979); Smith v. California, 361 U.S. 147, 153 (1959); RESTATEMENT (SECOND) OF TORTS § 581 (1977).

14）*See* Fritts (2004), at 770.

15）*See* O'Brien v. Western Union Telegraph Co., 113 F.2d 539, 542 (1st Cir. 1940).

16）*See* Anderson v. New York Telephone Company, 35 N.Y.2d 746, 750-751 (1974); RESTATEMENT (SECOND) OF TORTS § 612 (1977).

17）Cubby, Inc. v. CompuServe Inc., 776 F. Supp. 135 (S.D.N.Y. 1991).

18）*See id.* at 140-141.

19）Stratton Oakmont Inc. v. Prodigy Services Company, 1995 N.Y. Misc. LEXIS 229 (N.Y. 1995).

20）*See id.* at 10-11.

21）*See* Volokh (1996), at 402.

22）なお，この規定は，知的財産権に関する法や電子通信プライバシー法等の適用範囲に影響を与えず，連邦法上の刑罰法規の適用を制限するものでもないとされている。*See* 47 U.S.C. § 230 (e) (2016).

23）47 U.S.C. § 230 (c) (1) (2016).

24）47 U.S.C. § 230 (c) (2) (2016).

25）47 U.S.C. § 230 (f) (2) (2016).

26）*See Barrett*, 112 Cal. App. 4th at 754, 763.

27）*See* Carafano v. Metrosplash.com, Inc., 339 F.3d 1119 (9th Cir. 2003).

28) *See* Doe v. Backpage.com, LLC, 817 F.3d 12, 16, 20 (1st Cir. 2016).

29) *See* Universal Communication Systems, Inc. v. Lycos, Inc., 478 F.3d 413, 419 (1st Cir. 2007). その理由として，ウェブサイトの運営者が当該サイトをホストするサーバーへの電子的アクセスを提供するということが挙げられている。一方，ウェブサイトの管理・運営が双方向型コンピュータ役務に該当するか否かの判断を留保する裁判例として，以下を参照：Federal Trade Commission v. Accusearch, Inc., 570 F.3d 1187, 1197 (10th Cir. 2009).

30) ただし，インターネット接続役務提供者は別として，コモンキャリアはこれに含まれないと解されている。

31) 47 U.S.C. § 230 (f)(3)(2016).

32) *See* Zeran v. America Online, Inc., 129 F.3d 327, 331 (4th Cir. 1997); Shiamili v. The Real Estate Group of New York, Inc., 17 N.Y.3d 281, 288 (N.Y. App. Ct. 2011).

33) *See Zeran*, 129 F.3d at 331; H.R. REP. No. 104-458, at 194 (1996).

34) *See* 47 U.S.C. § 230 (a)(4)(2016).

35) *See* Kreimer (2006), at 27.

36) *See* Jones v. Dirty World Entertainment Recordings LLC, 755 F.3d 398, 407 (6th Cir. 2014).

37) *See Zeran*, 129 F.3d at 330; *Shiamili*, 17 N.Y.3d at 289.

38) *See Zeran*, 129 F.3d at 330.

39) なお，米国法上，著作権の侵害となる流通情報に関する情報内容責任のあり方については，通信品位法230条とは別の枠組み（17 U.S.C. § 512 (2016)）により規律されているが，紙幅の都合上，その詳細については措く。

40) *See* Batzel v. Smith, 333 F.3d 1018, 1029 (9th Cir. 2003).

41) *Zeran*, 129 F.3d 327. この判決を紹介する邦文文献として，例えば，平野 (1999) 88-87頁，籾岡 (2006) 218-221頁，小倉 (2007) 184頁参照。

42) *See id.* at 332.

43) *See id.*

44) *See id.* at 331; *Batzel*, 333 F.3d at 1027-1028.

45) *See Zeran*, 129 F.3d at 333.

46) *See id.*

47) *See* Blumenthal v. Drudge, 992 F. Supp. 44, 52 (D.D.C. 1998); *Carafano*, 339 F.3d at 1123-1124.

48) Doe No. 1 v. Backpage.com, LLC, 137 S. Ct. 622 (2017).

49) *Backpage.com*, 817 F.3d 12.

50) *See, e.g.,* Friedman and Buono (2000), at 665. 我が国の学説として，岡根 (2012) 60頁参照。

51) *See Blumenthal*, 992 F. Supp. at 49; *Batzel*, 333 F.3d at 1026-1027.

52) *See Batzel*, 333 F.3d at 1031; Barrett v. Rosenthal, 40 Cal. 4th 33, 40, 62 (Cal. 2006).

53) *See* Sheridan (1997), at 168; Patel (2002), at 682.

54) 頒布者はしばしば「二次的 (secondary) な発行者」とされるところ，一般に発行者と言えば一次的な発行者を指すのであって，頒布者が当然にこの概念に内包されると解するのは無理があるという旨の指摘も提示されている。*See Barrett*, 112 Cal. App. 4th at 768-769.

55) *See* Ferris (2010), at 130. また，Zeran事件判決は，発行者と頒布者との相違について発行者の概念を用いて説明しているが，一種の循環論であり，当該相違の実質的な内容が十分に議論されていないとも指摘されている。*See also* Sheridan (1997), at 168-170; Fritts (2004), at 778. 併せて，

平野（1999）87頁参照。

56) *See* Fritts (2004), at 777. この学説は，あらゆる流通情報を網羅的に監視することができないインターネット接続役務提供者に対しては，頒布者責任を問うことが妥当であると説いている。

57) *See* Patel (2002), at 684.

58) *See id.* at 685.

59) *See* Hyland (2008), at 113-114. 併せて，平野（1999）86頁参照。

60) *See* Sheridan (1997), at 168, 173-174.

61) *See* Patel (2002), at 653.

62) *See* Chicago Lawyers' Committee for Civil Rights under Law, Inc. v. Craigslist, Inc., 461 F. Supp. 2d 681, 695 (N.D. Ill. 2006); French (2012), at 461-462.

63) *See* Hyland (2008), at 106-107.

64) *See* Patel (2002), at 687.

65) *See* Chicago Lawyers' Committee for Civil Rights under Law, Inc. v. Craigslist, Inc., 519 F.3d 666, 671 (7th Cir. 2008).

66) *See* Patel (2002), at 680.

67) *See* Doe v. GTE Corp., 347 F.3d 655, 660 (7th Cir. 2003); French (2012), at 458-459.

68) *See Barrett*, 112 Cal. App. 4th at 775, 777, 781; Freiwald (2001), at 620; Rustad and Koenig (2005), at 389-390.

69) *See* Patel (2002), at 686; Fritts (2004), at 785.

70) *See Barrett*, 40 Cal. 4th at 62-63.

71) *See* Hyland (2008), at 83. これに対する反論として，以下を参照：Ferris (2010), at 134-135.

72) *See Batzel*, 333 F.3d at 1039-1040 (Gould, J. concurring in part, dissenting in part).

73) *See* Fair Housing Council of San Fernando Valley v. Roommates.com, LLC, 521 F.3d 1157, 1163 (9th Cir. 2008).

74) *See* Batzel v. Smith, 351 F.3d 904, 909-910 (9th Cir. 2003) (Dissent by Gould, J.).

75) *See Batzel*, 333 F.3d at 1032. また，①明文の規定上かかる区別が行われていない，②例えば検索エンジンがいずれに該当するのかが不明で両者の区別は曖昧である，といった旨を指摘する学説もある。*See* Wu (2011), at 323.

76) *See Barrett*, 40 Cal. 4th at 62.

77) *See GTE*, 347 F.3d at 660; *Craigslist*, 519 F.3d at 669-670.

78) 定義規定論の考え方を踏まえ，通信品位法230条(c)(1)の規定の解釈にかかわらず，同条(c)(2)の規定は，あらゆる双方向型役務提供者について，それが同条(c)(1)の規定に基づく利益を受けるか否か（情報内容提供者であるか否か）にかかわらず免責の対象としているとする解釈も提示されている。*See* Barnes v. Yahoo!, Inc., 570 F.3d 1096, 1105 (9th Cir. 2009).

79) *See Batzel*, 333 F.3d at 1034.

80) *See id.*

81) *See* Wu (2011), at 323-324.

82) *See* Zieglowsky (2010), at 1324-1325.

83) *See Shiamili*, 17 N.Y.3d at 290.

84) *See Roommates.com*, 521 F.3d at 1167-1168.

85) *See id.* at 1175.

352

86) *See, e.g., Accusearch*, 570 F.3d at 1200; Nemet Chevrolet, Ltd. v. Consumeraffairs.com, Inc., 591 F.3d 250, 258 (4th Cir. 2009).

87) *See Jones*, 755 F.3d at 410; *Craigslist*, 519 F.3d at 671.

88) *See Roommates.com*, 521 F.3d at 1171.

89) *See id.* at 1169.

90) *See* Jones v. Dirty World Entertainment Recordings LLC, 965 F. Supp. 2d 818, 821 (E.D. Ky. 2013).

91) *See Jones*, 755 F.3d at 414.

92) *See id.* at 414-415.

93) *See Zeran*, 129 F.3d at 330; *Batzel*, 333 F.3d at 1031.

94) *See* Wu (2011), at 327.

95) *See Jones*, 755 F.3d at 415.

96) *See* Wu (2011), at 312.

97) *See* French (2012), at 453.

98) 本来，当初情報に対する統御力の有無ないし程度に応じて情報内容責任のあり方が決せられることが合理的であるところ，頒布者責任とコモンキャリアの責任との差異については，瞬時性や大量処理性を伴う伝送行為に従事するうえでの免責の必要性という異なる要因に根ざすものと考えられる。

99) プロバイダ責任制限法が問題とする「不特定の者によって受信されることを目的とする電気通信」の内容は，実質的に「公開」が前提とされている（前記②に関する責任は問題となる余地が乏しい）と捉え得るからである。

100) 毛利（2013）461頁参照。

101) 小向（2015）175頁，西土（2015）323頁参照。

102) *See* Wu (2011), at 314.

103) もっとも，(ウ)の場合は基本権法益侵害等発生時に至らない限り責任を問われないのに対し，(エ)の場合は義務・責務の履行の具体的なあり方（比例原則等の充足）が問われ得る。

104) 例えば，インターネット接続役務の利用規約等において，特定の宗教を支持する内容の情報についてのみネットワーク上から一切排除するという旨のメッセージが表出され，それに基づく運用が行われている場合等が考えられる。ただし，基本権法益侵害等発生時に至る形での「伝送行為を通じた表現の自由」の行使は，通信管理主体に対する憲法上の要請に背馳し，基本的に許容されないと解される。

105) 少なくとも，データの並べ替え等のフォーマット変換，通信手順の変換であるプロトコル変換等の情報の本質的な内容に中立的な修正を行うのみでは二次的情報内容責任が発生する場合に該当しない。このことは，プロバイダ責任制限法上の発信者免責否認に関しても同様に妥当するであろう。

106) なお，流通情報全般に対する常時監視義務が否定されることについては通説となっている。例えば，松本〔恒〕（2002a）114頁，大村（2012）15頁，東京地判平成16年5月18日判タ1160号147頁（milkcafe事件）参照。

107) 松本〔恒〕（2002a）112頁参照。

108) 権利侵害不確信時の送信防止措置に対する作為責任が問われること（権利侵害不確信時作為免責否認）についても，「情報の自由な流通」の確保という「公権力側」に課された憲法上の義務・

責務の観点から，正当化され得るように思われる。

109）総務省（2006）8 頁参照。

110）もっとも，プロバイダ責任制限法 3 条の規定は，限界事例においては不作為（放置）の方向に
インセンティブを与えていると評されている。高橋〔和〕（2010）82頁参照。

111）松井（2013）392頁参照。

112）メッセージ内容責任のあり方については，一般法としての民法等に基づく規律に委ねられてい
るとも言える。

主要参考文献一覧

【邦文文献】

青井未帆＝山本龍彦（2016）『憲法Ⅰ 人権』有斐閣

赤坂正浩（2011）『憲法講義（人権）』信山社

芦部信喜（1994）『憲法学Ⅱ 人権総論』有斐閣

―――（2000）『憲法学Ⅲ 人権各論(1)〔増補版〕』有斐閣

池田修＝前田雅英（2014）『刑事訴訟法講義〔第5版〕』東京大学出版会

石井徹哉（2013）「刑事法から見た通信の秘密」『警察学論集66巻12号』警察大学校，13-23頁

石川健治（2008）「営業の自由とその規制」大石眞＝石川健治編『ジュリスト増刊 新・法律学の争点シリーズ3 憲法の争点』有斐閣，148-151頁

石田芳（1987）「情報通信ネットワーク」『電気学会雑誌107巻5号』電気学会，420-424頁

市川正人（2003）『表現の自由の法理』日本評論社

―――（2014）『基本講義 憲法』新世社

伊藤正己（1995）『憲法〔第3版〕』弘文堂

稲谷龍彦（2013）「情報技術の革新と刑事手続」井上正仁＝酒巻匡編『ジュリスト増刊 新・法律学の争点シリーズ6 刑事訴訟法の争点』有斐閣，40-41頁

井上正仁（1997）『捜査手段としての通信・会話の傍受』有斐閣

―――（2014）『強制捜査と任意捜査〔新版〕』有斐閣

―――（2017）「GPS捜査」『別冊ジュリスト 232号 刑事訴訟法判例百選〔第10版〕』有斐閣，64-49頁

指宿信（2015）「偽装携帯基地局を用いた通信傍受――携帯電話の無差別傍受装置『スティングレイ』」『法学セミナー 730号』日本評論社，1-4頁

今村成和（1972）『現代の行政と行政法の理論』有斐閣

インターネットの安定的運用に関する協議会（2015）「電気通信事業者におけるサイバー攻撃等への対処と通信の秘密に関するガイドライン〔第4版〕」（2015年11月30日）

右崎正博（1999）「通信の秘密・プライバシーと盗聴法」『法律時報71巻12号』日本評論社，20-24頁

海野敦史（2010a）『公共経済学への招待』晃洋書房

―――（2010b）「財産権及び営業の自由の『多層的構造』」『経営と経済90巻1・2号』長崎大学経済学会，153-256頁

355

─────（2010c）「マスメディアの表現の自由の現代的意義」『経営と経済90巻3号』長崎大学経済学会，95-182頁

─────（2011）『行政法綱領──行政法学への憲法学的接近』晃洋書房

─────（2014a）「米国国家安全保障局（NSA）による通信監視と米国憲法修正4条との法的関係」『ICT World Review 6巻6号』マルチメディア振興センター，18-58頁

─────（2014b）「米国におけるネットワークの中立性をめぐる議論とその含意（二・完）──利用者間の『平等』の観点を中心として」『ICT World Review 7巻3号』マルチメディア振興センター，59-81頁

─────（2015a）『「通信の秘密不可侵」の法理──ネットワーク社会における法解釈と実践』勁草書房

─────（2015b）「米国における携帯電話のSIMロック解除の再合法化とその含意──通信の利用者の保護とプログラムの著作権者の保護との相克」『ICT World Review 7巻6号』マルチメディア振興センター，12-38頁

─────（2015c）「米国における新オープンインターネット保護規則及びそれを定める命令・決定の諸相──ネットワークの中立性をめぐる議論の二次的な到達点とその要諦」『ICT World Review 8巻1号』マルチメディア振興センター，41-73頁

─────（2015d）「表現の自由の保障における表現者の意思の役割──米国憲法修正1条における言論者の意思をめぐる解釈論を手がかりとして」『経営と経済 95巻1・2号』長崎大学経済学会，75-162頁

浦部法穂（2016）『憲法学教室〔第3版〕』日本評論社

大石眞＝大沢秀介編（2016）『判例憲法〔第3版〕』有斐閣

大河内美紀（2010）『憲法解釈方法論の再構成──合衆国における原意主義論争を素材として』日本評論社

大久保隆志（2013）「任意捜査の限界──偽装型捜査の許容性とその限界」『広島法科大学院論集9号』広島大学法学会，117-219頁

太田茂（2016）「GPS捜査による位置情報の取得について」『刑事法ジャーナル48号』成文堂，61-76頁

大林啓吾（2015）『憲法とリスク──行政国家における憲法秩序』弘文堂

大村真一（2012）「プロバイダ責任制限法の概要──法の概要と制定10年後の検証の概要」堀部政男監修『別冊NBL No. 141 プロバイダ責任制限法 実務と理論──施行10年の軌跡と展望』商事法務，13-21頁

岡田与好（1987）『経済的自由主義──資本主義と自由』東京大学出版会

岡根好彦（2012）「コンピューター・ネットワーク上の名誉毀損表現の二次的責任──通信品位法230条とZeran v. America Online Inc. 事件判決に関する評価を中心として」『法学政治学論究93号』法学政治学論究刊行会，37-68頁

岡村久道（2012）「プロバイダ責任制限法上の発信者概念と著作権の侵害主体──知財高判平成22・9・8判時2115号103頁（TVブレイク事件）」堀部政男監修『別冊NBL

No. 141 プロバイダ責任制限法 実務と理論——施行10年の軌跡と展望』商事法務，
　　116-123頁

奥平康弘（1988）『なぜ「表現の自由」か』東京大学出版会

―――（1993）『憲法Ⅲ 憲法が保障する権利』有斐閣

小倉一志（2007）『サイバースペースと表現の自由』尚学社

―――（2017）『インターネット・「コード」・表現内容規制』尚学社

尾崎愛美（2017）「GPS監視と侵入法理・情報プライバシー——アメリカ法からのアプロ
　　ーチ」『季刊 刑事弁護89号』現代人文社，103-108頁

梶原健佑（2006）「ヘイト・スピーチと『表現』の境界」『九大法学94号』九大法学会，49-
　　115頁

神谷征彦（2008）「オプトイン方式の導入による迷惑メール対策——併せて法の実効性の
　　強化及び国際連携の強化を図る」『時の法令1822号』雅粒社，17-28頁

川久保潤＝杉本奈菜子（2002）「特定電子メールの送信の適正化等に関する法律」『法令解
　　説資料総覧245号』第一法規，25-28頁

川崎英明（1997）「盗聴立法の憲法的問題点」『法律時報69巻4号』日本評論社，47-52頁

木村草太（2017）『憲法の急所——権利論を組み立てる〔第2版〕』羽鳥書店

検索結果とプライバシーに関する有識者会議（2015）「検索結果とプライバシーに関する有
　　識者会議 報告書」（2015年3月30日）

小向太郎（2015）『情報法入門——デジタル・ネットワークの法律〔第3版〕』NTT出版

小山剛（2016）『「憲法上の権利」の作法〔第3版〕』尚学社

斎藤司（2012）「強制処分概念と『任意処分の限界』問題の再検討——強制処分と同意と
　　の関係を中心に」『法律時報84巻6号』日本評論社，99-104頁

サイバーセキュリティ戦略本部（2017）「サイバーセキュリティ政策に係る年次報告（2016
　　年度）」（2017年7月13日）

阪口正二郎（2017）「第21条 集会・結社・表現の自由，通信の秘密」長谷部恭男編『注釈
　　日本国憲法(2)』有斐閣，338-457頁

阪本昌成（1995）『憲法理論Ⅲ』成文堂

―――（2011a）『表現権理論』信山社

―――（2011b）『憲法2 基本権クラシック〔第4版〕』有信堂高文社

佐々木秀智（2010）「アメリカにおけるSPAM規制の法構造」『情報ネットワーク・ローレ
　　ビュー9巻1号』情報ネットワーク法学会，52-66頁

―――（2011）「アメリカ合衆国憲法修正第1条における通信事業者の位置づけ」『明治
　　大学法学部創立130周年記念論文集』明治大学法学部，245-272頁

―――（2015）「米国のネットワーク中立性原則と連邦憲法修正第1条」堀部政男編『別
　　冊NBL No. 153 情報通信法制の論点分析』商事法務，297-322頁

―――（2017）「インターネット上の私的事実公表型プライバシー侵害とアメリカ合衆国
　　憲法修正第1条」『法律論叢89巻6号』明治大学法律研究所，221-258頁

佐々木弘通（2012）「表現行為の自由・表現場所の理論・憲法判断回避準則」戸松秀典＝野

坂泰司編『憲法訴訟の現状分析』有斐閣，246-273頁

笹倉宏紀（2015）「捜査法の思考と情報プライヴァシー権——『監視捜査』統御の試み」『法律時報87巻5号』日本評論社，70-77頁

佐藤幸治（1978）「通信の秘密」芦部信喜編『憲法Ⅱ 人権(1)』有斐閣，635-669頁

———（1997）「第35条」樋口陽一ほか『注解法律学全集2 憲法Ⅱ（第21条～第40条）』青林書院，316-334頁

———（2011）『日本国憲法論』成文堂

サンスティーン，キャス（石川幸憲訳）（2003）『インターネットは民主主義の敵か』毎日新聞社

宍戸常寿（2013a）「通信の秘密に関する覚書」長谷部恭男ほか編『高橋和之先生古稀記念 現代立憲主義の諸相（下）』有斐閣，487-523頁

———（2013b）「表現の自由」岡村久道編『インターネットの法律問題——理論と実務』新日本法規出版，108-140頁

———ほか（2015）「鼎談 インターネットにおける表現の自由とプライバシー——検索エンジンを中心として」『ジュリスト1484号』有斐閣，ii-v頁・68-80頁

———（2017）「検索結果の削除をめぐる裁判例と今後の課題」『情報法制研究1号』有斐閣，45-54頁

志田陽子（2013）「匿名性——《国家から把握されずにいる自由》の側面から」日本公法学会編『公法研究75号』有斐閣，104-116頁

實原隆志（2015）「行政・警察機関が情報を収集する場合の法律的根拠」ドイツ憲法判例研究会編『憲法の規範力とメディア法』信山社，247-266頁

渋谷秀樹（2017）『憲法〔第3版〕』有斐閣

清水真（2013）「捜査手法としてのGPS端末の装着と監視・再論」『明治大学法科大学院論集13号』明治大学法科大学院，163-181頁

情報セキュリティ大学院大学〔「インターネットと通信の秘密」研究会〕（2013）「インターネット時代の『通信の秘密』各国比較」

鈴木秀美（2000）「通信傍受法——憲法上の問題点はなにか」『法学教室232号』有斐閣，26-29頁

———（2008）「通信の秘密」大石眞＝石川健治編『ジュリスト増刊 新・法律学の争点シリーズ3 憲法の争点』有斐閣，136-137頁

総務省〔インターネット上の違法・有害情報への対応に関する研究会〕（2006）「インターネット上の違法・有害情報への対応に関する研究会 最終報告書」（平成18年8月）

———〔総合通信基盤局消費者行政課〕＝消費者庁〔取引対策課〕（2011）「特定電子メールの送信等に関するガイドライン」（平成23年8月）

———〔総合通信基盤局消費者行政課〕（2014a）『〔改訂増補版〕プロバイダ責任制限法』第一法規

———〔緊急時等における位置情報の取扱いに関する検討会〕（2014b）「位置情報プライバシーレポート—— 位置情報に関するプライバシーの適切な保護と社会的利活

用の両立に向けて」（平成26年7月）

──────〔情報通信政策研究所〕（2015）「インテリジェント化が加速するICTの未来像に関する研究会報告書2015」（平成27年6月）

──────〔AIネットワーク化検討会議〕（2016a）「AIネットワーク化の影響とリスク──智連社会（WINS）の実現に向けた課題」（平成28年6月20日）

──────（2016b）「電気通信事業者のネットワーク構築マニュアル」（平成28年6月28日改定）

──────（2017a）『平成29年版 情報通信白書』

──────（2017b）「電気通信事業における個人情報保護に関するガイドライン（平成29年総務省告示第152号）の解説」（平成29年4月）

──────（2017c）「電気通信事業参入マニュアル〔追補版〕〔第二版〕」（平成29年6月23日）

曽我部真裕（2013）「通信の秘密の憲法解釈論」『Nextcom 16号』KDDI総研，14-23頁

──────ほか（2015）『情報法概説』弘文堂

──────（2017）「インターネットと表現の自由」阪口正二郎ほか編『なぜ表現の自由か──理論的視座と現況への問い』法律文化社，142-157頁

髙嶋幹夫（2015）『実務 電気通信事業法』NTT出版

髙橋郁夫＝吉田一雄（2006）「『通信の秘密』の数奇な運命（憲法）」情報ネットワーク法学会編『情報ネットワーク・ローレビュー5巻』商事法務，44-70頁

高橋和之（2010）「インターネット上の名誉毀損と表現の自由」高橋和之ほか編『インターネットと法〔第4版〕』有斐閣，53-86頁

──────（2017）『立憲主義と日本国憲法〔第4版〕』有斐閣

高橋洋（2016）「立法裁量に関する一考察」『法学研究57巻3・4号』愛知学院大学法学会，49-82頁

多賀谷一照ほか編著（2008）『電気通信事業法逐条解説』電気通信振興会

田宮裕（1971）『捜査の構造』有斐閣

檀上弘文（2005）「科学機器・技術を用いた行動監視の適法性とプライヴァシー──electronic tracking deviceいわゆるビーパーの有効かつ適切な利用とその限界及び要件についての検討」『法学新報112巻1・2号』中央大学法学会，185-214頁

辻本典央（2008）「刑訴法上の『強制の処分』概念について(1)」『近畿大学法学56巻3号』近畿大学法学会，1-37頁

堤和通（2017）「米国におけるサイバー犯罪捜査──サイバー空間の捜索押収法」『刑事法ジャーナル51号』成文堂，33-41頁

戸波江二（1998）『憲法〔新版〕』ぎょうせい

富井幸雄（2015）「安全保障上の電子的監視──権力分立と合衆国憲法修正第4条の交錯」『法学新報122巻3・4号』中央大学法学会，75-181頁

長瀬貴志（2012）「プロバイダ等の作為義務」堀部政男監修『別冊NBL No. 141 プロバイダ責任制限法 実務と理論──施行10年の軌跡と展望』商事法務，88-89頁

中谷雄二郎（2016）「位置情報捜査に対する法的規律」『刑事法ジャーナル48号』成文堂，

48-60頁

中林暁生（2014）「パブリック・フォーラム論の可能性」全国憲法研究会編『憲法問題25号』三省堂，31-41頁

中山代志子（2015）「政府による間接的情報収集，特に第三者を通じた情報収集に関する米国法理——第三者理論（Third Party Doctrine）と電子的監視をめぐって」『比較法学49巻2号』早稲田大学比較法研究所，99-148頁

成原慧（2016）『表現の自由とアーキテクチャ——情報社会における自由と規制の再構成』勁草書房

西土彰一郎（2015）「サービス・プロバイダーの責任と発信者開示」松井茂記ほか編『インターネット法』有斐閣，301-326頁

西原博史ほか（2015）「立法裁量領域における憲法上の権利——21世紀段階の最高裁判決における立法裁量の統制方法をめぐって」『Law and Practice 9号』早稲田大学大学院法務研究科，67-104頁

野中俊彦ほか（2012）『憲法I〔第5版〕』有斐閣

橋本公亘（1988）『日本国憲法〔改訂版〕』有斐閣

橋本基弘（2014）『表現の自由 理論と解釈』中央大学出版部

長谷部恭男（2013）『憲法の円環』岩波書店

————（2014）『憲法〔第6版〕』新世社

羽渕雅裕（2016）「位置情報とプライバシー——GPS捜査に関する2つの大阪地裁決定を契機として」『法学雑誌62巻3・4号』大阪市立大学法学会，331-346頁

林知更（2013）「思想の自由・良心の自由」南野森編『憲法学の世界』日本評論社，191-204頁

稗田雅洋（1998）「通信内容の傍受の可否」平野龍一＝松尾浩也編『新実例刑事訴訟法1（捜査）』青林書院，17-37頁

樋口陽一（2007）『憲法〔第3版〕』創文社

平野晋（1999）「ユーザーの名誉毀損行為に対するISPの民事責任㊦」『判例タイムズ1003号』判例タイムズ社，88-81頁

————（2002）「迷惑メール問題と米国に於ける分析」『日本データ通信127号』日本データ通信協会，53-86頁

————（2003）「Missouri v. American Blast Fax, Inc.（控訴判決）——ファックス商業広告禁止連邦法違憲判決を覆し合憲とした事件」『国際商事法務31巻4号』国際商事法研究所，588-589頁

————（2005）「White Buffalo v. University of Texas II——サーバーを守るために迷惑メールをブロッキングしても商業広告規制の合憲性基準を満たさない場合があると指摘した連邦控訴審裁判例」『国際商事法務33巻9号』国際商事法研究所，1318-1319頁

古田啓昌ほか（2017）「投稿記事削除仮処分命令申立事件——最高裁平成29年1月31日決定に対する評価と今後の課題」『判例時報2328号』判例時報社，14-18頁

プロバイダ責任制限法ガイドライン等検討協議会（2014）「プロバイダ責任制限法 名誉毀損・プライバシー関係ガイドライン〔第3版補訂〕」

法学協会（1953）『註解 日本国憲法 上巻』有斐閣

町村泰貴（2011）「経由プロバイダに対する発信者情報開示請求が認められた事例――最判平成22年4月8日民集64巻3号676頁」『知的財産法政策学研究33号』北海道大学グローバルCOEプログラム，155-168頁

松井茂記（2007）『日本国憲法〔第3版〕』有斐閣

―――（2010）「インターネット上の表現行為と表現の自由」高橋和之ほか編『インターネットと法〔第4版〕』有斐閣，15-51頁

―――（2013）『表現の自由と名誉毀損』有斐閣

―――（2014）『インターネットの憲法学〔新版〕』岩波書店

松本和彦（2015）「憲法における立法合理性の要請」松井茂記ほか編『阪本昌成先生古稀記念論文集 自由の法理』成文堂，437-461頁

松本恒雄（2002a）「違法情報についてのプロバイダーの民事責任」『ジュリスト1215号』有斐閣，107-116頁

―――（2002b）「ネット上の権利侵害とプロバイダー責任制限法」『自由と正義53巻6号』日本弁護士連合会，58-67頁

丸橋透（2012）「プロバイダの地位と責任」堀部政男監修『別冊 NBL No. 141 プロバイダ責任制限法 実務と理論――施行10年の軌跡と展望』商事法務，141-184頁

三島聡（2017）「GPS装置による動静監視の解釈論的検討」『季刊 刑事弁護89号』現代人文社，116-122頁

緑大輔（2002）「合衆国での逮捕に伴う無令状捜索――チャイメル判決以降」『一橋論叢128巻1号』一橋大学一橋学会一橋論叢編集所，75-93頁

―――（2004）「合衆国における同意捜索の問題」『修道法学27巻1号』広島修道大学法学会，1-44頁

―――（2015）「監視型捜査における情報取得時の法的規律」『法律時報87巻5号』日本評論社，65-69頁

宮沢俊義（1974）『憲法II〔新版：改訂〕』有斐閣

宮地基（2015）「立法裁量統制の意義と限界」日本公法学会編『公法研究77号』有斐閣，184-195頁

棟居快行（1998）「通信の秘密」『法学教室212号』有斐閣，44-47頁

―――（2015）「表現の自由の意味をめぐる省察」ドイツ憲法判例研究会編『憲法の規範力とメディア法』信山社，297-319頁

―――（2017）「検索エンジンと『忘れられる権利』の攻防」『法学教室441号』有斐閣，46-51頁

迷惑メール対策推進協議会（2016）「迷惑メール対策ハンドブック2016」

毛利透（2013）「インターネットにおける他者の言論の引用者の法的責任」長谷部恭男ほか編『高橋和之先生古稀記念 現代立憲主義の諸相 下』有斐閣，453-486頁

―――― （2016）「萎縮効果論と公権力による監視」『法学セミナー742号』日本評論社，57-61頁

―――― （2017a）「インターネット上の匿名表現の要保護性について――表現者特定を認める要件についてのアメリカの裁判例の分析」樋口陽一ほか編『憲法の尊厳――奥平憲法学の継承と展開』日本評論社，187-214頁

―――― （2017b）「表現の自由①――最初は大きな話から」『判例時報2344号 臨時増刊 法曹実務にとっての近代立憲主義』判例時報社，5-24頁

―――― ほか（2017）『憲法Ⅱ 人権〔第２版〕』有斐閣

籾岡宏成（2006）「名誉毀損・プライバシー侵害とプロバイダーの責任」堀部政男編著『インターネット社会と法〔第２版〕』新世社，193-229頁

柳川重規（2015）「逮捕に伴う捜索・押収の法理と携帯電話内データの捜索――合衆国最高裁 Riley 判決の検討」『法学新報121巻11・12号』中央大学法学会，527-555頁

―――― （2016）「捜査における位置情報の取得――アメリカ法を踏まえて」『刑事法ジャーナル48号』成文堂，30-40頁

山口いつ子（2015）「インターネットにおける表現の自由」松井茂記ほか編『インターネット法』有斐閣，25-52頁

山口智（2017）「19条に残るもの」門田孝＝井上典之編『浦部法穂先生古稀記念 憲法理論とその展開』信山社，393-415頁

山田哲史（2015a）「強制処分法定主義の憲法的意義」日本公法学会編『公法研究77号』有斐閣，225-234頁

―――― （2015b）「新技術と捜査活動規制(1)――合衆国最高裁 Riley 判決の検討をきっかけに」『岡山大学法学会雑誌65巻１号』岡山大学法学会，31-77頁（178-132頁）

―――― （2017）「GPS 捜査と憲法」『法学セミナー752号』日本評論社，28-32頁

山本和昭（2015）「GPS を使用した証拠収集の適法性をめぐる二つの決定」『専修ロージャーナル11号』専修大学法科大学院，49-72頁

山本龍彦（2012）「立法裁量の統制――判断過程審査を中心に」曽我部真裕ほか『憲法論点教室』日本評論社，46-52頁

―――― （2015a）「インターネット上の個人情報保護」松井茂記ほか編『インターネット法』有斐閣，274-300頁

―――― （2015b）「監視捜査における情報取得行為の意味」『法律時報87巻５号』日本評論社，61-64頁

―――― （2017a）『プライバシーの権利を考える』信山社

―――― （2017b）「GPS 捜査違法判決というアポリア？」『論究ジュリスト22号』有斐閣，148-155頁

郵政省（2000）「インターネット上の情報流通の適正確保に関する研究会――報告書」（平成12年12月）

渡辺康行ほか（2016）『憲法Ⅰ 基本権』日本評論社

レッシグ，ローレンス（山形浩生訳）（2007）『CODE VERSION 2.0』翔泳社

【英文文献】

Abrams, Sharon E. (1984) "Third-Party Consent Searches, the Supreme Court, and the Fourth Amendment," Journal of Criminal Law & Criminology, 75, p. 963

Amar, Akhil Reed (1992) "The Supreme Court, 1991 Term; Comment: The Case of the Missing Amendments: R.A.V. v. City of St. Paul," Harvard Law Review, 106, p. 124

———— (1994) "Fourth Amendment First Principles," Harvard Law Review, 107, p. 757

Babst, Lauren E. (2015) "No More Shortcuts: Protect Cell Site Location Data with a Warrant Requirement," Michigan Telecommunications & Technology Law Review, 21, p. 363

Baker, C. Edwin (1982) "Realizing Self-Realization: Corporate Political Expenditures and Redish's the Value of Free Speech," University of Pennsylvania Law Review, 130, p. 646

———— (1989) *Human Liberty and Freedom of Speech*, Oxford University Press

Bambauer, Jane (2014) "Is Data Speech?," Stanford Law Review, 66, p. 57

Bard, Jonathan (2016) "Unpacking the Dirtbox: Confronting Cell Phone Location Tracking with the Fourth Amendment," Boston College Law Review, 57, p. 731

Barron, Andrew (2015) "Future Proof: For a Discretionary Standard for Compelled Disclosure of Historical Cell Site Location Information," Temple Political & Civil Rights Law Review, 24, p. 423

Bedi, Monu (2014) "Social Networks, Government Surveillance, and the Fourth Amendment Mosaic Theory," Boston University Law Review, 94, p. 1809

Benjamin, Stuart Minor (2011) "Transmitting, Editing, and Communicating: Determining What 'the Freedom of Speech' Encompasses," Duke Law Journal, 60, p. 1673

———— (2013) "Algorithms and Speech," University of Pennsylvania Law Review, 161, p. 1445

Bensur, Gabriella E. (2015) "Cover Your Webcam: The ECPA's Lack of Protection against Software that Could Be Watching You," Cornell Law Review, 100, p. 1191

Bezanson, Randall (1999) "The Developing Law of Editorial Judgment," Nebraska Law Review, 78, p. 754

Blackman, Josh (2014) "What Happens If Data Is Speech?," University of Pennsylvania Journal of Constitutional Law, 16, p. 25

Blasi, Vincent (1977) "The Checking Value in First Amendment Theory," American Bar Foundation Research Journal, 1977, p. 521

Blevins, John (2012) "The New Scarcity: A First Amendment Framework for Regulating Access to Digital Media Platforms," Tennessee Law Review, 79, p. 353

Boyden, Bruce E. (2016) "Emergent Works," Columbia Journal of Law & the Arts, 39, p. 377

Bracha, Oren and Frank Pasquale (2008) "Federal Search Commission? Access, Fairness, and Accountability in the Law of Search," Cornell Law Review, 93, p. 1149

Butler, Alan (2014) "Get a Warrant: The Supreme Court's New Course for Digital Privacy Rights after Riley v. California," Duke Journal of Constitutional Law & Public Policy, 10, p. 83

Cásarez, Nicole B. (2016) "The Synergy of Privacy and Speech," University of Pennsylvania Journal of Constitutional Law, 18, p. 813

Casey, Timothy (2008) "Electronic Surveillance and the Right to Be Secure," U.C. Davis Law Review, 41, p. 977

Crawford, Susan (2014) "Freedom of the Press: First Amendment Common Sense," Harvard Law Review, 127, p. 2343

Danelo, Ada (2016) "Legislative Solutions to StingRay Use: Regulating Cell Site Simulator Technology Post-Riley," Washington Law Review, 91, p. 1355

DoJ (2009) "Searching and Seizing Computers and Obtaining Electronic Evidence in Criminal Investigations," https://www.justice.gov/sites/default/files/criminal-ccips/legacy/2015/01/14/ssmanual2009.pdf (last visited on Mar. 3, 2018)

———— (2015) "Department of Justice Policy Guidance: Use of Cell-Site Simulator Technology, No. 15-1084," https://www.justice.gov/opa/file/767321/download (last visited on Mar. 3, 2018)

Dery, George M., III and Kevin Meehan (2015) "A New Digital Divide? Considering the Implications of Riley v. California's Warrant Mandate for Cell Phone Searches," University of Pennsylvania Journal of Law & Social Change, 18, p. 311

Donohue, Laura K. (2015) "Section 702 and the Collection of International Telephone and Internet Content," Harvard Journal of Law & Public Policy, 38, p. 117

Duarte, Natasha H. (2015) "The Home Out of Context: The Post-*Riley* Fourth Amendment and Law Enforcement Collection of Smart Meter Data," North Carolina Law Review, 93, p. 1140

Elkin-Koren, Niva (2001) "Let the Crawlers Crawl: On Virtual Gatekeepers and the Right to Exclude Indexing," University of Dayton Law Review, 26, p. 179

Ely, John Hart (1975) "Flag Desecration: A Case Study in the Roles of Categorization and Balancing in First Amendment Analysis," Harvard Law Review, 88, p. 1482

Fallon, Richard H., Jr. (1994) "Two Senses of Autonomy", Stanford Law Review, 46, p. 875

FCC (2002) "In the Matter of Inquiry Concerning High-Speed Access to the Internet Over Cable and Other Facilities; Internet Over Cable Declaratory Ruling; Appropriate Regulatory Treatment for Broadband Access to the Internet Over

Cable Facilities," GN Docket No. 00-185, CS Docket No. 02-52, Declaratory Ruling and Notice of Proposed Rulemaking (released March 15, 2002), FCC 02-77, FCC Record, 17, p. 4798

———— (2010) "In the Matter of Preserving the Open Internet: Broadband Industry Practices," GN Docket No. 09-191, WC Docket No. 07-52, Report and Order (released December 23, 2010), FCC 10-201, FCC Record, 25, p. 17905

———— (2013) "In the Matter of Implementation of the Telecommunications Act of 1996: Telecommunications Carriers' Use of Customer Proprietary Network Information and Other Customer Information," CC Docket No. 96-115, Declaratory Ruling (released June 27, 2013), FCC 13-89, FCC Record, 28, p. 9609

———— (2015) "In the Matter of Protecting and Promoting the Open Internet," GN Docket No. 14-28, Report and Order on Remand, Declaratory Ruling, and Order (released March 12, 2015), FCC 15-24, FCC Record, 30, p. 5601

———— (2018) "In the Matter of Restoring Internet Freedom," WC Docket No. 17-108, Declaratory Ruling, Report and Order, and Order (released January 4, 2018), FCC 17-166

Ferris, Colby (2010) "Communication Indecency: Why the Communications Decency Act, and the Judicial Interpretation of It, Has Led to a Lawless Internet in the Area of Defamation," Barry Law Review, 14, p. 123

French, Ryan (2012) "Picking up the Pieces: Finding Unity after the Communications Decency Act Section 230 Jurisprudential Clash," Louisiana Law Review, 72, p. 443

Freiwald, Susan (2001) "Comparative Institutional Analysis in Cyberspace: The Case of Intermediary Liability for Defamation," Harvard Journal of Law & Technology, 14, p. 569

Fritts, Emily K. (2004) "Internet Libel and the Communications Decency Act: How the Courts Erroneously Interpreted Congressional Intent with Regard to Liability of Internet Service Providers," Kentucky Law Journal, 93, p. 765

Friedman, Jonathan A. and Francis M. Buono (2000) "Limiting Tort Liability for Online Third-party Content under Section 230 of the Communications Act," Federal Communications Law Journal, 52, p. 647

Gey, Steven G. (2010) "Why Should the First Amendment Protect Government Speech When the Government Has Nothing to Say?," Iowa Law Review, 95, p. 1259

Grimmelmann, James (2014) "Speech Engines," Minnesota Law Review, 98, p. 868

Harb, Jameel (2006) "White Buffalo Ventures, LLC v. University of Texas at Austin: The CAN-SPAM Act & The Limitations of Legislative Spam Controls," Berkeley Technology Law Journal, 21, p. 531

Hardman, Heath (2015) "The Brave New World of Cell-Site Simulators," Albany

Government Law Review, 8, p. 1

Harvard Law Review Association (2005) "The Impermeable Life: Unsolicited Communications in the Marketplace of Ideas," Harvard Law Review, 118, p. 1314

———— (2014) "The Supreme Court 2013 Term: Leading Case: Constitutional Law: Fourth Amendment – Search and Seizure – Searching Cell Phones Incident to Arrest – Riley v. California," Harvard Law Review, 128, p. 251

Hawkins, Erik E. (2014) "No Warrants Shall Issue But upon Probable Cause: The Impact of the Stored Communications Act on Privacy Expectations," Wake Forest Journal of Law & Policy, 4, p. 257

Helman, Igor (2009) "SPAM-A-LOT: The States' Crusade against Unsolicited E-mail in Light of the CAN-SPAM Act and the Overbreadth Doctrine," Boston College Law Review, 50, p. 1525

Hemmer, Andrew (2016) "Duty of Candor in the Digital Age: The Need for Heightened Judicial Supervision of Stingray Searches," Chicago-Kent Law Review, 91, p. 295

Hinz, Eric R. (2012) "A Distinctionless Distinction: Why the RCS/ECS Distinction in the Stored Communications Act Does Not Work," Notre Dame Law Review, 88, p. 489

Hopper, Dan (2006) "Do You Want SPAM with That? The CAN-SPAM Act, Preemption, and First Amendment Commercial Speech Jurisprudence Concerning State University Anti-Solicitation E-mail Policy," SMU Law Review, 59, p. 387

Huh, Soon Chul (2006) "Invasion of Privacy v. Commercial Speech? Regulation of SPAM with a Comparative Constitutional Point of View," Albany Law Review, 70, p. 181

Hyder, Shaina (2013) "The Fourth Amendment and Government Interception of Unsecured Wireless Communications," Berkeley Technology Law Journal, 28, p. 937

Hyland, Amanda Groover (2008) "The Taming of the Internet: A New Approach to Third-Party Internet Defamation," Hastings Communications & Entertainment Law Journal, 31, p. 79

Kamin, Sam (2004) "The Private Is Public: The Relevance of Private Actors in Defining the Fourth Amendment," Boston College Law Review, 46, p. 83

Kattan, Ilana R. (2011) "Cloudy Privacy Protections: Why the Stored Communications Act Fails to Protect the Privacy of Communications Stored in the Cloud," Vanderbilt Journal of Entertainment & Technology Law, 13, p. 617

Kerr, Orin S. (2003) "Lifting the 'Fog' of Internet Surveillance: How a Suppression Remedy Would Change Computer Crime Law," Hastings Law Journal, 54, p. 805

———— (2004) "A User's Guide to the Stored Communications Act, and a Legislator's Guide to Amending It," George Washington Law Review, 72, p. 1208

――― (2009) "The Case for the Third-Party Doctrine," Michigan Law Review, 107, p. 561

――― (2010a) "Applying the Fourth Amendment to the Internet," Stanford Law Review, 62, p. 1005

――― (2010b) "Eleventh Circuit Decision Largely Eliminates Fourth Amendment Protection in E-Mail," The Volokh Conspiracy, March 15, 2010, http://volokh.com/2010/03/15/eleventh-circuit-decision-largely-eliminates-fourth-amendment-protection-in-e-mail/ (last visited on Mar. 3, 2018)

――― (2011) "An Equilibrium-Adjustment Theory of the Fourth Amendment," Harvard Law Review, 125, p. 476

――― (2012) "The Mosaic Theory of the Fourth Amendment," Michigan Law Review, 111, p. 311

――― (2014) "The Next Generation Communications Privacy Act," University of Pennsylvania Law Review, 162, p. 373

Kim, W. Scott (2016) "The Fourth Amendment Implications on the Real-Time Tracking of Cell Phones Through the Use of 'Stingrays'," Fordham Intellectual Property, Media & Entertainment Law Journal, 26, p. 995

Kozinski, Alex and Stuart Banner (1990) "Who's Afraid of Commercial Speech?," Virginia Law Review, 76, p. 627

Kreimer, Seth F. (2006) "Censorship by Proxy: The First Amendment, Internet Intermediaries, and the Problem of the Weakest Link," University of Pennsylvania Journal of Constitutional Law, 155, p. 11

Kroll, Kevin (2014) "Keeping Track of the Joneses: Redefining the Privacy Boundaries of the Digital Age," Southern California Law Review, 87, p. 1A

LaFave, Wayne R. (2012) *Search and Seizure; A Treatise on the Fourth Amendment* (5th Ed., Vol. 4), West

Liu, Edward C. (2013) "Reauthorization of the FISA Amendments Act," CRS Report for Congress, Congressional Research Service, April 8, 2013

Manishin, Glenn B., and Stephanie A. Joyce (2004) "Overview of Current Spam Law & Policy," The Computer and Internet Lawyer 21 (9), p. 1

Margulies, Peter (2015) "Defining 'Foreign Affairs' in Section 702 of the FISA Amendments Act: The Virtues and Deficits of Post-Snowden Dialogue on U.S. Surveillance Policy," Washington & Lee Law Review, 72, p. 1283

Marshall, William P. (1995) "In Defense of the Search for Truth as a First Amendment Justification," Georgia Law Review, 30, p. 1

Martin, Samantha L. (2006), "Interpreting the Wiretap Act: Applying Ordinary Rules of 'Transit' to the Internet Context," Cardozo Law Review, 28, p. 441

Medina, Melissa (2013) "The Stored Communications Act: An Old Statute for Modern

Times," American University Law Review, 63, p. 267

Meiklejohn, Alexander (1960) *Political Freedom; The Constitutional Powers of the People*, Harper & Brothers, Publishers

Mell, Peter and Timothy Grance (2011) "The NIST Definition of Cloud Computing: Recommendations of the National Institute of Standards and Technology," NIST Special Publication 800-145, September 2011

Norman, Jason (2016) "Taking the Sting Out of the Stingray: The Dangers of Cell-Site Simulator Use and the Role of the Federal Communications Commission in Protecting Privacy & Security," Federal Communications Law Journal, 68, p. 139

Owsley, Brian L. (2014) "TriggerFish, StingRays, and Fourth Amendment Fishing Expeditions," Hastings Law Journal, 66, p. 183

Oyama, Katherine A. (2006) "E-mail Privacy After United States v. Councilman: Legislative Options for Amending ECPA," Berkeley Technology Law Journal, 21, p. 499

Patel, Sewali K. (2002) "Immunizing Internet Service Providers from Third-Party Internet Defamation Claims: How Far Should Courts Go?," Vanderbilt Law Journal, 55, p. 647

Post, Robert C. (1995) "Recuperating First Amendment Doctrine," Stanford Law Journal, 47, p. 1249

———— (2012) *Democracy, Expertise, and Academic Freedom: A First Amendment Jurisprudence for the Modern State*, Yale University Press

Pozen, David E. (2005) "The Mosaic Theory, National Security, and the Freedom of Information Act", Yale Law Journal, 115, p. 628

Price, Michael W. (2016) "Rethinking Privacy: Fourth Amendment 'Papers' and the Third-Party Doctrine," Journal of National Security Law & Policy, 8, p. 247

Redish, Martin H. (1984) *Freedom of Expression: A Critical Analysis*, Lexis Law Publishers

———— (2001) *Money Talks: Speech, Economic Power, and the Values of Democracy*, New York University Press

Richards, David A. J. (1974) "Free Speech and Obscenity Law: Toward a Moral Theory of the First Amendment," University of Pennsylvania Law Review, 123, p. 45

Richards, Neil M. (2005) "Reconciling Data Privacy and the First Amendment," UCLA Law Review, 52, p. 1149

———— (2015) "Why Data Privacy Law is (Mostly) Constitutional," William & Mary Law Review, 56, p. 1501

Robison, William Jeremy (2010) "Free at What Cost?: Cloud Computing Privacy Under the Stored Communications Act," The Georgetown Law Journal, 98, p. 1195

Rubenfeld, Jed (2001) "The First Amendment's Purpose," Stanford Law Review, 53, p.

767

Rustad, Michael L. and Thomas H. Koenig (2005) "Rebooting Cybertort Law," Washington Law Review, 80, p. 335

Schauer, Frederic (2004) "The Boundaries of the First Amendment: A Preliminary Exploration of Constitutional Salience," Harvard Law Review, 117, p. 1765

Selbst, Andrew D. (2013) "Contextual Expectations of Privacy," Cardozo Law Review, 35, p. 643

Septa, James B. (2002), "A Common Carrier Approach to Internet Interconnection," Federal Communications Law Journal, 54, p. 225

Serafino, Laurie Buchan (2014) "'I Know My Rights, So You Go'n Need a Warrant for That': The Fourth Amendment, Riley's Impact, And Warrantless Searches of Third-Party Clouds," Berkeley Journal of Criminal Law, 19, p. 154

Sheridan, David R. (1997) "Zeran v. AOL and the Effect of Section 230 of the Communications Decency Act upon Liability for Defamation on the Internet," Albany Law Review, 61, p. 147

Sunstein, Cass R. (1993) "Words, Conduct, Caste," The University of Chicago Law Review, 60, p. 795

———— (1995) *Democracy and the Problem of Free Speech: With a New Afterword*, The Free Press

Talai, Andrew B. (2014) "Drones and *Jones*: The Fourth Amendment and Police Discretion in the Digital Age," California Law Review, 102, p. 729

Vandelist, Jake (2014) "Adapting the Stored Communications Act to a Modern World," Minnesota Law Review, 98, p. 1536

Volokh, Eugene (1996) "Freedom of Speech in Cyberspace from the Listener's Perspective: Private Speech Restrictions, Libel, State Action, Harassment, and Sex," The University of Chicago Legal Forum, 1996, p. 377

———— and Donald M. Falk (2012) "Google: First Amendment Protection for Search Engine Search Results," The Journal of Law, Economics & Policy, 8, p. 883

Ward, Ryan A. (2011) "Discovering Facebook: Social Network Subpoenas and the Stored Communications Act," Harvard Journal of Law & Technology, 24, p. 563

Wilson, Mark (2013) "Castle in the Cloud: Modernizing Constitutional Protections for Cloud-Stored Data on Mobile Devices," Golden Gate University Law Review, 43, p. 261

Wu, Felix T. (2011) "Collateral Censorship and the Limits of Intermediary Immunity," Notre Dame Law Review, 87, p. 293

Wu, Tim (2013) "Machine Speech," University of Pennsylvania Law Review, 161, p. 1495

Yelton, H. Rick (2014) "Riley v. California: Setting the Stage for the Future of Privacy by Distinguishing Between Digital and Physical Data," Loyola Law Review, 60, p.

997

Yemini, Moran (2008) "Mandated Network Neutrality and the First Amendment: Lessons from Turner and a New Approach," Virginia Journal of Law & Technology, 13, p. 1

Zieglowsky, Ali Grace (2010) "Immoral Immunity: Using a Totality of the Circumstances Approach to Narrow the Scope of Section 230 of the Communications Decency Act," Hastings Law Journal, 61, p. 1307

事項索引

アルファベット

ACLU　→米国自由人権協会
A-GPS　263
AI　→人工知能
CALEA　→法執行向け通信支援法
CAN-SPAM法　143-146, 149, 155, 160
CPNI　78
DKIM　163
DNS　124-125, 129, 138
DoJ　→司法省
DVDリージョンコード　105
ECPA　→電子通信プライバシー法
FBI　283, 288, 298
FCC　78-79, 108, 111, 118, 144, 289
FISA　→外国諜報監視法
FISC　→外国諜報監視裁判所
FTC　144, 162
GPS　68
GPS位置情報　245-247, 251, 260, 263-264, 266
　——アプリ提供主体　263, 266
　——収集　246, 283-286, 293-294, 296-298
HTTP　302
IMSIキャッチャー　283-285, 287, 289
IMSI情報収集　283-290, 292-296, 299
IoT　→インターネット・オブ・シングス
IPアドレス　44, 249, 264, 285
IP電話　281
Katz基準　191-192, 213, 246-248, 263, 286-288
LAP　→ロンドンアクションプラン
M2M　→機器間の通信
NIST　16
NSA　→国家安全保障局
Nシステム　283
OECD　→経済協力開発機構
OP25B　163
P2P　67
SCA　193
SIDF　163
SIMロック　104, 240
SNS　7, 16, 45, 82, 124, 164, 174, 207, 265, 312-314
SNS役務提供者　7, 302, 304, 312-314, 315, 318, 321

Spenceテスト　59-60
SPF　163
TCO/IP　81
Wi-Fi位置情報　262

あ行

アイディア　61, 63-64, 66, 77, 80, 82, 89
　——の伝達　60, 63, 81-82
アクセスプロバイダ　185
アナログ電話端末　100
アルゴリズム　74-75, 81, 83, 91, 93, 99
意思伝達　59, 70-71, 80, 82, 85, 88, 102, 152
　——の要素の十分性　59-60, 86-87
萎縮効果　13, 18, 136, 149, 213, 262, 280, 295, 301, 330-331, 333-334
一次的アルゴリズム　76, 89, 92-93
位置情報　6, 13-14, 52, 68, 105, 244-246, 248-257, 259-263, 265-266, 293-294, 298-299, 301
位置情報強制取得行為　248-249, 264
位置情報着信者事業者観　249, 254
位置情報等通知機能　260
一対一の通信　21, 174, 186
一対多の通信　174
位置登録情報　262, 266
一般的表現物　78, 83, 89, 99, 104
移転の自由　262
移動役務商用メッセージ　144-145
移動体端末　74, 87, 104, 144, 150, 230, 245, 247, 262, 290, 302
移動電話端末　100, 266
意味的コード　67, 76, 81, 85-87, 98, 101
インターネット・オブ・シングス（IoT）　6, 66, 237, 241
インターネットカフェ　186
インターネット経由の通信　6, 10, 14, 18, 21-22, 29, 46, 95, 101, 120, 150, 159, 270, 281, 326, 340-341
インターネット上の役務提供者　302-304, 310, 315-316, 318-319, 321, 327
インターネット接続役務　22, 108, 124-125, 130, 140, 182, 195, 213, 217, 261, 302, 353
インターネット接続役務提供者　14, 22, 41, 46, 67, 95, 102, 106-107, 109-111, 113-114, 116, 118-120, 123-125, 127, 130-131, 135, 138-

140, 144, 148, 150-151, 154, 164, 168-173,
178, 180-182, 192, 195, 198-199, 205-208,
217, 302, 315, 326-327, 329, 333, 337-341,
347, 349, 351-352
インターネット接続役務の再分類　108-111, 124-
125, 139
インターネットの開放性　111, 119
インターネットプロトコル移動電話端末　100
インターネットプロトコル電話端末　100, 243
ウェアラブル端末　237, 266
ウェブホスティング　174
ウェブメール　197-198, 219, 302, 308
ウェブメール役務提供者　197-198, 211, 216, 219,
302, 306-310, 314-315, 317-318, 321-322
営業の自由　8, 14, 46, 106, 143, 155, 157-160,
165, 207, 281
──の客観法的要請　157
──論争　157
営利広告の自由　162
営利的言論　145, 161, 163
──の自由　79, 145-146, 150
営利的表現　149
──の自由　101, 149, 150, 162-163, 165
役務総体判断観　308-310, 316, 318
役務提供義務　126-128, 132-133, 139-140
役務別属性区別説　196-197, 208, 216, 307, 309-
310, 316, 318
遠隔情報処理役務　194-197, 203, 206
遠隔情報処理役務提供者　196-199, 201-206, 208,
212, 214-216, 218-219, 248, 303-307, 309-
316, 319-320, 322
遠隔保管情報　226-230, 232-233, 240-241, 253
エントランス回線　50
オープンインターネット規則（米）　108, 118
オプトアウト方式　144-145, 155, 161, 164
オプトイン方式　145, 155, 161, 164
オリジナルメール　192
卸電気通信役務　129
音声伝送役務　47, 107-108, 122, 124, 137, 140,
214, 244, 250, 260-261, 268
──提供者　195, 206
オンラインストレージ役務提供者　7-8, 129, 140,
189, 196, 205, 207-208, 248, 302, 304-305

か行

外国諜報監視裁判所（FISC）　297
外国諜報監視法（FISA）（米）　193, 282
外国諜報監視改正法（米）　193, 214, 282, 292
開始時点　309, 316-317
回線交換網　215
改造行為　104

開封済みウェブメール　308-310
開封済みメール　306-308, 310, 316-317
画像共有型サイト　37
可動式追跡装置　194, 246
過度の広汎性ゆえ無効の法理　114
加入者回線網　107
加入者識別番号　285
可搬型発電機　50
仮の受信者　187
簡易命令手続　202, 217, 246, 248, 270, 286, 289
間接的，付随的な制約　→表現の自由
官民データ活用推進基本法　6, 39
関与者　6, 14, 19, 33, 38, 49, 55-57, 73, 151, 327-
328, 339-342, 346, 349-350
管路　83, 110, 124, 328, 337
管路支配者　83, 102
キーロガー　271, 279
──利用情報取得　271-272, 279
機械語　100
機械自身の表出物　82, 92-93, 97, 99
機械的生成物　14, 74-76, 78-79, 81-82, 83, 85-
86, 88-94, 98-100, 103-104
基幹網（バックボーン網）　46, 215
機器間の通信（M2M）　66, 74, 94
技術基準適合維持義務　139
技術基準適合認定　241
偽装基地局　284-285, 288, 291, 301
基礎的電気通信役務　16, 46, 127, 140, 185
──提供事業者　127-128
基地局　6, 50, 68, 244-245, 250, 253-254, 262,
265, 284-285, 287, 299, 301
機能的コード　67, 76, 81, 85-87, 93, 97-98, 101
機能的データ　81
規模の経済性　31, 51
基本権　5, 8, 16, 18, 20, 28-29, 53, 57, 62, 106-
107, 114, 117, 120-123, 132, 134, 136-137,
141, 143, 156, 158, 160, 168, 171, 181, 188,
243, 254, 280, 284, 293, 295-296, 300, 341-342
──の競合　154, 164
──の保護領域　154
基本権法益　22, 46, 51, 94-95, 158-159, 243,
293, 296, 300, 342-343
──侵害情報　23, 46-47, 62, 137, 153
──侵害等発生時　342-344, 346, 348, 353
基本的な通信役務　4, 15-16, 20, 25, 30-31, 49,
52, 132-133, 135, 260-261
逆探知装置　193, 202, 214, 246, 286, 298
客観的（な）期待　34, 158, 288, 290
キャッシング　124-125, 138
狭義の位置情報　262, 266
狭義の「秘密」　39, 44, 167, 180, 258, 344

――の侵害　33-35, 45, 39, 41, 43-44, 50, 53, 55, 132-135, 181, 189, 207-208, 210, 232-233, 235, 241, 244, 266, 273, 275, 280, 295-296, 301, 316, 318-321

強制処分　237, 275, 279-280, 291-293, 295-298, 300-301

強制処分法定主義　279, 291-292, 296, 300

行政提出命令書　202, 214

行政命令（米）　282

競争政策　158

共有地の悲劇　150

供用　126, 129, 135, 139-140, 173, 176, 183, 186, 218-219, 315, 323

記録　81

記録唯一性　308, 310-313, 316-318, 322

緊急通報　140, 260-261, 266

クラウド技術　6, 76, 125, 151, 205, 226, 302, 306, 308, 317, 322

クラウドコンピューティング　6, 16

景観利益　119

経済協力開発機構（OECD）　164

経済的自由権　27, 106, 157, 162, 343

刑事訴訟法　189, 229, 239-240, 267, 275, 278-281, 284, 291-292, 294, 300

携帯端末内包情報　222-229, 240, 253-254, 288

携帯端末保管情報　225, 227-228, 240

携帯電話端末　6, 52, 68, 222-231, 236, 238-240, 244-245, 251, 254, 257, 260-263, 266, 283-285, 288, 290-291, 293, 302

刑法　16, 164, 274

契約者情報　4, 9, 15, 44, 213, 259, 285, 295

経由プロバイダ　169, 185

原意主義　5, 16

検閲　280

検閲の禁止　140, 186

健康で文化的な最低限度の生活　6, 22, 158-159

検索役務　37

検索役務提供者　37, 51, 67, 84, 215, 217, 350

検索役務利用者　84, 89, 102, 104

検索エンジン　67, 76, 79, 83-84, 91, 102-103, 352

検索結果表示　79, 81, 83-84, 89-91, 99-100, 102-104

――言論性肯定説　83, 90, 103

――言論性否定説　83-84

検索ボトルネック論　83, 99

原始的機械の生成物　76, 89

検証　292-294, 300-301

検証許可状　284, 294, 298, 300-301

権利侵害認識時不作為免責否認　326, 347

権利侵害不確信時作為免責否認　326, 348, 353

言論　58-61, 71-72, 75-77, 79-80, 82-84, 103, 109-110, 331, 333, 337-338

言論者　77, 83-84, 103, 110, 121, 328-329, 335, 338

言論者責任　330, 335, 338

言論性　58-60, 63, 71, 78-79, 81, 83, 103, 338

言論性機能的区別説　82, 90-91

言論性三要件　60-62

言論内容規制　78, 119, 148

言論内容中立規制　78, 119, 148

言論の自由　58, 60-62, 79-80, 82, 109, 142, 146, 327-328, 331, 334, 337-339

言論の自由促進機能　331, 339, 341

故意的単純伝送行為　112-113

故意の伝送行為　113, 130-131, 140

公益事業特権　128, 139

公開目的ネットワーク　23, 40, 46-47, 95, 137, 180

公開予定通信　40, 169, 323

――構成要素情報　40, 42

――照合情報　40, 42

公開予定内容情報　40, 42, 168-169, 235, 258, 338

交換　8, 17, 49, 55, 303

交換設備　126, 139, 267

広義の「秘密」　33-35, 43-45, 50-51, 53, 55, 181, 273, 280, 301, 320

――の侵害　43

公共の福祉　3, 18, 32, 43-44, 52, 62, 94, 104, 106, 114-115, 134, 158, 208, 274, 280, 296, 342

合憲性の推定原則の排除　28

高水準プログラミング言語　100

構成要素情報　4, 8-9, 12-13, 15-18, 21-22, 32, 34-35, 39-40, 43-46, 50-52, 55, 69, 189, 200, 204-205, 217, 244, 250, 255, 258-259, 261, 266, 270, 272, 281-282, 290, 295, 301

公然性通信除外説　10, 20-21-22, 39, 54, 138, 169, 323

公然性を有する通信　10-11, 17, 21-22, 29, 39, 46, 53-54, 57, 68, 96, 122, 182

広帯域移動無線アクセス　260

高度情報通信ネットワーク社会　39

公判提出命令書　202

公物　104

勾留付き逮捕　223-224, 238

コード　66, 74-75-76, 78-82, 85-89, 93-94, 96-101, 103-105

コード作成者　76, 82-85, 89-93, 98-99, 102-103

コード利用者　76, 81-82, 89-92, 103

個人情報　324

個人情報の保護に関する法律　52, 320, 324

個人的データ　79-80, 94-95, 160, 167, 224, 226, 245, 288
個人（の）特定　41-43, 51, 167, 258-259, 261
個人（の）識別　41-42, 51, 167, 211, 258-259, 261-262
個人の自律　62-63, 93, 115
個人の尊厳　6, 11, 22-23, 34, 50, 116-117, 158, 279-280
個人の尊重の原理　3, 22, 32, 158, 258, 300-301
国家安全保障局（NSA）　282
国家からの自由　9, 15, 17, 64, 69, 105, 120
国家による自由　9, 15
国家の安全保障　6, 23, 34, 142, 282
固定電話役務提供者　127, 129, 137, 140, 339
個別通信説　174-179, 182, 186-187
個別的の伝達・理解可能性　59, 63, 72, 85, 89
個別的伝達性　59, 62, 68, 71, 73, 85-86, 89-90, 103
コモンキャリア　8, 13-14, 108, 121-141, 168, 214, 328, 333, 335, 337, 339, 351, 353
　　　——規制　108-109, 124, 138-139
コンテンツ等供給機能　305-306
コンパイラ　76

さ行

サーバー　7, 16-17, 26, 48, 73, 81, 127, 129, 147-148, 150, 173, 179, 183, 187, 189-190, 192-193, 195, 197-198, 205, 208, 211, 219, 226-227, 239-240, 259, 306, 308-309, 311-312, 329, 351
サーバー効率性　147
財産権　8, 33, 46, 94, 96, 104, 106, 157, 241, 278, 346, 349
再取得時点　309, 316-317
最小化手続　269-270, 279
サイバー空間　11, 17, 20, 45, 77, 97, 101, 165, 328, 331, 339
サイバー攻撃　6, 163, 241, 274
サイバーセキュリティ　142, 165
サイバーセキュリティ基本法　50, 97, 142, 156, 160
裁判所命令　202-203, 269, 297, 299
債務不履行責任　183-184
削除免責論　334-336, 338, 340
差別　27-28, 30, 48-49, 280
差別的取扱い　49
暫定取得　272-274, 277, 280
暫定的・中間的保管　198-200, 210, 216, 219, 307-308, 311-313, 323
恣意的な取扱い　27-28, 48, 106, 326, 344
ジェネレータ　76

事業記録　249, 252-253, 257-259, 261, 266, 295
　　　——論　249-250, 252-257, 260-261, 264-266
事業用電気通信設備規則　50, 266
自己実現　58, 62
事後取得　272-274, 277, 280
自己統治　58, 62, 65, 149, 163
自主規制促進機能　331-332, 339-341
私生活の平穏　151
事前取得　272-273, 280
思想の自由市場　58, 60, 62, 70, 151
思想・良心に基づく行為の自由　103-104
思想・良心の自由　103-104
実質的寄与行為　335-336
実質的寄与説　335, 337-338, 343
実質的な新規情報発信時　343-346, 348
実質的な媒介　36-38, 41, 48, 51, 73, 121-122, 134-135, 137, 139, 172-173, 175-178, 180, 182-183, 186-187, 190, 206-208, 218-219, 315, 318-319, 327
　　　——の成立要件　37, 176-177, 206, 315
実体的なメッセージ　60-61, 64, 80-82, 84-87, 89-90, 93, 98, 110, 112, 342
　　　——保護説　81-82, 90, 103
指定電気通信役務　140, 185
私的自治の原則　12, 18, 135, 151, 326
私的領域に「侵入」されることのない権利　240
自動運転　6
自動の通信　68, 73-74, 94, 262
司法省　196, 285, 288-289, 291, 298, 307
司法省指針　289, 296
車車間通信　66, 105
遮断行為　106-108, 110, 112-114, 116-118, 130-131, 140, 144, 148, 166, 171
集会の自由　262, 301
住居等の不可侵　244
修正1条　58, 60-62, 70-72, 75, 77-82, 84, 109-111, 119, 142-143, 146-149, 162-163, 327, 337-338
修正4条　190-194, 202, 212-213, 217-218, 222-223, 225, 227, 238, 244, 246-253, 258, 263-266, 268-269, 282-288, 290-291, 296, 298-300
　　　——適用論　251
　　　条件付——適用論　250-251, 257, 265
周波数　230
周辺関連情報　44, 52, 266, 280, 319-320
主観的な権利　4, 29-30, 33, 157, 161, 164-165, 233, 321, 342
取材の自由　86, 88, 91, 99, 103
受信　49, 57, 134, 175
受信拒否請求　144-145, 164
主体性転換観　307, 309-310, 312, 316, 321

374

受領権　88, 99, 153
純粋単純伝送行為　112-113, 130, 136, 338
準通信管理主体　320-321
消極的知得　39, 211
消極的役割免責論　333-334
承認説　336-337
消費者　158-159, 162, 165
情報役務　108-109, 124-125, 129, 139
情報加工編集機能　108-109
情報加工編集行為　38, 41-42, 95, 117, 124, 129,
　135, 168, 171, 206, 230, 312, 314, 338-347, 349
情報権力　36, 207
情報公開・加工編集行為　330, 332-335, 338
情報受領権　→受領権
情報端末保管情報　226
情報着信の自由　→着信の自由
情報通信基盤整備推進補助金交付要綱　45
情報内容責任　132, 188, 325-328, 330-334, 336-
　351, 353
情報内容提供者　329, 333, 335, 337-338, 344,
　352
情報の自由な流通　31, 50, 65, 69, 72-73, 87, 93-
　94, 96, 105, 142, 180, 242, 329, 337, 341, 353
情報発信の自由　→発信の自由
情報不接触原則　4, 11, 21-22, 32, 38-39, 42, 94,
　132, 167-169, 184, 212, 234, 276, 325-326
情報流通過程一律保護思想　87-88, 103
商用移動役務　144
商用電子メール　143-148, 161
条理上の（作為）義務　167, 171-172, 184-185,
　326, 347, 350
職業選択の自由　157
助言者　84
所持品検査　242
所有権　33
知る権利　103, 162
新オープンインターネット保護規則（米）　108-
　109-110-111, 116-117, 119
新オープンインターネット保護命令（米）　108-
　109, 111, 120, 124, 130, 138
侵害　18, 39, 43
侵害対象情報　40-42, 44
人工知能（AI）　76, 85, 89, 92, 99
新種捜査　283-284, 286, 291-297
信書　52
信書に該当する文書に関する指針　47
信書の秘密　17, 26, 47, 42
信頼　34-36, 40-43, 52, 55, 184, 207, 230, 256-
　257, 259, 316-317
真理の探究　58
スティングレー　284

ストーカー行為等の規制等に関する法律　164
ストレージ　189
スマートフォン　7, 68, 105, 246
青少年インターネット環境整備法　16, 52, 118
青少年閲覧防止措置　52, 118
精神的自由権　157
正当手続　190, 235, 257
正当防衛　167
制度的利用環境　→「通信」の制度的利用環境
政府に対するチェック機能　58
責任分界点　241
セキュリティ脅威情報　23, 46-47, 50, 52, 117,
　119, 189, 343
積極的知得　34, 39, 41-44, 48, 52, 167, 180, 187,
　211, 224, 229, 255, 259, 261-262
接続請求応諾義務　139
設備共用自他通信　70
設備支配型電子掲示板管理者　26-27, 48, 51,
　128-129, 166, 187, 323
設備支配者　220, 234, 235
設備使用自他通信　55-57, 70
設備使用他人間通信　55-56
設備使用同一人通信　55-56, 69-70
設備使用独力完結通信　70
設備非支配型電子掲示板管理者　26-27, 48, 51,
　183, 321, 323
設備不使用通信　55-56, 68, 70
窃用　39-43, 48, 51, 211, 259, 261-262, 316-317
1934年通信法（米）　108, 123, 290
1996年電気通信法（米）　101
専用通信回線設備等端末　100, 243
総合的判断論　334
総合デジタル通信端末　100
相互接続　4, 16, 31, 50
捜査関係事項照会　291, 294, 301
捜索（等）　191-192, 194, 222-226, 228-229,
　232, 235-240, 242, 247-248, 263, 267, 278,
　283, 286-289, 292-294, 299
捜索差押許可状　294
送受信規制　97-98
送信　46, 49, 57, 67, 134, 172, 175
送信ドメイン認証技術　151
送信防止措置　14, 166-173, 179-185, 187-188,
　325-326, 347-349, 353
送信防止措置不可能説　170-172, 180, 182, 347
相対的平等　48
装着型GPS位置情報収集　247, 284, 295
双方向型役務提供者　329-332, 334-335, 337,
　339, 344, 352
双方向型コンピュータ役務　329, 351
双方向型プラットフォーム　7-8, 16, 26, 36-38,

事項索引　　375

41-42, 168, 174, 195, 203, 206, 333, 342-343, 345, 348-349

ソーシャルネットワーキングサービス →SNS

促進行為　336

促進説　336-337

属性固定説　196-197, 199, 209, 216, 308, 310, 316, 318

た行

第一種公衆電話　140

大学遮断指針　146-148

第三者公開目的提供免責論　334, 338

第三者法理　191-192, 194, 210, 213, 219, 240, 247-249, 251-253, 256, 263-265, 287, 298

対州法優先規律　143, 146

対戦型アプリ提供主体　37, 318-319

大陪審提出命令書　202

逮捕に伴う捜索（等）　222, 226, 254, 263

対面コミュニケーション　55-56, 68-70

他人間通信促進時電子通信役務説　195, 206, 311

誰にも受領されない表現物　65, 88

単一通信説　174-179, 182, 186-187, 315

単純伝送行為　112-113

端末所在地情報　245, 262, 266, 290, 294-295, 299, 301

端末設備　14, 74, 100, 186, 193, 199-200, 204-205, 218, 220-223, 227-237, 239-243, 245-246, 259, 298, 307-308

───接続請求　139

───の不可侵性　229

───の利用実態を確認する責務　241

端末設備等規則　100, 266

端末内包情報　221-223, 227-237, 239, 242, 262

端末保管情報　229-230, 232-233, 241-242

置換効果　213

蓄積情報　189

知識生成保護説　80-81, 87-88, 103

着信　49, 57, 94

着信者　4, 14, 17, 19, 30, 32, 43, 46, 49, 55, 57, 65, 70, 94, 108, 112, 143-145, 147, 150-153, 155, 160-161, 174-176, 186, 192-193, 197-198, 200, 203, 207-210, 216, 221, 242, 249, 254-255, 266, 272-273, 301, 307-308, 310-312, 315-317

着信（受信）の自由　30, 57, 160

中継網　215

著作権　105, 351

著作権法　97, 105

通常の過程で期限切れ　199, 216, 307

通常令状手続　202, 209, 248-249, 269-270, 281, 286, 289

通信　3-6, 9-12, 16, 19-24, 27, 29-30, 32-34, 43, 50, 53-55, 57, 64-66, 68-70, 73-74, 93-96, 99, 106, 114-118, 121-122, 132-134, 136-137, 139, 153-156, 160, 174-175, 182, 191, 207, 210, 220-221, 229, 237, 256, 263, 268, 274, 276, 280, 283-284, 295-297, 302-303, 315-316, 320, 323, 325, 339

通信役務の提供に関する義務　132-137, 141

通信役務の適切な提供　4, 30-31, 49, 132-133, 135, 153, 210, 212, 230

通信監視　191, 282, 297

通信管理権　8, 12, 27, 29, 38-39, 46, 48, 57, 106, 120, 129, 132-137, 141, 168, 170, 181-183, 188, 231-237, 241, 249, 252, 254, 257, 326, 342-345, 348-349

───の侵害　231-234

通信管理主体　7-9, 11, 13-14, 17, 19-21, 23-25, 27-36, 39-40, 42-57, 73, 95-96, 115-117, 121, 132-134, 136-137, 139, 141, 150-151, 153-154, 166-167, 171, 173, 175-176, 178, 180, 182-184, 187-190, 193, 205-208, 210, 212, 219, 221, 227, 230-237, 241-242, 244, 252, 255-257, 259-262, 266-267, 272, 275-276, 281, 294-295, 298, 301, 303, 315-321, 324-327, 338-344, 346-350, 353

───原則免責　132, 181-184, 325-327, 339-340, 346-350

───行為　208-209, 303-304, 316-319

───性　303-304, 310, 315-319, 321, 323

───の機能性　340-341

───の固有性　339, 341

───の責任一律性　340, 346

通信基盤　31, 33, 35, 43, 45, 51, 105, 181-182, 233

通信脅威犯罪　274, 280

通信記録　13, 189-190, 194, 197, 200-205, 208, 210-212, 217-218, 221, 248, 267-268, 270-271-272, 276, 286, 302, 322

───捜索　52, 267-281, 283, 293-294, 296, 302

───の保管　14, 129, 189-190, 193, 197, 208-209, 211-212, 262, 302, 311

通信記録保管法（SCA）（米）　193-194, 196-197, 200, 203-204, 208, 211, 214, 216-218, 248, 250, 264, 303, 305, 307, 311, 313, 319

通信事業者　187

通信事業の民営化　24-25, 107, 122

通信手段を用いた表現の自由　3, 5-6, 13, 16, 29-30, 45, 53, 273

通信制度　20, 24, 34, 51, 65, 68, 204, 319

───の設営　9, 32-34, 43, 45, 154, 181, 183

通信設備　4, 6-7-8, 15-16, 18, 31, 36, 55-57, 68-

70, 112, 115, 127, 148, 151, 154, 159, 205, 218-222, 226, 228-237, 241-242, 253-254, 257, 259, 278, 306, 342, 344-345, 349
──の適切な管理　30-31, 153, 155, 233-234, 237, 241, 341, 343, 347, 349
──の不可侵性　234, 237
通信手順　81, 353
通信当事者　4-7, 17, 19, 31-33, 35, 38, 40, 42-43, 51, 56-57, 69, 112, 170, 175-177, 180, 189-190, 197, 200, 206, 208, 220-221, 232, 234-235, 237, 242, 252, 266, 273, 275-276, 298, 311, 340, 344, 350
通信当事者説　170, 172-174, 178, 180, 182
「通信」の基本的特性　20, 33, 53
「通信」の（健全な／主要な）制度的利用環境　9, 11-12, 17, 23, 31, 33-34-35, 43-44, 51, 51, 53, 98, 116-117, 119, 153-154, 159, 175, 236, 273-274, 320, 340, 342, 344
通信の自由　5-6, 10, 13-14, 16, 20-21, 23, 27-30, 32-33, 45, 48, 50, 53, 57, 65-66, 75, 94, 97-100, 105, 115-117, 119, 134-135, 137, 142-143, 153-157, 159-161, 164, 180-181, 183-184, 188, 260, 273, 295, 321, 326, 341, 344
──の侵害　52
通信の秘密　→秘密
通信平等保障要請　28-29, 115-117, 121, 129, 132, 137, 182, 184, 208, 280, 303
通信品位法（米）　76, 327-338, 341, 351-352
通信傍受　14, 52, 56, 70, 193, 200, 217, 262, 267-281, 283, 285-288, 290-294, 296, 300, 302
通信傍受法　16, 267, 277, 279-281, 292, 294, 300
通信傍受法（米）　193, 269
通信履歴　189, 194, 227, 281, 301
通知対応免責論　333, 336
通話番号　192, 250-251, 285-286, 290
──等記録装置　193, 264, 286, 288-292, 294, 298-299
出会い系サイト　127, 129, 146, 329
ディープラーニング　92-93
定義規定論　334, 352
定義づけ衡量　58
データセンター　189, 205, 268, 322
データ伝送役務　106, 131, 214, 244, 261, 268
データ伝送役務提供者　195, 309, 322
適正手続の保障　301
電気通信　11, 36, 57, 108-109, 123-126, 153-154, 183, 193, 195, 220, 242, 267, 269, 281
電気通信役務　26, 47-48, 126, 128-129, 166, 176, 186, 245
電気通信役務（米）　108-109, 123-124
電気通信回線設備　126-127, 139-140, 220, 231,

241-242, 245, 260
電気通信事業　256
電気通信事業者　22, 44, 46, 78-79, 104, 123-124, 126-131, 139-140, 161, 192-193, 196, 213, 220, 231, 241, 245-246, 248-255, 259-260, 262-263, 265-266, 290, 299, 309, 321
電気通信事業者の取扱中に係る通信　26, 186
──に関して知り得た他人の秘密　324
電気通信事業における個人情報保護に関するガイドライン　266, 281
電気通信事業法　4, 11, 15-16, 26-28, 35, 46-48, 52, 70, 100, 123, 126, 128, 139-140, 166, 176-177, 185-186, 195, 220, 241, 279, 321, 324, 350
電気通信事業報告規則　50
電気通信事業法施行規則　140
電気通信事業を営む者　47, 128, 140, 220, 321
──の取扱中に係る通信　26, 186
──の取扱中に係る通信に関して知り得た他人の秘密　324
電気通信システム管理目的等の情報加工編集機能の使用　109, 124-125
電気通信設備　26, 47-48, 50, 74, 126, 139-140, 166, 174, 176, 220
──の設置　139
転居届　15
電子掲示板　26-27, 38, 40, 48, 129-130, 135-136, 168, 174, 183, 185, 195, 206-207, 218, 310-315, 323-324, 328-329, 343
電子掲示板管理者　26, 36, 38, 41, 47-48, 95, 129-130, 135-136, 168-169, 172, 182, 185, 206-207, 218-219, 302, 304, 310-312, 314-315, 318, 321, 323-324, 327, 347, 349
電子出版　109
電子商取引　37, 124
電子通信　194-198, 200, 203, 214-216, 219, 269-270, 278, 286-287, 303-306, 309-310, 313, 323
電子通信役務　194-195, 198, 200, 203-204, 218, 309, 319, 322
電子通信役務提供者　194-206, 208-209, 211-212, 217-218, 248, 303-316, 319, 322
電子通信プライバシー法（ECPA）（米）　193, 201, 203, 214, 218-219, 269, 271, 279, 286, 288, 323, 350
電磁的情報保管媒体　226, 228, 235
電子的保管　197-199, 202, 204, 209-210, 216, 218-219, 269, 306-312, 323
──狭義説　198-199, 209-210, 307, 312, 316, 323
──広義説　199, 210-211, 216, 307, 309, 312-313, 316, 323
──情報　198, 200, 202, 204-205, 209-211,

事項索引　　377

218, 258

電子メール役務提供者　148, 150-151, 195, 304, 306-308, 310, 312, 315-318, 321-322, 324

電子メール機能　312, 314

伝送　8, 11, 15, 17, 33, 49, 55, 57, 83, 110, 112, 123-125, 134, 136, 175, 201, 229, 303

伝送系通信管理主体　36, 38-39, 41-42, 51, 57, 107, 111, 113-117, 119, 126-127, 131, 134-137, 140-141, 168-169, 182, 190, 206-207, 209-212, 245, 249, 259, 261-262, 315, 339, 343-347, 349

伝送行為　8, 34, 36, 39, 106-110, 112, 114-118, 121-123, 125-127, 129-131, 134-135, 141, 166, 170, 175-176, 190, 194-195, 198-199, 205-209, 213, 216, 219-220, 241-242, 249, 270, 272, 307, 309-310, 315, 320, 344, 349, 353

伝送行為言論性肯定説　110, 337

伝送行為言論性否定説　110

伝送行為の言論性　109-111, 120

伝送行為の表現性　111

伝送行為を通じた言論の自由　109, 119

伝送行為を通じた表現の自由　14, 57, 106-107, 111, 114-117, 119-120, 123, 131-133, 135-137, 170, 181-182, 188, 233, 344-345, 349, 353

——否定命題　106, 109, 111, 121

伝送中取得　269-270, 272-274, 277, 280

伝送途上暫定記録　270-272, 277, 302

伝送路設備　15, 57, 126, 139, 220-221, 231, 237, 326

伝統的ウェブ役務　302, 305, 324

伝統的専業オンラインストレージ役務提供者　305-306, 312, 315, 318, 321

電波　6, 263, 287, 290

電波法　16, 48

伝播力　22, 29, 33

電話等受付自動代行役務　127

同意　43, 144-145, 155, 201, 208, 228, 234-235, 237, 242-244, 252, 257, 266

同意捜索　242

動画共有サイト運営者　313-314

動画配信役務提供者　38

投稿機能　312-315

当初情報　95, 171, 173, 177-179, 182, 188, 312, 328, 332, 334-336, 338, 343-345, 348-349, 353

特殊詐欺　47

特徴量　92

特定商取引に関する法律　161

特定性の要件　277-278

特定電気通信　166, 169, 173-178, 180, 182, 185-186

特定電気通信役務提供者　14, 166-173, 176-185,

187, 325-326, 339-340, 348-349

特定電気通信設備　166, 173-174, 176-177, 183, 187

特定電気通信の典型事例　173-174, 179

特定電子メール　145, 149, 151-157, 161-162, 164

——規制　143, 145, 149-157, 159, 164, 188

特定電子メール法　44, 98, 140, 142, 145, 150, 152, 156, 161, 163-164

匿名加工情報　52

匿名性　32, 46, 50, 334

匿名による言論の自由　148

匿名による表現の自由　27, 65, 163

途中の通信　175, 182, 187, 323

ドメイン名システム　→ DNS

ドメイン名電気通信役務　129, 140

ドメイン名の名前解決役務　129

トラフィックの適切な管理　32, 347

囚われの聴衆　163

ドローン　266, 295

な行

内部的利用　39, 41-42, 51, 259

内容規制・内容中立規制二分論　114, 119, 148, 152

内容情報　3-4, 8-10, 12-18, 21-22, 32, 34-35, 38-40, 42-46, 51-52, 57, 69, 167, 169, 189-190, 193, 198, 200-205, 209, 213-214, 217-219, 248-251, 254-255, 258-259, 264, 268-277, 279, 281, 285-286, 288, 290, 294-295, 301, 307

内容情報限定保護説　12, 35, 205, 255

二次的情報内容責任　343-345, 353

日米サイバー対話　165

日本・スイス経済連携協定　165

任意捜査　298

任意の保管行為　210-211, 324

任意のアクセス　221, 231-237, 241-242

認定電気通信事業者　128, 139

ネットワーク　4-6, 8, 12, 15-16, 19-20, 23-24, 27, 29, 31-33, 46, 49-50, 65-67, 74, 94-100, 105, 107, 110, 112-114, 117, 119, 122, 131, 138, 147-148, 152, 154-156, 159-160, 166, 180, 182-183, 189, 205-208, 225, 227, 229-231, 234, 239, 241-242, 245, 254, 262-263, 267, 288, 319-320, 325, 328, 341, 343, 348, 353

——効果　31

——セキュリティ　31, 97, 124, 341

——秩序　23-24, 32, 47, 50, 153-154, 181, 341

——（上）の安全性・信頼性（の確保）　9, 50, 153-156

（——の）接続　221, 225, 227, 229-231, 239,

241, 261
——の中立性　102, 117
——保護利益　147-148, 151, 154-157, 188
覗き見　42-43, 52, 214

は行

バイオメトリックス認証技術　301
媒介　36, 41, 48, 73, 121-123, 126-127, 129-131,
　134, 139-141, 166, 172-173, 175-178, 180,
　182-183, 186-187, 190, 206-208, 315, 327, 350
パケット　106, 138, 171
バックアップ保護目的の保管　198-199, 210,
　216-217, 219, 307-308, 309, 311, 313, 322-323
バックボーン網　46
発行者　110, 328-330, 332, 335, 337, 340, 351
発行者責任　328-329, 332-333, 341, 344
発行者免責論　333
発信　49, 57, 94
発信者　4, 16, 19, 30, 32, 36, 42-44, 46, 48-50,
　55, 57, 65, 67, 73, 95, 98, 104, 106, 108, 111,
　118-119, 135-136, 143-144, 148, 150-157,
　160-161, 164, 166-167, 170-179, 182-186,
　192, 201, 206, 220-221, 249, 254, 272-273,
　315, 323, 325-326, 334, 337-338, 343, 349
発信者情報の開示請求　46, 171, 185
発信者免責否認　326, 348, 353
発信（送信）の自由　29-30, 57, 94, 153, 160
発展的機械的生成物　76, 89, 92
発展的総合オンラインストレージ役務提供者
　305-306, 322
パブリックフォーラム　96, 104
番組編集行為　72
犯罪捜査規範　242
犯罪取締り及び街路安全包括法（米）　214
頒布者　328, 330, 332, 337, 351
頒布者責任　330-333, 337, 341, 344, 352-353
頒布者法理　328, 330
ビーバー　299
非言論の行為　59, 61, 71, 77, 80
非公開予定通信　323
——構成要素情報　40, 42
——照合情報　40, 42
非公開予定内容情報　40, 42, 168, 192, 213, 264,
　335, 338
非装着型GPS位置情報収集　247, 263-264, 297-
　299
非通信管理主体　11, 18, 166, 176, 180, 187, 206-
　208, 212, 219, 241, 257, 266, 303, 315-316,
　318-320, 327, 340, 346, 349
ビッグデータ　39
必要的保管行為　210-212, 219, 317-318

非伝送系通信管理主体　36, 38, 41-43, 129-130,
　134-137, 141, 168-169, 182, 206-207, 218-
　219, 315, 339, 343-347, 349
秘匿性　12, 18-19, 21, 32, 34-35, 40, 56, 97, 194,
　221, 227, 245, 249, 256-258, 265, 276
非表現の行為　53, 58, 67, 85, 90, 113
非表現物　5-6, 10, 29-30, 45, 53, 57-58, 64, 66,
　68, 87-88, 92-97, 99
非表現物の伝達を予定した通信　66-68, 74, 93
非表現物の表出の自由　94, 96, 160
秘密　3-5, 7, 9-14, 16, 20-23, 25-33, 35-36, 38-
　39, 41-44, 46, 50-51, 56-57, 65, 69, 73, 96, 99,
　117, 120, 132-134, 139, 168-170, 173, 176,
　180, 183, 187, 189-190, 207, 209-210, 221,
　227, 232-237, 241-242, 252, 255-259, 267-
　268, 273, 276, 280, 284, 293, 295, 297, 304,
　315-316-317, 320-321-322, 324, 326, 344,
　346, 349
秘密制約度　267-268, 272, 274-277, 281
秘密抵触性　255
「秘密」の侵害　17-18, 41-42, 44, 70, 181-182,
　211, 229, 232, 235, 237, 242, 252, 259, 273, 295
秘密不可侵　4-5, 7-8, 13, 15, 19-20, 22, 24-25,
　27, 29, 32-33, 35, 44-45, 50, 68, 117, 132, 181,
　205-206, 221, 228, 234-236, 252, 255, 268,
　272-273, 303, 316, 320, 324, 350
秘密保護要請　7-13, 21-25, 28, 35-36, 44-46, 48,
　113, 115-117, 132, 135-137, 140, 167-170,
　173, 175, 180-184, 186-187, 189-190, 206,
　208-212, 219, 221, 229, 233-237, 244-245,
　252, 255-257, 259, 261, 268-269, 274, 276-
　278, 294, 296, 301-303, 317-321, 325-327,
　340-343, 345-349
秘密保護要請公権力限定説　11, 20, 24, 35, 39,
　114, 116, 169, 255, 325, 349
「秘密」を侵されない権利　33
180日基準　211, 306
表現　16, 19, 32, 53-54, 57-58, 62, 64, 66-69,
　71-72, 75-76, 86-92, 95-96, 103, 106, 107, 112,
　117-118, 121-122, 338, 339
表現規制　58, 62, 65, 99, 150-152
表現者　53, 63, 65, 69, 72, 89-90, 92-93, 95, 104,
　114, 150, 152, 165, 338, 343
表現者の意思　65
表現性　62-65, 72, 75, 85-88, 91-92, 98, 107, 116
表現性三要件　63-64, 66, 72, 88, 91-92, 98, 112-
　113, 149
表現内容規制　5, 114, 150, 152, 154
表現内容中立規制　114, 163
表現の自由　5, 8, 10, 13-14, 19, 21-22, 27-29,
　38-39, 46, 55-57, 62-66, 72-73, 75, 87-88, 90,

事項索引　　379

93, 96-100, 103-105, 107, 111, 114, 116, 118-
123, 129, 131-137, 141-143, 149-157, 159-
165, 168-169, 182-183, 188, 301, 339, 342,
345, 348
——に対する間接的, 付随的な制約　152
——の保障の間隙　96, 160
——の優越的地位　→優越的地位
表現物　5, 29, 31, 45, 53, 57-58, 62-66, 68-69,
74-75, 77, 83, 86-88, 93-99, 103, 150-153, 273,
342
表出　29-30, 49, 64, 71-72, 80-81, 83, 85-87, 89-
90, 92, 94-95, 103, 112, 118
表出型行為　59, 71
——性　59-60, 62-63, 68, 73, 80, 89-90, 101,
103, 112-113, 118
表出内容の実体性　60, 62-63, 68, 71, 81, 89-90
標的型メール　142-143, 156, 160, 164
平等　48
平等保障要請　28, 32, 45, 279, 181
比例原則　43, 182, 353
フィッシング詐欺　142, 156
フォーマット変換　353
不完全な通信　175, 186-187
副次的アルゴリズム　76, 82, 86, 89, 92-93
複製メール　192, 198
輻輳　50
不正アクセス　31
不正アクセス行為の禁止等に関する法律　164
不当探索　34, 56, 231, 235, 237, 273, 275
不当な差別的取扱い　27-28, 30, 128
部分的な通信　175, 178
不法行為　166-167, 183-184
不法行為責任　183-185
不法侵入法理　191, 213, 247
プライバシー　3-4-5, 10, 12, 15-16, 19-21, 31-
34, 40, 45, 50, 53, 55-56, 69, 74, 79-80, 94-95,
105, 190, 192-193, 205, 207, 209-210, 221,
224-228, 231-232, 236-237, 239-240, 243-
244, 246-247, 250, 252, 257-258, 262, 264-
266, 270, 273, 280, 283-285, 287, 290, 292-
293, 295-296, 301, 308, 340
——の客観的期待　191
——の合理的な期待　191-193, 209-210, 213,
225, 240, 247-249, 251-257, 263, 265, 268,
286-288, 290-291, 299, 314
——の主観的期待　191, 288-290
プラットフォーム事業者　305-306
フリーメール役務提供者　216
振り込め詐欺（特殊詐欺）　47
ブロードバンド網　45, 108
プロトコル変換　353

プロバイダ責任制限法　14, 46, 117, 120, 130,
133, 166-185, 188, 325-327, 339-340, 346-
349, 353-354
プロファイリング　278, 295, 321
米国愛国者法　193, 282, 297
米国国立標準技術院　16
米国自由人権協会（ACLU）　283
米国自由法　282
ヘッダー情報　52, 143, 148, 161
編集権　22, 38, 42, 46, 61, 64, 129-130, 135, 137,
168-169, 183, 330, 337, 339, 342
編集言論説　61, 64, 84, 89, 109-110, 129, 337
編集者　83-84, 102, 110
包括的免責論　331-334, 336, 338-340, 344, 346,
348
法執行向け通信支援法（CALEA）（米）　193
傍受記録　275, 281, 302
傍受・記録捜索該当性　272, 274, 280
傍受命令　202, 269, 278
——手続　202, 269-270, 278, 286-287
傍受令状　293
法人（団体）の基本権　115
放送　21, 64, 72, 101, 122, 174, 263
放送法　21
報道の自由　86
法の下の平等　28, 49
法律上の行為規範　107, 114, 116, 121
法律上の秘密の間隙　27
法律の留保の原則　300
保管主体　189-190, 202-205, 208, 211, 307
ポケットベル　194
保護されない言論　61, 72, 101
保護領域　115, 119, 130, 136-137
保障契約約款　140
ホスティング役務提供者　166, 173
保全　189, 200, 203, 212, 281
保存　189
保存情報　202, 205, 218, 306
ボットネット　151
「本質的に表出型」の行為　49, 59, 71

ま行

マルウェア　23, 67, 142
民主主義の（健全な）発展　6, 117
民法　33, 166-167, 171, 177, 183-185, 347, 349,
354
無人航空機　6, 266, 295
無線通信　48, 287, 289
無線呼出端末　100
無線LAN　262
無体財産権　94

迷惑音声通信　162
迷惑メール　14, 142-148, 150-152, 154-156, 159-160, 164
　　　——規制　142-143, 148-149, 156, 160-162
　　　——送信防止技術　151
　　　——フィルター機能　150
メタデータ（構成要素情報）　15, 282
メッセージ　49, 59-60, 62-63, 66-68, 71-72, 77, 82-83, 85, 90-92, 103, 110, 112, 114, 343, 348, 353
　　　——内容責任　343-346, 348-349, 354
モザイク理論　250, 264-265
モバイルアプリ役務　302, 324
モバイルアプリケーション　302
問題情報排除措置　23-24, 32, 47, 180-183, 341-342, 347-348
問題通知　331, 333, 336, 348
問題含みの情報　23-24, 110, 112, 125, 180, 325

や行

優越的地位　53, 103, 106, 115, 155
有線音声通信　194-195, 197, 200, 214-215, 219, 269, 278, 286
　　　——役務　203
有線電気通信法　15, 23, 48, 279
郵便　150, 213
郵便・電話の時代　19-20, 22, 24, 31, 34, 45, 122, 268, 281
郵便・信書便設備　220
郵便物　15, 209, 281
郵便物に関して知り得た他人の秘密　26
郵便物の秘密　47
郵便法　4, 16, 26-28, 35, 47
預託情報保管・処理機能　305-306, 312, 315, 319-320

ら行

理解可能性　59, 62-63, 85-86, 90, 96, 112
立法裁量　97-98, 155, 181, 212, 279-280, 339
立法による内容形成　25, 104, 120, 133, 141, 153, 160, 181-182, 188, 320
流通情報　5, 17, 22-23, 27, 38, 42, 47-48, 52, 94-95, 110, 112, 115, 118, 131-132, 140, 166-169, 171, 175, 180, 184, 188, 231, 236, 304, 323, 325-328, 330-332, 334, 336, 340, 342, 345, 348-349, 351-353
利用者　28, 38, 40-42, 48, 67, 79, 96, 106, 114-115, 117, 119-120, 124, 139, 141, 150, 207, 213, 215, 221, 227, 231, 233, 237, 240-241, 245, 249-250, 253, 256-257, 259-260, 265-266, 279, 305-306, 317, 329-331, 334

利用者効率性　147
利用者に専属的なネットワーク情報（CPNI）　78
利用者利益　147-148, 150-151, 154, 156-157
利用の公平　27-28
ルーター　126
令状主義　191, 194, 213, 217, 225, 228, 230, 232, 236-237, 240, 245, 277, 282-283, 283, 286, 288, 290-292, 296, 299-300
　　　——の例外　222, 227, 232, 239
令状手続　191-194, 202, 222, 224-226, 229, 235, 238, 247-248, 251, 262, 264, 283-284, 288-289, 291, 293, 296, 298
連邦捜査局　→ FBI
連邦通信委員会　→ FCC
連邦取引委員会　→ FTC
漏えい　3, 7-8, 15, 26, 33-35, 39-42, 48, 52, 168, 190, 200-201, 203-205, 207, 210, 233, 259, 261, 266, 303, 306, 317, 320
漏えい禁止の保管・処理目的限定　201, 305, 309, 313-314
ロボコール　162
ロボット　75-76, 162
ロンドンアクションプラン（LAP）　164

わ行

わいせつ文書　58, 70

事項索引　　381

判例索引

最高裁判所

最大判昭和27年 8 月 6 日刑集 6 巻 8 号974頁（石井記者証言拒否事件） 72, 103
最大判昭和30年 4 月27日刑集 9 巻 5 号924頁（国税犯則取締法事件） 240
最大判昭和32年 3 月13日刑集11巻 3 号997頁（チャタレー事件） 70
最大判昭和36年 2 月15日刑集15巻 2 号347頁 162
最大判昭和36年 6 月 7 日刑集15巻 6 号915頁 240
最大判昭和41年 6 月23日民集20巻 5 号1118頁 183
最大判昭和44年 6 月25日民集23巻 7 号975頁（夕刊和歌山時事事件） 183
最大判昭和44年10月15日刑集23巻10号1239頁（『悪徳の栄え』事件） 70
最大決昭和44年11月26日刑集23巻11号1490頁（博多駅取材フィルム提出命令事件） 103
最大判昭和45年 6 月24日民集24巻 6 号625頁（八幡製鉄政治献金事件） 119
最大判昭和47年11月22日刑集26巻 9 号586頁（小売市場距離制限事件） 165
最大判昭和50年 4 月30日民集29巻 4 号572頁（薬局距離制限事件） 162
最決昭和51年 3 月16日刑集30巻 2 号187頁 300
最大判昭和53年 6 月20日刑集32巻 4 号670頁（バッグ所持品検査事件） 242
最大判昭和53年 9 月 7 日刑集32巻 6 号1672頁（ポケット所持品検査事件） 242
最大判昭和56年 6 月15日刑集35巻 4 号205頁（戸別訪問禁止事件） 163
最大判昭和59年12月12日民集38巻12号1308頁（札幌税関検査事件） 47
最判昭和63年12月20日判時1302号94頁（商業宣伝放送等差止請求事件） 163
最大判平成 8 年 1 月29日刑集50巻 1 号 1 頁（和光大学事件） 240
最大判平成11年11月10日民集53巻 8 号1704頁（衆議院議員総選挙無効請求事件） 279
最大決平成11年12月16日民集53巻 9 号1327頁（電話傍受決定） 278, 281, 300
最判平成18年 3 月23日判時1929号37頁 52
最判平成18年 3 月30日民集60巻 3 号948頁（国立マンション事件） 119
最判平成18年11月27日判時1958号61頁（消費者契約法事件） 165
最判平成20年 4 月11日刑集62巻 5 号1217頁（立川自衛隊宿舎反戦ビラ配布事件） 48, 104, 163
最判平成20年 6 月12日民集62巻 6 号1656頁（NHK 番組改変事件） 72
最判平成21年11月30日刑集63巻 9 号1765頁（葛飾区ビラ配布事件） 104
最判平成22年 4 月 8 日民集64巻 3 号676頁（発信者情報開示請求事件） 185-187
最大決平成25年 9 月 4 日民集67巻 6 号1320頁（非嫡出子相続分規定事件） 279
最大判平成27年12月16日民集69巻 8 号2427頁（再婚禁止期間規定事件） 279
最判平成28年 4 月12日判時2309号64頁 52
最判平成28年10月18日民集70巻 7 号1725頁 15
最決平成29年 1 月31日民集71巻 1 号63頁（検索結果削除請求事件） 15, 100
最大判平成29年 3 月15日刑集71巻 3 号13頁（GPS 捜査事件） 240, 284, 297
最大判平成29年12月 6 日裁時1689号 3 頁（NHK 受信料制度訴訟） 73

高等裁判所

大阪高判昭和41年 2 月26日判タ191号155頁 17
東京高判平成13年 9 月 5 日判時1786号80頁（ニフティサーブ〔現代思想フォーラム〕事件） 185
東京高判平成14年12月25日判時1816号52頁（2ちゃんねる・動物病院事件） 185
東京高判平成17年 3 月 3 日判時1893号126頁（2ちゃんねる・小学館事件） 185
東京高判平成20年 5 月28日判タ1297号283頁 186

東京高判平成21年1月29日判タ1295号193頁　300
名古屋高判平成27年2月26日判時2256号11頁　15
大阪高判平成28年3月2日判タ1429号148頁（GPS捜査事件）　284, 297, 301
名古屋高判平成28年6月29日判時2307号129頁　297
名古屋高判平成29年6月30日金判1523号20頁　15

地方裁判所

大阪地判平成6年4月27日判時1515号116頁　297
東京地判平成9年5月26日判時1610号22頁（ニフティサーブ〔現代思想フォーラム〕事件）　184
東京地判平成11年9月24日判時1707号139頁（東京都立大学事件）　185
東京地判平成14年6月26日判時1810号78頁　185
東京地判平成14年4月30日（平成11年（刑わ）3255号）　17
東京地判平成14年12月18日判時1829号36頁　119
東京地判平成16年5月18日判タ1160号147頁（milkcafe 事件）　185-353
東京地判平成19年11月29日（平成19年（ワ）4528号）　187
東京地判平成19年11月29日判タ1297号287頁　186
東京地判平成20年10月1日判時2034号60頁（産能ユニオン会議室事件）　47, 185
大阪地決平成27年6月5日判時2288号138頁（GPS捜査事件）　284, 297
大阪地判平成27年7月10日判時2288号144頁（GPS捜査事件）　284, 297

米国の裁判所

Anderson v. New York Telephone Company, 35 N.Y.2d 746 (1974)　350
Anzaldua v. Northeast Ambulance and Fire Protection District, 793 F.3d 822 (8th Cir. 2015)　216
Arizona v. Gant, 556 U.S. 332 (2009)　223, 238-239
Bansal v. Russ, 513 F. Supp. 2d 264 (E.D. Pa. 2007)　216
Barnes v. Yahoo!, Inc., 570 F.3d 1096 (9th Cir. 2009)　352
Barrett v. Rosenthal, 112 Cal. App. 4th 749 (Cal. App. 1st Dist. 2003)　350, 352
Barrett v. Rosenthal, 40 Cal. 4th 33 (Cal. 2006).　351-352
Batzel v. Smith, 333 F.3d 1018 (9th Cir. 2003)　351-353
Batzel v. Smith, 351 F.3d 904 (9th Cir. 2003)　352
Becker v. Toca, Civil Action No. 07-7202 Section "L" (3), LEXIS 89123 (E.D. La. 2008)　215
Birchfield v. North Dakota, 136 S. Ct. 2160 (2016)　240
Blumenthal v. Drudge, 992 F. Supp. 44 (D.D.C. 1998)　351
Bolger v. Youngs Drug Products Corp., 463 U.S. 60 (1983)　161
Brigham City v. Stuart, 547 U.S. 398 (2006)　214, 238
Brown v. Entertainment Merchants Association, 564 U.S. 786 (2011)　77-78
Carafano v. Metrosplash.com, Inc., 339 F.3d 1119 (9th Cir. 2003)　350
Cardinal Health 414, Inc. v. Adams, 582 F. Supp. 2d 967 (M.D. Tenn. 2008)　216
Central Hudson Gas & Electric Corp. v. Public Service Commission of New York, 447 U.S. 557 (1980)　146-147, 161-162
Chaplinsky v. New Hampshire, 315 U.S. 568 (1942)　72
Chicago Lawyers' Committee for Civil Rights under Law, Inc. v. Craigslist, Inc., 461 F. Supp. 2d 681 (N.D. Ill. 2006)　352
Chicago Lawyers' Committee for Civil Rights under Law, Inc. v. Craigslist, Inc., 519 F.3d 666 (7th Cir. 2008)　352-353
Chimel v. California, 395 U.S. 752 (1969)　222, 224, 227, 238-239
City of Cincinnaty v. Discovery Network, Inc., 507 U.S. 410 (1993)　161
City of Los Angeles v. Patel, 135 S. Ct. 2443 (2015)　238
City of Ontario v. Quon, 560 U.S. 746 (2010)　265
Clark v. Community for Creative Non-Violence, 468 U.S. 288 (1984)　119
Crispin v. Christian Audigier, Inc., 717 F. Supp. 2d 965 (C.D. Cal. 2010)　216, 312, 314, 323

Crowley v. CyberSource Corp., 166 F. Supp. 2d 1263 (N.D. Cal. 2001) 215, 217

Cubby, Inc. v. CompuServe Inc., 776 F. Supp. 135 (S.D.N.Y. 1991) 328, 332

Dixson v. Newsweek, Inc., 562 F.2d 626 (10th Cir. 1977) 350

Doe No. 1 v. Backpage.com, LLC, 137 S. Ct. 622 (2017) 331, 351

Doe v. Backpage.com, LLC, 817 F.3d 12 (1st Cir. 2016) 331, 351

Doe v. GTE Corp., 347 F.3d 655 (7th Cir. 2003) 352

Fair Housing Council of San Fernando Valley v. Roommates.com, LLC, 521 F.3d 1157 (9th Cir. 2008) 352–353

Federal Trade Commission v. Accusearch, Inc., 570 F.3d 1187 (10th Cir. 2009) 351, 353

Flagg v. City of Detroit, 252 F.R.D. 346 (E.D. Mich. 2008) 215, 309, 322

Florida v. Jardines, 133 S. Ct. 1409 (2013) 213

Fraser v. Nationwide Mutual Insurance Co., 135 F. Supp. 2d 623 (E.D. Pa. 2001) 216

Garcia v. Google, 786 F.3d 733 (9th Cir. 2015) 101

Guest v. Leis, 255 F.3d 325 (6th Cir. 2001) 213

Gustafson v. Florida, 414 U.S. 260 (1973) 238

Halkin v. Helms, 598 F.2d 1 (D.C. Cir. 1978) 265

Hurley v. Irish-American Gay, Lesbian and Bisexual Group of Boston, 515 U.S. 557 (1995) 70

In re Application for a Search Warrant, for Contents of Electronic Mail and for an Order Directing a Provider of Electronic Communication Services to Not Disclose the Existence of the Search Warrant, 665 F. Supp. 2d 1210 (D. Or. 2009) 215

In re Application of the United States for an Order Authorizing the Installation and Use of a Pen Register and Trap and Trace Device, 890 F. Supp. 2d 747 (S.D. Tex. 2012) 299

In re Application of the United States of America for a Search Warrant, for Contents of Electronic Mail and for an Order Directing a Provider of Electronic Communication Services to Not Disclose the Existence of the Search Warrant, 665 F. Supp. 2d 1210 (D. Or. 2009) 322

In re Application of the United States of America for an Order Authorizing the Release of Historical Cell-Site Information, No. 11-MC-0113, LEXIS 15457 (E.D.N.Y. 2011) 264

In re Application of the United States of America for an Order Directing a Provider of Electronic Communication Service to Disclose Records to the Government, 534 F. Supp. 2d 585 (W.D. Pa. 2008) 263

In re Application of the United States of America for an Order Directing a Provider of Electronic Communication Service to Disclose Records to the Government, 620 F.3d 304 (3d Cir. 2010) 218, 263–264

In re Application of the United States of America for an Order Pursuant to 18 U.S.C. § 2703(d), 830 F. Supp. 2d 114 (E.D. Va. 2011) 264

In re Application of the United States of America for Historical Cell Site Data, 724 F.3d 600 (5th Cir. 2013) 263–265

In re Application of the United States of America for Historical Cell Site Data, 747 F. Supp. 2d 827 (S.D. Tex. 2010) 264

In re Application of the United States of America for Orders Pursuant to Title 18, United States Code, Section 2703(d), 509 F. Supp. 2d 76 (D. Mass. 2007) 265

In re Doubleclick Inc. Privacy Litigation, 154 F. Supp. 2d 497 (S.D.N.Y. 2001) 215

In re iPhone Application Litigation, 844 F. Supp. 2d 1040 (N.D. Cal. 2012) 217–218

In re JetBlue Airways Corp. Privacy Litigation, 379 F. Supp. 2d 299 (S.D.N.Y. 2005) 215

In re Subpoena Duces Tecum (United States v. Bailey), 228 F.3d 341 (4th Cir. 2000) 214

Inventory Locator Service, LLC v. Partsbase, Inc., No. 02-2695 Ma/V, LEXIS 32680 (W.D. Tenn. 2005) 215, 323

Jaynes v. Commonwealth of Virginia, 276 Va. 443 (Va. 2008) 150, 162–163

Jennings v. Jennings, 389 S.C. 190 (S.C. App. 2010) 216

Jennings v. Jennings, 401 S.C. 1 (S.C. 2012) 216

Jones v. Dirty World Entertainment Recordings LLC, 755 F.3d 398 (6th Cir. 2014) 351, 353

Jones v. Dirty World Entertainment Recordings LLC, 965 F. Supp. 2d 818 (E.D. Ky. 2013) 353

Katz v. United States, 389 U.S. 347 (1967) 191, 212–213, 287, 298

Kentucky v. King, 563 U.S. 452 (2011) 238–239

Konop v. Hawaiian Airlines, Inc., 302 F.3d 868 (9th Cir. 2002) 279, 310, 323

Kyllo v. United States, 533 U.S. 27 (2001) 263
Langdon v. Google, Inc., 474 F. Supp. 2d 622 (D. Del. 2007) 101
Lewis v. Time Inc., 83 F.R.D. 455 (E.D. Cal. 1979) 350
McIntyre v. Ohio Elections Commission, 514 U.S. 334 (1995) 162
Miami Herald Publishing Company v. Tornillo, 418 U.S. 241 (1974) 71
Mills v. Alabama, 384 U.S. 214 (1966) 70
Mincey v. Arizona, 437 U.S. 385 (1978) 239
National Association of Regulatory Utility Commissioners v. Federal Communications Commission, 525 F.2d 630 (D.C. Cir. 1976) 138
New York v. Belton, 453 U.S. 454 (1981) 238-239
O'Brien v. Western Union Telegraph Co., 113 F.2d 539 (1st Cir. 1940) 350
O'Connor v. Ortega, 480 U.S. 709 (1987) 263
Oliver v. United States, 466 U.S. 170 (1984) 263, 298
Olmstead v. United States, 277 U.S. 438 (1928) 212
Packingham v. North Carolina, 137 S. Ct. 1730 (2017) 70
Posadas de Puerto Rico Associates v. Tourism Company of Puerto Rico, 478 U.S. 328 (1986) 162
Prince Jones v. United States, 168 A.3d 703 (D.C. Cir. 2017) 299
Quon v. Arch Wireless Operating Co., 529 F.3d 892 (9th Cir. 2008) 215-216, 308, 316, 322
R.A.V. v. City of St. Paul, 505 U.S. 377 (1992) 72
Red Lion Broadcasting Co. v. Federal Communications Commission, 395 U.S. 367 (1969) 70
Reed v. Town of Gilbert, 135 S. Ct. 2218 (2015) 101
Reno v. American Civil Liberties Union, 521 U.S. 844 (1997) 76, 101
Riley v. California, 134 S. Ct. 2473 (2014) 223, 226-227, 236, 239-240, 253, 263, 265, 288, 299
Roth v. United States, 354 U.S. 476 (1956) 71-72
Rumsfeld v. Forum for Academic and Institutional Rights, Inc., 547 U.S. 47 (2006) 71
Search King, Inc. v. Google Technology, Inc., No. CIV-02, 1457-M, LEXIS 27193 (W.D. Okla. 2003) 101
Shiamili v. The Real Estate Group of New York, Inc., 17 N.Y.3d 281 (N.Y. App. Ct. 2011) 351
Smallwood v. State of Florida, 113 So. 3d 724 (Fla. 2013) 239
Smith v. California, 361 U.S. 147 (1959) 350
Smith v. Maryland, 442 U.S. 735 (1979), 192, 213, 246, 263-264, 286, 288, 298
Snow v. DirecTV, Inc., 450 F.3d 1314 (11th Cir. 2006) 218
Snow v. DirecTV, Inc., No. 2:04-cv-515-FtM-33SPC, LEXIS 48652 (M.D. Fla. 2005) 323
Sorrell v. IMS Health Inc., 564 U.S. 552 (2011) 77, 101, 162
Spence v. Washington, 418 U.S. 405 (1974) 71
State of Missouri v. American Blast Fax, Inc., 323 F.3d 649 (8th Cir. 2003) 161
State of New Jersey v. Earls, 214 N.J. 564 (N.J. 2013) 263, 265
State of North Carolina v. Perry, 776 S.E.2d 528 (N.C. Ct. App. 2015) 263
State of Ohio v. Smith, 124 Ohio St. 3d 163 (Ohio 2009) 239
State of Wisconsin v. Tate, 357 Wis. 2d 172 (Wis. 2014) 287, 298
Steve Jackson Games, Inc. v. United States Secret Service, 36 F.3d 457 (5th Cir. 1994) 217, 278
Steve Jackson Games, Inc. v. United States Secret Service, 816 F. Supp. 432 (W.D. Tex. 1993) 311
Stratton Oakmont Inc. v. Prodigy Services Company, 1995 N.Y. Misc. LEXIS 229 (N.Y. 1995) 328-329, 332
Terry v. Ohio, 392 U.S. 1 (1968) 238
Texas v. Johnson, 491 U.S. 397 (1989) 70-71
Theofel v. Farey-Jones, 359 F.3d 1066 (9th Cir. 2004) 214, 216, 307-308, 312, 316, 322-323
Tompkins v. The Superior Court of the City and County of San Francisco, 59 Cal. 2d 65 (Cal. 1963) 243
Tracey v. State of Florida, 152 So. 3d 504 (Fla. 2014) 264, 299
Turner Broadcasting System, Inc. v. Federal Communications Commission, 512 U.S. 622 (1994) 71
U.S. West, Inc. v. Federal Communications Commission, 182 F. 3d 1224 (10th Cir. 1999) 101
United States Telecom Association v. Federal Communications Commission, 825 F.3d 674 (D.C. Cir. 2016) 118, 138
United States v. Barrington, 648 F.3d 1178 (11th Cir. 2011) 278

判例索引　　385

United States v. Bynum, 604 F.3d 161 (4th Cir. 2010)   213

United States v. Carpenter, 819 F.3d 880 (6th Cir. 2016)   265

United States v. Chadwick, 433 U.S. 1 (1977)   238

United States v. Councilman, 373 F.3d 197 (1st Cir. 2004).   279

United States v. Councilman, 418 F.3d 67 (1st Cir. 2005)   279

United States v. Davis, 754 F.3d 1205 (11th Cir. 2014)   265

United States v. Davis, 785 F.3d 498 (11th Cir. 2015)   264

United States v. Ellis, No. 13-CR-00818 PJH, LEXIS 136217 (N.D. Cal. 2017)   217, 299

United States v. Espudo, 954 F. Supp. 2d 1029 (S.D. Cal. 2013)   218

United States v. Forrester, 512 F.3d 500 (9th Cir. 2008)   264

United States v. Graham, 796 F.3d 332 (4th Cir. 2015).   265

United States v. Graham, 824 F.3d 421 (4th Cir. 2016)   264

United States v. Graham, 846 F. Supp. 2d 384 (D. Md. 2012)   264-265

United States v. Huie, 593 F.2d 14 (5th Cir. 1979)   213

United States v. Jacobsen, 466 U.S. 109 (1984)   213

United States v. Jones, 565 U.S. 400 (2012)   213, 247-248, 263-264, 286, 298

United States v. Knotts, 460 U.S. 276 (1983)   263, 299

United States v. Lifshitz, 369 F.3d 173 (2d Cir. 2004)   213

United States v. Matlock, 415 U.S. 164 (1974)   242

United States v. Maynard, 615 F.3d 544 (D.C. Cir. 2010)   264-265

United States v. Miller, 425 U.S. 435 (1976)   213

United States v. Perrine, 518 F.3d 1196 (10th Cir. 2008)   213

United States v. Playboy Entertainment Group, Inc., 529 U.S. 803 (2000)   119

United States v. Reed, 575 F.3d 900 (9th Cir. 2009)   217

United States v. Rigmaiden, 844 F. Supp. 2d 982 (D. Ariz. 2012)   299

United States v. Rigmaiden, No. CR 08-814-PHX-DGC, LEXIS 65633 (D. Ariz. 2013)   288

United States v. Riley, 858 F.3d 1012 (6th Cir. 2017)   299

United States v. Robinson, 414 U.S. 218 (1973)   223-224

United States v. Ropp, 347 F. Supp. 2d 831 (C.D. Cal. 2004)   279

United States v. Skinner, 690 F.3d 772 (6th Cir. 2012)   264

United States v. Steiger, 318 F.3d 1039 (11th Cir. 2003)   215, 217

United States v. United States District Court for the Eastern District of Michigan, 407 U.S. 297 (1972)   297

United States v. Warshak, 631 F.3d 266 (6th Cir. 2010)   213, 217, 265

United States v. Weaver, 636 F. Supp. 2d 769 (C.D. Ill. 2009)   216, 308, 311-312, 322

Universal City Studios, Inc. v. Corley, 273 F. 3d 429 (2d Cir. 2001)   101

Universal Communication Systems, Inc. v. Lycos, Inc., 478 F.3d 413 (1st Cir. 2007)   351

Verizon v. FCC, 740 F.3d 623 (D.C. Cir. 2014)   118

Vernonia School District 47J v. Wayne Acton, 515 U.S. 646 (1995)   214, 238

Viacom International Inc. v. YouTube, Inc., 253 F.R.D. 256 (S.D.N.Y. 2008)   313-314, 323

Virgin Islands Telephone Corp. v. FCC, 198 F.3d 924 (D.C. Cir. 1999)   138

Virginia v. Hicks, 539 U.S. 113 (2003)   162

Walter v. United States, 447 U.S. 649 (1980)   213

Ward v. Rock Against Racism, 491 U.S. 781 (1989)   119

Weeks v. United States, 232 U.S. 383 (1914)   238

Wesley College v. Pitts, 974 F. Supp. 375 (D. Del. 1997)   218

White Buffalo Ventures, LLC v. University of Texas at Austin, 420 F.3d 366 (5th Cir. 2005)   146-147, 150-152, 162

Zeran v. America Online, Inc., 129 F.3d 327 (4th Cir. 1997)   330-332, 351, 353

Zhang v. Baidu.com, Inc., 10 F. Supp. 3d 433 (S.D.N.Y. 2014)   101

初出一覧

本書における以下に示す各章の記述については，当該各章ごとに以下に示す著者の既発表の論文を部分的又は全面的にその土台としている。以下に示す章以外の各章の記述については，書き下ろしである。

第2章

・「コード及びそれに基づく機械的生成物に対する『表現の自由』の保障の射程――データの言論性をめぐる米国法上の議論を手がかりとして」『InfoCom REVIEW 68号』14-42頁（情報通信総合研究所，2017年）

・「通信ネットワーク上の役務提供者が通信役務を利用する局面における『法の下の平等』」長崎大学経済学部編『知の地平を超えて――長崎高等商業学校から長崎大学経済学部への100年』153-218頁（九州大学出版会，2016年）

第3章

・前掲「コード及びそれに基づく機械的生成物に対する『表現の自由』の保障の射程――データの言論性をめぐる米国法上の議論を手がかりとして」

第4章

・「インターネット接続役務提供者の伝送行為を通じた表現の自由の保障とその射程――米国における伝送行為の『言論』への該当性をめぐる議論を手がかりとして」『公益事業研究68巻1号』17-28頁（公益事業学会，2016年）

第5章

・「電気通信における『コモンキャリア』の観念の有用性――通信管理主体の表現の自由の享有可能性を踏まえた批判的検討」『情報通信学会誌35巻1・2号』1-13頁（情報通信学会，2017年）

第8章

・「米国における通信記録の保管のあり方に関する法規律とその含意――日本国憲法上の秘密不可侵の法規範に対する示唆」『InfoCom REVIEW 65号』28-51頁（情報通信総

合研究所，2015年）

第9章

・「秘密不可侵の法規範との関係における通信用端末設備の法的位置づけ及びその内包する情報に対する保護のあり方——米国の『逮捕に伴う捜索』に関する判例法理を手がかりとして」『経営と経済95巻3・4号』172-219頁（長崎大学経済学会，2016年）

第10章

・「携帯電話の位置情報の法的取扱いをめぐる近年の米国の議論」『情報通信学会誌33巻1号』29-35頁（情報通信学会，2015年）
・「通信の秘密との関係における携帯電話の位置情報の法的取扱いのあり方——米国法上の事業記録論を手がかりとして」『情報通信学会誌33巻3・4号』53-65頁（情報通信学会，2016年）

第11章

・「通信の秘密不可侵との関係における通信傍受と通信記録の捜索との分水嶺——米国法上の通信傍受をめぐる議論を手がかりとして」『公益事業研究68巻3号』19-26頁（公益事業学会，2017年）

第12章

・「IMSIキャッチャー（偽装基地局）による米国政府の情報収集の法的位置づけ及びその国内法への示唆」『情報通信学会誌34巻3・4号』1-12頁（情報通信学会，2017年）

第13章

・「多様なインターネット上の役務提供者の通信管理主体性——米国における電子通信役務提供者と遠隔情報処理役務提供者との区別をめぐる議論を手がかりとして」『InfoCom REVIEW 66号』42-66頁（情報通信総合研究所，2016年）

第14章

・「他人間の通信への関与者の法的責任——米国の通信品位法をめぐる解釈論を手がかりとして」『InfoCom REVIEW 69号』2-26頁（情報通信総合研究所，2017年）

海野　敦史（うみの　あつし）

1971年　東京都生まれ
1994年　東京大学教養学部卒業，郵政省（現総務省）入省
2000年　ケンブリッジ大学大学院修士課程修了（M.Phil.）
2001－2004年　OECD事務局科学技術産業局情報通信政策アナリスト
2008－2009年　総務省情報通信政策研究所主任研究官。早稲田大学政治経済学術院非常
　　　　　　　勤講師
2009－2011年　長崎大学経済学部准教授
2012－2013年　総務省総合通信基盤局料金サービス課企画官
2013－2016年　一般財団法人マルチメディア振興センターワシントン事務所長
2016年7月以降　国土交通省道路局路政課道路利用調整室長（現職）

主要著書
『「通信の秘密不可侵」の法理──ネットワーク社会における法解釈と実践』（勁草書房，
2015年），『行政法綱領──行政法学への憲法学的接近』（晃洋書房，2011年），『公共経済
学への招待』（晃洋書房，2010年）ほか。

通信の自由と通信の秘密──ネットワーク社会における再構成
Freedom and Secrecy of Communications: Reconstruction in the Network Society

2018年5月15日　初版第1刷発行

著者　海野　敦史

発行者　苧野圭太
発行所　尚　学　社

〒113-0033　東京都文京区本郷 1-25-7　TEL（03）3818-8784　FAX（03）3818-9737
ISBN978-4-86031-151-3　C3032

印刷・日之出印刷株式会社／製本・三栄社
©Atsushi Umino